ACCESO GRATIS ***a la Lectura en la Nube + Actualizaciones***

Para visualizar el libro electrónico en la nube de lectura envíe junto a su nombre y apellidos una fotografía del código de barras situado en la contraportada del libro y otra del ticket de compra a la dirección:

AF598198

ebooktirant@t

En un máximo de 72 horas laborables le enviaremos el código de acceso con sus instrucciones.

La visualización del libro en **NUBE DE LECTURA** excluye los usos bibliotecarios y públicos que puedan poner el archivo electrónico a disposición de una comunidad de lectores. Se permite tan solo un uso individual y privado.

Código de Comercio y legislación complementaria

Procedimiento de selección de originales, ver página web:
www.tirant.net/index.php/editorial/procedimiento-de-seleccion-de-originales

Código de Comercio y legislación complementaria

10ª Edición

Edición y actualización de

MIGUEL CARBONELL

tirant lo blanch

Ciudad de México, 2026

© EDITA: TIRANT LO BLANCH
DISTRIBUYE: TIRANT LO BLANCH MÉXICO
Av. Tamaulipas 150, Oficina 502
Hipódromo, Cuauhtémoc, 06100, Ciudad de México
Telf: +52 1 55 65502317
infomex@tirant.com
www.tirant.com/mex/
www.tirant.es
ISBN: 979-13-7021-887-4

Si tiene alguna queja o sugerencia, envíenos un mail a: *atencioncliente@tirant.com*. En caso de no ser atendida su sugerencia, por favor, lea en *www.tirant.net/index.php/empresa/politicas-de-empresa* nuestro Procedimiento de quejas.

Responsabilidad Social Corporativa: http://www.tirant.net/Docs/RSCTirant.pdf

Índice

CÓDIGO DE COMERCIO

LIBRO PRIMERO 17

TÍTULO PRELIMINAR 17

TÍTULO PRIMERO. DE LOS COMERCIANTES 17

TÍTULO SEGUNDO. DE LAS OBLIGACIONES COMUNES A TODOS LOS QUE PROFESAN EL COMERCIO 20
CAPÍTULO I. DEL ANUNCIO DE LA CALIDAD MERCANTIL 20
CAPÍTULO II. DEL REGISTRO DE COMERCIO 21
SECCIÓN ÚNICA. DEL REGISTRO ÚNICO DE GARANTÍAS MOBILIARIAS 30
CAPÍTULO III. DE LA CONTABILIDAD MERCANTIL 34
CAPÍTULO IV. DE LA CORRESPONDENCIA 37

TÍTULO TERCERO. DE LOS CORREDORES 39

LIBRO SEGUNDO. DEL COMERCIO EN GENERAL 41

TÍTULO PRIMERO. DE LOS ACTOS DE COMERCIO Y DE LOS CONTRATOS MERCANTILES EN GENERAL 41
CAPÍTULO I. DE LOS ACTOS DE COMERCIO 41
CAPÍTULO II. DE LOS CONTRATOS MERCANTILES EN GENERAL 43

TÍTULO SEGUNDO. DEL COMERCIO ELECTRÓNICO 44
CAPÍTULO I. DE LOS MENSAJES DE DATOS 45
CAPÍTULO I BIS. DE LA DIGITALIZACIÓN 51
CAPÍTULO II. DE LAS FIRMAS 53
CAPÍTULO III. DE LOS PRESTADORES DE SERVICIOS DE CERTIFICACIÓN 55
CAPÍTULO IV. RECONOCIMIENTO DE CERTIFICADOS Y FIRMAS ELECTRÓNICAS EXTRANJEROS 62
CAPÍTULO V. DE LA SOCIEDAD ANÓNIMA 66
CAPÍTULO VI. DE LAS SOCIEDADES EN COMANDITA POR ACCIONES 71
CAPÍTULO VII. DE LAS SOCIEDADES COOPERATIVAS 72
CAPÍTULO VIII. DE LA FUSIÓN DE LAS SOCIEDADES 74
CAPÍTULO IX. DE LAS SOCIEDADES EXTRANJERAS 75
CAPÍTULO X. DE LAS ASOCIACIONES 75
CAPÍTULO XI. DISPOSICIONES PENALES 75

TÍTULO TERCERO. DE LA COMISIÓN MERCANTIL 76
CAPÍTULO I. DE LOS COMISIONISTAS 76
CAPÍTULO II. DE LOS FACTORES Y DEPENDIENTES 81

TÍTULO CUARTO. DEL DEPÓSITO MERCANTIL 84
CAPÍTULO I. DEL DEPÓSITO MERCANTIL EN GENERAL 84
CAPÍTULO II. DE LOS ALMACENES GENERALES DE DEPÓSITO 85

TÍTULO QUINTO. DEL PRÉSTAMO MERCANTIL 87
CAPÍTULO I. DEL PRÉSTAMO MERCANTIL EN GENERAL 87
CAPÍTULO II. DE LOS PRÉSTAMOS CON GARANTÍA O TÍTULOS DE VALORES PÚBLICOS 88

TÍTULO SEXTO. DE LA COMPRAVENTA Y PERMUTA MERCANTILES, DE LA CESIÓN DE CRÉDITOS COMERCIALES Y DE LA CONSIGNACIÓN MERCANTIL 89
CAPÍTULO I. DE LA COMPRAVENTA 89
CAPÍTULO II. DE LAS PERMUTAS MERCANTILES 91
CAPÍTULO III. DE LAS CESIONES DE CRÉDITOS NO ENDOSABLES 91
CAPÍTULO IV. DE LA CONSIGNACIÓN MERCANTIL 92

TÍTULO SÉPTIMO. DE LOS CONTRATOS DE SEGUROS 94
CAPÍTULO I. DEL CONTRATO DE SEGUROS EN GENERAL 94
CAPÍTULO II. DEL SEGURO CONTRA INCENDIOS 95
CAPÍTULO III. DEL SEGURO SOBRE LA VIDA 97
CAPÍTULO IV. DEL SEGURO DE TRANSPORTE TERRESTRE 99
CAPÍTULO V. DE LAS DEMÁS CLASES DE SEGUROS 99

TÍTULO OCTAVO. DEL CONTRATO Y LETRAS DE CAMBIO 99
CAPÍTULO I. DE LA FORMA, PLAZOS Y VENCIMIENTOS DE LAS LETRAS DE CAMBIO 100
CAPÍTULO II. DE LA PROVISIÓN 101
CAPÍTULO III. DEL ENDOSO EN LAS LETRAS DE CAMBIO 102
CAPÍTULO IV. DE LA PRESENTACIÓN DE LAS LETRAS DE CAMBIO Y DE SU ACEPTACIÓN 103
CAPÍTULO V. DEL AVAL 104
CAPÍTULO VI. DEL PAGO 104
CAPÍTULO VII. DE LOS PROTESTOS 105
CAPÍTULO VIII. DE LA INTERVENCIÓN EN LA ACEPTACIÓN Y PAGO 106
CAPÍTULO IX. DE LAS ACCIONES QUE COMPETEN AL PORTADOR DE UNA LETRA DE CAMBIO 107
CAPÍTULO X. DEL RECAMBIO Y RESACA 108

TÍTULO NOVENO. DE LAS LIBRANZAS, VALES, PAGARES, CHEQUES Y CARTAS DE CRÉDITO 109
CAPÍTULO I. DE LAS LIBRANZAS, VALES Y PAGARÉS 109
CAPÍTULO II. DE LOS CHEQUES 109
CAPÍTULO III. DE LAS CARTAS DE CRÉDITO 110

TÍTULO DÉCIMO. DE LOS TRANSPORTES POR VÍAS TERRESTRES O FLUVIALES 112
CAPÍTULO I. DEL CONTRATO MERCANTIL DE TRANSPORTE TERRESTRE 112

TÍTULO UNDÉCIMO. DE LA PRENDA MERCANTIL 119

TÍTULO DÉCIMO SEGUNDO. DE LOS EFECTOS AL PORTADOR Y DE LA FALSEDAD, ROBO, HURTO O EXTRAVÍO DE LOS MISMOS 120
CAPÍTULO I. DE LOS EFECTOS AL PORTADOR 121
CAPÍTULO II. DEL ROBO, HURTO O EXTRAVÍO DE LOS DOCUMENTOS DE CRÉDITO Y EFECTOS AL PORTADOR 121

TÍTULO DÉCIMO TERCERO. DE LA MONEDA 122

TÍTULO DÉCIMO CUARTO. DE LAS INSTITUCIONES DE CRÉDITO 123

LIBRO TERCERO. DEL COMERCIO MARÍTIMO 123

TÍTULO PRIMERO. DE LAS EMBARCACIONES 123

TÍTULO SEGUNDO. DE LAS PERSONAS QUE INTERVIENEN EN EL COMERCIO MARÍTIMO 126
CAPÍTULO I. DE LOS NAVIEROS 126
CAPÍTULO II. DE LOS CAPITANES 127
CAPÍTULO III. DE LOS OFICIALES Y TRIPULACIÓN DEL BUQUE 129
CAPÍTULO IV. DE LOS SOBRECARGOS 131

TÍTULO TERCERO. DE LOS CONTRATOS ESPECIALES DEL COMERCIO MARÍTIMO 131
CAPÍTULO I. DEL CONTRATO DE FLETAMENTO 131
DE LAS FORMAS Y EFECTOS DEL CONTRATO DE FLETAMENTO 131
CAPÍTULO II. DE LOS DERECHOS Y OBLIGACIONES DEL FLETANTE 133
CAPÍTULO III. DE LAS OBLIGACIONES DEL FLETADOR 134
CAPÍTULO IV. DE LA RESCISIÓN TOTAL O PARCIAL DEL CONTRATO DE FLETAMENTO 135
CAPÍTULO V. DE LOS PASAJEROS EN LOS VIAJES POR MAR 135
CAPÍTULO VI. DEL CONOCIMIENTO 137

CAPÍTULO VII. DEL CONTRATO A LA GRUESA O PRÉSTAMO A RIESGO MARÍTIMO 138
CAPÍTULO VIII. DE LOS SEGUROS MARÍTIMOS.- DE LA FORMA DE ESTE CONTRATO 139
CAPÍTULO IX. DE LAS COSAS QUE PUEDEN SER ASEGURADAS Y SU EVALUACIÓN 140
CAPÍTULO X. OBLIGACIONES ENTRE EL ASEGURADOR Y ASEGURADO 141
CAPÍTULO XI. DE LOS CASOS EN QUE SE ANULA, RESCINDE O MODIFICA EL CONTRATO DE SEGURO 143
CAPÍTULO XII. DEL ABANDONO DE LAS COSAS ASEGURADAS 144

TÍTULO CUARTO. DE LOS RIESGOS, DAÑOS Y ACCIDENTES DEL COMERCIO MARÍTIMO 145
CAPÍTULO I. DE LAS AVERÍAS 146
CAPÍTULO II. DE LAS ARRIBADAS FORZOSAS 147
CAPÍTULO III. DE LOS ABORDAJES 147
CAPÍTULO IV. DE LOS NAUFRAGIOS 149

TÍTULO QUINTO. DE LA JUSTIFICACIÓN Y LIQUIDACIÓN DE LAS AVERÍAS 149
CAPÍTULO I. DISPOSICIONES COMUNES A TODA CLASE DE AVERÍAS 149
CAPÍTULO II. DE LA LIQUIDACIÓN DE LAS AVERÍAS GRUESAS 150
CAPÍTULO III. DE LA LIQUIDACIÓN DE LAS AVERÍAS SIMPLES 151

LIBRO CUARTO 152

TÍTULO PRIMERO. DE LAS QUIEBRAS 152
CAPÍTULO I. DISPOSICIONES GENERALES 152
CAPÍTULO II. DE LA CLASIFICACIÓN DE LAS QUIEBRAS 153
CAPÍTULO III. DE LOS EFECTOS DEL ESTADO DE QUIEBRA 154
CAPÍTULO IV. DE LA ÉPOCA DE LA QUIEBRA 155
CAPÍTULO V. DEL CONVENIO DE LOS QUEBRADOS CON SUS ACREEDORES 156
CAPÍTULO VI. DE LA GRADUACIÓN 157
CAPÍTULO VII. DE LA REHABILITACIÓN 158
CAPÍTULO VIII. DISPOSICIONES GENERALES RELATIVAS A LAS QUIEBRAS EN LAS SOCIEDADES MERCANTILES 159
CAPÍTULO IX. DE LAS QUIEBRAS DE LAS COMPAÑÍAS Y EMPRESAS DE FERROCARRILES Y DEMÁS OBRAS PÚBLICAS 160

TÍTULO SEGUNDO. DE LAS PRESCRIPCIONES 161

LIBRO QUINTO. DE LOS JUICIOS MERCANTILES 163

TÍTULO PRIMERO. DISPOSICIONES GENERALES 163
CAPÍTULO I. DEL PROCEDIMIENTO ESPECIAL MERCANTIL 163
CAPÍTULO II. DE LA CAPACIDAD Y PERSONALIDAD 166
CAPÍTULO III. DE LAS FORMALIDADES JUDICIALES 170
CAPÍTULO IV. DE LAS NOTIFICACIONES 172
CAPÍTULO V. DE LOS TÉRMINOS JUDICIALES 180
CAPÍTULO VI. (SE DEROGA SU DENOMINACIÓN) 184
CAPÍTULO VII. DE LAS COSTAS 186
CAPÍTULO VIII. DE LAS COMPETENCIAS Y EXCEPCIONES PROCESALES 188
CAPÍTULO IX. DE LOS IMPEDIMENTOS, RECUSACIONES Y EXCUSAS 199
CAPÍTULO X. MEDIOS PREPARATORIOS DEL JUICIO 205
CAPÍTULO XI. DE LAS PROVIDENCIAS PRECAUTORIAS 211
CAPÍTULO XII. REGLAS GENERALES SOBRE LA PRUEBA 217
CAPÍTULO XIII. DE LA CONFESIÓN 220
CAPÍTULO XIV. DE LOS INSTRUMENTOS Y DOCUMENTOS 225
CAPÍTULO XV. DE LA PRUEBA PERICIAL 229
CAPÍTULO XVI. DEL RECONOCIMIENTO O INSPECCIÓN JUDICIAL 236
CAPÍTULO XVII. DE LA PRUEBA TESTIMONIAL 236
CAPÍTULO XVIII. DE LA FAMA PÚBLICA 240
CAPÍTULO XIX. DE LAS PRESUNCIONES 240
CAPÍTULO XX. DEL VALOR DE LAS PRUEBAS 241
CAPÍTULO XXI. DE LAS TACHAS 245
CAPÍTULO XXII. DE LAS SENTENCIAS 247
CAPÍTULO XXIII. DE LA ACLARACIÓN DE SENTENCIA 248
CAPÍTULO XXIV. DE LA REVOCACIÓN Y REPOSICIÓN 248
CAPÍTULO XXV. DE LA APELACIÓN 249
CAPÍTULO XXVI. DEL TRÁMITE DE LA APELACIÓN 252
CAPÍTULO XXVII. DE LA EJECUCIÓN DE LAS SENTENCIAS 257
CAPÍTULO XXVIII. DE LOS INCIDENTES 259
CAPÍTULO XXIX. DE LA ACUMULACIÓN DE AUTOS 261
CAPÍTULO XXX. DE LAS TERCERÍAS 261

TÍTULO SEGUNDO. DE LOS JUICIOS ORDINARIOS 263

TÍTULO ESPECIAL. DEL JUICIO ORAL MERCANTIL 268
CAPÍTULO I. DISPOSICIONES GENERALES 268
CAPÍTULO II. DEL PROCEDIMIENTO ORAL 272
SECCIÓN PRIMERA. FIJACIÓN DE LA LITIS 272
SECCIÓN SEGUNDA. DE LAS AUDIENCIAS 277
SECCIÓN TERCERA. DE LA AUDIENCIA PRELIMINAR 280
SECCIÓN CUARTA. DE LA AUDIENCIA DEL JUICIO 282

CAPÍTULO III. DE LOS INCIDENTES ... 283
CAPÍTULO IV. DE LAS PRUEBAS ... 284
SECCIÓN PRIMERA. CONFESIONAL ... 284
SECCIÓN SEGUNDA. TESTIMONIAL ... 285
SECCIÓN TERCERA. INSTRUMENTAL ... 286
SECCIÓN CUARTA. PERICIAL ... 287
SECCIÓN QUINTA. PRUEBA SUPERVENIENTE ... 289

TÍTULO ESPECIAL BIS. DEL JUICIO EJECUTIVO MERCANTIL ORAL ... 289
CAPÍTULO I. DISPOSICIONES GENERALES ... 290
CAPÍTULO II. DEL PROCEDIMIENTO EJECUTIVO MERCANTIL ORAL ... 291
SECCIÓN PRIMERA. FIJACIÓN DE LA LITIS ... 291
SECCIÓN SEGUNDA. DE LAS AUDIENCIAS ... 292
CAPÍTULO III. DE LOS INCIDENTES ... 292
CAPÍTULO IV. DE LAS PRUEBAS ... 293
CAPÍTULO V. DE LA EJECUCIÓN ... 293
SECCIÓN PRIMERA ... 293

TÍTULO TERCERO. DE LOS JUICIOS EJECUTIVOS ... 293

TÍTULO TERCERO BIS. DE LOS PROCEDIMIENTOS DE EJECUCIÓN DE LA PRENDA SIN TRANSMISIÓN DE POSESIÓN Y DEL FIDEICOMISO DE GARANTÍA ... 303
CAPÍTULO I. DEL PROCEDIMIENTO EXTRAJUDICIAL DE EJECUCIÓN DE GARANTÍAS OTORGADAS MEDIANTE PRENDA SIN TRANSMISIÓN DE POSESIÓN Y FIDEICOMISO DE GARANTÍA ... 303
CAPÍTULO II. DEL PROCEDIMIENTO JUDICIAL DE EJECUCIÓN DE GARANTÍAS OTORGADAS MEDIANTE PRENDA SIN TRANSMISIÓN DE POSESIÓN Y FIDEICOMISO DE GARANTÍA ... 305

TÍTULO CUARTO. DEL ARBITRAJE COMERCIAL ... 312
CAPÍTULO I. DISPOSICIONES GENERALES ... 312
CAPÍTULO II. ACUERDO DE ARBITRAJE ... 315
CAPÍTULO III. COMPOSICIÓN DEL TRIBUNAL ARBITRAL ... 316
CAPÍTULO IV. COMPETENCIA DEL TRIBUNAL ARBITRAL ... 319
CAPÍTULO V. SUSTANCIACIÓN DE LAS ACTUACIONES ARBITRALES ... 320
CAPÍTULO VI. PRONUNCIAMIENTO DEL LAUDO Y TERMINACIÓN DE LAS ACTUACIONES ... 323
CAPÍTULO VII. DE LAS COSTAS ... 325
CAPÍTULO VIII. DE LA NULIDAD DEL LAUDO ... 327
CAPÍTULO IX. RECONOCIMIENTO Y EJECUCIÓN DE LAUDOS ... 328

CAPÍTULO X. DE LA INTERVENCIÓN JUDICIAL EN LA TRANSACCIÓN COMERCIAL Y EL ARBITRAJE 330

TRANSITORIOS 337

LEY GENERAL DE SOCIEDADES MERCANTILES

CAPÍTULO I. DE LA CONSTITUCIÓN Y FUNCIONAMIENTO DE LAS SOCIEDADES EN GENERAL 339
CAPÍTULO II. DE LA SOCIEDAD EN NOMBRE COLECTIVO 348
CAPÍTULO III. DE LA SOCIEDAD EN COMANDITA SIMPLE 351
CAPÍTULO IV. DE LA SOCIEDAD DE RESPONSABILIDAD LIMITADA 353
CAPÍTULO V. DE LA SOCIEDAD ANÓNIMA 359
SECCIÓN PRIMERA. DE LA CONSTITUCIÓN DE LA SOCIEDAD 359
SECCIÓN SEGUNDA. DE LAS ACCIONES 365
SECCIÓN TERCERA. DE LA ADMINISTRACIÓN DE LA SOCIEDAD 372
SECCIÓN CUARTA. DE LA VIGILANCIA DE LA SOCIEDAD 377
SECCIÓN QUINTA. DE LA INFORMACIÓN FINANCIERA 380
SECCIÓN SEXTA. DE LAS ASAMBLEAS DE ACCIONISTAS 381
CAPÍTULO VI. DE LA SOCIEDAD EN COMANDITA POR ACCIONES 389
CAPÍTULO VII. DE LA SOCIEDAD COOPERATIVA 389
CAPÍTULO VIII. DE LAS SOCIEDADES DE CAPITAL VARIABLE 390
CAPÍTULO IX. DE LA FUSIÓN, TRANSFORMACIÓN, Y ESCISIÓN DE LAS SOCIEDADES 391
CAPÍTULO X. DE LA DISOLUCIÓN DE LAS SOCIEDADES 394
CAPÍTULO XI. DE LA LIQUIDACIÓN DE LAS SOCIEDADES 396
CAPÍTULO XII. DE LAS SOCIEDADES EXTRANJERAS 402
CAPÍTULO XIII. DE LA ASOCIACIÓN EN PARTICIPACIÓN 403
CAPÍTULO XIV. DE LA SOCIEDAD POR ACCIONES SIMPLIFICADA 404

TRANSITORIOS 410

LEY GENERAL DE TÍTULOS Y OPERACIONES DE CRÉDITO

TÍTULO PRELIMINAR 413
CAPÍTULO ÚNICO 413

TÍTULO PRIMERO. DE LOS TÍTULOS DE CRÉDITO 414
CAPÍTULO I. DE LAS DIVERSAS CLASES DE TÍTULOS DE CRÉDITO 414
SECCIÓN PRIMERA. DISPOSICIONES GENERALES 414
SECCIÓN SEGUNDA. DE LOS TÍTULOS NOMINATIVOS 419

SECCIÓN TERCERA. DE LOS TÍTULOS AL PORTADOR 433
CAPÍTULO II. DE LA LETRA DE CAMBIO 434
SECCIÓN PRIMERA. DE LA CREACIÓN, FORMA Y ENDOSO DE LA LETRA DE CAMBIO 434
SECCIÓN SEGUNDA. DE LA ACEPTACIÓN 437
SECCIÓN TERCERA. DE LA ACEPTACIÓN POR INTERVENCIÓN 439
SECCIÓN CUARTA. DEL AVAL 440
SECCIÓN QUINTA. DE LA PLURALIDAD DE EJEMPLARES Y DE LAS COPIAS 441
SECCIÓN SEXTA. DEL PAGO 443
SECCIÓN SÉPTIMA. DEL PAGO POR INTERVENCIÓN 444
SECCIÓN OCTAVA. DEL PROTESTO 445
CAPÍTULO III. DEL PAGARÉ 452
CAPÍTULO IV. DEL CHEQUE 454
SECCIÓN PRIMERA. DEL CHEQUE EN GENERAL 454
SECCIÓN SEGUNDA. DE LAS FORMAS ESPECIALES DEL CHEQUE 458
CAPÍTULO V. DE LAS OBLIGACIONES 461
CAPÍTULO V BIS. DE LOS CERTIFICADOS DE PARTICIPACIÓN 472
CAPÍTULO VI. DEL CERTIFICADO DE DEPÓSITO Y DEL BONO DE PRENDA . 480
CAPÍTULO VII. DE LA APLICACIÓN DE LEYES EXTRANJERAS 489

TÍTULO SEGUNDO. DE LAS OPERACIONES DE CRÉDITO 490
CAPÍTULO I. DEL REPORTO 490
CAPÍTULO II. DEL DEPÓSITO 492
SECCIÓN PRIMERA. DEL DEPÓSITO BANCARIO DE DINERO 492
SECCIÓN SEGUNDA. DEL DEPÓSITO BANCARIO DE TÍTULOS 493
SECCIÓN TERCERA. DEL DEPÓSITO DE LAS MERCANCÍAS EN ALMACENES GENERALES 494
CAPÍTULO III. DEL DESCUENTO DE CRÉDITOS EN LIBROS 496
CAPÍTULO IV. DE LOS CRÉDITOS 497
SECCIÓN PRIMERA. DE LA APERTURA DE CRÉDITO 497
SECCIÓN SEGUNDA. DE LA CUENTA CORRIENTE 501
SECCIÓN TERCERA. DE LAS CARTAS DE CRÉDITO 502
SECCIÓN CUARTA. DEL CRÉDITO CONFIRMADO 503
SECCIÓN QUINTA. DE LOS CRÉDITOS DE HABILITACIÓN O AVÍO Y DE LOS REFACCIONARIOS 504
SECCIÓN SEXTA. DE LA PRENDA 508
SECCIÓN SÉPTIMA. DE LA PRENDA SIN TRANSMISIÓN DE POSESIÓN .. 512
CAPÍTULO V 523
SECCIÓN PRIMERA. DEL FIDEICOMISO 523

SECCIÓN SEGUNDA. DEL FIDEICOMISO DE GARANTÍA 529
CAPÍTULO VI. DEL ARRENDAMIENTO FINANCIERO 536
CAPÍTULO VII. DEL FACTORAJE FINANCIERO 541

TÍTULO TERCERO. DE LOS DELITOS EN MATERIA DE TÍTULOS Y OPERACIONES DE CRÉDITO 546
CAPÍTULO ÚNICO 546

TRANSITORIOS 548

CÓDIGO DE COMERCIO

Nuevo Código publicado en el Diario Oficial de la Federación del 7 de octubre al 13 de diciembre de 1889

TEXTO VIGENTE

Última reforma publicada DOF 14-11-2025

Cantidades actualizadas por Acuerdo DOF 26-12-2025

El Presidente de la República se ha servido dirigirme el decreto que sigue:

"**PORFIRIO DÍAZ**, Presidente Constitucional de los Estados Unidos Mexicanos, á sus habitantes, sabed:

Que en virtud de la autorización concedida al Ejecutivo de la Unión por decreto de 4 de Junio de 1887, he tenido á bien expedir el siguiente

CÓDIGO DE COMERCIO

LIBRO PRIMERO

TÍTULO PRELIMINAR

Artículo 1o.- Los actos comerciales sólo se regirán por lo dispuesto en este Código y las demás leyes mercantiles aplicables.

Artículo reformado DOF 24-05-1996

Artículo 2o.- A falta de disposiciones de este ordenamiento y las demás leyes mercantiles, serán aplicables a los actos de comercio las del derecho común contenidas en el Código Civil aplicable en materia federal.

Artículo reformado DOF 24-05-1996

TÍTULO PRIMERO
DE LOS COMERCIANTES

Artículo 3o.- Se reputan en derecho comerciantes:

I. Las personas que teniendo capacidad legal para ejercer el comercio, hacen de él su ocupación ordinaria;

II. Las sociedades constituidas con arreglo a las leyes mercantiles;

III. Las sociedades extranjeras o las agencias y sucursales de éstas, que dentro del territorio nacional ejerzan actos de comercio.

Artículo 4o.- Las personas que accidentalmente, con o sin establecimiento fijo, hagan alguna operación de comercio, aunque no son en derecho comerciantes, quedan sin embargo, sujetas por ella a las leyes mercantiles. Por tanto, los labradores y fabricantes, y en general todos los que tienen planteados almacén o tienda en alguna población para el expendio de los frutos de su finca, o de los productos ya elaborados de su industria, o trabajo, sin hacerles alteración al expenderlos, serán considerados comerciantes en cuanto concierne a sus almacenes o tiendas.

Artículo 5o.- Toda persona que, según las leyes comunes, es hábil para contratar y obligarse, y a quien las mismas leyes no prohíben expresamente la profesión del comercio, tiene capacidad legal para ejercerlo.

Artículo 6o.- (Se deroga).

Artículo derogado DOF 27-01-1970

Artículo 6 Bis.- Los comerciantes deberán realizar su actividad de acuerdo a los usos honestos en materia industrial o comercial, por lo que se abstendrán de realizar actos de competencia desleal que:

I. Creen confusión, por cualquier medio que sea, respecto del establecimiento, los productos o la actividad industrial o comercial, de otro comerciante;

II. Desacrediten, mediante aseveraciones falsas, el establecimiento, los productos o la actividad industrial o comercial, de cualquier otro comerciante;

III. Induzcan al público a error sobre la naturaleza, el modo de fabricación, las características, la aptitud en el empleo o la cantidad de los productos, o

IV. Se encuentren previstos en otras leyes.

Las acciones civiles producto de actos de competencia desleal, sólo podrán iniciarse cuando se haya obtenido un pronunciamiento firme en la vía administrativa, si ésta es aplicable.

Artículo adicionado DOF 26-01-2005

Artículo 7o.- (Se deroga).

Artículo derogado DOF 27-01-1970

Artículo 8o.- (Se deroga).

Artículo derogado DOF 06-01-1954

Artículo 9o.- Tanto el hombre como la mujer casados comerciantes, pueden hipotecar sus bienes raíces para seguridad de sus obligaciones mercantiles y comparecer en juicio sin necesidad de licencia del otro cónyuge, cuando el matrimonio se rija por el régimen de separación de bienes.

En el régimen Social Conyugal, ni el hombre ni la mujer comerciantes, podrán hipotecar ni gravar los bienes de la sociedad, ni los suyos propios cuyos frutos o productos correspondan a la sociedad, sin licencia del otro cónyuge.

Artículo reformado DOF 06-01-1954

Artículo 10.- (Se deroga).

Artículo derogado DOF 06-01-1954

Artículo 11.- (Se deroga).

Artículo derogado DOF 06-01-1954

Artículo 12.- No pueden ejercer el comercio:

I. Los corredores;

II. Los quebrados que no hayan sido rehabilitados;

III. Los que por sentencia ejecutoriada hayan sido condenados por delitos contra la propiedad, incluyendo en éstos la falsedad, el peculado, el cohecho y la concusión.

La limitación a que se refiere la fracción anterior, comenzará a surtir sus efectos a partir de que cause ejecutoria la Sentencia respectiva y durará hasta que se cumpla con la condena.

Párrafo adicionado DOF 26-01-2006

Artículo 13.- Los extranjeros serán libres para ejercer el comercio, según lo que se hubiere convenido en los tratados con sus respectivas naciones, y lo que dispusieren las leyes que arreglen los derechos y obligaciones de los extranjeros.

Artículo 14.- Los extranjeros comerciantes, en todos los actos de comercio en que intervengan, se sujetarán a este Código y demás leyes del país.

Artículo 15.- Las Sociedades legalmente constituidas en el extranjero que se establezcan en la República, o tengan en ella alguna agencia o sucursal, podrán ejercer el comercio, sujetándose a las prescripciones especiales de este Código en todo cuanto concierna a la creación de sus establecimientos dentro del territorio nacional, a sus operaciones mercantiles y a la jurisdicción de los tribunales de la Nación.

En lo que se refiera a su capacidad para contratar, se sujetarán a las disposiciones del artículo correspondiente del título de Sociedades extranjeras.

TÍTULO SEGUNDO
DE LAS OBLIGACIONES COMUNES A TODOS LOS QUE PROFESAN EL COMERCIO

Artículo 16.- Todos los comerciantes, por el hecho de serlo, están obligados.

Párrafo reformado DOF 23-01-1981

I. (Se deroga).

Fracción derogada DOF 13-06-2014

II. A la inscripción en el Registro público de comercio, de los documentos cuyo tenor y autenticidad deben hacerse notorios;

III. A mantener un sistema de Contabilidad conforme al Artículo 33.

Fracción reformada DOF 23-01-1981

IV. A la conservación de la correspondencia que tenga relación con el giro del comerciante.

CAPÍTULO I
DEL ANUNCIO DE LA CALIDAD MERCANTIL

Artículo 17. (Se deroga).

Artículo reformado DOF 23-01-1981. Derogado DOF 13-06-2014

CAPÍTULO II
DEL REGISTRO DE COMERCIO

Artículo 18.- En el Registro Público de Comercio se inscriben los actos mercantiles, así como aquellos que se relacionan con los comerciantes y que conforme a la legislación lo requieran.

La operación del Registro Público de Comercio está a cargo de la Secretaría de Economía, en adelante la Secretaría, y de las autoridades responsables del registro público de la propiedad en los estados y en el Distrito Federal, en términos de este Código y de los convenios de coordinación que se suscriban conforme a lo dispuesto por el artículo 116 de la Constitución Política de los Estados Unidos Mexicanos. Para estos efectos existirán las oficinas del Registro Público de Comercio en cada entidad federativa que demande el tráfico mercantil.

Párrafo reformado DOF 09-04-2012

La Secretaría emitirá los lineamientos necesarios para la adecuada operación del Registro Público de Comercio, que deberán publicarse en el Diario Oficial de la Federación.

Artículo reformado DOF 29-05-2000

Artículo 19. La inscripción o matrícula en el registro mercantil será potestativa para los individuos que se dediquen al comercio y obligatoria para todas las sociedades mercantiles por lo que se refiere a su constitución, transformación, fusión, escisión, disolución y liquidación y para los buques. Los primeros quedarán matriculados de oficio al inscribir cualquier documento cuyo registro sea necesario.

Disposición derogatoria al artículo DOF 04-01-1994. Reformado DOF 02-06-2009

Artículo 20. El Registro Público de Comercio operará con un programa informático mediante el cual se realizará la captura, almacenamiento, custodia, seguridad, consulta, reproducción, verificación, administración y transmisión de la información registral.

El programa informático será establecido por la Secretaría. Dicho programa y las bases de datos del Registro Público de Comercio, serán propiedad del Gobierno Federal.

La Secretaría establecerá los formatos, que serán de libre reproducción, así como los datos, requisitos y demás información necesaria para llevar a cabo los asientos a que se refiere el presente Capítulo, previo pago de los derechos establecidos por las entidades federativas. Lo anterior deberá publicarse en el Diario Oficial de la Federación.

Artículo reformado DOF 29-05-2000, 13-06-2014

Artículo 20 Bis.- Los responsables de las oficinas del Registro Público de Comercio tendrán las atribuciones siguientes:

I. Aplicar las disposiciones del presente Capítulo en el ámbito de la entidad federativa correspondiente;

II. Ser depositario de la fe pública registral mercantil, para cuyo ejercicio se auxiliará de los registradores de la oficina a su cargo;

III. Dirigir y coordinar las funciones y actividades de las unidades administrativas a su cargo para que cumplan con lo previsto en este Código, el reglamento respectivo y los lineamientos que emita la Secretaría;

IV. Permitir la consulta de los asientos registrales que obren en el Registro, así como expedir las certificaciones que le soliciten;

V. Operar el programa informático del sistema registral automatizado en la oficina a su cargo, conforme a lo previsto en este Capítulo, el reglamento respectivo y en los lineamientos que emita la Secretaría;

VI. Proporcionar facilidades a la Secretaría para vigilar la adecuada operación del Registro Público de Comercio, y

VII. Las demás que se señalen en el presente Capítulo y su reglamento.

Artículo adicionado DOF 29-05-2000

Artículo 21. Existirá un folio electrónico por cada comerciante o sociedad, en el que se anotarán:

Párrafo reformado DOF 31-12-1974, 23-01-1981, 29-05-2000

I. Su nombre, razón social o título.

II. La clase de comercio u operaciones á que se dedique;

III. La fecha en que deba comenzar o haya comenzado sus operaciones;

IV. El domicilio con especificación de las sucursales que hubiere establecido;

Fracción reformada DOF 27-08-2009

V. Los instrumentos públicos en los que se haga constar la constitución de las sociedades mercantiles, así como los que contengan su transformación, fusión, escisión, disolución y liquidación;

Fracción reformada DOF 02-07-1992, 02-06-2009

VI. El acta de la primera junta general y documentos anexos á ella, en las sociedades anónimas que se constituyan por suscripción pública;

VII. Para efectos del comercio y consulta electrónicos, opcionalmente, los poderes y nombramientos de funcionarios, así como sus renuncias o revocaciones;

Fracción reformada DOF 02-06-2009

VIII. (Se deroga).

Fracción derogada DOF 27-01-1970

IX. La licencia que un cónyuge haya dado al otro en los términos del segundo párrafo del artículo 9o.;

Fracción reformada DOF 31-12-1974

X. Las capitulaciones matrimoniales y los documentos que acrediten alguna modificación a las mismas;

Fracción reformada DOF 31-12-1974

XI. Los documentos justificativos de los haberes ó patrimonio que tenga el hijo ó el pupilo que estén bajo la patria potestad, ó bajo la tutela del padre ó tutor comerciantes;

XII. El cambio de denominación o razón social, domicilio, objeto social, duración y el aumento o disminución del capital mínimo fijo;

Fracción reformada DOF 02-06-2009

XIII. (Se deroga).

Fracción derogada DOF 04-01-1994

XIV. Las emisiones de acciones, cédulas y obligaciones de ferrocarriles y de toda clase de sociedades, sean de obras públicas, compañías de crédito ú otras, expresando la serie y número de los títulos de cada emisión, su interés y amortización, la cantidad total de la emisión, y los bienes, obras, derechos ó hipotecas, cuando los hubiere, que se afecten á su pago. También se inscribirán con arreglo á estos preceptos, las emisiones que hicieren los particulares;

XV. (Se deroga).

Fracción derogada DOF 23-01-1981

XVI. (Se deroga).

Fracción derogada DOF 04-01-1994

XVII. (Se deroga).

Fracción derogada DOF 04-01-1994

XVIII. (Se deroga).

Fracción derogada DOF 04-01-1994

XIX. Las autorizaciones de los corredores públicos para registrar información;

Fracción reformada DOF 27-08-2009

XX. Las garantías mobiliarias que hubiere otorgado, así como cualesquiera otros actos jurídicos por los que constituya un privilegio especial o derecho de retención sobre bienes muebles a favor de terceros, en los términos de lo dispuesto por los artículos 32 bis 1 a 32 bis 9 del presente Capítulo, información que deberá residir en la base de datos nacional a que se refiere la Sección Única del presente Capítulo, de conformidad con las reglas de matriculación establecidas en el Reglamento del Registro Público de Comercio.

Fracción adicionada DOF 27-08-2009. Reformada DOF 13-06-2014

Artículo 21 Bis.- El procedimiento para la inscripción de actos mercantiles en el Registro Público de Comercio se sujetará a las bases siguientes:

I. Será automatizado y estará sujeto a plazos máximos de respuesta;

II. Constará de las fases de:

a) Recepción, física o electrónica de una forma precodificada, acompañada del instrumento en el que conste el acto a inscribir, pago de los derechos, generación de una boleta de ingreso y del número de control progresivo e invariable para cada acto;

b) Análisis de la forma precodificada y la verificación de la existencia o inexistencia de antecedentes registrales y, en su caso, preinscripción de dicha información a la base de datos ubicada en la entidad federativa;

c) Calificación, en la que se autorizará en definitiva la inscripción en la base de datos mediante la firma electrónica del servidor público competente, con lo cual se generará o adicionará el folio mercantil electrónico correspondiente, y

d) Emisión de una boleta de inscripción que será entregada física o electrónicamente.

III. La inscripción de actos que sean enviados por medios electrónicos de acuerdo al artículo 30 bis 1 de este Código, con el pago de derechos en línea, será inmediata, definitiva y no será susceptible de calificación por parte del responsable de oficina o registrador.

Fracción adicionada DOF 27-08-2009

El reglamento del presente Capítulo desarrollará el procedimiento registral de acuerdo con las bases anteriores.

Artículo adicionado DOF 29-05-2000

Artículo 21 Bis 1.- La prelación entre derechos sobre dos o más actos que se refieran a un mismo folio mercantil electrónico, se determinará por el número de control o en su caso por el sello digital de tiempo que otorgue el registro, cualquiera que sea la fecha de su constitución o celebración.

Artículo adicionado DOF 29-05-2000. Reformado DOF 27-08-2009

Artículo 22. Cuando, conforme a la ley, algún acto o contrato deba inscribirse en el Registro Público de la Propiedad o en registros especiales para surtir efectos contra terceros, su inscripción en dichos registros será bastante.

Las dependencias y organismos responsables de los registros especiales deberán coordinarse con la Secretaría de Economía para que las garantías mobiliarias y gravámenes sobre bienes muebles que hayan sido inscritos en dichos registros especiales puedan también ser consultados a través del Registro Único de Garantías Mobiliarias, en los términos que establezca el Reglamento del Registro Público de Comercio.

Artículo reformado DOF 29-05-2000, 27-08-2009, 13-06-2014

Artículo 23.- Las inscripciones deberán hacerse en la oficina del Registro Público de Comercio del domicilio del comerciante, pero si se trata de bienes raíces o derechos reales constituidos sobre ellos, la inscripción se hará, además, en la oficina correspondiente a la ubicación de los bienes, salvo disposición legal que establezca otro procedimiento.

Artículo reformado DOF 29-05-2000

Artículo 24.- Las sociedades extranjeras deberán acreditar, para su inscripción en el Registro Público de Comercio, estar constituidas conforme a las leyes de su país de origen y autorizadas para ejercer el comercio por la Secretaría, sin perjuicio de lo establecido en los tratados o convenios internacionales.

Artículo reformado DOF 29-05-2000

Artículo 25.- Los actos que conforme a este Código u otras leyes deban inscribirse en el Registro Público de Comercio deberán constar en:

I. Instrumentos públicos otorgados ante notario o corredor público;

II. Resoluciones y providencias judiciales o administrativas certificadas;

III. Documentos privados ratificados ante notario o corredor público, o autoridad judicial competente, según corresponda, o

IV. Los demás documentos que de conformidad con otras leyes así lo prevean.

Artículo reformado DOF 29-05-2000

Artículo 26.- Los documentos de procedencia extranjera que se refieran a actos inscribibles podrán constar previamente en instrumento público otorgado ante notario o corredor público, para su inscripción en el Registro Público de Comercio.

Las sentencias dictadas en el extranjero sólo se registrarán cuando medie orden de autoridad judicial mexicana competente, y de conformidad con las disposiciones internacionales aplicables.

Artículo reformado DOF 29-05-2000

Artículo 27. Los actos que deban inscribirse de acuerdo con las normas que los regulan, y que no se registren sólo producirán efectos jurídicos entre los que lo celebren.

Artículo reformado DOF 29-05-2000, 13-06-2014

Artículo 28.- Si el comerciante omitiere hacer la anotación o inscripción de los documentos que expresa la fracción X del artículo 21, podrá pedirla el otro cónyuge o cualquiera que tenga derecho de alimentos respecto de aquél.

Artículo reformado DOF 31-12-1974

Artículo 29.- Los actos que deban inscribirse conforme a las normas que los regulan producirán efectos jurídicos contra terceros desde la fecha y hora de su inscripción, sin que puedan afectar su prelación otros actos que también deban inscribirse, ya sean anteriores o posteriores no registrados.

Artículo reformado DOF 13-06-2014

Artículo 30.- Los particulares podrán consultar las bases de datos y, en su caso, solicitar las certificaciones respectivas, previo pago de los derechos correspondientes.

Las certificaciones se expedirán previa solicitud por escrito que deberá contener los datos que sean necesarios para la localización de los asientos sobre los que deba versar la certificación y, en su caso, la mención del folio mercantil electrónico correspondiente.

Cuando la solicitud respectiva haga referencia a actos aún no inscritos, pero ingresados a la oficina del Registro Público de Comercio, las certificaciones se referirán a los asientos de presentación y trámite.

La Secretaría podrá establecer, mediante lineamientos, mecanismos para el trámite y la expedición de certificaciones por medios electrónicos.

Párrafo adicionado DOF 27-08-2009

Artículo reformado DOF 29-05-2000

Artículo 30 Bis.- La Secretaría podrá autorizar el acceso a la base de datos del Registro Público de Comercio a personas que así lo soliciten y cumplan con los requisitos para ello, en los términos de este Capítulo, el reglamento respectivo y los lineamientos que emita la Secretaría, sin que dicha autorización implique en ningún caso inscribir o modificar los asientos registrales.

La Secretaría expedirá los certificados digitales que utilicen las personas autorizadas para firmar electrónicamente la información relacionada con el Registro Público de Comercio y demás usuarios; asimismo, podrá reconocer para el mismo fin certificados digitales expedidos por otras autoridades certificadoras siempre y cuando, a su juicio, presenten el mismo grado de confiabilidad y cumplan con las medidas de seguridad que al efecto establezca la Secretaría.

Párrafo reformado DOF 27-08-2009
Artículo adicionado DOF 29-05-2000

Artículo 30 bis 1.- Cuando la autorización a que se refiere el artículo anterior se otorgue a notarios o corredores públicos, dicha autorización permitirá, además, el envío de información por medios digitales al Registro y la remisión que éste efectúe al fedatario público correspondiente del acuse que contenga el número de control o sello digital de tiempo a que se refiere el artículo 21 bis 1 de este Código.

Los notarios y corredores públicos que soliciten dicha autorización deberán otorgar una fianza o garantía a favor de la Tesorería de la Federación y registrarla ante la Secretaría, para garantizar los daños que pudieran ocasionar a los particulares y a la Secretaría con motivo de la operación del programa informático y el uso de la información del registro, incluida la que corresponde a la Sección Única del presente Capítulo, por un monto mínimo equivalente a 10 000 veces el salario mínimo diario vigente en el Distrito Federal.

En caso de que los notarios o corredores públicos estén obligados por la ley de la materia a garantizar el ejercicio de sus funciones, sólo otorgarán la fianza o garantía a que se refiere el párrafo anterior por un monto equivalente a la diferencia entre ésta y la otorgada. Esta garantía podrá otorgarse de manera solidaria por parte de los colegios o agrupaciones de notarios o corredores públicos.

Artículo adicionado DOF 29-05-2000. Reformado DOF 27-08-2009

Artículo 31.- Los registradores no podrán denegar o suspender la inscripción de los actos que conforme al reglamento o lineamientos se consideren de registro inmediato. En los demás casos, tampoco podrán denegar o suspender la inscripción de los documentos mercantiles que se les presenten, salvo cuando:

Párrafo reformado DOF 27-08-2009

I. El acto o contrato que en ellos se contenga no sea de los que deben inscribirse;

II. Esté en manifiesta contradicción con los contenidos de los asientos registrales preexistentes, o

III. El documento de que se trate no exprese, o exprese sin claridad suficiente, los datos que deba contener la inscripción.

Si la autoridad administrativa o judicial ordena que se registre un instrumento rechazado, la inscripción surtirá sus efectos desde que por primera vez se presentó.

El registrador suspenderá la inscripción de los actos a inscribir, siempre que existan defectos u omisiones que sean subsanables. En todo caso se requerirá al interesado para que en el plazo que determine el reglamento de este Capítulo las subsane, en el entendido de que, de no hacerlo, se le denegará la inscripción.

Artículo reformado DOF 29-05-2000

Artículo 32.- La rectificación de los asientos en la base de datos por causa de error material o de concepto, sólo procede cuando exista discrepancia entre el instrumento donde conste el acto y la inscripción.

Se entenderá que se comete error material cuando se escriban unas palabras por otras, se omita la expresión de alguna circunstancia o se equivoquen los nombres propios o las cantidades al copiarlas del instrumento donde conste el acto, sin cambiar por eso el sentido general de la inscripción ni el de alguno de sus conceptos.

Se entenderá que se comete error de concepto cuando al expresar en la inscripción alguno de los contenidos del instrumento, se altere o varíe su sentido porque el responsable de la inscripción se hubiere formado un juicio equivocado del mismo, por una errónea calificación del contrato o acto en él consignado o por cualquiera otra circunstancia similar.

Artículo reformado DOF 29-05-2000

Artículo 32 Bis.- Cuando se trate de errores de concepto, los asientos practicados en los folios del Registro Público de Comercio sólo podrán rectificarse con el consentimiento de todos los interesados en el asiento.

A falta del consentimiento unánime de los interesados, la rectificación sólo podrá efectuarse por resolución judicial.

El concepto rectificado surtirá efectos desde la fecha de su rectificación.

El procedimiento para efectuar la rectificación en la base de datos lo determinará la Secretaría en los lineamientos que al efecto emitan.

Artículo adicionado DOF 29-05-2000

SECCIÓN ÚNICA
DEL REGISTRO ÚNICO DE GARANTÍAS MOBILIARIAS

Sección adicionada DOF 27-08-2009

Artículo 32 Bis 1.- Las garantías mobiliarias que se constituyan con apego a éste u otros ordenamientos jurídicos del orden mercantil, su modificación, transmisión o cancelación, así como cualquier acto jurídico que se realice con o respecto de ellas y, en general, cualquier gravamen o afectación sobre bienes muebles que sirva como garantía de manera directa o indirecta, deberán inscribirse en los términos de esta Sección para que surtan efectos jurídicos contra terceros, salvo que de acuerdo a las leyes que los regulan, los mismos deban inscribirse en algún registro especial.

A. En las garantías mobiliarias quedan comprendidos, sin perjuicio de aquéllos que por su naturaleza mantengan ese carácter, los siguientes:

I. La prenda sin transmisión de posesión;

II. La prenda ordinaria mercantil cuando el acreedor prendario no mantenga la posesión sobre los bienes;

III. La prenda en los créditos refaccionarios o de habilitación o avío;

IV. La hipoteca industrial por lo que hace a los bienes muebles sobre los que recae;

B. Los siguientes actos deberán inscribirse en esta Sección:

I. Los actos jurídicos mercantiles por medio de los cuales se constituya, modifique, transmita o cancele un privilegio especial o derecho de retención sobre bienes muebles en favor de terceros en los que el acreedor no mantenga la posesión sobre los bienes muebles;

II. El arrendamiento financiero, por lo que hace a los bienes muebles sobre los que recae;

III. El factoraje financiero;

IV. Las cláusulas rescisoria y de reserva de dominio en compraventas mercantiles, cuando el comprador no mantenga la posesión de los bienes muebles;

V. El fideicomiso de garantía en cuyo patrimonio existan bienes muebles;

VI. Las resoluciones judiciales o administrativas que recaigan sobre bienes muebles, incluyendo los embargos sobre bienes muebles; y

VII. Cualesquiera otros actos, gravámenes o afectaciones sobre bienes muebles de naturaleza análoga a los expresados en las fracciones anteriores, que sirvan directa o indirectamente como garantías, en los que el acreedor no mantenga la posesión sobre los mismos.

Se presumen mercantiles, y por tanto sujetas a inscripción en los términos de esta Sección, todas las garantías mobiliarias y demás actos contenidos en el apartado B anterior que sean otorgadas en favor de un comerciante o que sirvan para garantizar una obligación de naturaleza mercantil.

Artículo adicionado DOF 27-08-2009. Reformado DOF 13-06-2014

Artículo 32 Bis 2.- Se constituye el Registro Único de Garantías Mobiliarias, en adelante el Registro, como una sección del Registro Público de Comercio, en donde se inscribirán las garantías a que se refiere el artículo anterior. Esta Sección se sujetará a las bases especiales de operación a que se refieren los artículos siguientes.

Artículo adicionado DOF 27-08-2009. Reformado DOF 13-06-2014

Artículo 32 Bis 3.- El Registro estará exclusivamente a cargo de la Secretaría; su operación se llevará por medios digitales, mediante el programa informático establecido por la Secretaría y en una base de datos nacional.

Artículo adicionado DOF 27-08-2009

Artículo 32 Bis 4.- La inscripción de las garantías mobiliarias, su modificación, transmisión o cancelación, así como la de cualquier acto vinculado con ellas, se realizará de manera inmediata a su recepción, previo pago de los derechos correspondientes, y en el folio de su otorgante.

Salvo prueba en contrario, se presume que los otorgantes de garantías mobiliarias autorizan la inscripción de las mismas en el Registro, así como su modificación, rectificación, transmisión, renovación, cancelación o algún aviso preventivo o anotación en relación con ellas o con sus bienes muebles.

Párrafo reformado DOF 13-06-2014

Será responsabilidad de quien inscribe realizar los asientos en el folio electrónico del Registro, correspondiente al otorgante de la garantía mobiliaria, de conformidad con lo establecido en el Reglamento del Registro Público de Comercio.

Párrafo adicionado DOF 13-06-2014

El procedimiento para la inscripción de garantías mobiliarias en el Registro se llevará de acuerdo a las bases siguientes:

I. Será automatizado;

II. Las inscripciones, anotaciones o cualquier acto vinculado con ellas deberá realizarse a través de medios digitales, utilizando para ello la forma precodificada establecida al efecto;

III. El Registro generará la boleta que corresponda, misma que se entregará de manera digital a su solicitante, y

IV. (Se deroga).

Fracción derogada DOF 13-06-2014

Se encuentran facultados para llevar a cabo inscripciones o anotaciones en el Registro los fedatarios públicos, los jueces y las oficinas habilitadas de la Secretaría en las entidades federativas, así como las entidades financieras, los servidores públicos y otras personas que para tales fines autorice la Secretaría.

Los acreedores, instancias de autoridad o personas facultadas que realicen inscripciones o anotaciones sobre garantías mobiliarias, serán responsables para todos los efectos legales de la existencia y veracidad de la información y documentación relativa a las inscripciones y anotaciones que lleven a cabo. Si una institución financiera o persona moral autorizada realiza la inscripción o anotación y es parte del contrato como acreedor prendario, fideicomisario o fiduciario, será responsable, independientemente del empleado o funcionario que realiza la inscripción.

Será responsabilidad de quien realice una inscripción o anotación, llevar a cabo la rectificación de los errores que las mismas contengan.

Párrafo reformado DOF 13-06-2014

Asimismo, será responsabilidad de quien realiza una inscripción, realizar la cancelación o modificación de los mismos, si se hubiere extinguido la garantía mobiliaria o si la garantía hubiere sido modificada.

Párrafo adicionado DOF 13-06-2014

Si quien aparece como acreedor de una inscripción no realiza la cancelación o modificación referida en el párrafo anterior, el deudor podrá solicitar a un juez la cancelación o modificación correspondiente, para lo cual el juez deberá emitir resolución en un plazo de 10 días hábiles a partir del cierre de instrucción ordenando la cancelación, modificación o la no procedencia de la petición, según corresponda, pudiendo el acreedor oponer la única excepción de falta de pago.

Párrafo adicionado DOF 13-06-2014

Los acreedores, instancias de autoridad o personas facultadas para llevar a cabo inscripciones o anotaciones en el Registro, responden por los daños y perjuicios que se pudieren originar por tal motivo. El afectado podrá optar por reclamar los daños y perjuicios que se le ocasionen mediante su cálculo y acreditación o por sanción legal. La sanción legal se calculará y exigirá en un monto equivalente a 1,000 veces el salario mínimo diario general vigente en el Distrito Federal. Lo anterior, sin perjuicio de las sanciones penales o administrativas a que hubiere lugar.

Salvo que la vigencia de la inscripción o anotación se establezca en la forma precodificada, ésta tendrá una vigencia de un año, misma que será susceptible de ser renovada.

Artículo adicionado DOF 27-08-2009

Artículo 32 Bis 5.- En los términos que establezca el Reglamento respectivo, de igual forma serán susceptibles de anotarse en el Registro, los avisos preventivos; las resoluciones judiciales o administrativas, así como cualquier acto que por su naturaleza constituya, modifique, transmita o cancele una garantía mobiliaria.

Artículo adicionado DOF 27-08-2009

Artículo 32 Bis 6.- Las garantías mobiliarias inscritas de conformidad con la presente Sección, surtirán efectos contra terceros y tendrán prelación sobre cualesquiera otras posteriores o anteriores no inscritas.

Artículo adicionado DOF 27-08-2009. Reformado DOF 13-06-2014

Artículo 32 Bis 7.- Cualquier interesado estará facultado para solicitar a la Secretaría la expedición de certificaciones respecto de los actos inscritos en el Registro, previa presentación de la solicitud correspondiente y pago de los derechos respectivos.

Artículo adicionado DOF 27-08-2009

Artículo 32 Bis 8.- Las normas reglamentarias del Registro desarrollarán, entre otros:

I. Los procedimientos y requisitos técnicos y operativos con motivo de inscripciones, anotaciones, certificaciones y consultas que se lleven a cabo;

II. Las características de las formas precodificadas para la inscripción y anotación en el Registro;

III. Los criterios de clasificación de las distintas garantías, así como de los bienes afectos a las mismas;

IV. El procedimiento para la renovación de las inscripciones;

V. Los procedimientos y requisitos para la rectificación, modificación o cancelación de la información del Registro, y

VI. Cualquier otro dato, requisito, procedimiento o condición necesarios para la adecuada operación del Registro.

Artículo adicionado DOF 27-08-2009

Artículo 32 Bis 9.- No será aplicable a esta Sección, lo dispuesto por los artículos 18, segundo párrafo, con excepción de las facultades previstas para la Secretaría; 20; 20 bis; 21, salvo por lo señalado en su fracción XX; 21 bis; 23; 25; 26; 31; 32 y 32 bis.

Artículo adicionado DOF 27-08-2009

CAPÍTULO III
DE LA CONTABILIDAD MERCANTIL

Artículo 33.- El comerciante está obligado a llevar y mantener un sistema de contabilidad adecuado. Este sistema podrá llevarse mediante los instrumentos, recursos y sistemas de registro y procesamiento que mejor se acomoden a las características particulares del negocio, pero en todo caso deberá satisfacer los siguientes requisitos mínimos:

A) Permitirá identificar las operaciones individuales y sus características, así como conectar dichas operaciones individuales con los documentos comprobatorios originales de las mismas.

B) Permitirá seguir la huella desde las operaciones individuales a las acumulaciones que den como resultado las cifras finales de las cuentas y viceversa;

C) Permitirá la preparación de los estados que se incluyan en la información financiera del negocio;

D) Permitirá conectar y seguir la huella entre las cifras de dichos estados, las acumulaciones de las cuentas y las operaciones individuales;

E) Incluirá los sistemas de control y verificación internos necesarios para impedir la omisión del registro de operaciones, para asegurar la corrección del registro contable y para asegurar la corrección de las cifras resultantes.

Artículo reformado DOF 23-01-1981

Artículo 34.- Cualquiera que sea el sistema de registro que se emplee, los comerciantes deberán llevar un libro mayor y, en el caso de las personas morales, el libro o los libros de actas; sin perjuicio de los requisitos especiales que establezcan las leyes y reglamentos fiscales para los registros y documentos que tengan relación con las obligaciones fiscales del comerciante.

Los comerciantes podrán optar por conservar el libro mayor y sus libros de actas en formato impreso, o en medios electrónicos, ópticos o de cualquier otra tecnología, siempre y cuando, en estos últimos medios se observe lo establecido en la norma oficial mexicana sobre digitalización y conservación de mensajes de datos que para tal efecto emita la Secretaría.

Tratándose de medios impresos, los libros deberán estar encuadernados, empastados y foliados. La encuadernación de estos libros podrá hacerse a posteriori, dentro de los tres meses siguientes al cierre del ejercicio.

Artículo reformado DOF 23-01-1981, 07-04-2016

Artículo 35.- En el libro mayor se deberán anotar, como mínimo y por lo menos una vez al mes, los nombres o designaciones de las cuentas de la contabilidad, su saldo al final del período de registro inmediato anterior, el total de movimientos de cargo o crédito a cada cuenta en el período y su saldo final. Podrán llevarse mayores particulares por oficinas, segmentos de actividad o cualquier otra clasificación, pero en todos los casos deberá existir un mayor general en que se concentren todas las operaciones de la entidad.

Artículo reformado DOF 23-01-1981

Artículo 36.- En el libro o los libros de actas se harán constar todos los acuerdos relativos a la marcha del negocio que tomen las asambleas o juntas de socios, y en su caso, los consejos de administración.

Artículo reformado DOF 23-01-1981

Artículo 37.- Todos los registros a que se refiere este capítulo deberán llevarse en castellano, aunque el comerciante sea extranjero. En caso de no cumplirse este requisito el comerciante incurrirá en una multa no menos de 25,000.00 pesos, que no excederá del cinco por ciento de su capital y las autoridades correspondientes podrán ordenar que se haga la traducción al castellano por medio de perito traductor debidamente reconocido, siendo por cuenta del comerciante todos los costos originados por dicha traducción.

Artículo reformado DOF 23-01-1981

Artículo 38.- El comerciante deberá conservar, debidamente archivados, los comprobantes originales de sus operaciones, en formato impreso, o en medios electrónicos, ópticos o de cualquier otra tecnología, siempre y cuando, en estos últimos medios, se observe lo establecido en la norma oficial mexicana sobre digitalización y conservación de mensajes de datos que para tal efecto emita la Secretaría, de tal manera que puedan relacionarse con dichas operaciones y con el registro que de ellas se haga, y deberá conservarlos por un plazo mínimo de diez años.

Artículo reformado DOF 23-01-1981, 07-04-2016

Artículo 39.- (Se deroga).

Artículo derogado DOF 23-01-1981

Artículo 40.- (Se deroga).

Artículo derogado DOF 23-01-1981

Artículo 41.- En el libro de actas que llevará cada sociedad, cuando se trate de juntas generales, se expresará: la fecha respectiva, los asistentes a ellas, los números de acciones que cada uno represente, el número de votos de que pueden hacer uso, los acuerdos que se tomen, los que se consignarán a la letra; y cuando las votaciones no sean económicas, los votos emitidos, cuidando además de consignar todo lo que conduzca al perfecto conocimiento de lo acordado. Cuando el acta se refiera a junta del consejo de administración, solo se expresará: la fecha, nombre de los asistentes y relación de los acuerdos aprobados. Estas actas serán autorizadas con las firmas de las personas a quienes los estatutos confieran esta facultad.

Artículo 42.- No se puede hacer pesquisa de oficio por tribunal ni autoridad alguna, para inquirir si los comerciantes llevan o no el sistema de contabilidad a que se refiere este capítulo.

Artículo reformado DOF 23-01-1981

Artículo 43.- Tampoco podrá decretarse, a instancia de parte, la comunicación, entrega o reconocimiento general de los libros, registros, comprobantes, cartas, cuentas y documentos de los comerciantes, sino en los casos de sucesión universal, liquidación de compañía dirección o gestión comercial por cuenta de otro o de quiebra.

Artículo reformado DOF 23-01-1981

Artículo 44.- Fuera de los casos prefijados en el artículo anterior, sólo podrá decretarse la exhibición de los libros, registros y documentos de los comerciantes, a instancia de parte o de oficio, cuando la persona a quien pertenezcan tenga interés o responsabilidad en el asunto en que proceda la exhibición.

El reconocimiento se hará en el lugar en que habitualmente se guarden o conserven los libros registros o documentos, o en el que de común acuerdo fijen las partes, en presencia del comerciante o de la persona que comisione y se contraerá exclusivamente a los puntos que tengan relación directa con la acción deducida comprendiendo en ellos aún los que sean extraños a la cuenta especial del que ha solicitado el reconocimiento.

Artículo reformado DOF 23-01-1981

Artículo 45.- Si los libros se hallaren fuera de la residencia del tribunal que decrete su exhibición, se verificará ésta en el lugar donde existan dichos libros, sin exigirse su traslación al del juicio.

Artículo 46.- Todo comerciante está obligado a conservar los libros, registros y documentos de su negocio por un plazo mínimo de diez años. Los herederos de un comerciante tienen la misma obligación.

Artículo reformado DOF 23-01-1981

Artículo 46 Bis.- Los comerciantes podrán realizar la conservación o digitalización de toda o parte de la documentación relacionada con sus negocios, en formato impreso, o en medios electrónicos, ópticos o de cualquier otra tecnología, siempre y cuando, en estos últimos medios, se observe lo establecido en la norma oficial mexicana sobre digitalización y conservación de mensajes de datos que para tal efecto emita la Secretaría.

Artículo adicionado DOF 07-04-2016

CAPÍTULO IV
DE LA CORRESPONDENCIA

Artículo 47.- Los comerciantes están obligados a conservar debidamente archivadas las cartas, telegramas y otros documentos que reciban en relación con sus negocios o giro, así como copias de las que expidan.

Artículo reformado DOF 23-01-1981

Artículo 48.- Tratándose de las copias de las cartas, telegramas y otros documentos que los comerciantes expidan, así como de los que reciban que no estén incluidos en el artículo siguiente, el archivo podrá integrarse con copias obtenidas por cualquier medio: mecánico, fotográfico o electrónico, que permita su reproducción posterior íntegra y su consulta o compulsa en caso necesario.

Artículo reformado DOF 23-01-1981

Artículo 49.- Los comerciantes están obligados a conservar por un plazo mínimo de diez años los originales de aquellas cartas, telegramas, mensajes de datos o cualesquiera otros documentos en que se consignen contratos, convenios o compromisos que den nacimiento a derechos y obligaciones.

Para efectos de la conservación o presentación de originales, en el caso de mensajes de datos, se requerirá que la información se haya mantenido íntegra e inalterada a partir del momento en que se generó por primera vez en su forma definitiva y sea accesible para su ulterior consulta. La Secretaría de Economía emitirá la Norma Oficial Mexicana que establezca los requisitos que deberán observarse para la conservación de mensajes de datos.

Párrafo reformado DOF 09-04-2012

Artículo reformado DOF 23-01-1981, 29-05-2000

Artículo 50.- Los tribunales pueden decretar de oficio, o a instancia de parte legítima, que se presenten en juicio las cartas que tengan relación con el asunto del litigio, así como que se compulsen de las respectivas copias las que se hayan escrito por los litigantes, fijándose de antemano, con precisión, por la parte que las solicite, las que hayan de ser copiadas o reproducidas.

Artículo reformado DOF 23-01-1981

Artículo 50 Bis.- Las publicaciones que deban realizarse conforme a las leyes mercantiles se realizarán a través del sistema electrónico que para tal propósito establezca la Secretaría de Economía, y surtirán efectos a partir del día siguiente de su publicación.

Lo anterior, sin perjuicio de las publicaciones que deban realizarse de conformidad con otras disposiciones o leyes especiales.

Artículo adicionado DOF 13-06-2014

TÍTULO TERCERO
DE LOS CORREDORES

(Se deroga).

Título derogado DOF 29-12-1992

Artículo 51.- (Se deroga).

Artículo reformado DOF 27-01-1970. Derogado DOF 29-12-1992

Artículo 52.- (Se deroga).

Artículo reformado DOF 27-01-1970, 23-12-1974. Derogado DOF 29-12-1992

Artículo 53.- (Se deroga).

Artículo reformado DOF 27-01-1970. Derogado DOF 29-12-1992

Artículo 54.- (Se deroga).

Artículo reformado DOF 06-01-1954, 27-01-1970. Derogado DOF 29-12-1992

Artículo 55.- (Se deroga).

Artículo reformado DOF 27-01-1970. Derogado DOF 29-12-1992

Artículo 56.- (Se deroga).

Artículo reformado DOF 27-01-1970, 23-12-1974. Derogado DOF 29-12-1992

Artículo 57.- (Se deroga).

Artículo reformado DOF 27-01-1970. Derogado DOF 29-12-1992

Artículo 58.- (Se deroga).

Artículo reformado DOF 27-01-1970. Derogado DOF 29-12-1992

Artículo 59.- (Se deroga).

Artículo reformado DOF 27-01-1970. Derogado DOF 29-12-1992

Artículo 60.- (Se deroga).

Artículo reformado DOF 27-01-1970. Derogado DOF 29-12-1992

Artículo 61.- (Se deroga).

Artículo reformado DOF 27-01-1970. Derogado DOF 29-12-1992

Artículo 62.- (Se deroga).

Artículo reformado DOF 27-01-1970. Derogado DOF 29-12-1992

Artículo 63.- (Se deroga).

Artículo reformado DOF 27-01-1970. Derogado DOF 29-12-1992

Artículo 64.- (Se deroga).

Artículo reformado DOF 04-02-1963, 27-01-1970. Derogado DOF 29-12-1992

Artículo 65.- (Se deroga).

Artículo reformado DOF 27-01-1970. Derogado DOF 29-12-1992

Artículo 66.- (Se deroga).

Artículo reformado DOF 27-01-1970. Derogado DOF 29-12-1992

Artículo 67.- (Se deroga).

Artículo reformado DOF 27-01-1970. Derogado DOF 29-12-1992

Artículo 68.- (Se deroga).

Artículo reformado DOF 27-01-1970. Derogado DOF 29-12-1992

Artículo 69.- (Se deroga).

Artículo reformado DOF 27-01-1970. Derogado DOF 29-12-1992

Artículo 70.- (Se deroga).

Artículo reformado DOF 27-01-1970. Derogado DOF 29-12-1992

Artículo 71.- (Se deroga).

Artículo reformado DOF 27-01-1970. Derogado DOF 29-12-1992

Artículo 72.- (Se deroga).

Artículo reformado DOF 27-01-1970. Derogado DOF 29-12-1992

Artículo 73.- (Se deroga).

Artículo reformado DOF 27-01-1970. Derogado DOF 29-12-1992

Artículo 74.- (Se deroga).

Artículo reformado DOF 27-01-1970. Derogado DOF 29-12-1992

LIBRO SEGUNDO
DEL COMERCIO EN GENERAL

Denominación del Libro reformada DOF 29-05-2000

TÍTULO PRIMERO
DE LOS ACTOS DE COMERCIO Y DE LOS CONTRATOS MERCANTILES EN GENERAL

CAPÍTULO I
DE LOS ACTOS DE COMERCIO

Artículo 75.- La ley reputa actos de comercio:

Párrafo reformado DOF 31-08-1934, 06-06-2006

I. Todas las adquisiciones, enajenaciones y alquileres verificados con propósito de especulación comercial, de mantenimientos, artículos, muebles o mercaderías, sea en estado natural, sea después de trabajados o labrados;

II. Las compras y ventas de bienes inmuebles, cuando se hagan con dicho propósito de especulación comercial;

III. Las compras y ventas de porciones, acciones y obligaciones de las sociedades mercantiles;

IV. Los contratos relativos y obligaciones del Estado ú otros títulos de crédito corrientes en el comercio;

V. Las empresas de abastecimientos y suministros;

VI. Las empresas de construcciones, y trabajos públicos y privados;

VII. Las empresas de fábricas y manufacturas;

VIII. Las empresas de trasportes de personas o cosas, por tierra o por agua; y las empresas de turismo.

Fracción reformada DOF 31-08-1934

IX. Las librerías, y las empresas editoriales y tipográficas;

X. Las empresas de comisiones, de agencias, de oficinas de negocios comerciales, casas de empeño y establecimientos de ventas en pública almoneda;

Fracción reformada DOF 06-06-2006

XI. Las empresas de espectáculos públicos;

XII. Las operaciones de comisión mercantil;

XIII. Las operaciones de mediación de negocios mercantiles;

XIV. Las operaciones de bancos;

XV. Todos los contratos relativos al comercio marítimo y a la navegación interior y exterior;

XVI. Los contratos de seguros de toda especie;

XVII. Los depósitos por causa de comercio;

XVIII. Los depósitos en los almacenes generales y todas las operaciones hechas sobre los certificados de depósito y bonos de prenda librados por los mismos;

XIX. Los cheques, letras de cambio o remesas de dinero de una plaza a otra, entre toda clase de personas;

XX. Los vales ú otros títulos a la orden o al portador, y las obligaciones de los comerciantes, a no ser que se pruebe que se derivan de una causa extraña al comercio;

XXI. Las obligaciones entre comerciantes y banqueros, si no son de naturaleza esencialmente civil;

XXII. Los contratos y obligaciones de los empleados de los comerciantes en lo que concierne al comercio del negociante que los tiene a su servicio;

XXIII. La enajenación que el propietario o el cultivador hagan de los productos de su finca o de su cultivo;

XXIV. Las operaciones contenidas en la Ley General de Títulos y Operaciones de Crédito;

Fracción adicionada DOF 23-05-2000

XXV. Cualesquiera otros actos de naturaleza análoga a los expresados en este código.

Fracción reformada y recorrida DOF 23-05-2000

En caso de duda, la naturaleza comercial del acto será fijada por arbitrio judicial.

Artículo 76.- No son actos de comercio la compra de artículos o mercaderías que para su uso o consumo, o los de su familia, hagan los comerciantes: ni las reventas hechas por obreros, cuando ellas fueren consecuencia natural de la práctica de su oficio.

CAPÍTULO II
DE LOS CONTRATOS MERCANTILES EN GENERAL

Artículo 77.- Las convenciones ilícitas no producen obligación ni acción, aunque recaigan sobre operaciones de comercio.

Artículo 78.- En las convenciones mercantiles cada uno se obliga en la manera y términos que aparezca que quiso obligarse, sin que la validez del acto comercial dependa de la observancia de formalidades o requisitos determinados.

Artículo 79.- Se exceptuarán de lo dispuesto en el artículo que precede:

I. Los contratos que con arreglo a este Código ú otras leyes, deban reducirse a escritura o requieran formas o solemnidades necesarias para su eficacia;

II. Los contratos celebrados en país extranjero en que la ley exige escrituras, formas o solemnidades determinadas para su validez, aunque no las exija la ley mexicana.

En uno y otro caso, los contratos que no llenen las circunstancias respectivamente requeridas, no producirán obligación ni acción en juicio.

Artículo 80.- Los convenios y contratos mercantiles que se celebren por correspondencia, telégrafo, o mediante el uso de medios electrónicos, ópticos o de cualquier otra tecnología, quedarán perfeccionados desde que se reciba la aceptación de la propuesta o las condiciones con que ésta fuere modificada.

Artículo reformado DOF 29-05-2000

Artículo 81.- Con las modificaciones y restricciones de este Código, serán aplicables a los actos mercantiles las disposiciones del derecho civil acerca de la capacidad de los contrayentes, y de las excepciones y causas que rescinden o invalidan los contratos.

Artículo 82.- Los contratos en que intervengan corredores quedarán perfeccionados cuando los contratantes firmaren la correspondiente minuta, de la manera prescrita en el título respectivo.

Artículo 83.- Las obligaciones que no tuvieren término prefijado por las partes ó por las disposiciones de este Código, serán exigibles a los diez días después de contraídas, si sólo produjeren acción ordinaria, y al día inmediato si llevaren aparejada ejecución.

Artículo 84.- En los contratos mercantiles no se reconocerán términos de gracia ó cortesía, y en todos los cómputos de días, meses y años, se entenderán: el día de veinticuatro horas; los meses, según están designados en el calendario gregoriano; y el año, de trescientos sesenta y cinco días.

Artículo 85.- Los efectos de la morosidad en el cumplimiento de las obligaciones mercantiles comenzarán:

I. En los contratos que tuvieren día señalado para su cumplimiento por voluntad de las partes o por la ley, al día siguiente de su vencimiento;

II. Y en los que lo tengan, desde el día en que el acreedor le reclamare al deudor, judicial o extrajudicialmente ante escribano o testigos.

Artículo 86.- Las obligaciones mercantiles habrán de cumplirse en el lugar determinado en el contrato, o en caso contrario en aquel que, según la naturaleza del negocio o la intención de las partes, deba considerarse adecuado al efecto por consentimiento de aquellas o arbitrio judicial.

Artículo 87.- Si en el contrato no se determinaren con toda precisión la especie y calidad de las mercancías que han de entregarse, no podrá exigirse al deudor otra cosa que la entrega de mercancías de especie y calidad medias.

Artículo 88.- En el contrato mercantil en que se fijare pena de indemnización contra el que no lo cumpliere, la parte perjudicada podrá exigir el cumplimiento del contrato o la pena prescrita; pero utilizando una de estas dos acciones, quedará extinguida la otra.

Nota: Por Decreto DOF 29-05-2000 se adicionó y reestructuró el actual Título Segundo "Del Comercio Electrónico". En consecuencia, se suprimió la referencia al Capítulo I "De las diferentes clases de sociedades mercantiles" (antes derogado DOF 04-08-1934), perteneciente al anterior Título Segundo "De las Sociedades de Comercio".

TÍTULO SEGUNDO
DEL COMERCIO ELECTRÓNICO

Título derogado DOF 04-08-1934. Adicionado y reestructurado con denominación reformada DOF 29-05-2000

CAPÍTULO I
DE LOS MENSAJES DE DATOS

Capítulo adicionado DOF 29-08-2003

Artículo 89.- Las disposiciones de este Título regirán en toda la República Mexicana en asuntos del orden comercial, sin perjuicio de lo dispuesto en los tratados internacionales de los que México sea parte.

Las actividades reguladas por este Título se someterán en su interpretación y aplicación a los principios de neutralidad tecnológica, autonomía de la voluntad, compatibilidad internacional y equivalencia funcional del Mensaje de Datos en relación con la información documentada en medios no electrónicos y de la Firma Electrónica en relación con la firma autógrafa.

En los actos de comercio y en la formación de los mismos podrán emplearse los medios electrónicos, ópticos o cualquier otra tecnología. Para efecto del presente Código, se deberán tomar en cuenta las siguientes definiciones:

Certificado: Todo Mensaje de Datos u otro registro que confirme el vínculo entre un Firmante y los datos de creación de Firma Electrónica.

Datos de Creación de Firma Electrónica: Son los datos únicos, como códigos o claves criptográficas privadas, que el Firmante genera de manera secreta y utiliza para crear su Firma Electrónica, a fin de lograr el vínculo entre dicha Firma Electrónica y el Firmante.

Destinatario: La persona designada por el Emisor para recibir el Mensaje de Datos, pero que no esté actuando a título de Intermediario con respecto a dicho Mensaje.

Digitalización: Migración de documentos impresos a mensaje de datos, de acuerdo con lo dispuesto en la norma oficial mexicana sobre digitalización y conservación de mensajes de datos que para tal efecto emita la Secretaría.

Definición adicionada DOF 07-04-2016

Emisor: Toda persona que, al tenor del Mensaje de Datos, haya actuado a nombre propio o en cuyo nombre se haya enviado o generado ese mensaje antes de ser archivado, si éste es el caso, pero que no haya actuado a título de Intermediario.

Firma Electrónica: Los datos en forma electrónica consignados en un Mensaje de Datos, o adjuntados o lógicamente asociados al mismo por cualquier tecnología, que son utilizados para identificar al Firmante en relación con el Mensaje de Datos e indicar que el Firmante aprueba la información contenida en el Mensaje de Datos, y que produce los mismos efectos jurídicos que la firma autógrafa, siendo admisible como prueba en juicio.

Firma Electrónica Avanzada o Fiable: Aquella Firma Electrónica que cumpla con los requisitos contemplados en las fracciones I a IV del artículo 97.

En aquellas disposiciones que se refieran a Firma Digital, se considerará a ésta como una especie de la Firma Electrónica.

Firmante: La persona que posee los datos de la creación de la firma y que actúa en nombre propio o de la persona a la que representa.

Intermediario: En relación con un determinado Mensaje de Datos, se entenderá toda persona que, actuando por cuenta de otra, envíe, reciba o archive dicho Mensaje o preste algún otro servicio con respecto a él.

Mensaje de Datos: La información generada, enviada, recibida o archivada por medios electrónicos, ópticos o cualquier otra tecnología.

Parte que Confía: La persona que, siendo o no el Destinatario, actúa sobre la base de un Certificado o de una Firma Electrónica.

Prestador de Servicios de Certificación: La persona o institución pública que preste servicios relacionados con firmas electrónicas, expide los certificados o presta servicios relacionados como la conservación de mensajes de datos, el sellado digital de tiempo y la digitalización de documentos impresos, en los términos que se establezca en la norma oficial mexicana sobre digitalización y conservación de mensajes de datos que para tal efecto emita la Secretaría.

Definición reformada DOF 07-04-2016

Secretaría: Se entenderá la Secretaría de Economía.

Sello Digital de Tiempo: El registro que prueba que un dato existía antes de la fecha y hora de emisión del citado Sello, en los términos que se establezca en la norma oficial mexicana sobre digitalización y conservación de mensajes de datos que para tal efecto emita la Secretaría.

Definición adicionada DOF 07-04-2016

Sistema de Información: Se entenderá todo sistema utilizado para generar, enviar, recibir, archivar o procesar de alguna otra forma Mensajes de Datos.

Titular del Certificado: Se entenderá a la persona a cuyo favor fue expedido el Certificado.

Artículo derogado DOF 04-08-1934. Adicionado DOF 29-05-2000. Reformado DOF 29-08-2003

Artículo 89 Bis.- No se negarán efectos jurídicos, validez o fuerza obligatoria a cualquier tipo de información por la sola razón de que esté contenida en un Mensaje de Datos. Por tanto, dichos mensajes podrán ser utilizados como medio probatorio en cualquier diligencia ante autoridad legalmente reconocida, y surtirán los mismos efectos jurídicos que la documentación impresa, siempre y cuando los mensajes de datos se ajusten a las disposiciones de este Código y a los lineamientos normativos correspondientes.

Artículo adicionado DOF 29-08-2003. Reformado DOF 07-04-2016

Artículo 90.- Se presumirá que un Mensaje de Datos proviene del Emisor si ha sido enviado:

I. Por el propio Emisor;

II. Usando medios de identificación, tales como claves o contraseñas del Emisor o por alguna persona facultada para actuar en nombre del Emisor respecto a ese Mensaje de Datos, o

III. Por un Sistema de Información programado por el Emisor o en su nombre para que opere automáticamente.

Artículo derogado DOF 04-08-1934. Adicionado DOF 29-05-2000. Reformado DOF 29-08-2003

Artículo 90 Bis.- Se presume que un Mensaje de Datos ha sido enviado por el Emisor y, por lo tanto, el Destinatario o la Parte que Confía, en su caso, podrá actuar en consecuencia, cuando:

I. Haya aplicado en forma adecuada el procedimiento acordado previamente con el Emisor, con el fin de establecer que el Mensaje de Datos provenía efectivamente de éste, o

II. El Mensaje de Datos que reciba el Destinatario o la Parte que Confía, resulte de los actos de un Intermediario que le haya dado acceso a algún método utilizado por el Emisor para identificar un Mensaje de Datos como propio.

Lo dispuesto en el presente artículo no se aplicará:

I. A partir del momento en que el Destinatario o la Parte que Confía, haya sido informado por el Emisor de que el Mensaje de Datos no provenía de éste, y haya dispuesto de un plazo razonable para actuar en consecuencia, o

II. A partir del momento en que el Destinatario o la Parte que Confía, tenga conocimiento, o debiere tenerlo, de haber actuado con la debida diligencia o aplicado algún método convenido, que el Mensaje de Datos no provenía del Emisor.

Salvo prueba en contrario y sin perjuicio del uso de cualquier otro método de verificación de la identidad del Emisor, se presumirá que se actuó con la debida diligencia si el método que usó el Destinatario o la Parte que Confía cumple con los requisitos establecidos en este Código para la verificación de la fiabilidad de las Firmas Electrónicas. Cuando se acuerde el uso de comunicaciones electrónicas certificadas, éstas deberán realizarse conforme a los requisitos previstos en la Norma Oficial Mexicana a que se refiere el artículo 49 del Código de Comercio.

Párrafo reformado DOF 02-05-2017

Artículo adicionado DOF 29-08-2003

Artículo 91.- Salvo pacto en contrario entre el Emisor y el Destinatario, el momento de recepción de un Mensaje de Datos se determinará como sigue:

I. Si el Destinatario ha designado un Sistema de Información para la recepción de Mensajes de Datos, ésta tendrá lugar en el momento en que ingrese en dicho Sistema de Información;

II. De enviarse el Mensaje de Datos a un Sistema de Información del Destinatario que no sea el Sistema de Información designado, o de no haber un Sistema de Información designado, en el momento en que el Destinatario recupere el Mensaje de Datos, o

III. Si el Destinatario no ha designado un Sistema de Información, la recepción tendrá lugar cuando el Mensaje de Datos ingrese a un Sistema de Información del Destinatario.

Lo dispuesto en este artículo será aplicable aun cuando el Sistema de Información esté ubicado en un lugar distinto de donde se tenga por recibido el Mensaje de Datos conforme al artículo 94.

Cuando se acuerde el uso de comunicaciones electrónicas certificadas, éstas deberán realizarse conforme a los requisitos previstos en la Norma Oficial Mexicana a que se refiere el artículo 49 del Código de Comercio.

Párrafo adicionado DOF 02-05-2017

Artículo derogado DOF 04-08-1934. Adicionado DOF 29-05-2000. Reformado DOF 29-08-2003

Artículo 91 Bis.- Salvo pacto en contrario entre el Emisor y el Destinatario, el Mensaje de Datos se tendrá por expedido cuando ingrese en un Sistema de Información que no esté bajo el control del Emisor o del Intermediario.

Artículo adicionado DOF 29-08-2003

Artículo 92.- En lo referente a acuse de recibo de Mensajes de Datos, se estará a lo siguiente:

I. Si al enviar o antes de enviar un Mensaje de Datos, el Emisor solicita o acuerda con el Destinatario que se acuse recibo del Mensaje de Datos, pero no se ha acordado entre éstos una forma o método determinado para efectuarlo, se podrá acusar recibo mediante:

a) Toda comunicación del Destinatario, automatizada o no, o

b) Todo acto del Destinatario, que baste para indicar al Emisor que se ha recibido el Mensaje de Datos.

II. Cuando el Emisor haya indicado que los efectos del Mensaje de Datos estarán condicionados a la recepción de un acuse de recibo, se considerará que el Mensaje de Datos no ha sido enviado en tanto que no se haya recibido el acuse de recibo en el plazo fijado por el Emisor o dentro de un plazo razonable atendiendo a la naturaleza del negocio, a partir del momento del envío del Mensaje de Datos;

III. Cuando el Emisor haya solicitado o acordado con el Destinatario que se acuse recibo del Mensaje de Datos, independientemente de la forma o método determinado para efectuarlo, salvo que:

a) El Emisor no haya indicado expresamente que los efectos del Mensaje de Datos estén condicionados a la recepción del acuse de recibo, y

b) No se haya recibido el acuse de recibo en el plazo solicitado o acordado o, en su defecto, dentro de un plazo razonable atendiendo a la naturaleza del negocio.

El Emisor podrá dar aviso al Destinatario de que no ha recibido el acuse de recibo solicitado o acordado y fijar un nuevo plazo razonable para su recepción, contado a partir del momento de este aviso. Cuando el Emisor reciba acuse de recibo del Destinatario, se presumirá que éste ha recibido el Mensaje de Datos correspondiente;

IV. Cuando en el acuse de recibo se indique que el Mensaje de Datos recibido cumple con los requisitos técnicos convenidos o establecidos en ley, se presumirá que ello es así.

V. Cuando se acuerde el uso de comunicaciones electrónicas certificadas, éstas deberán realizarse conforme a los requisitos previstos en la Norma Oficial Mexicana a que se refiere el artículo 49 del Código de Comercio.

Fracción adicionada DOF 02-05-2017

Artículo derogado DOF 04-08-1934. Adicionado DOF 29-05-2000. Reformado DOF 29-08-2003

Artículo 93.- Cuando la ley exija la forma escrita para los actos, convenios o contratos, este supuesto se tendrá por cumplido tratándose de Mensaje de Datos, siempre que la información en él contenida se mantenga íntegra y sea accesible para su ulterior consulta, sin importar el formato en el que se encuentre o represente.

Cuando adicionalmente la ley exija la firma de las partes, dicho requisito se tendrá por cumplido tratándose de Mensaje de Datos, siempre que éste sea atribuible a dichas partes.

En los casos en que la ley establezca como requisito que un acto jurídico deba otorgarse en instrumento ante fedatario público, éste y las partes obligadas podrán, a través de Mensajes de Datos, expresar los términos exactos en que las partes han decidido obligarse, en cuyo caso el fedatario público deberá hacer constar en el propio instrumento los elementos a través de los cuales se atribuyen dichos mensajes a las partes y conservar bajo su resguardo una versión íntegra de los mismos para su ulterior consulta, otorgando dicho instrumento de conformidad con la legislación aplicable que lo rige.

Artículo derogado DOF 04-08-1934. Adicionado y reubicado DOF 29-05-2000. Reformado DOF 29-08-2003

Artículo 93 Bis.- Sin perjuicio de lo dispuesto en el artículo 49 de este Código, cuando la ley requiera que la información sea presentada y conservada en su forma original, ese requisito quedará satisfecho respecto a un Mensaje de Datos:

I. Si existe garantía confiable de que se ha conservado la integridad de la información, a partir del momento en que se generó por primera vez en su forma definitiva, como Mensaje de Datos o en alguna otra forma, y

II. De requerirse que la información sea presentada, si dicha información puede ser mostrada a la persona a la que se deba presentar.

Para efectos de este artículo, se considerará que el contenido de un Mensaje de Datos es íntegro, si éste ha permanecido completo e inalterado independientemente de los cambios que hubiere podido sufrir el medio que lo contiene, resultado del proceso de comunicación, archivo o presentación. El grado de confiabilidad requerido será determinado conforme a los fines para los que se generó la información y de todas las circunstancias relevantes del caso.

Artículo adicionado DOF 29-08-2003

Artículo 94.- Salvo pacto en contrario entre el Emisor y el Destinatario, el Mensaje de Datos se tendrá por expedido en el lugar donde el Emisor tenga su establecimiento y por recibido en el lugar donde el Destinatario tenga el suyo. Para los fines del presente artículo:

I. Si el Emisor o el Destinatario tienen más de un establecimiento, su establecimiento será el que guarde una relación más estrecha con la operación subyacente o, de no haber una operación subyacente, su establecimiento principal, y

II. Si el Emisor o el Destinatario no tienen establecimiento, se tendrá en cuenta su lugar de residencia habitual.

Artículo derogado DOF 04-08-1934. Adicionado y reubicado DOF 29-05-2000. Reformado DOF 29-08-2003

Artículo 95.- Conforme al artículo 90, siempre que se entienda que el Mensaje de Datos proviene del Emisor, o que el Destinatario tenga derecho a actuar con arreglo a este supuesto, dicho Destinatario tendrá derecho a considerar que el Mensaje de Datos recibido corresponde al que quería enviar el iniciador, y podrá proceder en consecuencia. El Destinatario no gozará de este derecho si sabía o hubiera sabido, de haber actuado con la debida diligencia, o de haber aplicado algún método previamente acordado, que la transmisión había dado lugar a un error en el Mensaje de Datos recibido.

Se presume que cada Mensaje de Datos recibido es un Mensaje de Datos diferente, salvo que el Destinatario sepa, o debiera saber, de haber actuado con la debida diligencia, o de haber aplicado algún método previamente acordado, que el nuevo Mensaje de Datos era un duplicado.

Artículo derogado DOF 04-08-1934. Adicionado DOF 29-08-2003

CAPÍTULO I BIS
DE LA DIGITALIZACIÓN

Capítulo adicionado DOF 07-04-2016

Artículo 95 Bis 1.- Para el caso de los servicios de digitalización se estará a lo siguiente:

a. En todo caso, los documentos podrán ser digitalizados en el formato que determine el comerciante.

b. Una vez concluida la digitalización del documento, deberá acompañarse al mismo, así como a cada uno de los anexos que en su caso se generen, la firma electrónica avanzada del comerciante, y del prestador de servicios de certificación que ejecutó las actividades de digitalización, en caso de que así haya sido.

c. Cuando un prestador de servicios de certificación realice la digitalización de un documento, habrá presunción legal sobre el adecuado cumplimiento de las disposiciones legales y normativas relativas a dicho proceso, salvo prueba en contrario.

d. La información que en virtud de acuerdos contractuales quede en poder de un prestador de servicios de certificación, se regirá por lo dispuesto en la Ley Federal de Protección de Datos Personales en Posesión de los Particulares.

e. En todo caso, el prestador de servicios de certificación que ejecutó las actividades de digitalización deberá mantener la confidencialidad de la información, salvo por mandato judicial.

Artículo adicionado DOF 07-04-2016

Artículo 95 Bis 2.- En materia de conservación de mensajes de datos, será responsabilidad estricta del comerciante mantenerlos bajo su control, acceso y resguardo directo, a fin de que su ulterior consulta pueda llevarse a cabo en cualquier momento.

Artículo adicionado DOF 07-04-2016

Artículo 95 Bis 3.- En el caso de documentos digitalizados o almacenados por prestadores de servicios de certificación, se necesitará que éstos cuenten con acreditación para realizar sus actividades a que hace referencia el artículo 102 de este Código.

Artículo adicionado DOF 07-04-2016

Artículo 95 Bis 4.- En caso que los servicios de digitalización sean contratados a un prestador de servicios de certificación, éste presumirá la buena fe del contratante, así como la legitimidad de los documentos que le son confiados a digitalizar, limitándose a reflejarlos fiel e íntegramente en los medios electrónicos que le sean solicitados, bajo las penas en que incurren aquellos que cometen delitos en materia de falsificación de documentos.

Contra la entrega de la información digitalizada y su correspondiente cotejo, el contratante deberá firmar una cláusula de satisfacción del servicio prestado, y proceder a adjuntar su firma electrónica avanzada a la información.

Si el contratante no adjunta su firma electrónica avanzada a la información digitalizada, ésta no podrá surtir efecto legal alguno, y será de carácter meramente informativo.

Asimismo, el prestador de servicios deberá implementar el mecanismo tecnológico necesario, a fin de que, una vez digitalizado y entregado el documento electrónico a satisfacción del cliente, éste no pueda ser modificado, alterado, enmendado o corregido de modo alguno, en los términos que se establezca en la norma oficial mexicana sobre digitalización y conservación de mensajes de datos que para tal efecto emita la Secretaría.

Artículo adicionado DOF 07-04-2016

Artículo 95 Bis 5.- Se presumirá que aquellos prestadores de servicios de certificación que ofrezcan el servicio de almacenamiento de mensajes de datos, cuentan con los medios tecnológicos suficientes para garantizar razonablemente a los contratantes que la información bajo su control podrá ser ulteriormente consultada en cualquier tiempo, a no ser que existan causas demostradas de fuerza mayor o que no sean imputables al Prestador de Servicios autorizado.

Artículo adicionado DOF 07-04-2016

Artículo 95 Bis 6.- Para los efectos de este Título, la Secretaría tendrá las siguientes facultades:

I. Expedir y revocar las acreditaciones como Prestadores de Servicios de Certificación a que se refieren los artículos 95 Bis 3, 100 y 102 de este Código, y

II. Podrá verificar en cualquier tiempo el adecuado desarrollo de las operaciones de los prestadores de servicios de certificación.

Artículo adicionado DOF 07-04-2016

CAPÍTULO II
DE LAS FIRMAS

Capítulo derogado DOF 04-08-1934. Adicionado y reubicado con denominación reformada DOF 29-08-2003

Artículo 96.- Las disposiciones del presente Código serán aplicadas de modo que no excluyan, restrinjan o priven de efecto jurídico cualquier método para crear una Firma Electrónica.

Artículo derogado DOF 04-08-1934. Adicionado DOF 29-08-2003

Artículo 97.- Cuando la ley requiera o las partes acuerden la existencia de una Firma en relación con un Mensaje de Datos, se entenderá satisfecho dicho requerimiento si se utiliza una Firma Electrónica que resulte apropiada para los fines para los cuales se generó o comunicó ese Mensaje de Datos.

La Firma Electrónica se considerará Avanzada o Fiable si cumple por lo menos los siguientes requisitos:

I. Los Datos de Creación de la Firma, en el contexto en que son utilizados, corresponden exclusivamente al Firmante;

II. Los Datos de Creación de la Firma estaban, en el momento de la firma, bajo el control exclusivo del Firmante;

III. Es posible detectar cualquier alteración de la Firma Electrónica hecha después del momento de la firma, y

IV. Respecto a la integridad de la información de un Mensaje de Datos, es posible detectar cualquier alteración de ésta hecha después del momento de la firma.

Lo dispuesto en el presente artículo se entenderá sin perjuicio de la posibilidad de que cualquier persona demuestre de cualquier otra manera la fiabilidad de una Firma Electrónica; o presente pruebas de que una Firma Electrónica no es fiable.

Artículo derogado DOF 04-08-1934. Adicionado DOF 29-08-2003

Artículo 98.- Los Prestadores de Servicios de Certificación determinarán y harán del conocimiento de los usuarios si las Firmas Electrónicas Avanzadas o Fiables que les ofrecen cumplen o no los requerimientos dispuestos en las fracciones I a IV del artículo 97.

La determinación que se haga, con arreglo al párrafo anterior, deberá ser compatible con las normas y criterios internacionales reconocidos.

Lo dispuesto en el presente artículo se entenderá sin perjuicio de la aplicación de las normas del derecho internacional privado.

Artículo derogado DOF 04-08-1934. Adicionado DOF 29-08-2003

Artículo 99.- El Firmante deberá:

I. Cumplir las obligaciones derivadas del uso de la Firma Electrónica;

II. Actuar con diligencia y establecer los medios razonables para evitar la utilización no autorizada de los Datos de Creación de la Firma;

III. Cuando se emplee un Certificado en relación con una Firma Electrónica, actuar con diligencia razonable para cerciorarse de que todas las declaraciones que haya hecho en relación con el Certificado, con su vigencia, o que hayan sido consignadas en el mismo, son exactas.

El Firmante será responsable de las consecuencias jurídicas que deriven por no cumplir oportunamente las obligaciones previstas en el presente artículo, y

IV. Responder por las obligaciones derivadas del uso no autorizado de su firma, cuando no hubiere obrado con la debida diligencia para impedir su utilización, salvo que el Destinatario conociere de la inseguridad de la Firma Electrónica o no hubiere actuado con la debida diligencia.

Artículo derogado DOF 04-08-1934. Adicionado DOF 29-08-2003

CAPÍTULO III
DE LOS PRESTADORES DE SERVICIOS DE CERTIFICACIÓN

Capítulo derogado DOF 04-08-1934. Adicionado con denominación reformada DOF 29-08-2003

Artículo 100.- Podrán ser Prestadores de Servicios de Certificación, previa acreditación ante la Secretaría:

I. Los notarios públicos y corredores públicos;

II. Las personas morales de carácter privado, y

III. Las instituciones públicas, conforme a las leyes que les son aplicables.

Las facultades de expedir certificados o de prestar servicios relacionados, como la conservación de mensajes de datos, el sellado digital de tiempo, o la digitalización de documentos impresos, así como fungir en calidad de tercero legalmente autorizado conforme a lo que se establezca en la norma oficial mexicana, no conllevan fe pública por sí misma, así, los notarios y corredores públicos podrán llevar a cabo certificaciones que impliquen o no la fe pública, en documentos en papel o mensajes de datos.

Párrafo reformado DOF 07-04-2016

Quien aspire a obtener la acreditación como prestador de servicios de certificación, podrá solicitarla respecto de uno o más servicios, a su conveniencia.

Párrafo adicionado DOF 07-04-2016

Artículo derogado DOF 04-08-1934. Adicionado DOF 29-08-2003

Artículo 101.- Los prestadores de servicios de certificación a los que se refiere la fracción II del artículo anterior, contendrán en su objeto social las actividades siguientes, según corresponda y de acuerdo con el servicio que pretenda ofrecer:

Párrafo reformado DOF 07-04-2016

I. Verificar la identidad de los usuarios y su vinculación con los medios de identificación electrónica;

II. Comprobar la integridad y suficiencia del Mensaje de Datos del solicitante y verificar la Firma Electrónica de quien realiza la verificación;

III. Llevar a cabo registros de los elementos de identificación de los Firmantes y de aquella información con la que haya verificado el cumplimiento de fiabilidad de las Firmas Electrónicas Avanzadas y emitir el Certificado;

Fracción reformada DOF 07-04-2016

IV. Expedir sellos digitales de tiempo para asuntos del orden comercial;

Fracción adicionada DOF 07-04-2016

V. Emitir constancias de conservación de mensajes de datos;

Fracción adicionada DOF 07-04-2016

VI. Prestar servicios de digitalización de documentos, y

Fracción adicionada DOF 07-04-2016

VII. Cualquier otra actividad no incompatible con las anteriores.

Fracción recorrida DOF 07-04-2016

Artículo derogado DOF 04-08-1934. Adicionado DOF 29-08-2003

Artículo 102.- Los Prestadores de Servicios de Certificación que hayan obtenido la acreditación de la Secretaría deberán notificar a ésta la iniciación de la prestación de los servicios a que hayan sido autorizados, dentro de los 45 días naturales siguientes al comienzo de dicha actividad.

Párrafo reformado DOF 07-04-2016

A) Para que las personas indicadas en el artículo 100 puedan ser Prestadores de Servicios de Certificación, se requiere acreditación de la Secretaría, la cual podrá otorgarse para autorizar la prestación de uno o varios servicios, a elección del solicitante, y no podrá ser negada si éste cumple los siguientes requisitos, en el entendido de que la Secretaría podrá requerir a los Prestadores de Servicios de Certificación que comprueben la subsistencia del cumplimento de los mismos:

Párrafo reformado DOF 07-04-2016

I. Solicitar a la Secretaría la acreditación como Prestador de Servicios de Certificación y, en su caso, de los servicios relacionados, como la conservación de mensajes de datos, el sellado digital de tiempo, y la digitalización de documentos;

Fracción reformada DOF 07-04-2016

II. Contar con los elementos humanos, materiales, económicos y tecnológicos requeridos para prestar los servicios, a efecto de garantizar la seguridad de la información y su confidencialidad;

Fracción reformada DOF 07-04-2016

III. Contar con procedimientos definidos y específicos para la prestación de los servicios, y medidas que garanticen la seriedad de los Certificados, la conservación y consulta de los registros, si es el caso;

Fracción reformada DOF 07-04-2016

IV. Quienes operen o tengan acceso a los sistemas de certificación de los Prestadores de Servicios de Certificación no podrán haber sido condenados por delito contra el patrimonio de las personas o que haya merecido pena privativa de la libertad, ni que por cualquier motivo hayan sido inhabilitados para el ejercicio de su profesión, para desempeñar un puesto en el servicio público, en el sistema financiero o para ejercer el comercio;

V. Contar con fianza vigente por el monto y condiciones que se determinen en forma general en las reglas generales que al efecto se expidan por la Secretaría;

VI. Establecer por escrito su conformidad para ser sujeto a Auditoría por parte de la Secretaría, y

VII. Registrar su Certificado ante la Secretaría.

B) Si la Secretaría no ha resuelto respecto a la petición del solicitante, para ser acreditado conforme al artículo 100 anterior, dentro de los 45 días siguientes a la presentación de la solicitud, se tendrá por concedida la acreditación.

Artículo derogado DOF 04-08-1934. Adicionado DOF 29-08-2003

Artículo 103.- Las responsabilidades de las Entidades Prestadoras de Servicios de Certificación deberán estipularse en el contrato con los firmantes.

Artículo derogado DOF 04-08-1934. Adicionado DOF 29-08-2003

Artículo 104.- Los Prestadores de Servicios de Certificación deben cumplir las siguientes obligaciones:

I. Comprobar por sí o por medio de una persona física o moral que actúe en nombre y por cuenta suyos, la identidad de los solicitantes y cualesquiera circunstancias pertinentes para la emisión de los Certificados, utilizando cualquiera de los medios admitidos en derecho, siempre y cuando sean previamente notificados al solicitante;

II. Poner a disposición del Firmante los dispositivos de generación de los Datos de Creación y de verificación de la Firma Electrónica;

III. Informar, antes de la emisión de un Certificado, a la persona que solicite sus servicios, de su precio, de las condiciones precisas para la utilización del Certificado, de sus limitaciones de uso y, en su caso, de la forma en que garantiza su posible responsabilidad;

IV. Mantener un registro de Certificados, en el que quedará constancia de los emitidos y figurarán las circunstancias que afecten a la suspensión, pérdida o terminación de vigencia de sus efectos. A dicho registro podrá accederse por medios electrónicos, ópticos o de cualquier otra tecnología y su contenido público estará a disposición de las personas que lo soliciten, el contenido privado estará a disposición del Destinatario y de las personas que lo soliciten cuando así lo autorice el Firmante, así como en los casos a que se refieran las reglas generales que al efecto establezca la Secretaría;

V. Guardar confidencialidad respecto a la información que haya recibido para la prestación del servicio de certificación;

VI. En el caso de cesar en su actividad, los Prestadores de Servicios de Certificación deberán comunicarlo a la Secretaría a fin de determinar, conforme a lo establecido en las reglas generales expedidas, el destino que se dará a sus registros y archivos;

VII. Asegurar las medidas para evitar la alteración de los Certificados y mantener la confidencialidad de los datos en el proceso de generación de los Datos de Creación de la Firma Electrónica;

VIII. Establecer declaraciones sobre sus normas y prácticas, las cuales harán del conocimiento del usuario y el Destinatario, y

IX. Proporcionar medios de acceso que permitan a la Parte que Confía en el Certificado determinar:

a) La identidad del Prestador de Servicios de Certificación;

b) Que el Firmante nombrado en el Certificado tenía bajo su control el dispositivo y los Datos de Creación de la Firma en el momento en que se expidió el Certificado;

c) Que los Datos de Creación de la Firma eran válidos en la fecha en que se expidió el Certificado;

d) El método utilizado para identificar al Firmante;

e) Cualquier limitación en los fines o el valor respecto de los cuales puedan utilizarse los Datos de Creación de la Firma o el Certificado;

f) Cualquier limitación en cuanto al ámbito o el alcance de la responsabilidad indicada por el Prestador de Servicios de Certificación;

g) Si existe un medio para que el Firmante dé aviso al Prestador de Servicios de Certificación de que los Datos de Creación de la Firma han sido de alguna manera controvertidos, y

h) Si se ofrece un servicio de terminación de vigencia del Certificado.

Artículo derogado DOF 04-08-1934. Adicionado DOF 29-08-2003

Artículo 105.- La Secretaría coordinará y actuará como autoridad Certificadora, y registradora, respecto de los Prestadores de Servicios de Certificación, previstos en este Capítulo.

Artículo derogado DOF 04-08-1934. Adicionado DOF 29-08-2003

Artículo 106.- Para la prestación de servicios de certificación, las instituciones financieras y las empresas que les prestan servicios auxiliares o complementarios relacionados con transferencias de fondos o valores, se sujetarán a las leyes que las regulan, así como a las disposiciones y autorizaciones que emitan las autoridades financieras.

Artículo derogado DOF 04-08-1934. Adicionado DOF 29-08-2003

Artículo 107.- Serán responsabilidad del Destinatario y de la Parte que Confía, en su caso, las consecuencias jurídicas que entrañe el hecho de que no hayan tomado medidas razonables para:

I. Verificar la fiabilidad de la Firma Electrónica, o

II. Cuando la Firma Electrónica esté sustentada por un Certificado:

a) Verificar, incluso en forma inmediata, la validez, suspensión o revocación del Certificado, y

b) Tener en cuenta cualquier limitación de uso contenida en el Certificado.

Artículo derogado DOF 04-08-1934. Adicionado DOF 29-08-2003

Artículo 108.- Los Certificados, para ser considerados válidos, deberán contener:

I. La indicación de que se expiden como tales;

II. El código de identificación único del Certificado;

III. La identificación del Prestador de Servicios de Certificación que expide el Certificado, razón social, su nombre de dominio de Internet, dirección de correo electrónico, en su caso, y los datos de acreditación ante la Secretaría;

Fracción reformada DOF 07-04-2016

IV. Nombre del titular del Certificado;

V. Periodo de vigencia del Certificado;

VI. La fecha y hora de la emisión, suspensión, y renovación del Certificado;

VII. El alcance de las responsabilidades que asume el Prestador de Servicios de Certificación, y

VIII. La referencia de la tecnología empleada para la creación de la Firma Electrónica.

Artículo derogado DOF 04-08-1934. Adicionado DOF 29-08-2003

Artículo 109.- Un Certificado dejará de surtir efectos para el futuro, en los siguientes casos:

I. Expiración del periodo de vigencia del Certificado, el cual no podrá ser superior a dos años, contados a partir de la fecha en que se hubieren expedido. Antes de que concluya el periodo de vigencia del Certificado podrá el Firmante renovarlo ante el Prestador de Servicios de Certificación;

II. Revocación por el Prestador de Servicios de Certificación, a solicitud del Firmante, o por la persona física o moral representada por éste o por un tercero autorizado;

III. Pérdida o inutilización por daños del dispositivo en el que se contenga dicho Certificado;

IV. Por haberse comprobado que al momento de su expedición, el Certificado no cumplió con los requisitos establecidos en la ley, situación que no afectará los derechos de terceros de buena fe, y

V. Resolución judicial o de autoridad competente que lo ordene.

Artículo derogado DOF 04-08-1934. Adicionado DOF 29-08-2003

Artículo 110.- El Prestador de Servicios de Certificación que incumpla con las obligaciones que se le imponen en este Código, el reglamento o la norma oficial mexicana sobre digitalización y conservación de mensajes de datos que para tal efecto emita la Secretaría, previa garantía de audiencia, y mediante resolución debidamente fundada y motivada, tomando en cuenta la gravedad de la situación y reincidencia, podrá ser sancionado por la Secretaría con suspensión temporal o definitiva de sus funciones. Este procedimiento tendrá lugar conforme a la Ley Federal de Procedimiento Administrativo.

Artículo derogado DOF 04-08-1934. Adicionado DOF 29-08-2003. Reformado DOF 07-04-2016

Artículo 111.- Las sanciones que se señalan en este Capítulo se aplicarán sin perjuicio de la responsabilidad civil o penal y de las penas que correspondan a los delitos en que, en su caso, incurran los infractores.

Artículo derogado DOF 04-08-1934. Adicionado DOF 29-08-2003

Artículo 112.- Las autoridades competentes harán uso de las medidas legales necesarias, incluyendo el auxilio de la fuerza pública, para lograr la ejecución de las sanciones y medidas de seguridad que procedan conforme a esta Ley. Incluso, en los procedimientos instaurados se podrá solicitar a los órganos competentes la adopción de las medidas cautelares que se estimen necesarias para asegurar la eficacia de la resolución que definitivamente se dicte.

Artículo derogado DOF 04-08-1934. Adicionado DOF 29-08-2003

Artículo 113.- En el caso de que un Prestador de Servicios de Certificación sea suspendido, inhabilitado o cancelado en su ejercicio, el registro y los Certificados que haya expedido pasarán, para su administración, a otro Prestador de Servicios de Certificación, que para tal efecto señale la Secretaría mediante reglas generales.

Artículo derogado DOF 04-08-1934. Adicionado DOF 29-08-2003

CAPÍTULO IV
RECONOCIMIENTO DE CERTIFICADOS Y FIRMAS ELECTRÓNICAS EXTRANJEROS

Capítulo derogado DOF 04-08-1934. Adicionado y reubicado con denominación reformada DOF 29-08-2003

Artículo 114.- Para determinar si un Certificado o una Firma Electrónica extranjeros producen efectos jurídicos, o en qué medida los producen, no se tomará en consideración cualquiera de los siguientes supuestos:

I. El lugar en que se haya expedido el Certificado o en que se haya creado o utilizado la Firma Electrónica, y

II. El lugar en que se encuentre el establecimiento del Prestador de Servicios de Certificación o del Firmante.

Todo Certificado expedido fuera de la República Mexicana producirá los mismos efectos jurídicos en la misma que un Certificado expedido en la República Mexicana si presenta un grado de fiabilidad equivalente a los contemplados por este Título.

Toda Firma Electrónica creada o utilizada fuera de la República Mexicana producirá los mismos efectos jurídicos en la misma que una Firma Electrónica creada o utilizada en la República Mexicana si presenta un grado de fiabilidad equivalente.

A efectos de determinar si un Certificado o una Firma Electrónica presentan un grado de fiabilidad equivalente para los fines de los dos párrafos anteriores, se tomarán en consideración las normas internacionales reconocidas por México y cualquier otro medio de convicción pertinente.

Cuando, sin perjuicio de lo dispuesto en los párrafos anteriores, las partes acuerden entre sí la utilización de determinados tipos de Firmas Electrónicas y Certificados, se reconocerá que ese acuerdo es suficiente a efectos del reconocimiento transfronterizo, salvo que ese acuerdo no sea válido o eficaz conforme al derecho aplicable.

Artículo derogado DOF 04-08-1934. Adicionado DOF 29-08-2003

Artículo 115.- (Se deroga).

Artículo derogado DOF 04-08-1934

Artículo 116.- (Se deroga).

Artículo derogado DOF 04-08-1934

Artículo 117.- (Se deroga).

Artículo derogado DOF 04-08-1934

Artículo 118.- (Se deroga).

Artículo derogado DOF 04-08-1934

Artículo 119.- (Se deroga).

Artículo derogado DOF 04-08-1934

Artículo 120.- (Se deroga).

Artículo derogado DOF 04-08-1934

Artículo 121.- (Se deroga).

Artículo derogado DOF 04-08-1934

Artículo 122.- (Se deroga).

Artículo derogado DOF 04-08-1934

Artículo 123.- (Se deroga).

Artículo derogado DOF 04-08-1934

Artículo 124.- (Se deroga).

Artículo derogado DOF 04-08-1934

Artículo 125.- (Se deroga).

Artículo derogado DOF 04-08-1934

Artículo 126.- (Se deroga).

Artículo derogado DOF 04-08-1934

Artículo 127.- (Se deroga).

Artículo derogado DOF 04-08-1934

Artículo 128.- (Se deroga).

Artículo derogado DOF 04-08-1934

Artículo 129.- (Se deroga).

Artículo derogado DOF 04-08-1934

Artículo 130.- (Se deroga).
Artículo derogado DOF 04-08-1934

Artículo 131.- (Se deroga).
Artículo derogado DOF 04-08-1934

Artículo 132.- (Se deroga).
Artículo derogado DOF 04-08-1934

Artículo 133.- (Se deroga).
Artículo derogado DOF 04-08-1934

Artículo 134.- (Se deroga).
Artículo derogado DOF 04-08-1934

Artículo 135.- (Se deroga).
Artículo derogado DOF 04-08-1934

Artículo 136.- (Se deroga).
Artículo derogado DOF 04-08-1934

Artículo 137.- (Se deroga).
Artículo derogado DOF 04-08-1934

Artículo 138.- (Se deroga).
Artículo derogado DOF 04-08-1934

Artículo 139.- (Se deroga).
Artículo derogado DOF 04-08-1934

Artículo 140.- (Se deroga).
Artículo derogado DOF 04-08-1934

Artículo 141.- (Se deroga).
Artículo derogado DOF 04-08-1934

Artículo 142.- (Se deroga).
Artículo derogado DOF 04-08-1934

Artículo 143.- (Se deroga).
Artículo derogado DOF 04-08-1934

Artículo 144.- (Se deroga).
Artículo derogado DOF 04-08-1934

Artículo 145.- (Se deroga).
Artículo derogado DOF 04-08-1934

Artículo 146.- (Se deroga).
Artículo derogado DOF 04-08-1934

Artículo 147.- (Se deroga).
Artículo derogado DOF 04-08-1934

Artículo 148.- (Se deroga).
Artículo derogado DOF 04-08-1934

Artículo 149.- (Se deroga).
Artículo derogado DOF 04-08-1934

Artículo 150.- (Se deroga).
Artículo derogado DOF 04-08-1934

Artículo 151.- (Se deroga).
Artículo derogado DOF 04-08-1934

Artículo 152.- (Se deroga).
Artículo derogado DOF 04-08-1934

Artículo 153.- (Se deroga).
Artículo derogado DOF 04-08-1934

Artículo 154.- (Se deroga).
Artículo derogado DOF 04-08-1934

Artículo 155.- (Se deroga).
Artículo derogado DOF 04-08-1934

Artículo 156.- (Se deroga).

Artículo derogado DOF 04-08-1934

Artículo 157.- (Se deroga).

Artículo derogado DOF 04-08-1934

Artículo 158.- (Se deroga).

Artículo derogado DOF 04-08-1934

Artículo 159.- (Se deroga).

Artículo derogado DOF 04-08-1934

Artículo 160.- (Se deroga).

Artículo derogado DOF 04-08-1934

Artículo 161.- (Se deroga).

Artículo derogado DOF 04-08-1934

Artículo 162.- (Se deroga).

Artículo derogado DOF 04-08-1934

CAPÍTULO V
DE LA SOCIEDAD ANÓNIMA

(Se deroga).

Capítulo derogado DOF 04-08-1934

Artículo 163.- (Se deroga).

Artículo derogado DOF 04-08-1934

Artículo 164.- (Se deroga).

Artículo derogado DOF 04-08-1934

Artículo 165.- (Se deroga).

Artículo derogado DOF 04-08-1934

Artículo 166.- (Se deroga).

Artículo derogado DOF 04-08-1934

Artículo 167.- (Se deroga).
Artículo derogado DOF 04-08-1934

Artículo 168.- (Se deroga).
Artículo derogado DOF 04-08-1934

Artículo 169.- (Se deroga).
Artículo derogado DOF 04-08-1934

Artículo 170.- (Se deroga).
Artículo derogado DOF 04-08-1934

Artículo 171.- (Se deroga).
Artículo derogado DOF 04-08-1934

Artículo 172.- (Se deroga).
Artículo derogado DOF 04-08-1934

Artículo 173.- (Se deroga).
Artículo derogado DOF 04-08-1934

Artículo 174.- (Se deroga).
Artículo derogado DOF 04-08-1934

Artículo 175.- (Se deroga).
Artículo derogado DOF 04-08-1934

Artículo 176.- (Se deroga).
Artículo derogado DOF 04-08-1934

Artículo 177.- (Se deroga).
Artículo derogado DOF 04-08-1934

Artículo 178.- (Se deroga).
Artículo derogado DOF 04-08-1934

Artículo 179.- (Se deroga).
Artículo derogado DOF 04-08-1934

Artículo 180.- (Se deroga).
Artículo derogado DOF 04-08-1934

Artículo 181.- (Se deroga).
Artículo derogado DOF 04-08-1934

Artículo 182.- (Se deroga).
Artículo derogado DOF 04-08-1934

Artículo 183.- (Se deroga).
Artículo derogado DOF 04-08-1934

Artículo 184.- (Se deroga).
Artículo derogado DOF 04-08-1934

Artículo 185.- (Se deroga).
Artículo derogado DOF 04-08-1934

Artículo 186.- (Se deroga).
Artículo derogado DOF 04-08-1934

Artículo 187.- (Se deroga).
Artículo derogado DOF 04-08-1934

Artículo 188.- (Se deroga).
Artículo derogado DOF 04-08-1934

Artículo 189.- (Se deroga).
Artículo derogado DOF 04-08-1934

Artículo 190.- (Se deroga).
Artículo derogado DOF 04-08-1934

Artículo 191.- (Se deroga).
Artículo derogado DOF 04-08-1934

Artículo 192.- (Se deroga).
Artículo derogado DOF 04-08-1934

Artículo 193.- (Se deroga).

Artículo derogado DOF 04-08-1934

Artículo 194.- (Se deroga).

Artículo derogado DOF 04-08-1934

Artículo 195.- (Se deroga).

Artículo derogado DOF 04-08-1934

Artículo 196.- (Se deroga).

Artículo derogado DOF 04-08-1934

Artículo 197.- (Se deroga).

Artículo derogado DOF 04-08-1934

Artículo 198.- (Se deroga).

Artículo derogado DOF 04-08-1934

Artículo 199.- (Se deroga).

Artículo derogado DOF 04-08-1934

Artículo 200.- (Se deroga).

Artículo derogado DOF 04-08-1934

Artículo 201.- (Se deroga).

Artículo derogado DOF 04-08-1934

Artículo 202.- (Se deroga).

Artículo derogado DOF 04-08-1934

Artículo 203.- (Se deroga).

Artículo derogado DOF 04-08-1934

Artículo 204.- (Se deroga).

Artículo derogado DOF 04-08-1934

Artículo 205.- (Se deroga).

Artículo derogado DOF 04-08-1934

Artículo 206.- (Se deroga).

Artículo derogado DOF 04-08-1934

Artículo 207.- (Se deroga).

Artículo derogado DOF 04-08-1934

Artículo 208.- (Se deroga).

Artículo derogado DOF 04-08-1934

Artículo 209.- (Se deroga).

Artículo derogado DOF 04-08-1934

Artículo 210.- (Se deroga).

Artículo derogado DOF 04-08-1934

Artículo 211.- (Se deroga).

Artículo derogado DOF 04-08-1934

Artículo 212.- (Se deroga).

Artículo derogado DOF 04-08-1934

Artículo 213.- (Se deroga).

Artículo derogado DOF 04-08-1934

Artículo 214.- (Se deroga).

Artículo derogado DOF 04-08-1934

Artículo 215.- (Se deroga).

Artículo derogado DOF 04-08-1934

Artículo 216.- (Se deroga).

Artículo derogado DOF 04-08-1934

Artículo 217.- (Se deroga).

Artículo derogado DOF 04-08-1934

Artículo 218.- (Se deroga).

Artículo derogado DOF 04-08-1934

Artículo 219.- (Se deroga).
Artículo derogado DOF 04-08-1934

Artículo 220.- (Se deroga).
Artículo derogado DOF 04-08-1934

Artículo 221.- (Se deroga).
Artículo derogado DOF 04-08-1934

Artículo 222.- (Se deroga).
Artículo derogado DOF 04-08-1934

Artículo 223.- (Se deroga).
Artículo derogado DOF 04-08-1934

Artículo 224.- (Se deroga).
Artículo derogado DOF 04-08-1934

Artículo 225.- (Se deroga).
Artículo derogado DOF 04-08-1934

CAPÍTULO VI
DE LAS SOCIEDADES EN COMANDITA POR ACCIONES

(Se deroga).
Capítulo derogado DOF 04-08-1934

Artículo 226.- (Se deroga).
Artículo derogado DOF 04-08-1934

Artículo 227.- (Se deroga).
Artículo derogado DOF 04-08-1934

Artículo 228.- (Se deroga).
Artículo derogado DOF 04-08-1934

Artículo 229.- (Se deroga).
Artículo derogado DOF 04-08-1934

Artículo 230.- (Se deroga).

Artículo derogado DOF 04-08-1934

Artículo 231.- (Se deroga).

Artículo derogado DOF 04-08-1934

Artículo 232.- (Se deroga).

Artículo derogado DOF 04-08-1934

Artículo 233.- (Se deroga).

Artículo derogado DOF 04-08-1934

Artículo 234.- (Se deroga).

Artículo derogado DOF 04-08-1934

Artículo 235.- (Se deroga).

Artículo derogado DOF 04-08-1934

Artículo 236.- (Se deroga).

Artículo derogado DOF 04-08-1934

Artículo 237.- (Se deroga).

Artículo derogado DOF 04-08-1934

CAPÍTULO VII
DE LAS SOCIEDADES COOPERATIVAS

(Se deroga).

Capítulo derogado DOF 30-05-1933

Artículo 238.- (Se deroga).

Artículo derogado DOF 30-05-1933

Artículo 239.- (Se deroga).

Artículo derogado DOF 30-05-1933

Artículo 240.- (Se deroga).

Artículo derogado DOF 30-05-1933

Artículo 241.- (Se deroga).
Artículo derogado DOF 30-05-1933

Artículo 242.- (Se deroga).
Artículo derogado DOF 30-05-1933

Artículo 243.- (Se deroga).
Artículo derogado DOF 30-05-1933

Artículo 244.- (Se deroga).
Artículo derogado DOF 30-05-1933

Artículo 245.- (Se deroga).
Artículo derogado DOF 30-05-1933

Artículo 246.- (Se deroga).
Artículo derogado DOF 30-05-1933

Artículo 247.- (Se deroga).
Artículo derogado DOF 30-05-1933

Artículo 248.- (Se deroga).
Artículo derogado DOF 30-05-1933

Artículo 249.- (Se deroga).
Artículo derogado DOF 30-05-1933

Artículo 250.- (Se deroga).
Artículo derogado DOF 30-05-1933

Artículo 251.- (Se deroga).
Artículo derogado DOF 30-05-1933

Artículo 252.- (Se deroga).
Artículo derogado DOF 30-05-1933

Artículo 253.- (Se deroga).
Artículo derogado DOF 30-05-1933

Artículo 254.- (Se deroga).
Artículo derogado DOF 30-05-1933

Artículo 255.- (Se deroga).
Artículo derogado DOF 30-05-1933

Artículo 256.- (Se deroga).
Artículo derogado DOF 30-05-1933

Artículo 257.- (Se deroga).
Artículo derogado DOF 30-05-1933

Artículo 258.- (Se deroga).
Artículo derogado DOF 30-05-1933

Artículo 259.- (Se deroga).
Artículo derogado DOF 30-05-1933

CAPÍTULO VIII
DE LA FUSIÓN DE LAS SOCIEDADES

(Se deroga).
Capítulo derogado DOF 04-08-1934

Artículo 260.- (Se deroga).
Artículo derogado DOF 04-08-1934

Artículo 261.- (Se deroga).
Artículo derogado DOF 04-08-1934

Artículo 262.- (Se deroga).
Artículo derogado DOF 04-08-1934

Artículo 263.- (Se deroga).
Artículo derogado DOF 04-08-1934

Artículo 264.- (Se deroga).
Artículo derogado DOF 04-08-1934

CAPÍTULO IX
DE LAS SOCIEDADES EXTRANJERAS

(Se deroga).

Capítulo derogado DOF 04-08-1934

Artículo 265.- (Se deroga).

Artículo derogado DOF 04-08-1934

Artículo 266.- (Se deroga).

Artículo derogado DOF 04-08-1934

Artículo 267.- (Se deroga).

Artículo derogado DOF 04-08-1934

CAPÍTULO X
DE LAS ASOCIACIONES

(Se deroga).

Capítulo derogado DOF 04-08-1934

Artículo 268.- (Se deroga).

Artículo derogado DOF 04-08-1934

Artículo 269.- (Se deroga).

Artículo derogado DOF 04-08-1934

Artículo 270.- (Se deroga).

Artículo derogado DOF 04-08-1934

Artículo 271.- (Se deroga).

Artículo derogado DOF 04-08-1934

CAPÍTULO XI
DISPOSICIONES PENALES

(Se deroga).

Capítulo derogado DOF 04-08-1934

Artículo 272.- (Se deroga).

Artículo derogado DOF 04-08-1934

TÍTULO TERCERO
DE LA COMISIÓN MERCANTIL

CAPÍTULO I
DE LOS COMISIONISTAS

Artículo 273.- El mandato aplicado a actos concretos de comercio, se reputa comisión mercantil. Es comitente el que confiere comisión mercantil y comisionista el que la desempeña.

Artículo 274.- El comisionista, para desempeñar su encargo, no necesitará poder constituido en escritura pública, siéndole suficiente recibirlo por escrito o de palabra; pero cuando haya sido verbal se ha de ratificar por escrito antes que el negocio concluya.

Artículo 275.- Es libre el comisionista para aceptar o no el encargo que se le hace por el comitente; pero en caso de rehusarlo, lo avisará así inmediatamente, o por el correo más próximo al día en que recibió la comisión, si el comitente no residiere en el mismo lugar.

Artículo 276.- El comisionista que practique alguna gestión en desempeño del encargo que le hizo el comitente, queda sujeto a continuarlo hasta su conclusión, entendiéndose que acepta tácitamente la comisión.

Artículo 277.- Aunque el comisionista rehúse la comisión que se le confiera, no estará dispensado de practicar las diligencias que sean de indispensable necesidad para la conservación de los efectos que el comitente le haya remitido, hasta que éste provea de nuevo encargado, sin que por practicar tales diligencias se entienda tácitamente aceptada la comisión.

Artículo 278.- Cuando sin causa legal dejare el comisionista de avisar que rehúsa la comisión, o de cumplir la expresa o tácitamente aceptada, será responsable al comitente de todos los daños que por ello le sobrevengan.

Artículo 279.- El comisionista puede hacer vender los efectos que se le han consignado, por medio de dos corredores, o dos comerciantes a falta de éstos, que previamente certifiquen el monto, calidad y precio de ellos:

I. Cuando el valor presunto de los efectos que se le han consignado no pueda cubrir los gastos que haya de desembolsar por el transporte y recibo de ellos;

II. Cuando habiéndole avisado el comisionista al comitente que rehúsa la comisión, éste, después de recibir dicho aviso, no provea de nuevo encargado que reciba los efectos que hubiere remitido.

El producto líquido de los efectos así vendidos, será depositado a disposición del comitente en una institución de crédito, si la hubiere, o en poder de la persona que en su defecto designe la autoridad judicial.

Artículo 280.- El comisionista debe desempeñar por sí los encargos que recibe, y no puede delegarlos sin estar autorizado para ello.

Bajo su responsabilidad podrá emplear, en el desempeño de su comisión, dependientes en operaciones subalternas, que, según costumbre, se confíen a éstos.

Artículo 281.- En aquellas comisiones cuyo cumplimiento exige provisión de fondos, no está obligado el comisionista a ejecutarlas, mientras el comitente no se la haga en cantidad suficiente, y también podrá suspenderlas cuando se hayan consumido los que tenía recibidos.

Artículo 282.- Cuando el comisionista se comprometa a anticipar fondos para el desempeño de la comisión, estará obligado a suplirlos, excepto en el caso de suspensión de pagos o quiebra del comitente.

Artículo 283.- El comisionista, salvo siempre el contrato entre él y el comitente, podrá desempeñar la comisión tratando en su propio nombre o en el de su comitente.

Artículo 284.- Cuando el comisionista contrate en nombre propio, tendrá acción y obligación directamente con las personas con quienes contrate, sin tener que declarar cuál sea la persona del comitente, salvo en el caso de seguros.

Artículo 285.- Cuando el comisionista contratare expresamente en nombre del comitente, no contraerá obligación propia, rigiéndose en este caso sus derechos y obligaciones como simple mandatario mercantil, por las disposiciones del derecho común.

Artículo 286.- El comisionista, en el desempeño de su encargo, se sujetará a las instrucciones recibidas del comitente, y en ningún caso podrá proceder contra disposiciones expresas del mismo.

Artículo 287.- En lo no previsto y prescrito expresamente por el comitente, deberá el comisionista consultarle, siempre que lo permita la naturaleza del negocio. Si no fuere posible la consulta o estuviere el comisionista autorizado para obrar a su arbitrio, hará lo que la prudencia dicte, cuidando del negocio como propio.

Artículo 288.- Si un accidente imprevisto hiciere a juicio del comisionista, perjudicial la ejecución de las instrucciones recibidas, podrá suspender el cumplimiento de la comisión, comunicándolo así al comitente por el medio más rápido posible.

Artículo 289.- En las operaciones hechas por el comisionista, con violación o con exceso del encargo recibido, además de la indemnización a favor del comitente de daños y perjuicios, quedará á opción de éste ratificarlas o dejarlas a cargo del comisionista.

Artículo 290.- El comisionista estará obligado a dar oportunamente noticia a su comitente, de todos los hechos o circunstancias que puedan determinarle a revocar o modificar el encargo. Asimismo debe dársela sin demora, de la ejecución de dicho encargo.

Artículo 291.- El comisionista deberá observar lo establecido en las leyes y reglamentos respecto a la negociación que se le hubiere confiado, y será responsable de los resultados de su contravención ú omisión. Si los contraviniere en virtud de órdenes expresas del comitente, las responsabilidades a que haya lugar pesarán sobre ambos.

Artículo 292.- Serán de cuenta del comisionista el quebranto ó extravío del numerario que tenga en su poder por razón de la comisión; y de cargo del comitente, siempre que al devolver los fondos sobrantes el comisionista observase las instrucciones de aquel respecto a la devolución.

Artículo 293.- El comisionista que habiendo recibido fondos para evacuar un encargo, les diere distinta inversión, sin perjuicio de la acción criminal a que hubiere lugar y de la indemnización de daños y perjuicios, abonará al comitente el capital y su interés legal desde el día en que lo recibió.

Artículo 294.- Responderá el comisionista de los efectos y mercaderías que recibiere en los términos y con las condiciones y calidades con que se le avisare la remesa, a no ser que al encargarse de ellos hiciere constar por la certificación de dos corredores, ó dos comerciantes a falta de éstos, las averías ó deterioros que en dichos efectos hubiere.

Artículo 295.- El comisionista que tuviere en su poder mercaderías o efectos por cuenta ajena, responderá de su conservación en el estado en que los recibió. Cesará esta responsabilidad cuando la destrucción o menoscabo sean debidos a casos fortuitos, fuerza mayor, transcurso de tiempo o vicio propio de la cosa.

En los casos de pérdida parcial o total por el transcurso de tiempo o vicio de la cosa, el comisionista estará obligado a acreditar por medio de la certificación de dos corredores, o en su defecto de dos comerciantes, el menoscabo de las mercancías, poniéndolo, tan luego como lo advierta, en conocimiento del comitente.

Artículo 296.- El comisionista que hubiere de remitir efectos a otro punto, deberá contratar el transporte, cumpliendo las obligaciones que se imponen al cargador.

Artículo 297.- El comisionista encargado de expedición de efectos deberá asegurarlos, si tuviere orden para ello, y la provisión de fondos necesaria, o se hubiere obligado a anticiparlos.

Artículo 298.- Estará obligado el comisionista a rendir, con relación á sus libros, después de ejecutada la comisión, una cuenta completa y justificada de su cumplimiento, y a entregar al comitente el saldo de lo recibido. En caso de morosidad, abonará intereses.

Artículo 299.- Ningún comisionista comprará ni para sí ni para otro lo que se le hubiere mandado vender, ni venderá lo que se le haya mandado comprar, sin consentimiento expreso del comitente.

Artículo 300.- Los comisionistas no podrán alterar las marcas de los efectos que hubieren comprado o vendido por cuenta ajena, ni tener efectos de una misma especie pertenecientes a distintos dueños, bajo una misma marca, sin distinguirlos por una contramarca que designe la propiedad respectiva de cada comitente.

Artículo 301.- El comisionista no podrá, sin autorización del comitente, prestar ni vender al fiado o a plazos, pudiendo en estos casos el comitente exigirle el pago al contado, dejando a favor del comisionista cualquier interés o ventaja que resulte de dicho crédito a plazo.

Artículo 302.- Si el comisionista, con la debida autorización, vendiere á plazo, deberá avisarlo así al comitente participándole los nombres de los compradores, y no haciéndolo, se entenderá, respecto al comitente, que las ventas fueron al contado.

Artículo 303.- El accionista que no verificare oportunamente la cobranza de los créditos, o no usare de los medios legales para conseguir el pago, será responsable de los perjuicios que causaren su omisión o tardanza.

Artículo 304.- Salvo pacto en contrario, todo comisionista tiene derecho a ser remunerado por su trabajo. En caso de no existir estipulación previa, el monto de la remuneración se regulará por el uso de la plaza donde se realice la comisión.

Artículo 305.- El comitente está obligado a satisfacer al contado al comisionista, mediante cuenta justificada, el importe de todos sus gastos y desembolsos, con el interés comercial desde el día en que los hubiere hecho.

Artículo 306.- Los efectos que estén real o virtualmente en poder del comisionista, se entenderán especial y preferentemente obligados al pago de los derechos de comisión, anticipaciones y gastos que el comisionista hubiere hecho por cuenta de ellos, y no podrá ser desposeído de los mismos sin ser antes pagado.

Artículo 307.- Quedando siempre obligado a las resultas de las gestiones ya practicadas, el comitente podrá en cualquier tiempo revocar la comisión conferida al comisionista.

La revocación intimada únicamente al comisionista, no puede ser opuesta a terceros contratantes que no la conociesen, salvo el derecho del comitente contra el comisionista.

Artículo 308.- Por muerte o inhabilitación del comisionista se entenderá rescindido el contrato de comisión; pero por muerte o inhabilitación del comitente no se rescindirá, aunque pueden revocarlo sus representantes.

CAPÍTULO II
DE LOS FACTORES Y DEPENDIENTES

Artículo 309.- Se reputarán factores los que tengan la dirección de alguna empresa o establecimiento fabril o comercial, o estén autorizados para contratar respecto a todos los negocios concernientes a dichos establecimientos o empresas, por cuenta y en nombre de los propietarios de los mismos.

Se reputarán dependientes los que desempeñen constantemente alguna o algunas gestiones propias del tráfico, en nombre y por cuenta del propietario de éste. Todo comerciante en el ejercicio de su tráfico, podrá constituir factores y dependientes.

Artículo 310.- Los factores deberán tener la capacidad necesaria para obligarse, y poder o autorización por escrito de la persona por cuya cuenta hagan el tráfico.

Artículo 311.- Los factores negociarán y contratarán a nombre de sus principales, expresándolo así en los documentos que con tal carácter suscriban, pudiendo también contratar en nombre propio.

Artículo 312.- Solo autorizados por sus principales y en los términos en que expresamente lo fueren, podrán los factores traficar o interesarse en negociaciones del mismo género de las que hicieren en nombre de sus principales.

Artículo 313.- En todos los contratos celebrados por los factores con tal carácter, quedarán obligados los principales y sus bienes. Si contrataren en su propio nombre, quedarán obligados directamente.

Artículo 314.- Cuando el factor contrate en nombre propio, pero por cuenta del principal, la otra parte contratante podrá dirigir su acción contra el factor o principal.

Artículo 315.- Siempre que los contratos celebrados por los factores recaigan sobre objetos comprendidos en el giro o tráfico de que están encargados, se entenderán hechos por cuenta del principal, aun cuando el factor no lo haya expresado así al celebrarlos, haya trasgredido sus facultades o cometido abuso de confianza.

Artículo 316.- Asimismo obligarán al principal los contratos de su factor, aun siendo ajenos al giro de que esté encargado, siempre que haya obrado con orden de su principal, o éste los haya aprobado en términos expresos o por hechos positivos.

Artículo 317.- Las multas en que puede incurrir el factor por contravención a las leyes en las gestiones propias de su factoría, se harán efectivas en bienes de su principal.

Artículo 318.- Si el principal interesare al factor en alguna o algunas operaciones, con respecto a ellas y con relación al principal, el factor será reputado asociado.

Ni el factor ni el dependiente tendrán este carácter, ni el de socios, si solo los interesare el principal en las utilidades del giro, reputándose sueldo dicho interés.

Artículo 319.- Los poderes conferidos a un factor se estimarán en todo caso subsistentes mientras no le fueren expresamente revocados, o haya sido enajenado el establecimiento de que estaba encargado.

Artículo 320.- Los actos y contratos ejecutados por el factor serán válidos respecto de su principal, mientras no llegue a noticia del factor la revocación del poder o la enajenación del establecimiento o empresa de que estaba encargado; y con relación a tercero, mientras no se haya cumplido, en cuanto a la revocación del poder, la inscripción y publicación de ella.

Artículo 321.- Los actos de los dependientes obligarán a sus principales en todas las operaciones que éstos les tuvieren encomendadas.

Artículo 322.- Los dependientes encargados de vender se reputarán autorizados para cobrar el importe de las ventas y extender los correspondientes recibos a nombre de los principales, siempre que las ventas sean en almacén público y al por menor; o siendo al por mayor, se hayan verificado al contado y el pago se haya hecho en el almacén.

Artículo 323.- Los dependientes viajantes autorizados con cartas ú otros documentos para gestionar negocios, o hacer operaciones de tráfico, obligarán a su principal dentro de las atribuciones expresadas en los documentos que los autoricen.

Artículo 324.- La recepción de mercancías que el dependiente hiciere por encargo de su principal, se tendrá como hecha por éste.

Artículo 325.- Sólo con autorización de sus principales, podrán los factores y dependientes delegar en otros los encargos que recibieron de aquellos.

Artículo 326.- Los principales indemnizarán a los factores y dependientes de los gastos que hicieren y pérdidas que sufrieren en el desempeño de su encargo, salvo lo expresamente pactado a este respecto.

Artículo 327.- Los factores y dependientes serán responsables a sus principales de cualquier perjuicio que causen a sus intereses por malicia, negligencia o infracción de las órdenes o instrucciones que hubieren recibido.

Artículo 328.- Si el contrato entre los principales y sus dependientes no tuviere tiempo señalado, cualquiera de las partes podrá darlo por fenecido, avisando con un mes de anticipación. Si se hubiere celebrado por tiempo fijo, ninguna de las partes contratantes, sin el consentimiento de la otra, podrá separarse antes del plazo convenido, bajo pena de indemnización de daños y perjuicios.

Artículo 329.- Los principales llevarán cuenta comprobada a sus dependientes de su haber y debe.

Artículo 330.- Los principales podrán despedir a sus dependientes antes del plazo convenido:

I. Por fraude o abuso de confianza en los encargos que les hubieren confiado;

II. Por hacer alguna operación de comercio sin autorización de su principal, por cuenta propia;

III. Por faltar gravemente al respeto y consideración debidos a su principal o personas de su familia o dependencia.

Artículo 331.- Los dependientes podrán despedirse de sus principales antes del plazo fijado:

I. Por falta de cumplimiento, por parte del principal, de cualquiera de las condiciones concertadas en beneficio del dependiente;

II. Por malos tratamientos ú ofensas graves, por parte del principal.

TÍTULO CUARTO
DEL DEPÓSITO MERCANTIL

CAPÍTULO I
DEL DEPÓSITO MERCANTIL EN GENERAL

Artículo 332.- Se estima mercantil el depósito si las cosas depositadas son objeto de comercio, o si se hace a consecuencia de una operación mercantil.

Artículo 333.- Salvo pacto en contrario, el depositario tiene derecho á exigir retribución por el depósito, la cual se arreglará a los términos del contrato, y en su defecto, a los usos de la plaza en que se constituyó el depósito.

Artículo 334.- El depósito queda constituido mediante la entrega al depositario de la cosa que constituye su objeto.

Artículo 335.- El depositario está obligado a conservar la cosa, objeto del depósito, según la reciba, y a devolverla con los documentos, si los tuviere, cuando el depositario se la pida.

En la conservación del depósito responderá el depositario de los menoscabos, daños y perjuicios que las cosas depositadas sufrieren por su malicia o negligencia.

Artículo 336.- Cuando los depósitos sean de numerario, con especificación de las monedas que los constituyan, o cuando se entreguen cerrados y sellados, los aumentos o bajas que su valor experimente serán de cuenta del depositante.

Los riesgos de dichos depósitos corren a cargo del depositario, siendo de su cuenta los daños que sufran, si no prueba que ocurrieron por fuerza mayor o caso fortuito insuperable.

Cuando los depósitos en numerario se constituyan sin especificación de moneda, o sin cerrar o sellar, el depositario responderá de su conservación y riesgos, en los términos establecidos por el artículo anterior.

Artículo 337.- (Se deroga).

Artículo derogado DOF 27-08-1932

Artículo 338.- Siempre que con asentimiento del depositante dispusiese el depositario de las cosas que fuesen objeto del depósito, ya para sí o sus negocios, ya para operaciones que aquel le encomendare, cesarán los derechos y obligaciones propias del depositante y depositario, surgiendo los del contrato que se celebrare.

Artículo 339.- (Se deroga).

Artículo derogado DOF 27-08-1932

CAPÍTULO II
DE LOS ALMACENES GENERALES DE DEPÓSITO

(Se deroga).

Capítulo derogado DOF 27-08-1932

Artículo 340.- (Se deroga).

Artículo derogado DOF 27-08-1932

Artículo 341.- (Se deroga).

Artículo derogado DOF 27-08-1932

Artículo 342.- (Se deroga).

Artículo derogado DOF 27-08-1932

Artículo 343.- (Se deroga).

Artículo derogado DOF 27-08-1932

Artículo 344.- (Se deroga).
Artículo derogado DOF 27-08-1932

Artículo 345.- (Se deroga).
Artículo derogado DOF 27-08-1932

Artículo 346.- (Se deroga).
Artículo derogado DOF 27-08-1932

Artículo 347.- (Se deroga).
Artículo derogado DOF 27-08-1932

Artículo 348.- (Se deroga).
Artículo derogado DOF 27-08-1932

Artículo 349.- (Se deroga).
Artículo derogado DOF 27-08-1932

Artículo 350.- (Se deroga).
Artículo derogado DOF 27-08-1932

Artículo 351.- (Se deroga).
Artículo derogado DOF 27-08-1932

Artículo 352.- (Se deroga).
Artículo derogado DOF 27-08-1932

Artículo 353.- (Se deroga).
Artículo derogado DOF 27-08-1932

Artículo 354.- (Se deroga).
Artículo derogado DOF 27-08-1932

Artículo 355.- (Se deroga).
Artículo derogado DOF 27-08-1932

Artículo 356.- (Se deroga)
Artículo derogado DOF 27-08-1932

Artículo 357.- (Se deroga)

Artículo derogado DOF 27-08-1932

TÍTULO QUINTO
DEL PRÉSTAMO MERCANTIL

CAPÍTULO I
DEL PRÉSTAMO MERCANTIL EN GENERAL

Artículo 358.- Se reputa mercantil el préstamo cuando se contrae en el concepto y con expresión de que las cosas prestadas se destinan a actos de comercio y no para necesidades ajenas de éste. Se presume mercantil el préstamo que se contrae entre comerciantes.

Artículo 359.- Consistiendo el préstamo en dinero, pagará el deudor devolviendo una cantidad igual a la recibida conforme a la ley monetaria vigente en la República al tiempo de hacerse el pago, sin que esta prescripción sea renunciable. Si se pacta la especie de moneda, siendo extranjera, en que se ha de hacer el pago, la alteración que experimente en valor será en daño o beneficio del prestador.

En los préstamos de títulos o valores, pagará el deudor devolviendo otros tantos de la misma clase é idénticas condiciones, o sus equivalentes, si aquellos se hubiesen extinguido, salvo pacto en contrario.

Si los préstamos fueren en especie, deberá el deudor devolver, á no mediar pacto en distinto sentido, igual cantidad en la misma especie y calidad, o su equivalente en metálico si se hubiese extinguido la especie debida.

Artículo 360.- En los préstamos por tiempo indeterminado, no podrá exigirse al deudor el pago, sino después de los treinta días siguientes a la interpelación que se haga, ya judicialmente, ya en lo extrajudicial, ante un notario o dos testigos.

Artículo 361.- Toda prestación pactada a favor del acreedor que conste precisamente por escrito, se reputará interés.

Artículo 362.- Los deudores que demoren el pago de sus deudas, deberán satisfacer, desde el día siguiente al del vencimiento, el interés pactado para este caso, o en su defecto el seis por ciento anual.

Si el préstamo consistiere en especies, para computar el rédito se graduará su valor por los precios que las mercaderías prestadas tengan en la plaza en que deba hacerse la devolución, el día siguiente al del vencimiento, o por el que determinen peritos sí la mercadería estuviere extinguida al tiempo de hacerse su valuación.

Y si consistiere el préstamo en títulos o valores, el rédito por mora será el que los mismos títulos o valores devenguen, o en su defecto el 6 por 100 anual, determinándose el precio de los valores por el que tengan en la Bolsa, si fueren cotizables, o en caso contrario por el que tuvieren en la plaza el día siguiente al del vencimiento.

Artículo 363.- Los intereses vencidos y no pagados, no devengarán intereses. Los contratantes podrán, sin embargo, capitalizarlos.

Artículo 364.- El recibo del capital por el acreedor, sin reservarse expresamente el derecho a los intereses pactados o debidos, extinguirá la obligación del deudor respecto a los mismos.

Las entregas a cuenta, cuando no resulte expresa su aplicación, se imputarán en primer término al pago de intereses por orden de vencimientos, y después al del capital.

CAPÍTULO II
DE LOS PRÉSTAMOS CON GARANTÍA O TÍTULOS DE VALORES PÚBLICOS

(Se deroga).

Capítulo derogado DOF 27-08-1932

Artículo 365.- (Se deroga).

Artículo derogado DOF 27-08-1932

Artículo 366.- (Se deroga).

Artículo derogado DOF 27-08-1932

Artículo 367.- (Se deroga).

Artículo derogado DOF 27-08-1932

Artículo 368.- (Se deroga).

Artículo derogado DOF 27-08-1932

Artículo 369.- (Se deroga).

Artículo derogado DOF 27-08-1932

Artículo 370.- (Se deroga).

Artículo derogado DOF 27-08-1932

TÍTULO SEXTO
DE LA COMPRAVENTA Y PERMUTA MERCANTILES, DE LA CESIÓN DE CRÉDITOS COMERCIALES Y DE LA CONSIGNACIÓN MERCANTIL

Denominación del Título reformada DOF 05-06-2000

CAPÍTULO I
DE LA COMPRAVENTA

Artículo 371.- Serán mercantiles las compraventas a las que este Código les da tal carácter, y todas las que se hagan con el objeto directo y preferente de traficar.

Artículo 372.- En las compraventas mercantiles se sujetarán los contratantes a todas las estipulaciones lícitas con que las hubieren pactado.

Artículo 373.- Las compraventas que se hicieren sobre muestras o calidades de mercancías determinadas y conocidas en el comercio, se tendrán por perfeccionadas por el solo consentimiento de las partes.

En caso de desavenencia entre los contratantes, dos comerciantes, nombrados uno por cada parte, y un tercero para el caso de discordia nombrado por éstos, resolverán sobre la conformidad o inconformidad de las mercancías con las muestras o calidades que sirvieron de base al contrato.

Artículo 374.- Cuando el objeto de las compraventas sea mercancías que no hayan sido vistas por el comprador, ni puedan clasificarse por calidad determinadamente conocida en el comercio, el contrato no se tendrá por perfeccionado, mientras el comprador no las examine y acepte.

Artículo 375.- Si se ha pactado la entrega de las mercancías en cantidad y plazos determinados, el comprador no estará obligado a recibirlos fuera de ellos; pero si aceptare entregas parciales, quedará consumada la venta en lo que a éstas se refiere.

Artículo 376.- En las compraventas mercantiles, una vez perfeccionado el contrato, el contratante que cumpliere tendrá derecho a exigir del que no cumpliere, la rescisión o cumplimiento del contrato, y la indemnización, además, de los daños y perjuicios.

Artículo 377.- Una vez perfeccionado el contrato de compraventa, las pérdidas, daños o menoscabos que sobrevinieren a las mercaderías vendidas, serán por cuenta del comprador, si ya le hubieren sido entregadas real, jurídica o virtualmente; o si no le hubieren sido entregadas de ninguna de estas maneras, serán por cuenta del vendedor.

En los casos de negligencia, culpa o dolo, además de la acción criminal que competa contra sus autores, serán éstos responsables de las pérdidas, daños o menoscabos que por su causa sufrieren las mercancías.

Artículo 378.- Desde el momento en que el comprador acepte que las mercancías vendidas quedan a su disposición, se tendrá por virtualmente recibido de ellas, y el vendedor quedará con los derechos y obligaciones de un simple depositario.

Artículo 379.- Si no hubiere fijado plazo para su entrega, el vendedor deberá tener a disposición del comprador las mercancías vendidas, dentro de las veinticuatro horas siguientes al contrato.

Artículo 380.- El comprador deberá pagar el precio de las mercancías que se le hayan vendido en los términos y plazos convenidos. A falta de convenio lo deberá pagar de contado. La demora en el pago del precio lo constituirá en la obligación de pagar réditos al tipo legal sobre la cantidad que adeude.

Artículo 381.- Salvo pacto en contrario, las cantidades que con el carácter de arras se entreguen en las ventas mercantiles, se reputarán dadas a cuenta de precio.

Artículo 382.- Los gastos de entrega en las ventas mercantiles, serán:

I. A cargo del vendedor, todos los que se ocasionen hasta poner las mercancías pesadas o medidas a disposición del comprador;

II. Los de su recibo y extracción fuera del lugar de la entrega, serán por cuenta del comprador.

Artículo 383.- El comprador que dentro de los cinco días de recibir las mercancías no reclamare al vendedor, por escrito, las faltas de calidad o cantidad en ellas; o que dentro de treinta días contados desde que las recibió, no le reclamase por causa de vicios internos de las mismas, perderá toda acción y derecho a repetir por tales causas contra el vendedor.

Artículo 384.- El vendedor, salvo pacto en contrario, quedará obligado en las ventas mercantiles a la evicción y saneamiento.

Artículo 385.- Las ventas mercantiles no se rescindirán por causa de lesión; pero al perjudicado, además de la acción criminal que le competa, le asistirá la de daños y perjuicios contra el contratante que hubiese procedido con fraude o malicia en el contrato o en su cumplimiento.

Artículo 386.- Mientras que las mercancías vendidas estén en poder del vendedor, aunque sea en calidad de depósito, éste tendrá preferencia sobre ellas con respecto a cualquier acreedor, para ser pagado de lo que se le adeude por cuenta del precio de las mismas.

Artículo 387.- Los depósitos y ventas públicas a que hubiere lugar en la ejecución de las compraventas mercantiles, se harán por la autoridad judicial.

CAPÍTULO II
DE LAS PERMUTAS MERCANTILES

Artículo 388.- Las disposiciones relativas al contrato de compraventa, son aplicables al de permuta mercantil, salva la naturaleza de éste.

CAPÍTULO III
DE LAS CESIONES DE CRÉDITOS NO ENDOSABLES

Artículo 389.- Los créditos mercantiles que no sean al portador ni endosables, se transferirán por medio de cesión.

Artículo 390. La cesión producirá sus efectos legales con respecto al deudor, desde que le sea notificada ante dos testigos y contra terceros a partir de su inscripción en la Sección Única del Registro Único de Garantías Mobiliarias del Registro Público de Comercio.

Artículo reformado DOF 13-06-2014

Artículo 391.- Salvo pacto en contrario, el cedente de un crédito mercantil responderá tan solo de la legitimidad del crédito y de la personalidad con que hizo la cesión.

CAPÍTULO IV
DE LA CONSIGNACIÓN MERCANTIL.

Capítulo adicionado DOF 05-06-2000

Artículo 392.- La consignación mercantil es el contrato por virtud del cual, una persona denominada consignante transmite la disponibilidad y no la propiedad de uno o varios bienes muebles, a otra persona denominada consignatario, para que le pague un precio por ello en caso de venderlos en el término establecido, o se los restituya en caso de no hacerlo.

Artículo derogado DOF 31-08-1935. Adicionado y reubicado DOF 05-06-2000

Artículo 393.- El contrato consignatorio se regirá por lo siguiente:

I. El consignatario tendrá la obligación de pagar el precio pactado con el consignante o de devolver el bien, salvo lo dispuesto por el tercer párrafo, de la fracción VI, de este artículo.

II. El consignante trasmitirá la posesión de los bienes al consignatario, y en su momento, la propiedad de los mismos al adquirente; en caso contrario, estará obligado a responder por los daños y perjuicios causados, así como por el saneamiento en caso de evicción de los bienes dados en consignación o por los vicios ocultos respectivos.

III. Las partes contratantes podrán pactar una retribución para el consignatario que consistirá en una suma determinada de dinero, en un porcentaje sobre el precio de venta o en algún otro beneficio, pudiéndose facultar al consignatario para que retenga el porcentaje establecido en el contrato.

Si el bien objeto del contrato no fue vendido dentro del plazo pactado, el consignante no estará obligado a retribuir al consignatario, salvo pacto en contrario.

Cuando se pacte una retribución para el consignatario sin que el bien o bienes consignados hayan sido vendidos y sin que dicha retribución haya sido cubierta, se entenderá que lo consignado responde por el importe pactado; en este caso el consignatario podrá constituir en prenda dichos bienes hasta en tanto le sea cubierta la retribución, estándose además a lo dispuesto en el segundo párrafo de la fracción VII de este artículo.

En caso de que el bien consignado sea vendido y habiéndose pactado una retribución para el consignatario ésta no se haya determinado, se estará a aquella que generalmente se fije en este tipo de contratos en la plaza respectiva, tomando en cuenta las características del bien consignado, su valor de mercado y los gastos erogados por el consignatario para su conservación.

IV. Una vez verificada la venta del bien dado en consignación, el consignatorio tendrá dos días hábiles para entregar la ganancia pactada al consignante, salvo pacto en contrario.

En caso de que el consignatorio retenga el bien o el producto obtenido de la venta de manera injustificada, salvo pacto en contrario, además de estar obligado a restituir el bien o pagar el producto obtenido de la venta, éste deberá pagar al consignante un tres por ciento del valor de mercado del bien consignado por cada mes o fracción que dure la retención respectiva, en cuyo caso los riesgos derivados de la pérdida o deterioro por caso fortuito o fuerza mayor se entenderán trasmitidos al consignatario.

A fin de poder exigir la restitución del bien consignado o el pago del producto obtenido de la venta del mismo, en caso de que las partes hayan celebrado el contrato respectivo por escrito, el mismo traerá aparejada ejecución en términos de los establecido en la fracción VIII, del artículo 1391 de este Código.

V. En caso de que los bienes consignados no hayan sido vendidos, el consignante no podrá disponer de ellos en tanto no se verifique el término establecido en el contrato para la venta de los mismos.

VI. El consignatario deberá realizar todos los actos tendientes a la conservación tanto de los bienes consignados como de los derechos relacionados con los mismos.

Para los anteriores efectos, el consignante deberá proveer de los fondos necesarios para ello con cuando menos dos días de anticipación a la realización del acto de conservación respectivo. En caso de que el consignatario hubiese efectuado alguna erogación para los efectos de este párrafo, el consignatorio tendrá derecho a que el importe de la misma le sea reembolsado por el consignante, aplicándose en lo conducente lo dispuesto en el tercer párrafo, de la fracción III de este artículo.

Los riesgos del bien se transmiten al consignatorio cuando éste le sea entregado de manera real por el consignante, con la excepción de la pérdida o deterioro por caso fortuito o fuerza mayor tratándose de bienes individualmente designados los cuales correrán a cargo del consignante.

VII. El consignatario podrá disponer válidamente del bien sólo con el fin previsto en el contrato. Los efectos consignados no podrán ser embargados por los acreedores del consignatorio.

El consignatorio debe poner de inmediato a disposición del consignante los bienes dados en consignación cuando ocurra alguno de los supuestos previstos en el artículo 394, a efecto de que éste los recoja dentro de los dos días hábiles siguientes a la notificación respectiva. Si el consignante no recoge la mercancía dentro del término señalado con anterioridad, salvo pacto en contrario, estará obligado a cubrir al consignatario el equivalente al dos por ciento mensual del valor de mercado del bien de que se trate por concepto de almacenaje por cada mes o fracción que tarde en recoger el mismo, en cuyo caso, los riesgos derivados de la pérdida o deterioro por caso fortuito o fuerza mayor se entenderán transmitidos al consignante.

Artículo derogado DOF 31-08-1935. Adicionado y reubicado DOF 05-06-2000

Artículo 394.- Son causas de terminación del contrato consignatorio:

I. La ejecución total de las obligaciones derivadas del contrato;

II. El vencimiento del plazo pactado;

III. La Muerte de alguno de los contratantes;

IV. El mutuo consentimiento; y,

V. Incumplimiento de las obligaciones de alguna de las partes.

Artículo derogado DOF 31-08-1935. Adicionado y reubicado DOF 05-06-2000

TÍTULO SÉPTIMO
DE LOS CONTRATOS DE SEGUROS

(Se deroga).

Título derogado DOF 31-08-1935

CAPÍTULO I
DEL CONTRATO DE SEGUROS EN GENERAL

(Se deroga).

Capítulo derogado DOF 31-08-1935

Artículo 395.- (Se deroga).
Artículo derogado DOF 31-08-1935

Artículo 396.- (Se deroga).
Artículo derogado DOF 31-08-1935

Artículo 397.- (Se deroga).
Artículo derogado DOF 31-08-1935

CAPÍTULO II
DEL SEGURO CONTRA INCENDIOS

(Se deroga).
Capítulo derogado DOF 31-08-1935

Artículo 398.- (Se deroga).
Artículo derogado DOF 31-08-1935

Artículo 399.- (Se deroga).
Artículo derogado DOF 31-08-1935

Artículo 400.- (Se deroga).
Artículo derogado DOF 31-08-1935

Artículo 401.- (Se deroga).
Artículo derogado DOF 31-08-1935

Artículo 402.- (Se deroga).
Artículo derogado DOF 31-08-1935

Artículo 403.- (Se deroga).
Artículo derogado DOF 31-08-1935

Artículo 404.- (Se deroga).
Artículo derogado DOF 31-08-1935

Artículo 405.- (Se deroga).
Artículo derogado DOF 31-08-1935

Artículo 406.- (Se deroga).
Artículo derogado DOF 31-08-1935

Artículo 407.- (Se deroga).
Artículo derogado DOF 31-08-1935

Artículo 408.- (Se deroga).
Artículo derogado DOF 31-08-1935

Artículo 409.- (Se deroga).
Artículo derogado DOF 31-08-1935

Artículo 410.- (Se deroga).
Artículo derogado DOF 31-08-1935

Artículo 411.- (Se deroga).
Artículo derogado DOF 31-08-1935

Artículo 412.- (Se deroga).
Artículo derogado DOF 31-08-1935

Artículo 413.- (Se deroga).
Artículo derogado DOF 31-08-1935

Artículo 414.- (Se deroga).
Artículo derogado DOF 31-08-1935

Artículo 415.- (Se deroga).
Artículo derogado DOF 31-08-1935

Artículo 416.- (Se deroga).
Artículo derogado DOF 31-08-1935

Artículo 417.- (Se deroga).
Artículo derogado DOF 31-08-1935

Artículo 418.- (Se deroga).
Artículo derogado DOF 31-08-1935

Artículo 419.- (Se deroga).
Artículo derogado DOF 31-08-1935

Artículo 420.- (Se deroga).
Artículo derogado DOF 31-08-1935

Artículo 421.- (Se deroga).
Artículo derogado DOF 31-08-1935

Artículo 422.- (Se deroga).
Artículo derogado DOF 31-08-1935

Artículo 423.- (Se deroga).
Artículo derogado DOF 31-08-1935

Artículo 424.- (Se deroga).
Artículo derogado DOF 31-08-1935

Artículo 425.- (Se deroga).
Artículo derogado DOF 31-08-1935

CAPÍTULO III
DEL SEGURO SOBRE LA VIDA

(Se deroga).
Capítulo derogado DOF 31-08-1935

Artículo 426.- (Se deroga).
Artículo derogado DOF 31-08-1935

Artículo 427.- (Se deroga).
Artículo derogado DOF 31-08-1935

Artículo 428.- (Se deroga).
Artículo derogado DOF 31-08-1935

Artículo 429.- (Se deroga).
Artículo derogado DOF 31-08-1935

Artículo 430.- (Se deroga).
Artículo derogado DOF 31-08-1935

Artículo 431.- (Se deroga).
Artículo derogado DOF 31-08-1935

Artículo 432.- (Se deroga).
Artículo derogado DOF 31-08-1935

Artículo 433.- (Se deroga).
Artículo derogado DOF 31-08-1935

Artículo 434.- (Se deroga).
Artículo derogado DOF 31-08-1935

Artículo 435.- (Se deroga).
Artículo derogado DOF 31-08-1935

Artículo 436.- (Se deroga).
Artículo derogado DOF 31-08-1935

Artículo 437.- (Se deroga).
Artículo derogado DOF 31-08-1935

Artículo 438.- (Se deroga).
Artículo derogado DOF 31-08-1935

Artículo 439.- (Se deroga).
Artículo derogado DOF 31-08-1935

Artículo 440.- (Se deroga).
Artículo derogado DOF 31-08-1935

Artículo 441.- (Se deroga).
Artículo derogado DOF 31-08-1935

CAPÍTULO IV
DEL SEGURO DE TRANSPORTE TERRESTRE

(Se deroga).

Capítulo derogado DOF 31-08-1935

Artículo 442.- (Se deroga).

Artículo derogado DOF 31-08-1935

Artículo 443.- (Se deroga).

Artículo derogado DOF 31-08-1935

Artículo 444.- (Se deroga).

Artículo derogado DOF 31-08-1935

Artículo 445.- (Se deroga).

Artículo derogado DOF 31-08-1935

Artículo 446.- (Se deroga).

Artículo derogado DOF 31-08-1935

Artículo 447.- (Se deroga).

Artículo derogado DOF 31-08-1935

CAPÍTULO V
DE LAS DEMÁS CLASES DE SEGUROS

(Se deroga).

Capítulo derogado DOF 31-08-1935

Artículo 448.- (Se deroga).

Artículo derogado DOF 31-08-1935

TÍTULO OCTAVO
DEL CONTRATO Y LETRAS DE CAMBIO

(Se deroga).

Título derogado DOF 27-08-1932

CAPÍTULO I
DE LA FORMA, PLAZOS Y VENCIMIENTOS DE LAS LETRAS DE CAMBIO

(Se deroga).

Capítulo derogado DOF 27-08-1932

Artículo 449.- (Se deroga).

Artículo derogado DOF 27-08-1932

Artículo 450.- (Se deroga).

Artículo derogado DOF 27-08-1932

Artículo 451.- (Se deroga).

Artículo derogado DOF 27-08-1932

Artículo 452.- (Se deroga).

Artículo derogado DOF 27-08-1932

Artículo 453.- (Se deroga).

Artículo derogado DOF 27-08-1932

Artículo 454.- (Se deroga).

Artículo derogado DOF 27-08-1932

Artículo 455.- (Se deroga).

Artículo derogado DOF 27-08-1932

Artículo 456.- (Se deroga).

Artículo derogado DOF 27-08-1932

Artículo 457.- (Se deroga).

Artículo derogado DOF 27-08-1932

Artículo 458.- (Se deroga).

Artículo derogado DOF 27-08-1932

Artículo 459.- (Se deroga).

Artículo derogado DOF 27-08-1932

Artículo 460.- (Se deroga).

Artículo derogado DOF 27-08-1932

Artículo 461.- (Se deroga).

Artículo derogado DOF 27-08-1932

Artículo 462.- (Se deroga).

Artículo derogado DOF 27-08-1932

Artículo 463.- (Se deroga).

Artículo derogado DOF 27-08-1932

Artículo 464.- (Se deroga).

Artículo derogado DOF 27-08-1932

Artículo 465.- (Se deroga).

Artículo derogado DOF 27-08-1932

Artículo 466.- (Se deroga).

Artículo derogado DOF 27-08-1932

Artículo 467.- (Se deroga).

Artículo derogado DOF 27-08-1932

Artículo 468.- (Se deroga).

Artículo derogado DOF 27-08-1932

CAPÍTULO II
DE LA PROVISIÓN

(Se deroga).

Capítulo derogado DOF 27-08-1932

Artículo 469.- (Se deroga).

Artículo derogado DOF 27-08-1932

Artículo 470.- (Se deroga).

Artículo derogado DOF 27-08-1932

Artículo 471.- (Se deroga).

Artículo derogado DOF 27-08-1932

Artículo 472.- (Se deroga).

Artículo derogado DOF 27-08-1932

Artículo 473.- (Se deroga).

Artículo derogado DOF 27-08-1932

Artículo 474.- (Se deroga).

Artículo derogado DOF 27-08-1932

Artículo 475.- (Se deroga).

Artículo derogado DOF 27-08-1932

Artículo 476.- (Se deroga).

Artículo derogado DOF 27-08-1932

CAPÍTULO III
DEL ENDOSO EN LAS LETRAS DE CAMBIO

(Se deroga).

Capítulo derogado DOF 27-08-1932

Artículo 477.- (Se deroga).

Artículo derogado DOF 27-08-1932

Artículo 478.- (Se deroga).

Artículo derogado DOF 27-08-1932

Artículo 479.- (Se deroga).

Artículo derogado DOF 27-08-1932

Artículo 480.- (Se deroga).

Artículo derogado DOF 27-08-1932

Artículo 481.- (Se deroga).

Artículo derogado DOF 27-08-1932

Artículo 482.- (Se deroga).

Artículo derogado DOF 27-08-1932

Artículo 483.- (Se deroga).

Artículo derogado DOF 27-08-1932

CAPÍTULO IV
DE LA PRESENTACIÓN DE LAS LETRAS DE CAMBIO Y DE SU ACEPTACIÓN

(Se deroga).

Capítulo derogado DOF 27-08-1932

Artículo 484.- (Se deroga).

Artículo derogado DOF 27-08-1932

Artículo 485.- (Se deroga).

Artículo derogado DOF 27-08-1932

Artículo 486.- (Se deroga).

Artículo derogado DOF 27-08-1932

Artículo 487.- (Se deroga).

Artículo derogado DOF 27-08-1932

Artículo 488.- (Se deroga).

Artículo derogado DOF 27-08-1932

Artículo 489.- (Se deroga).

Artículo derogado DOF 27-08-1932

Artículo 490.- (Se deroga).

Artículo derogado DOF 27-08-1932

Artículo 491.- (Se deroga).

Artículo derogado DOF 27-08-1932

Artículo 492.- (Se deroga).

Artículo derogado DOF 27-08-1932

Artículo 493.- (Se deroga).

Artículo derogado DOF 27-08-1932

Artículo 494.- (Se deroga).

Artículo derogado DOF 27-08-1932

Artículo 495.- (Se deroga).

Artículo derogado DOF 27-08-1932

CAPÍTULO V
DEL AVAL

(Se deroga).

Capítulo derogado DOF 27-08-1932

Artículo 496.- (Se deroga).

Artículo derogado DOF 27-08-1932

Artículo 497.- (Se deroga).

Artículo derogado DOF 27-08-1932

Artículo 498.- (Se deroga).

Artículo derogado DOF 27-08-1932

CAPÍTULO VI
DEL PAGO

(Se deroga).

Capítulo derogado DOF 27-08-1932

Artículo 499.- (Se deroga).

Artículo derogado DOF 27-08-1932

Artículo 500.- (Se deroga).

Artículo derogado DOF 27-08-1932

Artículo 501.- (Se deroga).

Artículo derogado DOF 27-08-1932

Artículo 502.- (Se deroga).
Artículo derogado DOF 27-08-1932

Artículo 503.- (Se deroga).
Artículo derogado DOF 27-08-1932

Artículo 504.- (Se deroga).
Artículo derogado DOF 27-08-1932

Artículo 505.- (Se deroga).
Artículo derogado DOF 27-08-1932

Artículo 506.- (Se deroga).
Artículo derogado DOF 27-08-1932

Artículo 507.- (Se deroga).
Artículo derogado DOF 27-08-1932

Artículo 508.- (Se deroga).
Artículo derogado DOF 27-08-1932

Artículo 509.- (Se deroga).
Artículo derogado DOF 27-08-1932

CAPÍTULO VII
DE LOS PROTESTOS

(Se deroga).
Capítulo derogado DOF 27-08-1932

Artículo 510.- (Se deroga).
Artículo derogado DOF 27-08-1932

Artículo 511.- (Se deroga).
Artículo derogado DOF 27-08-1932

Artículo 512.- (Se deroga).
Artículo derogado DOF 27-08-1932

Artículo 513.- (Se deroga).

Artículo derogado DOF 27-08-1932

Artículo 514.- (Se deroga).

Artículo derogado DOF 27-08-1932

Artículo 515.- (Se deroga).

Artículo derogado DOF 27-08-1932

Artículo 516.- (Se deroga).

Artículo derogado DOF 27-08-1932

Artículo 517.- (Se deroga).

Artículo derogado DOF 27-08-1932

Artículo 518.- (Se deroga).

Artículo derogado DOF 27-08-1932

Artículo 519.- (Se deroga).

Artículo derogado DOF 27-08-1932

CAPÍTULO VIII
DE LA INTERVENCIÓN EN LA ACEPTACIÓN Y PAGO

(Se deroga).

Capítulo derogado DOF 27-08-1932

Artículo 520.- (Se deroga).

Artículo derogado DOF 27-08-1932

Artículo 521.- (Se deroga).

Artículo derogado DOF 27-08-1932

Artículo 522.- (Se deroga).

Artículo derogado DOF 27-08-1932

Artículo 523.- (Se deroga).

Artículo derogado DOF 27-08-1932

Artículo 524.- (Se deroga).
Artículo derogado DOF 27-08-1932

Artículo 525.- (Se deroga).
Artículo derogado DOF 27-08-1932

Artículo 526.- (Se deroga).
Artículo derogado DOF 27-08-1932

CAPÍTULO IX
DE LAS ACCIONES QUE COMPETEN AL PORTADOR DE UNA LETRA DE CAMBIO

Capítulo derogado DOF 27-08-1932

Artículo 527.- (Se deroga).
Artículo derogado DOF 27-08-1932

Artículo 528.- (Se deroga).
Artículo derogado DOF 27-08-1932

Artículo 529.- (Se deroga).
Artículo derogado DOF 27-08-1932

Artículo 530.- (Se deroga).
Artículo derogado DOF 27-08-1932

Artículo 531.- (Se deroga).
Artículo derogado DOF 27-08-1932

Artículo 532.- (Se deroga).
Artículo derogado DOF 27-08-1932

Artículo 533.- (Se deroga).
Artículo derogado DOF 27-08-1932

Artículo 534.- (Se deroga).
Artículo derogado DOF 27-08-1932

Artículo 535.- (Se deroga).

Artículo derogado DOF 27-08-1932

Artículo 536.- (Se deroga).

Artículo derogado DOF 27-08-1932

CAPÍTULO X
DEL RECAMBIO Y RESACA

(Se deroga).

Capítulo derogado DOF 27-08-1932

Artículo 537.- (Se deroga).

Artículo derogado DOF 27-08-1932

Artículo 538.- (Se deroga).

Artículo derogado DOF 27-08-1932

Artículo 539.- (Se deroga).

Artículo derogado DOF 27-08-1932

Artículo 540.- (Se deroga).

Artículo derogado DOF 27-08-1932

Artículo 541.- (Se deroga).

Artículo derogado DOF 27-08-1932

Artículo 542.- (Se deroga).

Artículo derogado DOF 27-08-1932

Artículo 543.- (Se deroga).

Artículo derogado DOF 27-08-1932

Artículo 544.- (Se deroga).

Artículo derogado DOF 27-08-1932

TÍTULO NOVENO
DE LAS LIBRANZAS, VALES, PAGARES, CHEQUES Y CARTAS DE CRÉDITO

(Se deroga).

Título derogado DOF 27-08-1932

CAPÍTULO I
DE LAS LIBRANZAS, VALES Y PAGARÉS

(Se deroga).

Capítulo derogado DOF 27-08-1932

Artículo 545.- (Se deroga).

Artículo derogado DOF 27-08-1932

Artículo 546.- (Se deroga).

Artículo derogado DOF 27-08-1932

Artículo 547.- (Se deroga).

Artículo derogado DOF 27-08-1932

Artículo 548.- (Se deroga).

Artículo derogado DOF 27-08-1932

Artículo 549.- (Se deroga).

Artículo derogado DOF 27-08-1932

Artículo 550.- (Se deroga).

Artículo derogado DOF 27-08-1932

Artículo 551.- (Se deroga).

Artículo derogado DOF 27-08-1932

CAPÍTULO II
DE LOS CHEQUES

(Se deroga).

Capítulo derogado DOF 27-08-1932

Artículo 552.- (Se deroga).

Artículo derogado DOF 27-08-1932

Artículo 553.- (Se deroga).
Artículo derogado DOF 27-08-1932

Artículo 554.- (Se deroga).
Artículo derogado DOF 27-08-1932

Artículo 555.- (Se deroga).
Artículo derogado DOF 27-08-1932

Artículo 556.- (Se deroga).
Artículo derogado DOF 27-08-1932

Artículo 557.- (Se deroga).
Artículo derogado DOF 27-08-1932

Artículo 558.- (Se deroga).
Artículo derogado DOF 27-08-1932

Artículo 559.- (Se deroga).
Artículo derogado DOF 27-08-1932

Artículo 560.- (Se deroga).
Artículo derogado DOF 27-08-1932

Artículo 561.- (Se deroga).
Artículo derogado DOF 27-08-1932

Artículo 562.- (Se deroga).
Artículo derogado DOF 27-08-1932

Artículo 563.- (Se deroga).
Artículo derogado DOF 27-08-1932

CAPÍTULO III
DE LAS CARTAS DE CRÉDITO

(Se deroga).
Capítulo derogado DOF 27-08-1932

Artículo 564.- (Se deroga).
Artículo derogado DOF 27-08-1932

Artículo 565.- (Se deroga).
Artículo derogado DOF 27-08-1932

Artículo 566.- (Se deroga).
Artículo derogado DOF 27-08-1932

Artículo 567.- (Se deroga).
Artículo derogado DOF 27-08-1932

Artículo 568.- (Se deroga).
Artículo derogado DOF 27-08-1932

Artículo 569.- (Se deroga).
Artículo derogado DOF 27-08-1932

Artículo 570.- (Se deroga).
Artículo derogado DOF 27-08-1932

Artículo 571.- (Se deroga).
Artículo derogado DOF 27-08-1932

Artículo 572.- (Se deroga).
Artículo derogado DOF 27-08-1932

Artículo 573.- (Se deroga).
Artículo derogado DOF 27-08-1932

Artículo 574.- (Se deroga).
Artículo derogado DOF 27-08-1932

Artículo 575.- (Se deroga).
Artículo derogado DOF 27-08-1932

TÍTULO DÉCIMO
DE LOS TRANSPORTES POR VÍAS TERRESTRES O FLUVIALES

CAPÍTULO I
DEL CONTRATO MERCANTIL DE TRANSPORTE TERRESTRE

Artículo 576.- El contrato de transportes por vías terrestres o fluviales de todo género se reputará mercantil:

I. Cuando tenga por objeto mercaderías o cualesquiera efectos del comercio;

II. Cuando siendo cualquiera su objeto, sea comerciante el porteador o se dedique habitualmente a verificar transportes para el público.

Artículo 577.- El porteador, salvo pacto en contrario, puede estipular con otro la conducción de las mercancías. En ese caso conservará tal carácter respecto de la persona con quien haya contratado primero, y tomará el de cargador con relación a la segunda.

El último porteador tendrá la obligación de entregar la carga al consignatario.

Artículo 578.- El contrato de transporte es rescindible a voluntad del cargador, antes o después de comenzarse el viaje, pagando en el primer caso al porteador la mitad, y en el segundo la totalidad del porte, y siendo obligación suya recibir los efectos en el punto y en el día en que la rescisión se verifique. Si no cumpliere con esa obligación, o no cubriere el porte al contado, el contrato no quedará rescindido.

Artículo 579.- El contrato de transporte se rescindirá de hecho antes de emprenderse el viaje, o durante su curso; si sobreviniere algún suceso de fuerza mayor que impida verificarlo o continuarlo, como declaración de guerra, prohibición de comercio, intercepción de caminos ú otros acontecimientos análogos.

Artículo 580.- En los casos previstos en el artículo anterior, cada uno de los interesados perderá los gastos que hubiese hecho, si el viaje no se ha verificado; y si está en curso, el porteador tendrá derecho a que se le pague del porte la parte proporcional respectiva al camino recorrido y la obligación de presentar las mercancías para su depósito a la autoridad judicial del punto en que ya no le sea posible continuarlo, comprobando y recabando la constancia relativa de hallarse en el estado consignado en la carta de porte, de cuyo hecho dará conocimiento oportuno al cargador, a cuya disposición deben quedar.

Artículo 581.- El portador de mercaderías o efectos deberá extender al cargador una carta de porte, de la que éste podrá pedir una copia. En dicha carta de porte se expresarán:

I. El nombre, apellido y domicilio del cargador;

II. El nombre, apellido y domicilio del porteador;

III. El nombre, apellido y domicilio de la persona a quien o á cuya orden vayan dirigidos los efectos, o si han de entregarse al portador de la misma carta;

IV. La designación de los efectos, con expresión de su calidad genérica, de su peso y de las marcas o signos exteriores de los bultos en que se contengan;

V. El precio del transporte;

VI. La fecha en que se hace la expedición;

VII. El lugar de la entrega al porteador;

VIII. El lugar y el plazo en que habrá de hacerse la entrega al consignatario;

IX. La indemnización que haya de abonar el porteador en caso de retardo, si sobre este punto mediare algún pacto.

Artículo 582.- La carta de porte puede ser a favor del consignatario, a la orden de este o al portador, debiendo extenderse en libros talonarios. Los interesados podrán pedir copias de ellas, las que se expedirán expresando en las mismas su calidad de tales. El portador legítimo de la carta de porte se subrogará por este solo hecho en las obligaciones y derechos del cargador.

Artículo 583.- Los títulos legales del contrato entre el cargador y el porteador serán las cartas de porte, por cuyo contenido se decidirán las cuestiones que ocurran sobre su ejecución y cumplimiento, sin admitir más excepciones que la falsedad y error material de su redacción.

Cumpliendo el contrato se devolverá al porteador la carta de porte que hubiere expedido, y en virtud del canje de este título por el objeto porteado se tendrán por canceladas las respectivas obligaciones y acciones, salvo cuando en el mismo acto se hicieren constar por escrito en el mismo título las reclamaciones que las partes quisieran reservarse; excepción hecha de lo que se determina en la frac. III del art. 595.

En caso de que por extravío u otra causa no pueda el consignatario devolver en el acto de recibir los géneros, la carta de porte que él hubiere recibido suscrita por el porteador, deberá darle un recibo de los objetos entregados, produciendo este recibo los mismos efectos que la devolución de la carta de porte. Si ésta fuere a la orden o al portador, el recibo se extenderá con los requisitos que establece el título respectivo.

Artículo 584.- Cuando se extraviaren las cartas de porte, las cuestiones que surjan se decidirán por las pruebas que rindan los interesados, incumbiendo siempre al cargador la relativa a la entrega de la carga.

Artículo 585.- La omisión de alguna de las circunstancias requeridas en el art. 581 no invalidará la carta de porte, ni destruirá su fuerza probatoria, pudiendo rendir sobre las que faltan las pruebas relativas.

Artículo 586.- Las cartas de porte o billetes en los casos de transporte de viajeros por ferrocarriles ú otras empresas sujetas a tarifas, podrán ser diferentes, unos para las personas y otros para los equipajes; pero todos contendrán la indicación del porteador, la fecha de la expedición, los puntos de salida y llegada, el precio, y en lo tocante a equipajes, el número y peso de los bultos, con las demás indicaciones que se crean necesarias para su fácil identificación.

Artículo 587.- En los transportes que se verifiquen por ferrocarriles ú otras empresas sujetas a tarifas o plazos reglamentarios, bastará que las cartas de porte o declaraciones de expedición facilitadas por el cargador se refieran en cuanto al precio, plazos y condiciones especiales del transporte, a las tarifas y reglamentos cuya aplicación solicite; y si no determinare tarifas, deberá el porteador aplicar el precio de las que resulten más baratas, con las condiciones que a ellas sean inherentes, consignando siempre su expresión o referencia en la carta de porte que entregue al cargador.

Artículo 588.- El cargador está obligado:

I. A entregar las mercancías en las condiciones, lugar y tiempo convenidos;

II. A dar los documentos necesarios, así fiscales como municipales para el libre tránsito y pasaje de la carga;

III. A sufrir los comisos, multas y demás penas que se le impongan por infracción de las leyes fiscales, y a indemnizar al porteador de los perjuicios que se le causen por la violación de las mismas.

IV. A sufrir las pérdidas y averías de las mercancías que procedan de vicio propio de ellas o de casos fortuitos, salvo lo dispuesto en los incisos IX y X del art. 590;

V. A indemnizar al porteador de todos los daños y perjuicios que por falta de cumplimiento del contrato hubiere sufrido, y de todas las erogaciones necesarias que para cumplimiento del mismo y fuera de sus estipulaciones, hubiese hecho en favor del cargador;

VI. A remitir con oportunidad la carta de porte al consignatario, de manera que pueda hacer uso de ella al tiempo de llegar la carga a su final destino.

Artículo 589.- El cargador tiene derecho:

I. A variar la consignación de las mercancías mientras estuvieren en camino, si diere con oportunidad la orden respectiva al porteador y le entregare la carta de porte expedida a favor del primer consignatario;

II. A variar, dentro de la ruta convenida, el lugar de la entrega de la carga, dando oportunamente al porteador la orden respectiva, pagando la totalidad del flete estipulado y canjeando la carta de porte primitiva por otra, debiendo indicar al porteador el nuevo consignatario, si lo hubiere.

Artículo 590.- El porteador está obligado:

I. A recibir las mercancías en el tiempo y lugar convenidos;

II. A emprender y concluir el viaje dentro del plazo estipulado, precisamente por el camino que señale el contrato;

III. A verificar el viaje, desde luego, si no hay término ajustado; y en el más próximo a la fecha del contrato, si acostumbrare hacerlos periódicamente;

IV. A cuidar y conservar las mercancías bajo su exclusiva responsabilidad, desde que las reciba hasta que las entregue a satisfacción del consignatario;

V. A entregar las mercancías al tenedor de la carta de porte o de la orden respectiva en defecto de ella;

VI. A pagar, en caso de retardo que le sea imputable, la indemnización convenida, o si no se ha estipulado, el perjuicio que haya causado al cargador, deduciéndose en uno y otro caso el monto respectivo del precio del transporte;

VII. A entregar las mercancías por peso, cuenta y medida, si así están consideradas en la carta de porte, a no ser que estén en barricas, cajones o fardos, pues entonces cumplirá con entregar éstos sin lesión exterior;

VIII. A probar que las pérdidas o averías de las mercancías, o el retardo en el viaje, no han tenido por causa su culpa o negligencia, si es que alega no tener responsabilidad en esos acontecimientos;

IX. A pagar las pérdidas o averías que sean a su cargo, con arreglo al precio que a juicio de peritos tuvieren las mercancías en el día y lugar en que debía hacerse la entrega, debiendo en este caso los peritos atender a las indicaciones de la carta de porte;

X. Y, en general, a cubrir al cargador o consignatario los daños y perjuicios que resientan, ya por su culpa, ya porque no se dé cumplimiento al contrato relativo.

Artículo 591.- El porteador tiene derecho:

I. A recibir la mitad del porte convenido, si por negligencia o culpa del cargador no se verificare el viaje;

II. A percibir la totalidad del porte convenido, si por negligencia o culpa del cargador no se verificare el viaje, siempre que a virtud del convenio de transporte hubiere destinado algún vehículo con el exclusivo objeto de verificar el transporte de las mercancías, descontándose lo que el porteador hubiese aprovechado por conducción de otras mercancías en el mismo vehículo;

III. A rescindir el contrato, si comenzado el viaje impidiere su continuación un acontecimiento de fuerza mayor;

IV. A continuar el viaje, removido el obstáculo a que alude el inciso anterior, si no hiciere uso de la facultad que él consigna, siguiendo la ruta designada en el contrato; o si no fuere posible, la que sea más conveniente; y si ésta resultare más dispendiosa y más larga, podrá exigir el aumento de los costos y el del porte en proporción al exceso, pero sin cobrar nada por los gastos y tiempo de la detención;

V. A exigir del cargador la apertura y reconocimiento de los bultos que contengan las mercancías en el acto de su recepción; y si éste, previo requerimiento, rehusare ú omitiere tal diligencia, el porteador quedará libre de responsabilidad que no provenga de fraude o dolo;

VI. A que el consignatario le reciba de la carga averiada las mercancías que estén ilesas, siempre que separadas de las averiadas no sufrieren disminución en su valor;

VII. A retener las mercancías transportadas, mientras no se le pague el porte;

VIII. A promover el depósito de las mercancías ante la autoridad judicial del lugar en que haya de hacerse la entrega, si en él no encontrare al consignatario, o a quien lo represente, o si hallándolo rehusare recibirlas, previo siempre el reconocimiento de su estado por peritos.

Artículo 592.- La responsabilidad del porteador por pérdidas, desfalcos o averías, se extingue:

I. Por el recibo de las mercancías sin reclamación;

II. Por el transcurso de seis meses en las expediciones verificadas dentro de la República, y el de un año en la que tengan lugar para el extranjero.

Artículo 593.- El tiempo de la prescripción comenzará a correr, en los casos de pérdida, desde el día siguiente al fijado para término de viaje, y en los de avería, después de las veinticuatro horas de la entrega de las mercancías.

Artículo 594.- Las responsabilidades a que se refiere el artículo anterior, son las civiles y no las penales, las que seguirán para su prescripción las reglas establecidas en el Código Penal.

Artículo 595.- El consignatario está obligado:

I. A recibir las mercancías sin demora, siempre que lo permita su estado y que tengan las condiciones expresadas en la carta de porte;

II. Abrir y reconocer los bultos que contengan las mercancías en el acto de su recepción, cuando lo solicite el porteador. Si el consignatario rehusare cumplir esta obligación, el porteador quedará libre de responsabilidad que no provenga de fraude o dolo;

III. A devolver la carta de porte, o a otorgar en su defecto el recibo a que se refiere el art. 583;

IV. A pagar al porteador, así el porte como los demás gastos, sin perjuicio de las reclamaciones que hiciere;

V. A ejercer, dentro de veinticuatro horas, desde la recepción de las mercancías los derechos que competan contra el porteador, cualesquiera que sean, exigiéndole las responsabilidades que haya contraído, debiendo reportar, en caso de negligencia, los perjuicios que éste cause;

VI. A cumplir con las órdenes del cargador, dándole cuenta, sin pérdida de tiempo, de cuanto ocurra relativo a las mercancías porteadas.

Artículo 596.- El consignatario tiene derecho:

I. A que mientras sea tenedor de la carta de porte expedida a su favor, se le entreguen las mercancías, cualesquiera que sean las órdenes que en contrario diere el cargador con posterioridad;

II. A no recibir las mercancías en los casos expresados en este título, y además cuando su valor no alcance a cubrir los gastos y desembolsos que deba hacer para su recepción, conservación y venta a no ser que tenga fondos suficientes del cargador;

III. A que los anticipos que haya hecho con motivo de la entrega de la carga, se le reintegren desde luego sin esperar a que se cubran con su precio;

IV. A todo lo demás que está prevenido en las prescripciones de este título.

Artículo 597.- En las empresas de transporte se observarán las condiciones que registren los reglamentos y anuncios que circulen al público, en lo que no se oponga a las reglas establecidas en este capítulo.

Artículo 598.- Las mismas empresas no podrán rehusar recibir pasajeros o efectos en la administración principal y en las oficinas que con tal objeto tengan en el tránsito.

Artículo 599.- Si un jefe de estación, un conductor de vehículo terrestre o un patrón de embarcación, recibe carga o pasajeros fuera de la administración principal o de las estaciones del tránsito, obliga por ese hecho a la empresa de transportes, salva la responsabilidad que ésta pueda exigir a su empleado.

Artículo 600.- Los Empresarios de transportes están obligados:

I. A publicar en el sistema electrónico establecido por la Secretaría de Economía, y circular sus reglamentos, fijándolos en los parajes públicos, en la parte más visible de sus oficinas y en cada uno de los vehículos destinados a la conducción, poniendo los artículos relativos al reverso de los conocimientos de carga;

Fracción reformada DOF 23-12-1974, 13-06-2014

II. A dar a los pasajeros billetes de asiento, y a los cargadores la carta de porte á que se refiere el art. 58l;

III. A emprender y concluir el viaje en los días y horas señalados en los anuncios aunque no estén tomados todos los asientos y falten efectos para completar la cantidad de carga que sea posible conducir, llevando ésta el día fijado en el contrato;

IV. A entregar la carga en los puntos convenidos, tan luego como llegue a su destino, al que presente el conocimiento respectivo, siempre que cumpla con las obligaciones que contenga, y á depositarla en sus almacenes mientras que no haya quien se presente a recibirla; así como a devolver a los pasajeros, en los momentos de terminar el viaje, los sacos de noche ó maletas que al tiempo de partir den a los conductores, si éstos tuvieren el deber de su vigilancia.

Artículo 601.- El cargador está obligado a declarar el contenido de los bultos que comprenda la carga, si lo exigiere así el administrador de la empresa o los jefes de las oficinas del tránsito al tiempo de recibirla para su conducción; sin que en ningún otro caso pueda compelérsele a esa revelación, de lo que siempre estarán libres los pasajeros respecto de los sacos de noche y maletas que los billetes de asiento les permitan llevar.

Artículo 602.- En caso de pérdida imputable a la empresa, el pasajero o cargador acreditará la entrega y valor de los efectos entregados a la administración de ella, a sus agentes acreditados o a sus factores.

Artículo 603.- Si los efectos depositados en los almacenes de la empresa durasen en ellos el término que fijen sus reglamentos, y dentro de él nadie se presentare a reclamarlos, los pondrán a disposición de la autoridad judicial del lugar para que venda desde luego lo bastante a cubrir las responsabilidades que sobre ellos pesaren con motivo de su conducción, y con el resto se cumplan las obligaciones impuestas para esos casos por derecho.

Artículo 604.- Si después del plazo a que alude el artículo anterior, el cargador o su representante se presentaren a exigir la devolución de las mercancías, quedará libre la empresa de toda responsabilidad y de toda ulterior contestación, poniendo de manifiesto el certificado mandado expedir por la autoridad judicial a cuya disposición se hayan puesto.

TÍTULO UNDÉCIMO
DE LA PRENDA MERCANTIL

(Se deroga).

Título derogado DOF 27-08-1932

Artículo 605.- (Se deroga).

Artículo derogado DOF 27-08-1932

Artículo 606.- (Se deroga).

Artículo derogado DOF 27-08-1932

Artículo 607.- (Se deroga).

Artículo derogado DOF 27-08-1932

Artículo 608.- (Se deroga).

Artículo derogado DOF 27-08-1932

Artículo 609.- (Se deroga).

Artículo derogado DOF 27-08-1932

Artículo 610.- (Se deroga).

Artículo derogado DOF 27-08-1932

Artículo 611.- (Se deroga).

Artículo derogado DOF 27-08-1932

Artículo 612.- (Se deroga).

Artículo derogado DOF 27-08-1932

Artículo 613.- (Se deroga).

Artículo derogado DOF 27-08-1932

Artículo 614.- (Se deroga).

Artículo derogado DOF 27-08-1932

Artículo 615.- (Se deroga).

Artículo derogado DOF 27-08-1932

TÍTULO DÉCIMO SEGUNDO
DE LOS EFECTOS AL PORTADOR Y DE LA FALSEDAD, ROBO, HURTO O EXTRAVÍO DE LOS MISMOS

(Se deroga).

Título derogado DOF 27-08-1932

CAPÍTULO I
DE LOS EFECTOS AL PORTADOR

(Se deroga).

Capítulo derogado DOF 27-08-1932

Artículo 616.- (Se deroga).

Artículo derogado DOF 27-08-1932

Artículo 617.- (Se deroga).

Artículo derogado DOF 27-08-1932

Artículo 618.- (Se deroga).

Artículo derogado DOF 27-08-1932

CAPÍTULO II
DEL ROBO, HURTO O EXTRAVÍO DE LOS DOCUMENTOS DE CRÉDITO Y EFECTOS AL PORTADOR

(Se deroga).

Capítulo derogado DOF 27-08-1932

Artículo 619.- (Se deroga).

Artículo derogado DOF 27-08-1932

Artículo 620.- (Se deroga).

Artículo derogado DOF 27-08-1932

Artículo 621.- (Se deroga).

Artículo derogado DOF 27-08-1932

Artículo 622.- (Se deroga).

Artículo derogado DOF 27-08-1932

Artículo 623.- (Se deroga).

Artículo derogado DOF 27-08-1932

Artículo 624.- (Se deroga).

Artículo derogado DOF 27-08-1932

Artículo 625.- (Se deroga).

Artículo derogado DOF 27-08-1932

Artículo 626.- (Se deroga).

Artículo derogado DOF 27-08-1932

Artículo 627.- (Se deroga).

Artículo derogado DOF 27-08-1932

Artículo 628.- (Se deroga).

Artículo derogado DOF 27-08-1932

Artículo 629.- (Se deroga).

Artículo derogado DOF 27-08-1932

Artículo 630.- (Se deroga).

Artículo derogado DOF 27-08-1932

Artículo 631.- (Se deroga).

Artículo derogado DOF 27-08-1932

Artículo 632.- (Se deroga).

Artículo derogado DOF 27-08-1932

Artículo 633.- (Se deroga).

Artículo derogado DOF 27-08-1932

Artículo 634.- (Se deroga).

Artículo derogado DOF 27-08-1932

TÍTULO DÉCIMO TERCERO
DE LA MONEDA

Artículo 635.- La base de la moneda mercantil es el peso mexicano, y sobre esta base se harán todas las operaciones de comercio y los cambios sobre el extranjero.

Artículo 636.- Esta misma base servirá para los contratos hechos en el Extranjero y que deban cumplirse en la República Mexicana, así como los giros que se hagan de otros países.

Artículo 637.- Las monedas extranjeras efectivas o convencionales, no tendrán en la República más valor que el de plaza.

Artículo 638.- Nadie puede ser obligado a recibir moneda extranjera.

Artículo 639.- El papel, billetes de banco y títulos de deuda extranjeros, no pueden ser objeto de actos mercantiles en la República, sino considerándolos como simples mercancías; pero podrán ser objeto de contratos puramente civiles.

TÍTULO DÉCIMO CUARTO
DE LAS INSTITUCIONES DE CRÉDITO

Se deroga

Título derogado DOF 10-01-2014

Artículo 640.- Se deroga

Artículo reformado DOF 09-04-2012. Derogado DOF 10-01-2014

Nota: De conformidad con la fracción III del artículo Tercero Transitorio de la **Ley de Navegación**, publicada en el **DOF 04-01-1994**, se establece que se derogan *"los artículos (...) 641 a 944 (...) del Código de Comercio"*, que conforman el Libro Tercero de este Código. Sin embargo, los artículos del Libro Tercero ya habían sido previamente derogados conforme lo establecido en el artículo 2o. Transitorio de la **Ley de Navegación y Comercio Marítimo**, publicada en el **DOF 21-11-1963**.

LIBRO TERCERO
DEL COMERCIO MARÍTIMO

(Se deroga).

Libro derogado DOF 21-11-1963

TÍTULO PRIMERO
DE LAS EMBARCACIONES

(Se deroga).

Título derogado DOF 21-11-1963

Artículo 641.- (Se deroga).
Artículo derogado DOF 21-11-1963, 04-01-1994

Artículo 642.- (Se deroga).
Artículo derogado DOF 21-11-1963, 04-01-1994

Artículo 643.- (Se deroga).
Artículo derogado DOF 21-11-1963, 04-01-1994

Artículo 644.- (Se deroga).
Artículo derogado DOF 21-11-1963, 04-01-1994

Artículo 645.- (Se deroga).
Artículo derogado DOF 21-11-1963, 04-01-1994

Artículo 646.- (Se deroga).
Artículo derogado DOF 21-11-1963, 04-01-1994

Artículo 647.- (Se deroga).
Artículo derogado DOF 21-11-1963, 04-01-1994

Artículo 648.- (Se deroga).
Artículo derogado DOF 21-11-1963, 04-01-1994

Artículo 649.- (Se deroga).
Artículo derogado DOF 21-11-1963, 04-01-1994

Artículo 650.- (Se deroga).
Artículo derogado DOF 21-11-1963, 04-01-1994

Artículo 651.- (Se deroga).
Artículo derogado DOF 21-11-1963, 04-01-1994

Artículo 652.- (Se deroga).
Artículo derogado DOF 21-11-1963, 04-01-1994

Artículo 653.- (Se deroga).
Artículo derogado DOF 21-11-1963, 04-01-1994

Artículo 654.- (Se deroga).
Artículo derogado DOF 21-11-1963, 04-01-1994

Artículo 655.- (Se deroga).
Artículo derogado DOF 21-11-1963, 04-01-1994

Artículo 656.- (Se deroga).
Artículo derogado DOF 21-11-1963, 04-01-1994

Artículo 657.- (Se deroga).
Artículo derogado DOF 21-11-1963, 04-01-1994

Artículo 658.- (Se deroga).
Artículo derogado DOF 21-11-1963, 04-01-1994

Artículo 659.- (Se deroga).
Artículo derogado DOF 21-11-1963, 04-01-1994

Artículo 660.- (Se deroga).
Artículo derogado DOF 21-11-1963, 04-01-1994

Artículo 661.- (Se deroga).
Artículo derogado DOF 21-11-1963, 04-01-1994

Artículo 662.- (Se deroga).
Artículo derogado DOF 21-11-1963, 04-01-1994

Artículo 663.- (Se deroga).
Artículo derogado DOF 21-11-1963, 04-01-1994

Artículo 664.- (Se deroga).
Artículo derogado DOF 21-11-1963, 04-01-1994

Artículo 665.- (Se deroga).
Artículo derogado DOF 21-11-1963, 04-01-1994

TÍTULO SEGUNDO
DE LAS PERSONAS QUE INTERVIENEN EN EL COMERCIO MARÍTIMO

(Se deroga).

Título derogado DOF 21-11-1963

CAPÍTULO I
DE LOS NAVIEROS

(Se deroga).

Capítulo derogado DOF 21-11-1963

Artículo 666.- (Se deroga).

Artículo derogado DOF 21-11-1963, 04-01-1994

Artículo 667.- (Se deroga).

Artículo derogado DOF 21-11-1963, 04-01-1994

Artículo 668.- (Se deroga).

Artículo derogado DOF 21-11-1963, 04-01-1994

Artículo 669.- (Se deroga).

Artículo derogado DOF 21-11-1963, 04-01-1994

Artículo 670.- (Se deroga).

Artículo derogado DOF 21-11-1963, 04-01-1994

Artículo 671.- (Se deroga).

Artículo derogado DOF 21-11-1963, 04-01-1994

Artículo 672.- (Se deroga).

Artículo derogado DOF 21-11-1963, 04-01-1994

Artículo 673.- (Se deroga).

Artículo derogado DOF 21-11-1963, 04-01-1994

Artículo 674.- (Se deroga).

Artículo derogado DOF 21-11-1963, 04-01-1994

Artículo 675.- (Se deroga).

Artículo derogado DOF 21-11-1963, 04-01-1994

Artículo 676.- (Se deroga).

Artículo derogado DOF 21-11-1963, 04-01-1994

Artículo 677.- (Se deroga).

Artículo derogado DOF 21-11-1963, 04-01-1994

Artículo 678.- (Se deroga).

Artículo derogado DOF 21-11-1963, 04-01-1994

Artículo 679.- (Se deroga).

Artículo derogado DOF 21-11-1963, 04-01-1994

Artículo 680.- (Se deroga).

Artículo derogado DOF 21-11-1963, 04-01-1994

Artículo 681.- (Se deroga).

Artículo derogado DOF 21-11-1963, 04-01-1994

Artículo 682.- (Se deroga).

Artículo derogado DOF 21-11-1963, 04-01-1994

CAPÍTULO II
DE LOS CAPITANES

(Se deroga).

Capítulo derogado DOF 21-11-1963

Artículo 683.- (Se deroga).

Artículo derogado DOF 21-11-1963, 04-01-1994

Artículo 684.- (Se deroga).

Artículo derogado DOF 21-11-1963, 04-01-1994

Artículo 685.- (Se deroga).

Artículo derogado DOF 21-11-1963, 04-01-1994

Artículo 686.- (Se deroga).

Artículo derogado DOF 21-11-1963, 04-01-1994

Artículo 687.- (Se deroga).

Artículo derogado DOF 21-11-1963, 04-01-1994

Artículo 688.- (Se deroga).

Artículo derogado DOF 21-11-1963, 04-01-1994

Artículo 689.- (Se deroga).

Artículo derogado DOF 21-11-1963, 04-01-1994

Artículo 690.- (Se deroga).

Artículo derogado DOF 21-11-1963, 04-01-1994

Artículo 691.- (Se deroga).

Artículo derogado DOF 21-11-1963, 04-01-1994

Artículo 692.- (Se deroga).

Artículo derogado DOF 21-11-1963, 04-01-1994

Artículo 693.- (Se deroga).

Artículo derogado DOF 21-11-1963, 04-01-1994

Artículo 694.- (Se deroga).

Artículo derogado DOF 21-11-1963, 04-01-1994

Artículo 695.- (Se deroga).

Artículo derogado DOF 21-11-1963, 04-01-1994

Artículo 696.- (Se deroga).

Artículo derogado DOF 21-11-1963, 04-01-1994

Artículo 697.- (Se deroga).

Artículo derogado DOF 21-11-1963, 04-01-1994

Artículo 698.- (Se deroga).

Artículo derogado DOF 21-11-1963, 04-01-1994

Artículo 699.- (Se deroga).

Artículo derogado DOF 21-11-1963, 04-01-1994

CAPÍTULO III
DE LOS OFICIALES Y TRIPULACIÓN DEL BUQUE

(Se deroga).

Capítulo derogado DOF 21-11-1963

Artículo 700.- (Se deroga).

Artículo derogado DOF 21-11-1963, 04-01-1994

Artículo 701.- (Se deroga).

Artículo derogado DOF 21-11-1963, 04-01-1994

Artículo 702.- (Se deroga).

Artículo derogado DOF 21-11-1963, 04-01-1994

Artículo 703.- (Se deroga).

Artículo derogado DOF 21-11-1963, 04-01-1994

Artículo 704.- (Se deroga).

Artículo derogado DOF 21-11-1963, 04-01-1994

Artículo 705.- (Se deroga).

Artículo derogado DOF 21-11-1963, 04-01-1994

Artículo 706.- (Se deroga).

Artículo derogado DOF 21-11-1963, 04-01-1994

Artículo 707.- (Se deroga).

Artículo derogado DOF 21-11-1963, 04-01-1994

Artículo 708.- (Se deroga).

Artículo derogado DOF 21-11-1963, 04-01-1994

Artículo 709.- (Se deroga).

Artículo derogado DOF 21-11-1963, 04-01-1994

Artículo 710.- (Se deroga).
Artículo derogado DOF 21-11-1963, 04-01-1994

Artículo 711.- (Se deroga).
Artículo derogado DOF 21-11-1963, 04-01-1994

Artículo 712.- (Se deroga).
Artículo derogado DOF 21-11-1963, 04-01-1994

Artículo 713.- (Se deroga).
Artículo derogado DOF 21-11-1963, 04-01-1994

Artículo 714.- (Se deroga).
Artículo derogado DOF 21-11-1963, 04-01-1994

Artículo 715.- (Se deroga).
Artículo derogado DOF 21-11-1963, 04-01-1994

Artículo 716.- (Se deroga).
Artículo derogado DOF 21-11-1963, 04-01-1994

Artículo 717.- (Se deroga).
Artículo derogado DOF 21-11-1963, 04-01-1994

Artículo 718.- (Se deroga).
Artículo derogado DOF 21-11-1963, 04-01-1994

Artículo 719.- (Se deroga).
Artículo derogado DOF 21-11-1963, 04-01-1994

Artículo 720.- (Se deroga).
Artículo derogado DOF 21-11-1963, 04-01-1994

Artículo 721.- (Se deroga).
Artículo derogado DOF 21-11-1963, 04-01-1994

Artículo 722.- (Se deroga).
Artículo derogado DOF 21-11-1963, 04-01-1994

Artículo 723.- (Se deroga).

Artículo derogado DOF 21-11-1963, 04-01-1994

CAPÍTULO IV
DE LOS SOBRECARGOS

(Se deroga).

Capítulo derogado DOF 21-11-1963

Artículo 724.- (Se deroga).

Artículo derogado DOF 21-11-1963, 04-01-1994

Artículo 725.- (Se deroga).

Artículo derogado DOF 21-11-1963, 04-01-1994

Artículo 726.- (Se deroga).

Artículo derogado DOF 21-11-1963, 04-01-1994

TÍTULO TERCERO
DE LOS CONTRATOS ESPECIALES DEL COMERCIO MARÍTIMO

(Se deroga).

Título derogado DOF 21-11-1963

CAPÍTULO I
DEL CONTRATO DE FLETAMENTO

(Se deroga).

Capítulo derogado DOF 21-11-1963

DE LAS FORMAS Y EFECTOS DEL CONTRATO DE FLETAMENTO

(Se deroga).

Derogado DOF 21-11-1963

Artículo 727.- (Se deroga).

Artículo derogado DOF 21-11-1963, 04-01-1994

Artículo 728.- (Se deroga).

Artículo derogado DOF 21-11-1963, 04-01-1994

Artículo 729.- (Se deroga).
Artículo derogado DOF 21-11-1963, 04-01-1994

Artículo 730.- (Se deroga).
Artículo derogado DOF 21-11-1963, 04-01-1994

Artículo 731.- (Se deroga).
Artículo derogado DOF 21-11-1963, 04-01-1994

Artículo 732.- (Se deroga).
Artículo derogado DOF 21-11-1963, 04-01-1994

Artículo 733.- (Se deroga).
Artículo derogado DOF 21-11-1963, 04-01-1994

Artículo 734.- (Se deroga).
Artículo derogado DOF 21-11-1963, 04-01-1994

Artículo 735.- (Se deroga).
Artículo derogado DOF 21-11-1963, 04-01-1994

Artículo 736.- (Se deroga).
Artículo derogado DOF 21-11-1963, 04-01-1994

Artículo 737.- (Se deroga).
Artículo derogado DOF 21-11-1963, 04-01-1994

Artículo 738.- (Se deroga).

Artículo derogado DOF 21-11-1963, 04-01-1994

Artículo 739.- (Se deroga).

Artículo derogado DOF 21-11-1963, 04-01-1994

Artículo 740.- (Se deroga).

Artículo derogado DOF 21-11-1963, 04-01-1994

Artículo 741.- (Se deroga).

Artículo derogado DOF 21-11-1963, 04-01-1994

Artículo 742.- (Se deroga).

Artículo derogado DOF 21-11-1963, 04-01-1994

Artículo 743.- (Se deroga).

Artículo derogado DOF 21-11-1963, 04-01-1994

CAPÍTULO II
DE LOS DERECHOS Y OBLIGACIONES DEL FLETANTE

(Se deroga).

Capítulo derogado DOF 21-11-1963

Artículo 744.- (Se deroga).

Artículo derogado DOF 21-11-1963, 04-01-1994

Artículo 745.- (Se deroga).

Artículo derogado DOF 21-11-1963, 04-01-1994

Artículo 746.- (Se deroga).

Artículo derogado DOF 21-11-1963, 04-01-1994

Artículo 747.- (Se deroga).

Artículo derogado DOF 21-11-1963, 04-01-1994

Artículo 748.- (Se deroga).

Artículo derogado DOF 21-11-1963, 04-01-1994

Artículo 749.- (Se deroga).

Artículo derogado DOF 21-11-1963, 04-01-1994

Artículo 750.- (Se deroga).

Artículo derogado DOF 21-11-1963, 04-01-1994

Artículo 751.- (Se deroga).

Artículo derogado DOF 21-11-1963, 04-01-1994

Artículo 752.- (Se deroga).

Artículo derogado DOF 21-11-1963, 04-01-1994

Artículo 753.- (Se deroga).

Artículo derogado DOF 21-11-1963, 04-01-1994

CAPÍTULO III
DE LAS OBLIGACIONES DEL FLETADOR

(Se deroga).

Capítulo derogado DOF 21-11-1963

Artículo 754.- (Se deroga).

Artículo derogado DOF 21-11-1963, 04-01-1994

Artículo 755.- (Se deroga).

Artículo derogado DOF 21-11-1963, 04-01-1994

Artículo 756.- (Se deroga).

Artículo derogado DOF 21-11-1963, 04-01-1994

Artículo 757.- (Se deroga).

Artículo derogado DOF 21-11-1963, 04-01-1994

Artículo 758.- (Se deroga).

Artículo derogado DOF 21-11-1963, 04-01-1994

Artículo 759.- (Se deroga).

Artículo derogado DOF 21-11-1963, 04-01-1994

Artículo 760.- (Se deroga).

Artículo derogado DOF 21-11-1963, 04-01-1994

Artículo 761.- (Se deroga).

Artículo derogado DOF 21-11-1963, 04-01-1994

Artículo 762.- (Se deroga).

Artículo derogado DOF 21-11-1963, 04-01-1994

CAPÍTULO IV
DE LA RESCISIÓN TOTAL O PARCIAL DEL CONTRATO DE FLETAMENTO

(Se deroga).

Capítulo derogado DOF 21-11-1963

Artículo 763.- (Se deroga).

Artículo derogado DOF 21-11-1963, 04-01-1994

Artículo 764.- (Se deroga).

Artículo derogado DOF 21-11-1963, 04-01-1994

Artículo 765.- (Se deroga).

Artículo derogado DOF 21-11-1963, 04-01-1994

Artículo 766.- (Se deroga).

Artículo derogado DOF 21-11-1963, 04-01-1994

Artículo 767.- (Se deroga).

Artículo derogado DOF 21-11-1963, 04-01-1994

CAPÍTULO V
DE LOS PASAJEROS EN LOS VIAJES POR MAR

(Se deroga).

Capítulo derogado DOF 21-11-1963

Artículo 768.- (Se deroga).

Artículo derogado DOF 21-11-1963, 04-01-1994

Artículo 769.- (Se deroga).
Artículo derogado DOF 21-11-1963, 04-01-1994

Artículo 770.- (Se deroga).
Artículo derogado DOF 21-11-1963, 04-01-1994

Artículo 771.- (Se deroga).
Artículo derogado DOF 21-11-1963, 04-01-1994

Artículo 772.- (Se deroga).
Artículo derogado DOF 21-11-1963, 04-01-1994

Artículo 773.- (Se deroga).
Artículo derogado DOF 21-11-1963, 04-01-1994

Artículo 774.- (Se deroga).
Artículo derogado DOF 21-11-1963, 04-01-1994

Artículo 775.- (Se deroga).
Artículo derogado DOF 21-11-1963, 04-01-1994

Artículo 776.- (Se deroga).
Artículo derogado DOF 21-11-1963, 04-01-1994

Artículo 777.- (Se deroga).
Artículo derogado DOF 21-11-1963, 04-01-1994

Artículo 778.- (Se deroga).
Artículo derogado DOF 21-11-1963, 04-01-1994

Artículo 779.- (Se deroga).
Artículo derogado DOF 21-11-1963, 04-01-1994

Artículo 780.- (Se deroga).
Artículo derogado DOF 21-11-1963, 04-01-1994

CAPÍTULO VI
DEL CONOCIMIENTO

(Se deroga).

Capítulo derogado DOF 21-11-1963

Artículo 781.- (Se deroga).

Artículo derogado DOF 21-11-1963, 04-01-1994

Artículo 782.- (Se deroga).

Artículo derogado DOF 21-11-1963, 04-01-1994

Artículo 783.- (Se deroga).

Artículo derogado DOF 21-11-1963, 04-01-1994

Artículo 784.- (Se deroga).

Artículo derogado DOF 21-11-1963, 04-01-1994

Artículo 785.- (Se deroga).

Artículo derogado DOF 21-11-1963, 04-01-1994

Artículo 786.- (Se deroga).

Artículo derogado DOF 21-11-1963, 04-01-1994

Artículo 787.- (Se deroga).

Artículo derogado DOF 21-11-1963, 04-01-1994

Artículo 788.- (Se deroga).

Artículo derogado DOF 21-11-1963, 04-01-1994

Artículo 789.- (Se deroga).

Artículo derogado DOF 21-11-1963, 04-01-1994

Artículo 790.- (Se deroga).

Artículo derogado DOF 21-11-1963, 04-01-1994

Artículo 791.- (Se deroga).

Artículo derogado DOF 21-11-1963, 04-01-1994

Artículo 792.- (Se deroga).

Artículo derogado DOF 21-11-1963, 04-01-1994

Artículo 793.- (Se deroga).

Artículo derogado DOF 21-11-1963, 04-01-1994

CAPÍTULO VII
DEL CONTRATO A LA GRUESA O PRÉSTAMO A RIESGO MARÍTIMO

(Se deroga).

Capítulo derogado DOF 21-11-1963

Artículo 794.- (Se deroga).

Artículo derogado DOF 21-11-1963, 04-01-1994

Artículo 795.- (Se deroga).

Artículo derogado DOF 21-11-1963, 04-01-1994

Artículo 796.- (Se deroga).

Artículo derogado DOF 21-11-1963, 04-01-1994

Artículo 797.- (Se deroga).

Artículo derogado DOF 21-11-1963, 04-01-1994

Artículo 798.- (Se deroga).

Artículo derogado DOF 21-11-1963, 04-01-1994

Artículo 799.- (Se deroga).

Artículo derogado DOF 21-11-1963, 04-01-1994

Artículo 800.- (Se deroga).

Artículo derogado DOF 21-11-1963, 04-01-1994

Artículo 801.- (Se deroga).

Artículo derogado DOF 21-11-1963, 04-01-1994

Artículo 802.- (Se deroga).

Artículo derogado DOF 21-11-1963, 04-01-1994

Artículo 803.- (Se deroga).

Artículo derogado DOF 21-11-1963, 04-01-1994

Artículo 804.- (Se deroga).

Artículo derogado DOF 21-11-1963, 04-01-1994

Artículo 805.- (Se deroga).

Artículo derogado DOF 21-11-1963, 04-01-1994

Artículo 806.- (Se deroga).

Artículo derogado DOF 21-11-1963, 04-01-1994

Artículo 807.- (Se deroga).

Artículo derogado DOF 21-11-1963, 04-01-1994

Artículo 808.- (Se deroga).

Artículo derogado DOF 21-11-1963, 04-01-1994

Artículo 809.- (Se deroga).

Artículo derogado DOF 21-11-1963, 04-01-1994

Artículo 810.- (Se deroga).

Artículo derogado DOF 21-11-1963, 04-01-1994

Artículo 811.- (Se deroga).

Artículo derogado DOF 21-11-1963, 04-01-1994

CAPÍTULO VIII
DE LOS SEGUROS MARÍTIMOS.- DE LA FORMA DE ESTE CONTRATO

(Se deroga).

Capítulo derogado DOF 21-11-1963

Artículo 812.- (Se deroga).

Artículo reformado DOF 03-05-1946. Derogado DOF 21-11-1963, 04-01-1994

Artículo 813.- (Se deroga).

Artículo derogado DOF 21-11-1963, 04-01-1994

Artículo 814.- (Se deroga).

Artículo derogado DOF 21-11-1963, 04-01-1994

Artículo 815.- (Se deroga).

Artículo derogado DOF 21-11-1963, 04-01-1994

Artículo 816.- (Se deroga).

Artículo derogado DOF 21-11-1963, 04-01-1994

Artículo 817.- (Se deroga).

Artículo derogado DOF 21-11-1963, 04-01-1994

CAPÍTULO IX
DE LAS COSAS QUE PUEDEN SER ASEGURADAS Y SU EVALUACIÓN

(Se deroga).

Capítulo derogado DOF 21-11-1963

Artículo 818.- (Se deroga).

Artículo derogado DOF 21-11-1963, 04-01-1994

Artículo 819.- (Se deroga).

Artículo derogado DOF 21-11-1963, 04-01-1994

Artículo 820.- (Se deroga).

Artículo derogado DOF 21-11-1963, 04-01-1994

Artículo 821.- (Se deroga).

Artículo derogado DOF 21-11-1963, 04-01-1994

Artículo 822.- (Se deroga).

Artículo derogado DOF 21-11-1963, 04-01-1994

Artículo 823.- (Se deroga).

Artículo reformado DOF 03-05-1946. Derogado DOF 21-11-1963, 04-01-1994

Artículo 824.- (Se deroga).

Artículo derogado DOF 21-11-1963, 04-01-1994

Artículo 825.- (Se deroga).

Artículo derogado DOF 21-11-1963, 04-01-1994

Artículo 826.- (Se deroga).

Artículo derogado DOF 21-11-1963, 04-01-1994

Artículo 827.- (Se deroga).

Artículo derogado DOF 21-11-1963, 04-01-1994

Artículo 828.- (Se deroga).

Artículo derogado DOF 21-11-1963, 04-01-1994

Artículo 829.- (Se deroga).

Artículo derogado DOF 21-11-1963, 04-01-1994

CAPÍTULO X
OBLIGACIONES ENTRE EL ASEGURADOR Y ASEGURADO

(Se deroga).

Capítulo derogado DOF 21-11-1963

Artículo 830.- (Se deroga).

Artículo reformado DOF 03-05-1946. Derogado DOF 21-11-1963, 04-01-1994

Artículo 831.- (Se deroga).

Artículo reformado DOF 03-05-1946. Derogado DOF 21-11-1963, 04-01-1994

Artículo 832.- (Se deroga).

Artículo derogado DOF 21-11-1963, 04-01-1994

Artículo 833.- (Se deroga).

Artículo derogado DOF 21-11-1963, 04-01-1994

Artículo 834.- (Se deroga).

Artículo derogado DOF 21-11-1963, 04-01-1994

Artículo 835.- (Se deroga).

Artículo derogado DOF 21-11-1963, 04-01-1994

Artículo 836.- (Se deroga).
Artículo derogado DOF 21-11-1963, 04-01-1994

Artículo 837.- (Se deroga).
Artículo derogado DOF 21-11-1963, 04-01-1994

Artículo 838.- (Se deroga).
Artículo derogado DOF 21-11-1963, 04-01-1994

Artículo 839.- (Se deroga).
Artículo derogado DOF 21-11-1963, 04-01-1994

Artículo 840.- (Se deroga).
Artículo derogado DOF 21-11-1963, 04-01-1994

Artículo 841.- (Se deroga).
Artículo derogado DOF 21-11-1963, 04-01-1994

Artículo 842.- (Se deroga).
Artículo derogado DOF 21-11-1963, 04-01-1994

Artículo 843.- (Se deroga).
Artículo derogado DOF 21-11-1963, 04-01-1994

Artículo 844.- (Se deroga).
Artículo derogado DOF 21-11-1963, 04-01-1994

Artículo 845.- (Se deroga).
Artículo derogado DOF 21-11-1963, 04-01-1994

Artículo 846.- (Se deroga).
Artículo derogado DOF 21-11-1963, 04-01-1994

Artículo 847.- (Se deroga).
Artículo derogado DOF 21-11-1963, 04-01-1994

Artículo 848.- (Se deroga).
Artículo derogado DOF 21-11-1963, 04-01-1994

Artículo 849.- (Se deroga).
Artículo derogado DOF 21-11-1963, 04-01-1994

Artículo 850.- (Se deroga).
Artículo derogado DOF 21-11-1963, 04-01-1994

Artículo 851.- (Se deroga).
Artículo derogado DOF 21-11-1963, 04-01-1994

Artículo 852.- (Se deroga).
Artículo derogado DOF 21-11-1963, 04-01-1994

Artículo 853.- (Se deroga).
Artículo derogado DOF 21-11-1963, 04-01-1994

Artículo 854.- (Se deroga).
Artículo derogado DOF 21-11-1963, 04-01-1994

Artículo 855.- (Se deroga).
Artículo derogado DOF 21-11-1963, 04-01-1994

CAPÍTULO XI
DE LOS CASOS EN QUE SE ANULA, RESCINDE O MODIFICA EL CONTRATO DE SEGURO

(Se deroga).
Capítulo derogado DOF 21-11-1963

Artículo 856.- (Se deroga).
Artículo derogado DOF 21-11-1963, 04-01-1994

Artículo 857.- (Se deroga).
Artículo derogado DOF 21-11-1963, 04-01-1994

Artículo 858.- (Se deroga).
Artículo derogado DOF 21-11-1963, 04-01-1994

Artículo 859.- (Se deroga).
Artículo derogado DOF 21-11-1963, 04-01-1994

Artículo 860.- (Se deroga).

Artículo derogado DOF 21-11-1963, 04-01-1994

Artículo 861.- (Se deroga).

Artículo derogado DOF 21-11-1963, 04-01-1994

Artículo 862.- (Se deroga).

Artículo derogado DOF 21-11-1963, 04-01-1994

Artículo 863.- (Se deroga).

Artículo derogado DOF 21-11-1963, 04-01-1994

CAPÍTULO XII
DEL ABANDONO DE LAS COSAS ASEGURADAS

(Se deroga).

Capítulo derogado DOF 21-11-1963

Artículo 864.- (Se deroga).

Artículo derogado DOF 21-11-1963, 04-01-1994

Artículo 865.- (Se deroga).

Artículo derogado DOF 21-11-1963, 04-01-1994

Artículo 866.- (Se deroga).

Artículo derogado DOF 21-11-1963, 04-01-1994

Artículo 867.- (Se deroga).

Artículo derogado DOF 21-11-1963, 04-01-1994

Artículo 868.- (Se deroga).

Artículo derogado DOF 21-11-1963, 04-01-1994

Artículo 869.- (Se deroga).

Artículo derogado DOF 21-11-1963, 04-01-1994

Artículo 870.- (Se deroga).

Artículo derogado DOF 21-11-1963, 04-01-1994

Artículo 871.- (Se deroga).
Artículo derogado DOF 21-11-1963, 04-01-1994

Artículo 872.- (Se deroga).
Artículo derogado DOF 21-11-1963, 04-01-1994

Artículo 873.- (Se deroga).
Artículo derogado DOF 21-11-1963, 04-01-1994

Artículo 874.- (Se deroga).
Artículo derogado DOF 21-11-1963, 04-01-1994

Artículo 875.- (Se deroga).
Artículo derogado DOF 21-11-1963, 04-01-1994

Artículo 876.- (Se deroga).
Artículo derogado DOF 21-11-1963, 04-01-1994

Artículo 877.- (Se deroga).
Artículo derogado DOF 21-11-1963, 04-01-1994

Artículo 878.- (Se deroga).
Artículo derogado DOF 21-11-1963, 04-01-1994

Artículo 879.- (Se deroga).
Artículo derogado DOF 21-11-1963, 04-01-1994

Artículo 880.- (Se deroga).
Artículo derogado DOF 21-11-1963, 04-01-1994

TÍTULO CUARTO
DE LOS RIESGOS, DAÑOS Y ACCIDENTES DEL COMERCIO MARÍTIMO

(Se deroga).
Título derogado DOF 21-11-1963

CAPÍTULO I
DE LAS AVERÍAS

(Se deroga).

Capítulo derogado DOF 21-11-1963

Artículo 881.- (Se deroga).

Artículo derogado DOF 21-11-1963, 04-01-1994

Artículo 882.- (Se deroga).

Artículo derogado DOF 21-11-1963, 04-01-1994

Artículo 883.- (Se deroga).

Artículo derogado DOF 21-11-1963, 04-01-1994

Artículo 884.- (Se deroga).

Artículo derogado DOF 21-11-1963, 04-01-1994

Artículo 885.- (Se deroga).

Artículo derogado DOF 21-11-1963, 04-01-1994

Artículo 886.- (Se deroga).

Artículo derogado DOF 21-11-1963, 04-01-1994

Artículo 887.- (Se deroga).

Artículo derogado DOF 21-11-1963, 04-01-1994

Artículo 888.- (Se deroga).

Artículo derogado DOF 21-11-1963, 04-01-1994

Artículo 889.- (Se deroga).

Artículo derogado DOF 21-11-1963, 04-01-1994

Artículo 890.- (Se deroga).

Artículo derogado DOF 21-11-1963, 04-01-1994

Artículo 891.- (Se deroga).

Artículo derogado DOF 21-11-1963, 04-01-1994

Artículo 892.- (Se deroga).

Artículo derogado DOF 21-11-1963, 04-01-1994

Artículo 893.- (Se deroga).

Artículo derogado DOF 21-11-1963, 04-01-1994

CAPÍTULO II
DE LAS ARRIBADAS FORZOSAS

(Se deroga).

Capítulo derogado DOF 21-11-1963

Artículo 894.- (Se deroga).

Artículo derogado DOF 21-11-1963, 04-01-1994

Artículo 895.- (Se deroga).

Artículo derogado DOF 21-11-1963, 04-01-1994

Artículo 896.- (Se deroga).

Artículo derogado DOF 21-11-1963, 04-01-1994

Artículo 897.- (Se deroga).

Artículo derogado DOF 21-11-1963, 04-01-1994

Artículo 898.- (Se deroga).

Artículo derogado DOF 21-11-1963, 04-01-1994

Artículo 899.- (Se deroga).

Artículo derogado DOF 21-11-1963, 04-01-1994

Artículo 900.- (Se deroga).

Artículo derogado DOF 21-11-1963, 04-01-1994

CAPÍTULO III
DE LOS ABORDAJES

(Se deroga).

Capítulo derogado DOF 21-11-1963

Artículo 901.- (Se deroga).
Artículo derogado DOF 21-11-1963, 04-01-1994

Artículo 902.- (Se deroga).
Artículo derogado DOF 21-11-1963, 04-01-1994

Artículo 903.- (Se deroga).
Artículo derogado DOF 21-11-1963, 04-01-1994

Artículo 904.- (Se deroga).
Artículo derogado DOF 21-11-1963, 04-01-1994

Artículo 905.- (Se deroga).
Artículo derogado DOF 21-11-1963, 04-01-1994

Artículo 906.- (Se deroga).
Artículo derogado DOF 21-11-1963, 04-01-1994

Artículo 907.- (Se deroga).
Artículo derogado DOF 21-11-1963, 04-01-1994

Artículo 908.- (Se deroga).
Artículo derogado DOF 21-11-1963, 04-01-1994

Artículo 909.- (Se deroga).
Artículo derogado DOF 21-11-1963, 04-01-1994

Artículo 910.- (Se deroga).
Artículo derogado DOF 21-11-1963, 04-01-1994

Artículo 911.- (Se deroga).
Artículo derogado DOF 21-11-1963, 04-01-1994

Artículo 912.- (Se deroga).
Artículo derogado DOF 21-11-1963, 04-01-1994

Artículo 913.- (Se deroga).
Artículo derogado DOF 21-11-1963, 04-01-1994

Artículo 914.- (Se deroga).

Artículo derogado DOF 21-11-1963, 04-01-1994

CAPÍTULO IV
DE LOS NAUFRAGIOS

(Se deroga).

Capítulo derogado DOF 21-11-1963

Artículo 915.- (Se deroga).

Artículo derogado DOF 21-11-1963, 04-01-1994

Artículo 916.- (Se deroga).

Artículo derogado DOF 21-11-1963, 04-01-1994

Artículo 917.- (Se deroga).

Artículo derogado DOF 21-11-1963, 04-01-1994

Artículo 918.- (Se deroga).

Artículo derogado DOF 21-11-1963, 04-01-1994

Artículo 919.- (Se deroga).

Artículo derogado DOF 21-11-1963, 04-01-1994

Artículo 920.- (Se deroga).

Artículo derogado DOF 21-11-1963, 04-01-1994

TÍTULO QUINTO
DE LA JUSTIFICACIÓN Y LIQUIDACIÓN DE LAS AVERÍAS

(Se deroga).

Título derogado DOF 21-11-1963

CAPÍTULO I
DISPOSICIONES COMUNES A TODA CLASE DE AVERÍAS

(Se deroga).

Capítulo derogado DOF 21-11-1963

Artículo 921.- (Se deroga).

Artículo derogado DOF 21-11-1963, 04-01-1994

Artículo 922.- (Se deroga).

Artículo derogado DOF 21-11-1963, 04-01-1994

Artículo 923.- (Se deroga).

Artículo derogado DOF 21-11-1963, 04-01-1994

Artículo 924.- (Se deroga).

Artículo derogado DOF 21-11-1963, 04-01-1994

Artículo 925.- (Se deroga).

Artículo derogado DOF 21-11-1963, 04-01-1994

CAPÍTULO II
DE LA LIQUIDACIÓN DE LAS AVERÍAS GRUESAS

(Se deroga).

Capítulo derogado DOF 21-11-1963

Artículo 926.- (Se deroga).

Artículo derogado DOF 21-11-1963, 04-01-1994

Artículo 927.- (Se deroga).

Artículo derogado DOF 21-11-1963, 04-01-1994

Artículo 928.- (Se deroga).

Artículo derogado DOF 21-11-1963, 04-01-1994

Artículo 929.- (Se deroga).

Artículo derogado DOF 21-11-1963, 04-01-1994

Artículo 930.- (Se deroga).

Artículo derogado DOF 21-11-1963, 04-01-1994

Artículo 931.- (Se deroga).

Artículo derogado DOF 21-11-1963, 04-01-1994

Artículo 932.- (Se deroga).

Artículo derogado DOF 21-11-1963, 04-01-1994

Artículo 933.- (Se deroga).

Artículo derogado DOF 21-11-1963, 04-01-1994

Artículo 934.- (Se deroga).

Artículo derogado DOF 21-11-1963, 04-01-1994

Artículo 935.- (Se deroga).

Artículo derogado DOF 21-11-1963, 04-01-1994

Artículo 936.- (Se deroga).

Artículo derogado DOF 21-11-1963, 04-01-1994

Artículo 937.- (Se deroga).

Artículo derogado DOF 21-11-1963, 04-01-1994

Artículo 938.- (Se deroga).

Artículo derogado DOF 21-11-1963, 04-01-1994

Artículo 939.- (Se deroga).

Artículo derogado DOF 21-11-1963, 04-01-1994

Artículo 940.- (Se deroga).

Artículo derogado DOF 21-11-1963, 04-01-1994

Artículo 941.- (Se deroga).

Artículo derogado DOF 21-11-1963, 04-01-1994

Artículo 942.- (Se deroga).

Artículo derogado DOF 21-11-1963, 04-01-1994

Artículo 943.- (Se deroga).

Artículo derogado DOF 21-11-1963, 04-01-1994

CAPÍTULO III
DE LA LIQUIDACIÓN DE LAS AVERÍAS SIMPLES

(Se deroga).

Capítulo derogado DOF 21-11-1963

Artículo 944.- (Se deroga).

Artículo derogado DOF 21-11-1963, 04-01-1994

LIBRO CUARTO

TÍTULO PRIMERO
DE LAS QUIEBRAS

(Se deroga).

Título derogado DOF 20-04-1943

CAPÍTULO I
DISPOSICIONES GENERALES

(Se deroga).

Capítulo derogado DOF 20-04-1943

Artículo 945.- (Se deroga).

Artículo derogado DOF 20-04-1943

Artículo 946.- (Se deroga).

Artículo derogado DOF 20-04-1943

Artículo 947.- (Se deroga).

Artículo derogado DOF 20-04-1943

Artículo 948.- (Se deroga).

Artículo derogado DOF 20-04-1943

Artículo 949.- (Se deroga).

Artículo derogado DOF 20-04-1943

Artículo 950.- (Se deroga).

Artículo derogado DOF 20-04-1943

Artículo 951.- (Se deroga).

Artículo derogado DOF 20-04-1943

CAPÍTULO II
DE LA CLASIFICACIÓN DE LAS QUIEBRAS

(Se deroga).

Capítulo derogado DOF 20-04-1943

Artículo 952.- (Se deroga).

Artículo derogado DOF 20-04-1943

Artículo 953.- (Se deroga).

Artículo derogado DOF 20-04-1943

Artículo 954.- (Se deroga).

Artículo derogado DOF 20-04-1943

Artículo 955.- (Se deroga).

Artículo derogado DOF 20-04-1943

Artículo 956.- (Se deroga).

Artículo derogado DOF 20-04-1943

Artículo 957.- (Se deroga).

Artículo derogado DOF 20-04-1943

Artículo 958.- (Se deroga).

Artículo derogado DOF 20-04-1943

Artículo 959.- (Se deroga).

Artículo derogado DOF 20-04-1943

Artículo 960.- (Se deroga).

Artículo derogado DOF 20-04-1943

Artículo 961.- (Se deroga).

Artículo derogado DOF 20-04-1943

CAPÍTULO III
DE LOS EFECTOS DEL ESTADO DE QUIEBRA

(Se deroga).

Capítulo derogado DOF 20-04-1943

Artículo 962.- (Se deroga).

Artículo derogado DOF 20-04-1943

Artículo 963.- (Se deroga).

Artículo derogado DOF 20-04-1943

Artículo 964.- (Se deroga).

Artículo derogado DOF 20-04-1943

Artículo 965.- (Se deroga).

Artículo derogado DOF 20-04-1943

Artículo 966.- (Se deroga).

Artículo derogado DOF 20-04-1943

Artículo 967.- (Se deroga).

Artículo derogado DOF 20-04-1943

Artículo 968.- (Se deroga).

Artículo derogado DOF 20-04-1943

Artículo 969.- (Se deroga).

Artículo derogado DOF 20-04-1943

Artículo 970.- (Se deroga).

Artículo derogado DOF 20-04-1943

Artículo 971.- (Se deroga).

Artículo derogado DOF 20-04-1943

Artículo 972.- (Se deroga).

Artículo derogado DOF 20-04-1943

Artículo 973.- (Se deroga).
Artículo derogado DOF 20-04-1943

Artículo 974.- (Se deroga).
Artículo derogado DOF 20-04-1943

Artículo 975.- (Se deroga).
Artículo derogado DOF 20-04-1943

Artículo 976.- (Se deroga).
Artículo derogado DOF 20-04-1943

Artículo 977.- (Se deroga).
Artículo derogado DOF 20-04-1943

Artículo 978.- (Se deroga).
Artículo derogado DOF 20-04-1943

Artículo 979.- (Se deroga).
Artículo derogado DOF 20-04-1943

Artículo 980.- (Se deroga).
Artículo derogado DOF 20-04-1943

Artículo 981.- (Se deroga).
Artículo derogado DOF 20-04-1943

Artículo 982.- (Se deroga).
Artículo derogado DOF 20-04-1943

Artículo 983.- (Se deroga).
Artículo derogado DOF 20-04-1943

CAPÍTULO IV
DE LA ÉPOCA DE LA QUIEBRA

(Se deroga).
Capítulo derogado DOF 20-04-1943

Artículo 984.- (Se deroga).

Artículo derogado DOF 20-04-1943

Artículo 985.- (Se deroga).

Artículo derogado DOF 20-04-1943

Artículo 986.- (Se deroga).

Artículo derogado DOF 20-04-1943

Artículo 987.- (Se deroga).

Artículo derogado DOF 20-04-1943

CAPÍTULO V
DEL CONVENIO DE LOS QUEBRADOS CON SUS ACREEDORES

(Se deroga).

Capítulo derogado DOF 20-04-1943

Artículo 988.- (Se deroga).

Artículo derogado DOF 20-04-1943

Artículo 989.- (Se deroga).

Artículo derogado DOF 20-04-1943

Artículo 990.- (Se deroga).

Artículo derogado DOF 20-04-1943

Artículo 991.- (Se deroga).

Artículo derogado DOF 20-04-1943

Artículo 992.- (Se deroga).

Artículo derogado DOF 20-04-1943

Artículo 993.- (Se deroga).

Artículo derogado DOF 20-04-1943

Artículo 994.- (Se deroga).

Artículo derogado DOF 20-04-1943

Artículo 995.- (Se deroga).
Artículo derogado DOF 20-04-1943

Artículo 996.- (Se deroga).
Artículo derogado DOF 20-04-1943

Artículo 997.- (Se deroga).
Artículo derogado DOF 20-04-1943

CAPÍTULO VI
DE LA GRADUACIÓN

(Se deroga).
Capítulo derogado DOF 20-04-1943

Artículo 998.- (Se deroga).
Artículo derogado DOF 20-04-1943

Artículo 999.- (Se deroga).
Artículo derogado DOF 20-04-1943

Artículo 1000.- (Se deroga).
Artículo derogado DOF 20-04-1943

Artículo 1001.- (Se deroga).
Artículo derogado DOF 20-04-1943

Artículo 1002.- (Se deroga).
Artículo derogado DOF 20-04-1943

Artículo 1003.- (Se deroga).
Artículo derogado DOF 20-04-1943

Artículo 1004.- (Se deroga).
Artículo derogado DOF 20-04-1943

Artículo 1005.- (Se deroga).
Artículo derogado DOF 20-04-1943

Artículo 1006.- (Se deroga).

Artículo derogado DOF 20-04-1943

Artículo 1007.- (Se deroga).

Artículo derogado DOF 20-04-1943

Artículo 1008.- (Se deroga).

Artículo derogado DOF 20-04-1943

CAPÍTULO VII
DE LA REHABILITACIÓN

(Se deroga).

Capítulo derogado DOF 20-04-1943

Artículo 1009.- (Se deroga).

Artículo derogado DOF 20-04-1943

Artículo 1010.- (Se deroga).

Artículo derogado DOF 20-04-1943

Artículo 1011.- (Se deroga).

Artículo derogado DOF 20-04-1943

Artículo 1012.- (Se deroga).

Artículo derogado DOF 20-04-1943

Artículo 1013.- (Se deroga).

Artículo derogado DOF 20-04-1943

Artículo 1014.- (Se deroga).

Artículo derogado DOF 20-04-1943

Artículo 1015.- (Se deroga).

Artículo derogado DOF 20-04-1943

CAPÍTULO VIII
DISPOSICIONES GENERALES RELATIVAS A LAS QUIEBRAS EN LAS SOCIEDADES MERCANTILES

(Se deroga).

Capítulo derogado DOF 20-04-1943

Artículo 1016.- (Se deroga).

Artículo derogado DOF 20-04-1943

Artículo 1017.- (Se deroga).

Artículo derogado DOF 20-04-1943

Artículo 1018.- (Se deroga).

Artículo derogado DOF 20-04-1943

Artículo 1019.- (Se deroga).

Artículo derogado DOF 20-04-1943

Artículo 1020.- (Se deroga).

Artículo derogado DOF 20-04-1943

Artículo 1021.- (Se deroga).

Artículo derogado DOF 20-04-1943

Artículo 1022.- (Se deroga).

Artículo derogado DOF 20-04-1943

Artículo 1023.- (Se deroga).

Artículo derogado DOF 20-04-1943

Artículo 1024.- (Se deroga).

Artículo derogado DOF 20-04-1943

Artículo 1025.- (Se deroga).

Artículo derogado DOF 20-04-1943

CAPÍTULO IX
DE LAS QUIEBRAS DE LAS COMPAÑÍAS Y EMPRESAS DE FERROCARRILES Y DEMÁS OBRAS PÚBLICAS

(Se deroga).

Capítulo derogado DOF 20-04-1943

Artículo 1026.- (Se deroga).

Artículo derogado DOF 20-04-1943

Artículo 1027.- (Se deroga).

Artículo derogado DOF 20-04-1943

Artículo 1028.- (Se deroga).

Artículo derogado DOF 20-04-1943

Artículo 1029.- (Se deroga).

Artículo derogado DOF 20-04-1943

Artículo 1030.- (Se deroga).

Artículo derogado DOF 20-04-1943

Artículo 1031.- (Se deroga).

Artículo derogado DOF 20-04-1943

Artículo 1032.- (Se deroga).

Artículo derogado DOF 20-04-1943

Artículo 1033.- (Se deroga).

Artículo derogado DOF 20-04-1943

Artículo 1034.- (Se deroga).

Artículo derogado DOF 20-04-1943

Artículo 1035.- (Se deroga).

Artículo derogado DOF 20-04-1943

Artículo 1036.- (Se deroga).

Artículo derogado DOF 20-04-1943

Artículo 1037.- (Se deroga).

Artículo derogado DOF 20-04-1943

TÍTULO SEGUNDO
DE LAS PRESCRIPCIONES

Artículo 1038.- Las acciones que se deriven de actos comerciales se prescribirán con arreglo a las disposiciones de este Código.

Artículo 1039.- Los términos fijados para el ejercicio de acciones procedentes de actos mercantiles, serán fatales, sin que contra ellos se dé restitución.

Artículo 1040.- En la prescripción mercantil negativa, los plazos comenzarán a contarse desde el día en que la acción pudo ser legalmente ejercitada en juicio.

Artículo 1041.- La prescripción se interrumpirá por la demanda u otro cualquier género de interpelación judicial hecha al deudor, por el reconocimiento de las obligaciones, o por la renovación del documento en que se funde el derecho del acreedor.

Se considerará la prescripción como no interrumpida por la interpelación judicial, si el actor desistiese de ella o fuese desestimada su demanda.

Artículo 1042.- Empezará a contarse el nuevo término de la prescripción en caso de reconocimiento de las obligaciones, desde el día que se haga; en el de renovación desde la fecha del nuevo título; y si en él se hubiere prorrogado el plazo del cumplimiento de la obligación, desde que éste hubiere vencido.

Artículo 1043.- En un año se prescribirán:

I. La acción de los mercaderes por menor por las ventas que hayan hecho de esa manera al fiado, contándose el tiempo de cada partida aisladamente desde el día en que se efectuó la venta, salvo el caso de cuenta corriente que se lleve entre los interesados;

II. La acción de los dependientes de comercio por sus sueldos, contándose el tiempo desde el día de su separación;

III. (Se deroga).

Fracción derogada DOF 04-01-1994

IV. Las acciones que tengan por objeto exigir la responsabilidad de los agentes de Bolsa o corredores de comercio por las obligaciones en que intervengan en razón de su oficio;

V. (Se deroga).

Fracción derogada DOF 04-01-1994

VI. Las acciones nacidas de servicios, obras, provisiones o suministros de efectos o de dinero para construir, reparar, pertrechar o avituallar los buques o mantener la tripulación;

VII. (Se deroga).

Fracción derogada DOF 04-01-1994

VIII. (Se deroga).

Fracción derogada DOF 04-01-1994

Artículo 1044.- (Se deroga).

Artículo reformado DOF 27-08-1932. Derogado DOF 04-01-1994

Artículo 1045.- Se prescribirán en cinco años:

I. Las acciones derivadas del contrato de Sociedad y de operaciones sociales por lo que se refiere a derechos y obligaciones de la Sociedad para con los socios, de los socios para con la Sociedad y de socios entre sí por razón de la Sociedad;

II. Las acciones que puedan competir contra los liquidatarios de las mismas sociedades por razón de su encargo.

Artículo 1046.- La acción para reivindicar la propiedad de un navío prescribe en diez años, aun cuando el que lo posea carezca de título o de buena fe.

El capitán de un navío no puede adquirir éste a virtud de la prescripción.

Artículo 1047.- En todos los casos en que el presente Código no establezca para la prescripción un plazo más corto, la prescripción ordinaria en materia comercial se completará por el transcurso de diez años.

Artículo 1048.- La prescripción en materia mercantil correrá contra los menores é incapacitados, quedando a salvo los derechos de éstos para repetir contra sus tutores o curadores.

LIBRO QUINTO
DE LOS JUICIOS MERCANTILES

TÍTULO PRIMERO
DISPOSICIONES GENERALES

CAPÍTULO I
DEL PROCEDIMIENTO ESPECIAL MERCANTIL

Artículo 1049.- Son juicios mercantiles los que tienen por objeto ventilar y decidir las controversias que, conforme a los artículos 4o., 75 y 76, se deriven de los actos comerciales.

Artículo 1050.- Cuando conforme a las disposiciones mercantiles, para una de las partes que intervienen en un acto, éste tenga naturaleza comercial y para la otra tenga naturaleza civil la controversia que del mismo se derive se regirá conforme a las leyes mercantiles.

Artículo reformado DOF 04-01-1989

Artículo 1051.- El procedimiento mercantil preferente a todos es el que libremente convengan las partes con las limitaciones que se señalan en este libro, pudiendo ser un procedimiento convencional ante Tribunales o un procedimiento arbitral.

A tal efecto, el tribunal correspondiente hará del conocimiento de las partes la posibilidad de convenir sobre el procedimiento a seguir para solución de controversias, conforme a lo establecido en el párrafo anterior del presente artículo.

Párrafo adicionado DOF 09-06-2009

La ilegalidad del pacto o su inobservancia cuando esté ajustado a ley, pueden ser reclamadas en forma incidental y sin suspensión del procedimiento, en cualquier tiempo anterior a que se dicte el laudo o sentencia.

El procedimiento convencional ante tribunales se regirá por lo dispuesto en los artículos 1052 y 1053, y el procedimiento arbitral por las disposiciones del título cuarto de este libro.

Artículo reformado DOF 04-01-1989

Artículo 1052.- Los tribunales se sujetarán al procedimiento convencional que las partes hubieren pactado siempre que el mismo se hubiere formalizado en escritura pública, póliza ante corredor o ante el juez que conozca de la demanda en cualquier estado del juicio, y se respeten las formalidades esenciales del procedimiento.

Artículo reformado DOF 04-01-1989

Artículo 1053.- Para su validez, la escritura pública, póliza o convenio judicial a que se refiere el artículo anterior, deberá contener las previsiones sobre el desahogo de la demanda, la contestación, las pruebas y los alegatos, así como:

I. El negocio o negocios en que se ha de observar el procedimiento convenido;

II. La sustanciación que debe observarse, pudiendo las partes convenir en excluir algún medio de prueba, siempre que no afecten las formalidades esenciales del procedimiento;

III. Los términos que deberán seguirse durante el juicio, cuando se modifiquen los que la ley establece;

IV. Los recursos legales a que renuncien, siempre que no se afecten las formalidades esenciales del procedimiento;

V. El juez que debe conocer del litigio para el cual se conviene el procedimiento en los casos en que conforme a este Código pueda prorrogarse la competencia;

VI. El convenio también deberá expresar los nombres de los otorgantes, su capacidad para obligarse, el carácter con que contraten, sus domicilios y cualquiera otros datos que definan la especialidad del procedimiento.

En las demás materias, a falta de acuerdo especial u omisión de las partes en la regulación procesal convenida, se observarán las disposiciones de este libro.

Artículo reformado DOF 04-01-1989

Artículo 1054.- En caso de no existir convenio de las partes sobre el procedimiento ante tribunales en los términos de los anteriores artículos, salvo que las leyes mercantiles establezcan un procedimiento especial o una supletoriedad expresa, los juicios mercantiles se regirán por las disposiciones de este Libro y, en su defecto, se aplicará supletoriamente el Código Nacional de Procedimientos Civiles y Familiares.

Artículo reformado DOF 04-01-1989, 24-05-1996, 13-06-2003, 17-04-2008, 30-12-2008, 14-11-2025

Artículo 1055.- Los juicios mercantiles, son ordinarios, orales, ejecutivos o los especiales que se encuentren regulados por cualquier ley de índole comercial. Todos los juicios mercantiles con excepción de los orales que tienen señaladas reglas especiales, se sujetarán a lo siguiente:

Párrafo reformado DOF 09-01-2012

I. Todos los ocursos de las partes y actuaciones judiciales deberán escribirse en idioma español; fácilmente legibles a simple vista, y deberán estar firmados por los que intervengan en ellos. Cuando alguna de las partes no supiere o no pudiere firmar, impondrá su huella digital, firmando otra persona en su nombre y a su ruego, indicando éstas circunstancias;

II. Los documentos redactados en idioma extranjero deberán acompañarse con la correspondiente traducción al español;

III. En las actuaciones judiciales, las fechas y cantidades se escribirán con letra, y no se emplearán abreviaturas ni se rasparán las frases equivocadas, sobre las que sólo se pondrá una línea delgada que permita la lectura, salvándose al fin con toda precisión el error cometido;

IV. Las actuaciones judiciales deberán ser autorizadas bajo pena de nulidad por el funcionario público a quien corresponda dar fe o certificar el acto;

V. Los secretarios cuidarán de que las promociones originales o en copias sean claramente legibles y de que los expedientes sean exactamente foliados, al agregarse cada una de las hojas; rubricarán todas éstas en el centro de los escritos sellándolo en el fondo del cuaderno, de manera que se abarquen las dos páginas;

VI. Las copias simples de los documentos que se presenten confrontadas y autorizadas por el Secretario, correrán en los autos, quedando los originales en el seguro del tribunal, donde podrá verlos la parte contraria, si lo pidiere;

VII. El secretario dará cuenta al titular del tribunal junto con los oficios, correspondencia, razones actuariales, promociones o cualquier escrito con proyecto de acuerdo recaído a dichos actos, a más tardar dentro del día siguiente al de su presentación, bajo pena de responsabilidad, conforme a las leyes aplicables. El acuerdo que se prepare será reservado, y

VIII. Los tribunales podrán ordenar que se subsane toda omisión que notaren en la substanciación, para el efecto de regularizar el procedimiento correspondiente.

Artículo reformado DOF 04-01-1989, 24-05-1996

Artículo 1055 Bis.- Cuando el crédito tenga garantía real, el actor, a su elección, podrá ejercitar sus acciones en juicio ejecutivo mercantil, ordinario, especial, sumario hipotecario o el que corresponda, de acuerdo a este Código, a la legislación mercantil o a la legislación civil aplicable, conservando la garantía real y su preferencia en el pago, aun cuando los bienes gravados se señalen para la práctica de la ejecución.

Artículo adicionado DOF 13-06-2003. Reformado DOF 10-01-2014

CAPÍTULO II
DE LA CAPACIDAD Y PERSONALIDAD

Denominación del Capítulo reformada DOF 24-05-1996

Artículo 1056.- Todo el que, conforme a la ley esté en el pleno ejercicio de sus derechos puede comparecer en juicio. Aquellos que no se hallen en el caso anterior, comparecerán a juicio por medio de sus representantes legítimos o los que deban suplir su incapacidad conforme a derecho. Los ausentes e ignorados serán representados como se previene en el Código Civil Federal.

Artículo reformado DOF 24-05-1996, 26-04-2006

Artículo 1057.- El juez examinará de oficio la personalidad de las partes, pero los litigantes podrán impugnar la de su contraria cuando tengan razones para ello, en vía incidental que no suspenderá el procedimiento y la resolución que se dicte será apelable en el efecto devolutivo, de tramitación inmediata, sin perjuicio de lo dispuesto por el artículo 1126 de este Código.

Artículo reformado DOF 24-05-1996, 17-04-2008

Artículo 1058.- Por aquel que no estuviere presente en el lugar del juicio ni tenga representante legítimo, podrá comparecer un gestor judicial para promover en el interés del actor o del demandado, y siempre sujetándose a las disposiciones de los artículos relativos del Código Civil Federal, y gozará de los derechos y facultades de un mandatario judicial. Si la ratificación de la gestión se da antes de exhibir la fianza, la exhibición de ésta no será necesaria.

Artículo reformado DOF 24-05-1996, 17-04-2008

Artículo 1059.- El gestor judicial, antes de ser admitido, debe dar fianza que garantizará que el interesado pasará por lo que él haga, y de que pagará lo juzgado y sentenciado. La fianza será calificada por el tribunal bajo su responsabilidad y se otorgará por el gestor judicial, comprometiéndose con el dueño del negocio a pagar los daños, los perjuicios y gastos que se le irroguen a éste por su culpa o negligencia.

Artículo reformado DOF 24-05-1996

Artículo 1060.- Existirá litisconsorcio, sea activo o sea pasivo, siempre que dos o más personas ejerciten una misma acción u opongan la misma excepción, para lo cual deberán litigar unidas y bajo una misma representación.

A este efecto, dentro de tres días, nombrarán un mandatario judicial quien tendrá las facultades que en el poder se le concedan, necesarias para la continuación del juicio. En caso de no designar mandatario, podrán elegir de entre ellas mismas un representante común. Si dentro del término señalado, no nombraren mandatario judicial ni hicieren la elección de representante común, o no se pusieren de acuerdo en ella, el juez nombrará al representante común escogiendo a alguno de los que hayan sido propuestos; y si nadie lo hubiere sido, a cualquiera de los interesados.

El representante común que designe el juez tendrá las mismas facultades como si litigara exclusivamente por su propio derecho, excepto las de desistirse, transigir y comprometer en árbitros, el que designen los interesados sólo tendrá estas últimas facultades, si expresamente le fueren concedidas por los litisconsortes.

Cuando exista litisconsorcio de cualquier clase, el mandatario nombrado, o en su caso el representante común, sea el designado por los interesados o por el juez, será el único que puede representar a los que hayan ejercitado la misma acción u opuesto la misma excepción, con exclusión de las demás personas.

El fin del representante común o la designación del mandatario por los que conforman un litisconsorcio es evitar solicitudes múltiples, contrarias o contradictorias, por lo que tales mandatarios y representantes serán inmediata y directamente responsables por negligencia en su actuación y responderán de los daños y perjuicios que causen a sus poderdantes y representados. El mandatario o el representante común podrán actuar por medio de apoderado o mandatario y autorizar personas para oír notificaciones en los términos del Artículo 1069 de este Código.

Artículo reformado DOF 24-05-1996

Artículo 1061.- Al primer escrito se acompañarán precisamente:

I. El poder que acredite la personalidad del que comparece en nombre de otro;

Fracción reformada DOF 24-05-1996

II. El documento o documentos que acrediten el carácter con que el litigante se presente en juicio en el caso de tener representación legal de alguna persona o corporación o cuando el derecho que reclame provenga de habérsele transmitido por otra persona;

Fracción reformada DOF 24-05-1996

III. Los documentos en que el actor funde su acción y aquellos en que el demandado funde sus excepciones. Si se tratare del actor, y carezca de algún documento, deberá acreditar en su demanda haber solicitado su expedición con la copia simple sellada por el archivo, protocolo, dependencia o lugar en que se encuentren los originales, para que, a su costa, se les expida certificación de ellos, en la forma que prevenga la ley. Si se tratare del demandado deberá acreditar la solicitud de expedición del documento de que carezca, para lo cual la copia simple sellada por el archivo, protocolo o dependencia, deberá exhibirla con la contestación o dentro de los tres días siguientes al del vencimiento del término para contestar la demanda.

Se entiende que las partes tienen a su disposición los documentos, siempre que legalmente puedan pedir copia autorizada de los originales y exista obligación de expedírselos. Si las partes no tuvieren a su disposición o por cualquier otra causa no pudiesen presentar los documentos en que funden sus acciones o excepciones, lo declararán al juez, bajo protesta de decir verdad, el motivo por el que no pueden presentarlos. En vista a dicha manifestación, el juez, ordenará al responsable de la expedición que el documento se expida a costa del interesado, apercibiéndolo con la imposición de alguna de las medidas de apremio que autoriza la ley.

Salvo disposición legal en contrario o que se trate de pruebas supervenientes, de no cumplirse por las partes con alguno de los requisitos anteriores, no se le recibirán las pruebas documentales que no obren en su poder al presentar la demanda o contestación como tampoco si en esos escritos no se dejan de identificar las documentales, para el efecto de que oportunamente se exijan por el tribunal y sean recibidas;

Fracción reformada DOF 04-01-1989, 24-05-1996

IV. Además de lo señalado en la fracción III, con la demanda y contestación se acompañarán todos los documentos que las partes tengan en su poder y que deban de servir como pruebas de su parte; y, los que presentaren después, con violación de este precepto, no le serán admitidos, salvo que se trate de pruebas supervenientes, y

Fracción adicionada DOF 24-05-1996

V. Copia simple o fotostática siempre que sean legibles a simple vista, tanto del escrito de demanda como de los demás documentos referidos, incluyendo la de los que se exhiban como prueba según los párrafos procedentes para correr traslado a la contraria; así como del Registro Federal de Contribuyentes (RFC), de la Clave Única de Registro de Población (CURP) tratándose de personas físicas, en ambos casos cuando exista obligación legal para encontrarse inscrito en dichos registros, y de la identificación oficial del actor o demandado.

Fracción adicionada DOF 24-05-1996. Reformada DOF 25-01-2017

Lo dispuesto en la fracción anterior, se observará también respecto de los escritos en que se oponga la excepción de compensación o se promueva reconvención o algún incidente.

Párrafo adicionado DOF 24-05-1996

Artículo 1061 Bis.- En todos los juicios mercantiles se reconoce como prueba la información generada o comunicada que conste en medios digitales, ópticos o en cualquier otra tecnología. Su valor probatorio se regirá conforme a lo previsto por los artículos 348, 349 y 350 del Código Nacional de Procedimientos Civiles y Familiares.

Artículo adicionado DOF 13-06-2014. Reformado DOF 14-11-2025

Artículo 1062.- En el caso de que se demuestre haber solicitado al protocolo dependencia o archivo público la expedición del documento y no se expida, el juez ordenará al jefe o director responsable, que lo expida a costa del solicitante dentro del plazo de tres días y le informe al juez con apercibimiento en caso de no hacerlo de imposición de sanción pecuniaria hasta por los importes autorizados por la ley, que se aplicará en beneficio de la parte perjudicada.

Artículo reformado DOF 24-05-1996

CAPÍTULO III
DE LAS FORMALIDADES JUDICIALES

Artículo 1063.- Los juicios mercantiles se substanciarán de acuerdo con los procedimientos aplicables conforme este Código, las leyes especiales en materia de comercio y en su defecto por el Código Nacional de Procedimientos Civiles y Familiares.

Artículo reformado DOF 04-01-1989, 24-05-1996, 13-06-2003, 17-04-2008, 14-11-2025

Artículo 1064.- Las actuaciones judiciales han de practicarse en días y horas hábiles, bajo pena de nulidad. Son días hábiles todos los días del año, menos los domingos y aquellos en que no laboren los tribunales competentes en materia mercantil que conozcan el procedimiento. Se entienden horas hábiles las que median desde las siete hasta las diecinueve horas.

Artículo reformado DOF 04-01-1989

Artículo 1065.- El juez puede habilitar los días y horas inhábiles para actuar o para que se practiquen diligencias cuando hubiere causa urgente que lo exija, expresando cuál sea ésta y las diligencias que hayan de practicarse.

Artículo 1066.- El Secretario, o quien haga sus veces, hará constar el día y la hora en que se presente un escrito, dando cuenta con él a más tardar dentro de veinticuatro horas, bajo sanción de multa hasta por el equivalente a diez veces el salario mínimo general vigente en el lugar en que se ventila el procedimiento, sin perjuicio de las demás que merezca conforme a las leyes.

Artículo reformado DOF 04-01-1989

Artículo 1067.- Los autos podrán ser consultados por las partes o por las personas autorizadas para ello permaneciendo siempre dentro del local del tribunal. La frase "dar o correr traslado" significa que los autos quedan a disposición de los interesados y en su caso se entreguen copias. Las disposiciones de este artículo comprenden al Ministerio Público.

El tribunal está obligado a expedir a costa del solicitante, sin demora alguna, copia simple o fotostática de los documentos o resoluciones que obren en autos, bastando que la parte interesada lo solicite verbalmente, sin que se requiera decreto judicial, dejando constancia en autos de su recepción.

Párrafo adicionado DOF 24-05-1996

Para obtener copia certificada de cualquier documento que obre en juicio, la parte interesada debe solicitarlo en comparecencia o por escrito, requiriéndose decreto judicial, y cuando se pidiere copia o testimonio de parte de un documento o pieza, el contrario tendrá derecho de que a su costa se adicione con lo que crea conducente del mismo documento o pieza. Cuando la parte interesada solicite copia certificada de uno o varios documentos completos, en ningún caso se dará vista a la contraria. Al entregarse las copias certificadas, el que las reciba debe dejar en autos razón y constancia de su recibo, en el que señale las copias que reciba.

Párrafo adicionado DOF 24-05-1996

Para obtener copia o testimonio de cualquier documento que se encuentre en archivos o protocolos que no están a disposición del público, aquél que pretenda lograrlo y carezca de legitimación en el acto contenido en el documento, requiere de decreto judicial, que no se dictará sino con conocimiento de causa y audiencia de parte, procediéndose incidentalmente, en caso de oposición.

Párrafo adicionado DOF 24-05-1996

Artículo reformado DOF 04-01-1989

Artículo 1067 Bis.- Para hacer cumplir sus determinaciones el juez puede emplear cualquiera de las siguientes medidas de apremio que estime pertinentes, sin que para ello sea necesario que el juzgador se ciña al orden que a continuación se señala:

I. Amonestación;

II. Multa hasta de 11,090.5323 (once mil noventa pesos 5323/100 M.N.), monto que se actualizará en términos del artículo 1253, fracción VI;

Multa de la fracción actualizada por acuerdo DOF 29-12-2012, 30-12-2013, 26-12-2014, 24-12-2015, 26-12-2016, 26-12-2017, 31-12-2018, 30-12-2019, 24-12-2020, 30-12-2021, 27-12-2022, 28-12-2023, 30-12-2024

III. El uso de la fuerza pública y rompimiento de cerraduras si fuere necesaria, y

IV. Arresto hasta por treinta y seis horas;

Si el juez estima que el caso puede ser constitutivo de delito, dará parte al Ministerio Público.

Artículo adicionado DOF 27-01-2011

CAPÍTULO IV
DE LAS NOTIFICACIONES

Artículo 1068.- Las notificaciones, citaciones y entrega de expedientes se verificarán a más tardar el día siguiente a aquel en que se dicten las resoluciones que ordenen su práctica. Si se tratare de notificaciones personales, estas deberán realizarse dentro de los tres días siguientes a aquel en que el notificador reciba el expediente. Sin perjuicio de lo anterior, por causa justificada, el juez, bajo su responsabilidad, podrá ampliar los plazos previstos en este párrafo.

Párrafo reformado DOF 10-01-2014

Se impondrá de plano a los infractores de este artículo una multa que no exceda del equivalente a diez días de salario mínimo general vigente en el lugar en que se desahogue el procedimiento. A tal efecto, el juez deberá hacer del conocimiento del Consejo de la Judicatura que corresponda la infracción, a efecto de que este substancie el procedimiento disciplinario respectivo.

Párrafo adicionado DOF 10-01-2014

Las notificaciones en cualquier procedimiento judicial serán:

I. Personales o por cédula;

II. Por Boletín Judicial, Gaceta o periódico judicial en aquellos lugares en donde se edite el mismo, expresando los nombres y apellidos completos de los interesados;

III. Por los estrados, en aquellos lugares destinados para tal efecto en los locales de los tribunales, en los que se fijarán las listas de los asuntos que se manden notificar expresando los nombres y apellidos completos de los interesados;

IV. Por edictos que se hagan ostensibles en los sitios públicos de costumbre o que se manden publicar en los periódicos que al efecto se precisen por el tribunal;

V. Por correo certificado, y

Fracción reformada DOF 26-04-2006

VI. Por telégrafo certificado.

Fracción reformada DOF 26-04-2006

Párrafo con fracciones adicionado DOF 24-05-1996

Artículo reformado DOF 04-01-1989

Artículo 1068 Bis.- El emplazamiento se entenderá con el interesado, su representante, mandatario o procurador, entregando cédula en la que se hará constar la fecha y la hora en que se entregue; la clase de procedimiento, el nombre y apellidos de las partes, en su caso la denominación o razón social, el juez o tribunal que manda practicar la diligencia; transcripción de la determinación que se manda notificar y el nombre y apellidos de la persona a quien se entrega, levantándose acta de la diligencia, a la que se agregará copia de la cédula entregada en la que se procurará recabar la firma de aquel con quien se hubiera entendido la actuación.

El notificador se identificará ante la persona con la que entienda la diligencia; requiriendo a ésta para que a su vez se identifique, asentando su resultado, así como los medios por los que se cerciore de ser el domicilio del buscado, pudiendo pedir la exhibición de documentos que lo acrediten, precisándolos en caso de su presentación, así como aquellos signos exteriores del inmueble que puedan servir de comprobación de haber acudido al domicilio señalado como el del buscado, y las demás manifestaciones que haga la persona con quien se entienda el emplazamiento en cuanto a su relación laboral, de parentesco, de negocios, de habitación o cualquier otra existente con el interesado.

La cédula se entregará a los parientes, empleados o domésticos del interesado o a cualquier otra persona que viva en el domicilio señalado, en caso de no encontrarse el buscado; después de que el notificador se haya cerciorado de que ahí lo tiene la persona que debe ser notificada; se expondrán en todo caso los medios por los cuales el notificador se haya cerciorado de que ahí tiene su domicilio la persona buscada.

Además de la cédula, se entregará copia simple de la demanda debidamente cotejada y sellada más, en su caso, copias simples de los demás documentos que el actor haya exhibido con su demanda.

El actor podrá acompañar al actuario a efectuar el emplazamiento.

Artículo adicionado DOF 25-01-2017

Artículo 1069.- Todos los litigantes, en el primer escrito o en la primera diligencia judicial, deben designar domicilio ubicado en el lugar del juicio para que se les hagan las notificaciones y se practiquen las diligencias que sean necesarias. Igualmente deben designar el domicilio en que ha de hacerse la primera notificación a la persona o personas contra quienes promueven.

Cuando un litigante no cumpla con la primera parte de este artículo las notificaciones se harán conforme a las Reglas para las notificaciones que no deban ser personales, hasta en tanto sea señalado domicilio para los efectos referidos. Si no se designare domicilio de la contraparte, se le requerirá para que lo haga, y si lo ignoran se procederá en los términos del artículo siguiente.

Párrafo reformado DOF 08-06-2009

Las partes podrán autorizar para oír notificaciones en su nombre, a una o varias personas con capacidad legal, quienes quedarán facultadas para interponer los recursos que procedan, ofrecer e intervenir en el desahogo de pruebas, alegar en las audiencias, pedir se dicte sentencia para evitar la consumación del término de caducidad por inactividad procesal y realizar cualquier acto que resulte ser necesario para la defensa de los derechos del autorizante, pero no podrá substituir o delegar dichas facultades en un tercero. Las personas autorizadas conforme a la primera parte de este párrafo, deberán acreditar encontrarse legalmente autorizadas para ejercer la profesión de abogado o licenciado en Derecho, debiendo proporcionar los datos correspondientes en el escrito en que se otorgue dicha autorización y mostrar la cédula profesional o carta de pasante para la práctica de la abogacía en las diligencias de prueba en que intervengan, en el entendido que el autorizado que no cumpla con lo anterior, perderá la facultad a que se refiere este artículo en perjuicio de la parte que lo hubiere designado, y únicamente tendrá las que se indican en el penúltimo párrafo de este artículo.

Párrafo adicionado DOF 24-05-1996

Las personas autorizadas en los términos de este artículo, serán responsables de los daños y perjuicios que causen ante el que los autorice, de acuerdo a las disposiciones aplicables del Código Civil Federal, relativas al mandato y las demás conexas. Los autorizados podrán renunciar a dicha calidad, mediante escrito presentado al tribunal, haciendo saber las causas de la renuncia.

Párrafo adicionado DOF 24-05-1996. Reformado DOF 17-04-2008

Los tribunales llevarán un libro de registro de cédulas profesionales de abogados, en donde podrán registrarse los profesionistas autorizados.

Párrafo adicionado DOF 24-05-1996

Las partes podrán designar personas solamente autorizadas para oír notificaciones e imponerse de los autos, a cualquiera con capacidad legal, quien no gozará de las demás facultades a que se refieren los párrafos anteriores.

Párrafo adicionado DOF 24-05-1996

El juez al acordar lo relativo a la autorización a que se refiere este artículo deberá expresar con toda claridad el alcance con el que se reconoce la autorización otorgada.

Párrafo adicionado DOF 24-05-1996

Artículo reformado DOF 04-01-1989

Artículo 1070.- Cuando se ignore el domicilio de la persona que debe ser notificada, la primera notificación se hará publicando la determinación respectiva tres veces consecutivas en un periódico de circulación amplia y de cobertura nacional y en un periódico local del Estado o del Distrito Federal en que el comerciante deba ser demandado.

Previamente a la notificación por edictos en términos del párrafo anterior, el juez ordenará recabar informe de una autoridad o una institución pública que cuente con registro oficial de personas. Bastará el informe de una sola autoridad o institución para que proceda la notificación por edictos.

La autoridad o institución proporcionará los datos de identificación y el último domicilio que aparezca en sus registros de la persona buscada. Esta información no queda comprendida dentro del secreto fiscal o de alguna otra reserva que las autoridades o instituciones estén obligadas a observar conforme a las disposiciones que las rige.

Cuando la autoridad o institución proporcione información de diversas personas con el mismo nombre, la parte actora podrá hacer las observaciones y aclaraciones pertinentes para identificar el domicilio que corresponda a la persona buscada o, en su caso, para desestimar domicilios proporcionados. El juez revisará la información presentada así como las observaciones hechas por la parte actora y resolverá lo conducente.

En el caso de que en el documento base de la acción se haya pactado domicilio convencional para recibir las notificaciones, si se acude a realizar la notificación personal en dicho domicilio y éste no corresponde al de la demandada, se procederá a la notificación por edictos sin necesidad de recabar el informe a que se refieren los párrafos anteriores.

Mientras un litigante no hiciere substitución del domicilio en donde se deban practicar las diligencias o notificaciones personales, seguirán haciéndose en el que para tal fin hubiere señalado. El notificador tendrá la obligación de realizarlas en el domicilio señalado, y en caso de no existir el mismo, lo deberá hacer constar en autos para que surtan efectos así como las subsecuentes, por publicación en el boletín, gaceta o periódico judicial o en los estrados de los tribunales, además de que las diligencias en que dicha parte debiere tener intervención se practicarán en el local del juzgado sin su presencia.

Párrafo reformado DOF 10-01-2014

Una vez que el actuario o ejecutor se cerciore de que en el domicilio sí habita la persona buscada y después de la habilitación de días y horas inhábiles, de persistir la negativa de abrir o de atender la diligencia, el actuario dará fe para que el Juez ordene dicha diligencia por medio de edictos sin necesidad de girar oficios para la localización del domicilio.

Párrafo adicionado DOF 10-01-2014

Artículo reformado DOF 23-12-1974, 24-05-1996, 13-06-2003

Artículo 1070 Bis.- Las instituciones y autoridades estarán obligadas a proporcionar la información a que se refiere el artículo 1070 de este Código, en un plazo no mayor a veinte días naturales y, en caso de no hacerlo, la autoridad judicial ordenará la notificación por edictos y dictará las medidas de apremio correspondientes a la persona o funcionario responsables de contestar los informes, sin perjuicio de las responsabilidades en que incurran por su incumplimiento, derivadas de la legislación aplicable a los servidores públicos.

Artículo adicionado DOF 13-06-2003. Reformado DOF 10-01-2014

Artículo 1071.- Cuando haya de notificarse o citarse a una persona residente fuera del lugar del juicio, se hará la notificación o citación por medio de despacho o exhorto al juez de la población en que aquélla residiere, los que podrán tramitarse por conducto del interesado si éste lo pidiere.

El auxilio que se solicite se efectuará únicamente por medio de las comunicaciones señaladas dirigidas al órgano que deba prestarlo y que contendrá:

I. La designación del órgano jurisdiccional exhortante;

II. La del lugar o población en que tenga que llevarse a cabo la actividad solicitada, aunque no se designe la ubicación del tribunal exhortado;

III. Las actuaciones cuya práctica se interesa, y

IV. El término o plazo en que habrán de practicarse las mismas.

Párrafo con fracciones adicionado DOF 24-05-1996

En el caso de que la actuación requerida a otro órgano jurisdiccional, o a otra autoridad de cualquier índole, de la que debiera enviarse exhorto, oficio, o mandamiento, se considere de urgente práctica, podrá formularse la petición por telex, telégrafo, teléfono, remisión facsimilar o por cualquier otro medio, bajo la fe del Secretario, quien hará constar la persona con la cual se entendió en la comunicación, la hora de la misma y la solicitud realizada, con la obligación de confirmarla en despacho ordinario que habrá de remitirse el mismo día o al siguiente. Del empleo de los medios de comunicación indicados se dejará razón en el expediente, así como de las causas para considerarlo urgente.

Párrafo adicionado DOF 24-05-1996

En los despachos, exhortos y suplicatorias no se requiere la legalización de la firma del tribunal que lo expida.

Párrafo adicionado DOF 24-05-1996

Artículo reformado DOF 04-01-1989

Artículo 1072.- Pueden los tribunales acordar que los exhortos y despachos que manden expedir se entreguen, para hacerlos llegar a su destino, a la parte interesada que hubiere solicitado la práctica de la diligencia, quien tendrá la obligación de apresurar su diligenciación por el juez exhortado y devolverlos con lo que se practicare, si por su conducto se hiciere la devolución.

La parte a cuya instancia se libre el exhorto queda obligada a satisfacer los gastos que se originen para su cumplimiento.

En la resolución que ordene librar el exhorto podrá designarse, a instancia de parte, persona o personas para que intervengan en su diligenciación, con expresión del alcance de su intervención y del plazo para su comparecencia ante el órgano exhortado, expresando al juez exhortado si su incomparecencia determina o no la caducidad del exhorto.

No se exigirá exhibición ante el Juez exhortado de poder alguno a las personas que intervengan en su diligenciación si aparecen mencionadas en el exhorto para tal fin.

El tribunal redactará con las inserciones respectivas, el exhorto dentro del término de tres días, contados a partir del proveído que ordene su remisión y lo pondrá a disposición del solicitante mediante el tipo de notificación procedente, que se hará dentro del mismo plazo, para que a partir del día siguiente al que surta sus efectos dicha notificación se inicie el término que se haya concedido para su diligenciación.

Cuando el exhorto adolezca de algún defecto, la parte solicitante deberá hacerlo saber precisando en que consiste regresándolo al tribunal dentro de los tres días siguientes a aquel en que lo hubiere recibido, para su corrección y se proceda como se ordena en el párrafo anterior. De no hacerse la devolución del exhorto defectuoso en el término señalado, el plazo para su diligenciación no se interrumpirá.

De igual manera el juez exhortante podrá otorgar plenitud de jurisdicción al exhortado para el cumplimiento de lo ordenado, y disponer que para cumplimiento de lo ordenado se practiquen cuantas diligencias sean necesarias para desahogo de lo solicitado y que se devuelva directamente al exhortante una vez cumplimentado, salvo que se designase a una o varias personas su devolución, en cuyo caso se le entregará a este quien bajo su responsabilidad lo devolverá al exhortante dentro del término de tres días contados a partir de su recepción.

El juez exhortante podrá facultar al juez exhortado, para que cuando el exhorto haya sido remitido a un órgano diferente al que deba prestar el auxilio, el que lo reciba lo envíe directamente al que corresponda, si es que le consta cuál sea la jurisdicción competente, debiendo dar cuenta de dicha circunstancia por oficio al exhortante.

El exhorto deberá cumplimentarse en el tiempo previsto en el mismo. De no ocurrir así, se recordará por cualquier medio de comunicación de la urgencia del cumplimiento lo que se podrá hacer de oficio o a instancia de la parte interesada.

El juez exhortante de oficio o a petición verbal o escrita de cualquier interesado podrá inquirir del resultado de la diligenciación al juez exhortado por alguno de los medios señalados en el artículo 1071, dejando constancia en autos de lo que resulte.

Si, a pesar del recuerdo, continuase la misma situación, el tribunal exhortante lo pondrá en conocimiento directo del Superior inmediato del que deba cumplimentarlo, rogándole adopte las medidas pertinentes a fin de obtener el cumplimiento.

Si la parte a quien se le entregue un exhorto para los fines que se precisan en este artículo no hace la devolución dentro de los tres días siguientes al plazo que se le hubiere concedido para su diligenciación, sin justificar impedimento bastante, será sancionada en los términos que autorice la ley y se dejará de desahogar la diligencia. Igual sanción se le impondrá cuando la contraparte manifieste que sin haberse señalado plazo para la diligencia objeto del exhorto, la misma ya se llevó a cabo, y no se ha devuelto el exhorto diligenciado, por aquel que lo solicitó y recibió, salvo prueba en contrario.

Artículo reformado DOF 23-12-1974, 04-01-1989, 24-05-1996

Artículo 1073.- La práctica de diligencias en país extranjero para surtir efectos en juicios que se tramiten ante tribunales nacionales, podrán encomendarse a través de los miembros del Servicio Exterior Mexicano por los tribunales que conozcan del asunto, caso en el cual dichas diligencias deberán practicarse conforme a las disposiciones de este libro dentro de los límites que permita el derecho internacional.

Los miembros del Servicio Exterior Mexicano podrán solicitar a las autoridades extranjeras competentes, en los casos en que así proceda, su cooperación en la práctica de las diligencias encomendadas.

Artículo reformado DOF 23-12-1974, 04-01-1989

Artículo 1074.- Los exhortos que se remitan al extranjero o que se reciban de él, salvo lo dispuesto por los tratados o convenciones de los que México sea parte, se sujetarán a las siguientes disposiciones:

I. Los exhortos que se remitan al extranjero serán comunicaciones oficiales escritas que contendrán la petición de realizar las actuaciones necesarias en el juicio en que se expidan; dichas comunicaciones contendrán los datos informativos necesarios y las copias certificadas, cédulas, copias de traslado y demás anexos procedentes según sea el caso;

II. Los exhortos que provengan del extranjero deberán satisfacer los requisitos a que se refiere la fracción anterior, sin que se exijan requisitos de forma adicionales;

III. Los exhortos o cartas rogatorias podrán ser transmitidos al órgano requerido por las propias partes interesadas, por vía judicial, por intermedio de los funcionarios consulares o agentes diplomáticos o por la autoridad competente del Estado requirente o requerido, según sea el caso;

IV. Los exhortos provenientes del extranjero que sean transmitidos por conductos oficiales no requerirán legalización y los que se remitan al extranjero sólo necesitarán de la legalización exigida por las leyes del país en donde se deban diligenciar;

V. Todo exhorto que se reciba del extranjero en idioma distinto del español, deberá acompañarse de su traducción, a la cual se estará, salvo deficiencia evidente u objeción de parte;

VI. Los exhortos que se reciban del extranjero sólo requerirán homologación cuando impliquen ejecución coactiva sobre personas, bienes o derechos; los relativos a notificaciones, recepción de pruebas y otros asuntos de mero trámite, se diligenciarán sin formar incidente;

VII. Los exhortos que se reciban del extranjero serán diligenciados conforme a las leyes nacionales, pero el tribunal exhortado podrá conceder excepcionalmente la simplificación de formalidades o la observancia de formalidades distintas a las nacionales, a solicitud del juez exhortante o de la parte interesada, si esto no resulta lesivo al orden público y especialmente a las garantías individuales; la petición deberá contener la descripción de las formalidades cuya aplicación se solicite para la diligenciación del exhorto;

VIII. Los tribunales que remitan exhortos al extranjero o los reciban de él, los tramitarán por duplicado y conservarán un ejemplar para constancia de lo enviado, recibido y actuado.

Artículo reformado DOF 04-01-1989

CAPÍTULO V
DE LOS TÉRMINOS JUDICIALES

Artículo 1075.- Todos los términos judiciales empezarán a correr desde el día siguiente a aquel en que hayan surtido efectos el emplazamiento o notificaciones y se contará en ellos el día de vencimiento.

Las notificaciones personales surten efectos al día siguiente del que se hayan practicado, y las demás surten al día siguiente, de aquel en que se hubieren hecho por boletín, gaceta o periódico judicial, o fijado en los estrados de los tribunales, al igual que las que se practiquen por correo o telégrafo, cuando exista la constancia de haberse entregado al interesado, y la de edictos al día siguiente de haberse hecho la última en el periódico oficial del Estado o del Distrito Federal.

Cuando se trate de la primera notificación, y ésta deba de hacerse en otro lugar al de la residencia del tribunal, aumentará a los términos que señale la ley o el juzgador, un día más por cada doscientos kilómetros o por la fracción que exceda de cien, pudiendo el juez, según las dificultades de las comunicaciones, y aún los problemas climatológicos aumentar dichos plazos, razonando y fundando debidamente su determinación en ese sentido.

Artículo reformado DOF 04-01-1989, 24-05-1996

Artículo 1076.- En ningún término se contarán los días en que no puedan tener lugar actuaciones judiciales, salvo los casos de excepción que se señalen por la ley.

La caducidad de la instancia operará de pleno derecho, por lo cual es de orden público, irrenunciable y no puede ser materia de convenios entre las partes. Tal declaración podrá ser de oficio, o a petición de parte, cualquiera que sea el estado del juicio, desde el primer auto que se dicte en el mismo y hasta la citación para oír sentencia, en aquellos casos en que concurran las siguientes circunstancias:

Párrafo reformado DOF 25-01-2017

a) Que hayan transcurrido 120 días contados a partir del día siguiente a aquel en que surtió efectos la notificación de la última resolución judicial dictada, y

b) Que no hubiere promoción de cualquiera de las partes, dando impulso al procedimiento para su trámite, solicitando la continuación para la conclusión del mismo.

Los efectos de la caducidad serán los siguientes:

I. Extingue la instancia pero no la acción, convirtiendo en ineficaces las actuaciones del juicio y volviendo las cosas al estado que tenían antes de la presentación de la demanda y se levantarán los embargos, mandándose cancelar su inscripción en los Registros Públicos correspondientes;

II. Se exceptúa de la ineficacia señalada, las resoluciones firmes de las excepciones procesales que regirán en cualquier juicio que se promoviera. De igual manera las pruebas rendidas en el proceso que se haya declarado caduco podrán invocarse de oficio, o por las partes, en el nuevo proceso que se promueva;

III. La caducidad de la segunda instancia surge si dentro del lapso de 60 días hábiles, contados a partir de la notificación de la última determinación judicial, ninguna de las partes impulsa el procedimiento. El efecto de tal caducidad es declarar firmes las resoluciones o determinaciones materia de apelación;

Fracción reformada DOF 25-01-2017

IV. La caducidad de los incidentes sólo afectará las actuaciones del mismo, sin comprender la instancia principal, aunque haya quedado en suspenso por la resolución de aquél, si transcurren treinta días hábiles;

Fracción reformada DOF 25-01-2017

V. No ha lugar a la caducidad en los juicios universales de concurso, pero si en aquéllos que se tramiten en forma independiente aunque estén relacionados o surjan de los primeros;

VI. Tampoco opera la caducidad cuando el procedimiento está suspendido por causa de fuerza mayor y el juez y las partes no pueden actuar; así como en los casos en que es necesario esperar una resolución de cuestión previa o conexa por el mismo juez o por otras autoridades; y en los demás casos previstos por la ley;

VII. La resolución que decrete la caducidad será apelable en ambos efectos, en caso de que el juicio admita la alzada. Si la declaratoria se hace en segunda instancia se admitirá reposición, y

VIII. Las costas serán a cargo del actor, cuando se decrete la caducidad del juicio en primera instancia. En la segunda instancia serán a cargo del apelante, y en los incidentes las pagará el que lo haya interpuesto. Sin embargo, las costas serán compensables con las que corran a cargo del demandado cuando hubiera opuesto reconvención, compensación, nulidad y en general las excepciones o defensas que tiendan a variar la situación jurídica que privaba entre las partes antes de la presentación de la demanda.

Artículo reformado DOF 24-05-1996

Artículo 1077.- Todas las resoluciones sean decretos de trámite, autos provisionales, definitivos o preparatorios y sentencias interlocutorias deben ser claras, precisas y congruentes con las promociones de las partes, resolviendo sobre todo lo que éstas hayan pedido. Cuando el tribunal sea omiso en resolver todas las peticiones planteadas por el promovente de oficio o a simple instancia verbal del interesado, deberá dar nueva cuenta y resolver las cuestiones omitidas dentro del día siguiente. Las sentencias definitivas también deben ser claras, precisas y congruentes con las demandas y las contestaciones y con las demás pretensiones deducidas oportunamente en el pleito, condenando o absolviendo al demandado, y decidiendo todos los puntos litigiosos que hayan sido objeto del debate. Cuando estos hubieren sido varios, se hará el pronunciamiento correspondiente a cada uno de ellos.

Las sentencias interlocutorias deben dictarse y mandarse notificar como proceda conforme a la ley, dentro de los ocho días siguientes a aquel en que se hubiere citado para dictarse. Las sentencias definitivas deben dictarse y mandarse notificar como proceda en derecho, dentro de los quince días siguientes a aquel en que se hubiera hecho citación para sentencia. Sólo cuando hubiere necesidad de que el tribunal examine documentos voluminosos, al resolver en sentencia definitiva, podrá disfrutar de un término ampliado de ocho días más para los dos fines ordenados anteriormente.

Los decretos y los autos deben dictarse y mandarse notificar como proceda, dentro de los tres días siguientes al último trámite, o de la presentación de la promoción correspondiente.

Los decretos, los autos y las sentencias serán necesariamente pronunciados y mandados notificar en los plazos de ley.

Artículo reformado DOF 04-01-1989, 24-05-1996

Artículo 1078.- Una vez concluidos los términos fijados a las partes, sin necesidad de que se acuse rebeldía, seguirá el juicio su curso y se tendrá por perdido el derecho que debió ejercitarse dentro del término correspondiente.

Artículo reformado DOF 04-01-1989

Artículo 1079.- Cuando la ley no señale término para la práctica de algún acto judicial, o para el ejercicio de algún derecho, se tendrán por señalados los siguientes:

I. Ocho días, a juicio del juez, para que dentro de ellos se señalen fechas de audiencia para la recepción de pruebas, reconocimiento de firmas, confesión, posiciones, declaraciones, exhibición de documentos, juicio de peritos y práctica de otras diligencias, a no ser que por circunstancias especiales, creyere justo el juez ampliar el término;

Fracción reformada DOF 24-05-1996

II. Nueve días para interponer el recurso de apelación contra sentencia definitiva, seis días cuando se trate de interlocutoria o auto de tramitación inmediata, y tres días para apelar preventivamente la sentencia interlocutoria o auto de tramitación conjunta con la definitiva, en los términos del artículo 1339 de este Código;

Fracción reformada DOF 24-05-1996, 17-04-2008

III. Tres días para desahogar la vista que se les dé a las partes en toda clase de incidentes que no tengan tramitación especial;

Fracción derogada DOF 04-01-1989. Adicionada DOF 24-05-1996

IV. Tres años para la ejecución de sentencias en juicios ejecutivos, juicios orales y demás especiales que se prevean en las leyes mercantiles y de los convenios judiciales celebrados en ellos;

Fracción reformada DOF 24-05-1996, 25-01-2017

V. Cinco años para la ejecución de sentencias en juicios ordinarios y de los convenios judiciales celebrados en ellos, y

Fracción reformada DOF 24-05-1996

VI. Tres días para todos los demás casos.

Fracción reformada DOF 24-05-1996

VII. (Se deroga).

Fracción derogada DOF 24-05-1996

VIII. (Se deroga).

Fracción derogada DOF 24-05-1996

CAPÍTULO VI
(SE DEROGA SU DENOMINACIÓN)

Denominación del Capítulo derogada DOF 04-01-1989

Artículo 1080.- Las audiencias en todos los procedimientos se llevarán a cabo observando las siguientes reglas:

I. Siempre serán públicas, manteniendo la igualdad entre las partes, sin hacer concesiones a una de ellas sin que se haga lo mismo con la otra, evitando disgresiones y reprimiendo con energía las promociones de las partes que tiendan a suspender o retardar el procedimiento, el cual debe ser continuado, y en consecuencia resolverán en la misma cualquier cuestión o incidente que pudieran interrumpirla;

Fracción reformada DOF 09-06-2011

II. El secretario, bajo la vigilancia del juez hará constar el día, lugar y hora en que principie la audiencia, así como la hora en que termine;

III. No se permitirá interrupción de la audiencia por persona alguna, sea de los que intervengan en ella o de terceros ajenos a la misma. El juez queda facultado para reprimir los hechos de interrupción con la imposición de la medida de apremio que considere pertinente, además de ordenar la expulsión con uso de la fuerza pública de aquel o aquellos que intenten interrumpirla;

IV. Los que se resistieren a cumplir la orden de expulsión serán arrestados hasta por un término de seis horas, y que cumplirán en el lugar que designe el Juez;

V. En los términos expresados en el párrafo anterior, serán corregidos los terceros ajenos a la controversia, los testigos, peritos o cualesquiera otros que, como partes, o representándolas, faltaren en las vistas y actos judiciales, de palabra, o de obra o por escrito, a la consideración, respeto y obediencia debido a los tribunales, o a otras personas cuando los hechos no constituyan delito, y

VI. Serán nulos todos los actos judiciales practicados bajo la intimidación o la fuerza.

Los jueces y magistrados que hubiesen cedido a la intimidación o a la fuerza, tan luego como se vean libres de ella, declararán nulo todo lo practicado y promoverán al mismo tiempo la formación de causa contra los culpables.

Artículo reformado DOF 24-05-1996

CAPÍTULO VII
DE LAS COSTAS

Artículo 1081.- Por ningún acto judicial se cobrarán costas, ni aun cuando se actuare con testigos de asistencia o se practicaren diligencias fuera del lugar del juicio.

Artículo 1082.- Cada parte será inmediatamente responsable de las costas que originen las diligencias que promueva, en caso de condenación en costas, la parte condenada indemnizará a la otra de todas las que se hubieren causado, cuando hubiese opuesto excepciones o recursos frívolos o improcedentes con el propósito de retardar el procedimiento.

La condenación no comprenderá la remuneración del procurador, ni la del patrono, sino cuando fuere abogado recibido; cuando un abogado fuere procurador, sólo comprenderá sus honorarios la condenación, cuando el mismo se haya encargado de la dirección del juicio sin recurrir al patrocinio de otro abogado.

Artículo reformado DOF 24-05-1996

Artículo 1083.- En los juicios mercantiles no se necesita que los litigantes se asistan de abogado; pero si lo ocupan y hay condenación en costas, solo se pagarán al abogado con título.

Artículo 1084.- La condenación en costas se hará cuando así lo prevenga la ley, o cuando a juicio del juez se haya procedido con temeridad o mala fe.

Siempre serán condenados:

I. El que ninguna prueba rinda para justificar su acción o su excepción, si se funda en hechos disputados;

II. El que presentase instrumentos o documentos falsos, o testigos falsos o sobornados;

III. El que fuese condenado en juicio ejecutivo y el que lo intente si no obtiene sentencia favorable. En este caso la condenación se hará en la primera instancia, observándose en la segunda lo dispuesto en la fracción siguiente;

IV. El que fuere condenado por dos sentencias conformes de toda conformidad en su parte resolutiva, sin tomar en cuenta la declaración sobre costas. En este caso, la condenación comprenderá las costas de ambas instancias, y

Fracción reformada DOF 24-05-1996

V. El que intente acciones o haga valer cualquier tipo de defensas o excepciones improcedentes o interponga recursos o incidentes de este tipo a quien no solamente se le condenará respecto de estas acciones, defensas, excepciones, recursos o incidentes improcedentes, sino de las excepciones procesales que sean inoperantes.

Fracción adicionada DOF 24-05-1996

Artículo 1085.- Las costas serán reguladas por la parte a cuyo favor se hubieren decretado.

Cuando habiéndose intentado una acción, la misma sea declarada improcedente y exista condena en costas, la regulación de ellas se hará sobre la base de juicio de cuantía indeterminada. Lo anterior también será aplicable a las costas que se generen por la caducidad de la instancia.

Artículo reformado DOF 10-01-2014

Artículo 1086.- Presentada la regulación de las costas al juez o tribunal ante el cual se hubieren causado, se dará vista de ella por tres días a la parte condenada, para que exprese su conformidad o inconformidad.

Artículo 1087.- Si nada expusiere dentro del término fijado la parte condenada, se decidirá el pago. Si en el término referido expresare no estar conforme, se dará vista de las razones que alegue a la parte que presentó la regulación, la que dentro de igual término contestará a las observaciones hechas.

Artículo 1088.- En vista de lo que las partes hubiesen expuesto conforme al artículo anterior, el juez o tribunal fallarán lo que estimen justo dentro de tercero día. De esta decisión se admitirán los recursos que procedieren, según la instancia en que se encontrare el juicio y según la cantidad que importase la total regulación.

Artículo 1089.- Si los honorarios de los peritos o de cualesquiera otros funcionarios no sujetos a arancel, fueren impugnados, se oirá a otros dos individuos de su profesión. No habiéndolos en la población de la residencia del tribunal o juez que conozca de los autos, podrá recurrirse a los de los inmediatos.

CAPÍTULO VIII
DE LAS COMPETENCIAS Y EXCEPCIONES PROCESALES

Denominación del Capítulo reformada DOF 24-05-1996

Artículo 1090.- Toda demanda debe interponerse ante juez competente.

Artículo reformado DOF 24-05-1996

Artículo 1091.- Cuando en el lugar donde se ha de seguir el juicio hubiere varios jueces competentes, conocerá del negocio el que elija el actor, salvo lo que dispongan en contrario las leyes orgánicas aplicables.

Artículo reformado DOF 23-05-2000

Artículo 1092.- Es juez competente aquel a quien los litigantes se hubieren sometido expresa o tácitamente.

Artículo 1093.- Hay sumisión expresa cuando los interesados renuncien clara y terminantemente al fuero que la ley les concede, y para el caso de controversia, señalan como tribunales competentes a los del domicilio de cualquiera de las partes, del lugar de cumplimiento de alguna de las obligaciones contraídas, o de la ubicación de la cosa. En el caso de que se acuerden pluralidad de jurisdicciones, el actor podrá elegir a un tribunal competente entre cualquiera de ellas.

Artículo reformado DOF 04-01-1989, 23-05-2000, 10-01-2014

Artículo 1094.- Se entienden sometidos tácitamente:

I. El demandante, por el hecho de ocurrir al juez entablando su demanda, no solo para ejercitar su acción, sino también para contestar a la reconvención que se le oponga;

II. El demandado, por contestar la demanda o por reconvenir al actor;

Fracción reformada DOF 04-01-1989, 24-05-1996

III. El demandado por no interponer dentro del término correspondiente las excepciones de incompetencia que pudiera hacer valer dentro de los plazos, estimándose en este caso que hay sumisión a la competencia del juez que lo emplazó;

Fracción derogada DOF 04-01-1989. Adicionada DOF 24-05-1996

IV. El que habiendo promovido una competencia, se desiste de ella;

V. El tercer opositor y el que por cualquier motivo viniere al juicio en virtud de un incidente.

VI. El que sea llamado a juicio para que le pare perjuicio la sentencia, el que tendrá calidad de parte, pudiendo ofrecer pruebas, alegar e interponer toda clase de defensas y recursos, sin que oponga dentro de los plazos correspondientes, cuestión de competencia alguna.

Fracción adicionada DOF 24-05-1996

Artículo 1095.- Ni por sumisión expresa ni por tácita, se puede prorrogar jurisdicción, sino a juez que la tenga del mismo género que la que se prorroga.

Artículo 1096.- Es juez competente para conocer de la reconvención, aquel que conoce de la demanda principal.

Si el valor de la reconvención es inferior a la cuantía de la competencia del juez que conoce de la demanda principal, en todos los casos seguirá conociendo este, pero no a la inversa.

Artículo reformado DOF 24-05-1996

Artículo 1097.- El juez o tribunal, que de las actuaciones de la incompetencia promovida, deduzca que se interpuso sin razón y con el claro propósito de alargar o entorpecer el juicio, impondrá una multa a la parte promovente, que no exceda del equivalente de cien días de salario mínimo vigente en el lugar en que se desahogue el procedimiento.

Artículo reformado DOF 24-05-1996, 23-05-2000

Artículo 1097 Bis.- (Se deroga).

Artículo adicionado DOF 04-01-1989. Derogado DOF 23-05-2000

Artículo 1098.- (Se deroga).

Artículo reformado DOF 24-05-1996. Derogado DOF 23-05-2000

Artículo 1099.- No se dará curso a cuestión de competencia ni será materia de improcedencia de la vía cuando se hagan valer por comerciantes acciones o procedimientos especiales, en vía civil, derivada de contratos y actos reglamentados en el derecho común, o garantías derivadas de ese tipo de convenciones entre las partes, en que se alegue la necesidad de tramitar el juicio de acuerdo a las disposiciones mercantiles, debiéndose estar en lo conducente a lo que dispone el artículo 1090.

Artículo reformado DOF 24-05-1996

Artículo 1100.- Ningún juez puede sostener competencia con su Superior inmediato, pero sí con otro juez o tribunal que, aunque sea Superior en su clase, no ejerza jurisdicción sobre él, al igual que con aquellos de fuero federal, cuando se esté en el caso de jurisdicción concurrente en los términos de la fracción I-A del artículo 104 de la Constitución.

Artículo reformado DOF 24-05-1996

Artículo 1101.- Todas las providencias que dicten los jueces para sostener su competencia, o los tribunales superiores al resolver dichas cuestiones, deberán ser precisamente fundadas en ley.

Artículo reformado DOF 24-05-1996

Artículo 1102.- Las contiendas sobre competencia sólo podrán entablarse a instancia de parte.

Artículo reformado DOF 24-05-1996

Artículo 1103.- Los litigantes pueden desistirse de la competencia antes o después de la remisión de los testimonios de constancias al Superior, y su desistimiento hará cesar la contienda.

Artículo reformado DOF 24-05-1996

Artículo 1104.- Salvo lo dispuesto en el artículo 1093, sea cual fuere la naturaleza del juicio, será juez competente, en el orden siguiente:

I. El del lugar que el demandado haya designado para ser requerido judicialmente de pago;

II. El del lugar designado en el contrato para el cumplimiento de la obligación.

III. El del domicilio del demandado. Si tuviere varios domicilios, el juez competente será el que elija el actor.

Tratándose de personas morales, para los efectos de esta fracción, se considerará como su domicilio aquel donde se ubique su administración.

Artículo reformado DOF 23-05-2000, 10-01-2014

Artículo 1105.- Se deroga

Artículo reformado DOF 23-05-2000. Derogado DOF 10-01-2014

Artículo 1106.- Se deroga

Artículo derogado DOF 10-01-2014

Artículo 1107.- A falta de domicilio fijo o conocido, tratándose de acciones personales, será competente el juez del lugar donde se celebró el contrato.

En el supuesto de que se pretenda hacer valer una acción real, será competente el juez del lugar de la ubicación de la cosa. Si las cosas fueren varias y estuvieren ubicadas en distintos lugares, será juez competente el del lugar de la ubicación de cualquiera de ellas, adonde primero hubiere ocurrido el actor. Lo mismo se observará cuando la cosa estuviere ubicada en territorio de diversas jurisdicciones.

Artículo reformado DOF 10-01-2014

Artículo 1108.- Se deroga

Artículo derogado DOF 10-01-2014

Artículo 1109.- (Se deroga).

Artículo derogado DOF 23-05-2000

Artículo 1110.- En los casos de ausencia legalmente comprobados, es juez competente el del último domicilio del ausente, y si se ignora, el del lugar donde se halle la mayor parte de los bienes.

Artículo 1111.- En todos los casos de jurisdicción voluntaria es competente el juez del domicilio del que promueve.

Artículo reformado DOF 24-05-1996

Artículo 1112.- Para los actos prejudiciales, es competente el juez que lo fuere para el negocio principal; si se tratare de providencia precautoria lo será también, en caso de urgencia, el juez del lugar en donde se hallen el demandado o la cosa que debe ser asegurada.

Artículo 1113.- Para decretar la cancelación de un registro, cuando la acción que se entabla no tiene más objeto que éste, es competente el juez a cuya jurisdicción esté sujeto el oficio a donde aquel se asentó; pero si la cancelación se pidiere como incidental de otro juicio o acción, podrá ordenarla el juez que conoció del negocio principal.

Artículo 1114.- Las cuestiones de competencia podrán promoverse por inhibitoria o por declinatoria. Cualquiera de las dos que se elija por el que la haga valer, debe proponerse dentro del término concedido para contestar la demanda en el juicio en que se intente, cuyos plazos se iniciarán a partir del día siguiente de la fecha del emplazamiento.

Cuando se trate de dirimir las competencias que se susciten entre los Tribunales de la Federación, entre éstos y los de los estados, o entre los de un estado y los de otro, corresponde decidirla al Poder Judicial de la Federación, en los términos del artículo 106 constitucional y de las leyes secundarias respectivas.

Tratándose de competencias que se susciten entre los tribunales de un mismo Estado, se resolverá por el respectivo tribunal de alzada al que pertenezcan ambos jueces, debiéndose observar las siguientes reglas:

I. La inhibitoria se intentará ante el juez a quien se considere competente, pidiéndole que dirija oficio al que se estima no serlo, para que remita testimonio de las actuaciones respectivas al Superior, y el requirente también remita lo actuado por él al mismo tribunal de alzada para que éste decida la cuestión de competencia;

II. La declinatoria se propondrá ante el juez que se considere incompetente, pidiéndole que se abstenga del conocimiento del negocio y remita testimonio de lo actuado al Superior para que éste decida la cuestión de competencia;

III. Las cuestiones de competencia en ningún caso suspenderán el procedimiento principal;

IV. En caso de no promoverse cuestión de competencia alguna dentro de los términos señalados por el que se estime afectado, se considerará sometido a la del Juez que lo emplazó y perderá todo derecho para intentarla, y

V. Tampoco se promoverán de oficio; pero el juez que se estime incompetente puede inhibirse del conocimiento del negocio en los términos del primer párrafo del Artículo siguiente.

Artículo reformado DOF 24-05-1996

Artículo 1115.- Los tribunales quedan impedidos para declarar de oficio las cuestiones de competencia, y sólo deberán inhibirse del conocimiento de negocios cuando se trate de competencias por razón de territorio o materia, y siempre y cuando se inhiban en el primer proveído que se dicte respecto de la demanda principal, o ante la reconvención por lo que hace a la cuantía.

Cuando dos o más jueces se nieguen a conocer de determinado asunto, la parte a quien perjudique ocurrirá a su elección dentro del término de nueve días ante el Superior, al que estén adscritos dichos jueces, a fin de que se ordene a los que se niegan a conocer, que en el término de tres días, le envíen los expedientes originales en que se contengan sus respectivas resoluciones.

Una vez recibidos los autos por el Superior, los pondrá a la vista del peticionario, o, en su caso, de ambas partes, por el término de tres días para que ofrezcan pruebas, o aleguen lo que a su interés convenga. En el caso de que se ofrezcan pruebas y estas sean de admitirse, se señalará fecha para audiencia la que se celebrará dentro de los diez días siguientes, y se mandarán preparar para recibirse en la audiencia las pruebas admitidas, pasando a continuación al período de alegatos, y citando para oír resolución, la que deberá pronunciarse y notificarse dentro del término de ocho días, remitiendo los autos al juez competente.

En el supuesto de no ofrecerse pruebas, y tan sólo se alegare, el tribunal dictará sentencia y la mandará publicar en el mismo plazo señalado en el párrafo anterior.

Artículo reformado DOF 24-05-1996

Artículo 1116.- El que promueva la inhibitoria deberá hacerlo dentro del término señalado para contestar la demanda que se contará a partir del día siguiente del emplazamiento. Si el juez al que se le haga la solicitud de inhibitoria la estima procedente, sostendrá su competencia, y mandará librar oficio requiriendo al Juez que estime incompetente, para que dentro del término de tres días, remita testimonio de las actuaciones respectivas al Superior, y el requirente remitirá sus autos originales al mismo Superior.

Luego que el juez requerido reciba el oficio inhibitorio, dentro del término de tres días remitirá el testimonio de las actuaciones correspondientes al Superior señalado en el párrafo anterior, y podrá manifestarle a este las razones por las que a su vez sostenga su competencia, o, si por lo contrario, estima procedente la inhibitoria.

Recibidos por el Superior los autos originales del requirente y el testimonio de constancias del requerido, los pondrá a la vista de las partes para que éstas dentro del término de tres días ofrezcan pruebas y aleguen lo que a su interés convenga.

Si las pruebas son de admitirse así lo decretará el tribunal y señalará fecha para audiencia indiferible que deberá celebrarse dentro de los diez días siguientes, en las que desahogará las pruebas y alegatos y dictará en la misma la resolución que corresponda.

En el caso de que las partes sólo aleguen y no ofrezcan pruebas, o las propuestas no se admitan, el tribunal las citará para oír resolución, la que se pronunciará y se hará la notificación a los interesados dentro del término improrrogable de ocho días.

Decidida la competencia, el tribunal lo comunicará a los jueces contendientes.

En caso de declararse procedente la inhibitoria, siempre tendrán validez las actuaciones practicadas ante el juez declarado incompetente, relativas a la demanda y contestación a ésta, así como la reconvención y su respectiva contestación si las hubiera, y la contestación a las vistas que se den con la contestación de la demanda o reconvención, dejando a salvo el derecho de las partes en cuanto a los recursos pendientes de resolverse sobre dichos puntos, ordenando al juez del conocimiento que remita los autos originales al juez que se tenga declarado como competente para que este continúe y concluya el juicio.

Si la inhibitoria se declara improcedente, el tribunal lo comunicará a ambos jueces para que el competente continúe y concluya el juicio.

Artículo reformado DOF 24-05-1996

Artículo 1117.- El que promueva la declinatoria deberá hacerlo dentro del término señalado para contestar la demanda que se contará a partir del día siguiente del emplazamiento.

La declinatoria de jurisdicción se propondrá ante el Juez pidiéndole se abstenga del conocimiento del negocio. El juez al admitirla, ordenará que dentro del término de tres días remita a su superior testimonio de las actuaciones respectivas haciéndolo saber a los interesados, para que en su caso comparezcan ante aquel.

Recibido por el superior el testimonio de constancias las pondrá a la vista de las partes para que estas dentro del término de tres días ofrezcan pruebas o aleguen lo que a su interés convenga.

Si las pruebas son de admitirse así lo decretará el tribunal mandando prepararlas y señalará fecha para audiencia indiferible que deberá celebrarse dentro de los diez días siguientes, en las que se desahogarán las pruebas y alegatos y dictará en la misma la resolución que corresponda.

En el caso de que las partes sólo aleguen y no ofrezcan pruebas, o las propuestas no se admitan, el tribunal citará para oír resolución, la que se pronunciará dentro del término improrrogable de ocho días.

Decidida la competencia, el tribunal lo comunicará al juez ante quien se promovió la declinatoria, y en su caso al que se declare competente.

En caso de declararse procedente la declinatoria, siempre tendrán validez las actuaciones practicadas ante el juez declarado incompetente, relativas a la demanda y contestación a ésta, así como la reconvención y su respectiva contestación si las hubiera, y la contestación a las vistas que se den con la contestación de la demanda o reconvención, dejando a salvo el derecho de las partes en cuanto a los recursos pendientes de resolverse sobre dichos puntos, ordenando al juez del conocimiento que remita los autos originales al juez que se tenga declarado como competente para que este continúe y concluya el juicio.

Si la declinatoria se declara improcedente el tribunal lo comunicará al juez para que continúe y concluya el juicio.

Artículo reformado DOF 24-05-1996

Artículo 1118.- El litigante que hubiere optado por uno de los dos medios de promover una incompetencia, no podrá abandonarlo y recurrir al otro, ni tampoco emplearlos sucesivamente.

En caso de que se declare infundada o improcedente una incompetencia, se aplicará al que la opuso, una sanción pecuniaria equivalente hasta de sesenta días de salario mínimo general vigente de la zona respectiva, en beneficio del colitigante, siempre que se compruebe que el incidente respectivo fue promovido de mala fe.

Artículo reformado DOF 04-01-1989, 24-05-1996

Artículo 1119.- Salvo disposición expresa que señale a alguna otra excepción como procesal, las demás defensas y excepciones que se opongan serán consideradas como perentorias y se resolverán en la sentencia definitiva.

Artículo reformado DOF 24-05-1996

Artículo 1120.- La jurisdicción por razón del territorio y materia son las únicas que se pueden prorrogar, salvo que correspondan al fuero federal.

Artículo reformado DOF 24-05-1996

Artículo 1121.- La competencia por razón de materia, es prorrogable con el fin de no dividir la continencia de la causa en aquellos casos en que existan contratos coaligados o las prestaciones tengan íntima conexión entre sí, o por los nexos entre las personas que litiguen, sea por razón de parentesco, negocios, sociedad o similares, o deriven de la misma causa de pedir. En consecuencia ningún tribunal podrá abstenerse de conocer de asuntos alegando falta de competencia por materia cuando se presente alguno de los casos señalados, que podrán dar lugar a multiplicidad de litigios con posibles resoluciones contradictorias.

También será prorrogable el caso en que, conociendo el tribunal superior de apelación contra auto o interlocutoria, las partes estén de acuerdo en que conozca de la cuestión principal. El juicio se seguirá tramitando conforme a las reglas de su clase, prosiguiéndose este ante el superior.

Artículo reformado DOF 24-05-1996

Artículo 1122.- Son excepciones procesales las siguientes:

I. La incompetencia del juez;

II. La litispendencia;

III. La conexidad de la causa;

IV. La falta de personalidad del actor o del demandado, o la falta de capacidad en el actor;

V. La falta de cumplimiento del plazo, o de la condición a que esté sujeta la acción intentada;

VI. La división y la excusión;

VII. La improcedencia de la vía, y

VIII. Las demás al que dieren ese carácter las leyes.

Artículo reformado DOF 24-05-1996

Artículo 1123.- La excepción de litispendencia procede cuando un juez conoce ya de un juicio en el que hay igualdad entre partes, acciones deducidas y cosas reclamadas.

El que la oponga debe señalar precisamente el juzgado donde se tramita el primer juicio, acompañando copia autorizada de las constancias que tenga en su poder, o solicitando la inspección de los autos. En este último supuesto la inspección deberá practicarse por el secretario, en el caso de que se trate de juzgados radicados en la misma población dentro del plazo de tres días, a quien de no hacerla en ese término se le impondrá una multa del equivalente al importe de un día de su salario.

Si se declara procedente, se dará por concluido el segundo procedimiento.

Párrafo reformado DOF 25-01-2017

El que oponga la litispendencia por existir un primer juicio ante juzgado que no se encuentre en la misma población, o que no pertenezca a la misma jurisdicción de apelación, sólo podrá acreditarla con las copias autorizadas o certificadas de la demanda y contestación formuladas en el juicio anterior, que deberá ofrecer y exhibir en la audiencia incidental de pruebas y alegatos y sentencia. En este caso, declarada procedente la litispendencia, se dará por concluido el segundo procedimiento.

Artículo reformado DOF 24-05-1996

Artículo 1124.- Existe conexidad de causas cuando haya:

I. Identidad de personas y acciones, aunque las cosas sean distintas;

II. Identidad de personas y de cosas, aunque las acciones sean distintas;

III. Acciones que provengan de una misma causa, aunque sean diversas las personas y las cosas, e

IV. Identidad de acciones y de cosas, aunque las personas sean distintas.

Artículo reformado DOF 24-05-1996

Artículo 1125.- El que oponga la conexidad debe señalar precisamente el juzgado donde se tramita el juicio conexo, acompañando copia autorizada de las constancias que tenga en su poder o solicitando la inspección de los autos conexos. En este último supuesto, si ambos juzgados se encuentran en la misma población, la inspección deberá practicarse por el secretario, dentro del plazo de tres días, a quien de no hacerla en ese término se le impondrá una multa del equivalente al importe de un día de su salario.

Cuando la excepción de conexidad sea por relación con un juicio tramitado en juzgado que no se encuentre en la misma población o que no pertenezca a la misma jurisdicción de apelación, sólo podrá acreditarla con las copias autorizadas o certificadas de la demanda y contestación formuladas en el juicio anterior, que deberá ofrecer y exhibir en la audiencia de pruebas. En el caso de pertenecer a la misma jurisdicción de apelación, declarada procedente la conexidad, tiene por objeto la remisión de los autos en que se opone, al juzgado que previno en el conocimiento de la causa conexa, para que se acumulen ambos juicios y se tramiten como uno, decidiéndose en una sola sentencia.

Cuando los juzgados que conozcan de los juicios pertenezcan a tribunales de alzada diferente, no procede la conexidad, ni tampoco cuando los pleitos están en diversas instancias o se trate de procesos que se ventilan en el extranjero.

Artículo reformado DOF 24-05-1996

Artículo 1126.- En la excepción de falta de personalidad del actor, o en la objeción que se haga a la personalidad del que represente al demandado, cuando se declare fundada una u otra, si fuere subsanable, el tribunal concederá un plazo no mayor de diez días para que se subsane. De no hacerse así, cuando se trate de la legitimación al proceso por el demandado, se continuará el juicio en rebeldía de éste. Si no se subsanara la del actor, el juez de inmediato sobreseerá el juicio y devolverá los documentos.

La falta de capacidad del actor obliga al juez a dar por sobreseído el juicio.

Artículo reformado DOF 04-01-1989, 24-05-1996

Artículo 1127.- Todas las excepciones procesales que tenga el demandado debe hacerlas valer al contestar la demanda, y en ningún caso suspenderán el procedimiento. Si se declara procedente la litispendencia el efecto será sobreseer en segundo juicio. Salvo disposición en contrario si se declara procedente la conexidad, su efecto será la acumulación de autos para evitar se divida la continencia de la causa con el fin de que se resuelvan los juicios en una sola sentencia.

Cuando se declare la improcedencia de la vía, su efecto será el de continuar el procedimiento para el trámite del juicio en la vía que se considere procedente declarando la validez de lo actuado, con la obligación del juez para regularizar el procedimiento de acuerdo a la vía que se declare procedente.

Artículo reformado DOF 24-05-1996

Artículo 1128.- En las excepciones de falta de cumplimiento del plazo, o de la condición a que esté sujeta la obligación, el orden y la excusión, si se allana la contraria, se declararán procedentes de plano. De no ser así, dichas excepciones se resolverán de modo incidental, dando vista a la contraria por el término de tres días, y si no se ofrecen pruebas deberá dictarse la resolución correspondiente por el tribunal y notificarse a las partes dentro del término de

8 días, sin que se pueda suspender el procedimiento, y su efecto será dejar a salvo el derecho para que se haga valer cuando cambien las circunstancias que afectan su ejercicio.

Artículo reformado DOF 24-05-1996

Artículo 1129.- Salvo la competencia del órgano jurisdiccional, las demás excepciones procesales y las objeciones aducidas respecto de los presupuestos procesales se resolverán de modo incidental, dando vista a la contraria por el término de tres días, y si no se ofrecen pruebas deberá dictarse la resolución correspondiente por el tribunal y notificarse a las partes dentro del término de 8 días sin que de modo alguno se pueda suspender el trámite del juicio.

Artículo reformado DOF 24-05-1996

Artículo 1130.- Si al oponer las excepciones procesales se ofrecen pruebas, éstas se harán en los escritos respectivos, fijados los puntos sobre los que versen y de ser admitidas se ordenará su preparación para que se reciban en una sola audiencia que se fijará dentro de los ocho días siguientes a que se haya desahogado la vista o transcurrido el término para hacerlo, audiencia que, no se podrá diferir bajo ningún supuesto recibiendo las pruebas, oyendo los alegatos y en el mismo acto se dictará la sentencia interlocutoria que corresponda sin que el tribunal pueda diferir tal resolución que dictará en la misma audiencia.

En las excepciones procesales sólo se administran como prueba la documental y la pericial, salvo en la litispendencia y conexidad, respecto de las cuales se podrán ofrecer también, la prueba de inspección de los autos.

Artículo reformado DOF 24-05-1996

Artículo 1131.- La excepción de cosa juzgada, se resolverá en los términos del artículo 1129 de este código.

Artículo reformado DOF 24-05-1996

CAPÍTULO IX
DE LOS IMPEDIMENTOS, RECUSACIONES Y EXCUSAS

Artículo 1132.- Todo magistrado, juez o secretario, se tendrá por forzosamente impedido para conocer en los casos siguientes:

Párrafo reformado DOF 24-05-1996

I. En negocios en que tenga interés directo o indirecto;

II. En los que interesen de la misma manera a sus parientes consanguíneos en línea recta, sin limitación de grados, a las colaterales dentro del cuarto grado y a los afines dentro del segundo, uno y otro inclusive;

III. Cuando tengan pendiente el juez o sus expresados parientes un pleito semejante al de que se trate;

IV. Siempre que entre el juez y alguno de los interesados haya relación de intimidad nacida de algún acto religioso o civil, sancionado y respetado por la costumbre;

V. Ser el juez actualmente socio, arrendatario o dependiente de alguna de las partes;

VI. Haber sido tutor o curador de alguno de los interesados, o administrar actualmente sus bienes;

VII. Ser heredero, legatario o donatario de alguna de las partes;

VIII. Ser el juez, o su mujer, o sus hijos, deudores o fiadores de alguna de las partes;

IX. Haber sido el juez abogado o procurador, perito o testigo en el negocio de que se trate;

X. Haber conocido del negocio como juez, árbitro o asesor, resolviendo algún punto que afecte a la sustancia de la cuestión;

XI. Siempre que por cualquier motivo haya externado su opinión antes del fallo, salvo en los casos en que haya actuado en funciones de mediación o conciliación de conformidad con los artículos 1390 bis 32 y 1390 bis 35 de este Código, o

Fracción reformada DOF 10-01-2014

XII. Si fuere pariente por consanguinidad o afinidad del abogado o procurador de alguna de las partes, en los mismos grados que expresa la frac. II de este artículo.

Artículo 1133.- Los magistrados, jueces y secretarios tienen el deber de excusarse del conocimiento de los negocios en que ocurra alguna de las causas expresadas en los artículos 1132 y 1138 de esta ley o cualquiera otra análoga, aún cuando las partes no los recusen. La excusa debe expresar concretamente la causa en que se funde.

Sin perjuicio de las providencias que conforme a este Código deben dictar, tienen la obligación de inhibirse, inmediatamente que se avoquen al conocimiento de un negocio de que no deben conocer por impedimento o dentro de las veinticuatro horas siguientes de que ocurra el hecho que origina el impedimento o de que tenga conocimiento de él.

Cuando un magistrado o juez se excuse sin causa legítima, cualquiera de las partes puede acudir en queja ante el órgano competente quien encontrando injustificada la abstención, podrá imponer la sanción que corresponda.

Artículo reformado DOF 24-05-1996

Artículo 1134.- Toda recusación se impondrá ante el juez o tribunal que conozca del negocio, expresándose con toda claridad y precisión la causa en que se funde, quien remitirá de inmediato testimonio de las actuaciones respectivas a la autoridad competente para resolver sobre la recusación.

La recusación debe decirse sin audiencia de la parte contraria, y se tramita en forma de incidente.

Artículo derogado DOF 27-12-1983. Adicionado DOF 24-05-1996

Artículo 1135.- De la recusación de un magistrado que integre un tribunal colegiado, conocerá el propio tribunal del que forma parte, aunque el magistrado tenga competencia unitaria en tribunales colegiados, para tal efecto se integrará de acuerdo con la ley. De un magistrado unitario, conocerá el presidente del tribunal al que pertenezca dicho recusado, sea fuero local o federal.

En el incidente de recusación son admisibles todos los medios de prueba establecidos por este Código y, además, la confesión del funcionario recusado y la de la parte contraria.

Los magistrados y jueces que conozcan de una recusación son irrecusables para sólo este efecto.

Artículo reformado DOF 24-05-1996

Artículo 1136.- En los concursos solo podrá hacer uso de la recusación el representante legítimo de los acreedores en los negocios que afecten al interés general: en los que afecten al interés particular de alguno de los acreedores, podrá el interesado hacer uso de la recusación, pero el juez no quedará inhibido más que en el punto de que se trate.

Artículo 1137.- Cuando en un negocio intervengan varias personas antes de haber nombrado representante común, conforme al art. 1060, sosteniendo una misma acción o derecho, o ligadas en la misma defensa, se tendrán por una sola para el efecto de la recusación. En este caso se admitirá la recusación cuando la proponga la mayoría de los interesados en cantidades: si entre ellos hubiere empate, decidirá la mayoría de personas, y si aun entre éstas lo hubiere, se desechará la recusación.

Artículo 1138.- Son justas causas de recusación todas las que constituyen impedimento, con arreglo al art. 1132, y además las siguientes;

I. Seguir algún proceso en que sea juez o árbitro, o arbitrador alguno de los litigantes.

II. Haber seguido el juez, su mujer o sus parientes por consanguinidad o afinidad, en los grados que expresa la fracc. II del art. 1132, una causa criminal contra alguna de las partes;

III. Seguir actualmente con alguna de las partes, el juez o las personas citadas en la fracción anterior, un proceso civil, o no llevar un año de terminado el que antes hubieren seguido;

IV. Ser actualmente el juez acreedor, arrendador, comensal o principal de alguna de las partes;

V. Ser el juez, su mujer o sus hijos, acreedores o deudores de alguna de las partes;

VI. Haber sido el juez administrador de algún establecimiento o compañía que sea parte en el proceso;

VII. Haber gestionado en el proceso, haberlo recomendado o contribuido á los gastos que ocasione;

VIII. Haber conocido en el negocio en otra instancia, fallando como juez;

IX. Asistir a convites que diere o costeare alguno de las litigantes, después de comenzado el proceso, o tener mucha familiaridad con alguno de ellos, o vivir con él en su compañía, en una misma casa;

X. Admitir dádivas o servicios de alguna de las partes;

XI. Hacer promesas, amenazar o manifestar de otro modo su odio o afección por alguno de los litigantes.

Artículo 1139.- Las recusaciones pueden interponerse durante el juicio desde el escrito de la contestación a la demanda hasta la notificación del auto que abre el juicio a prueba, a menos de cambio en el personal del juzgado o tribunal. En este caso la recusación será admisible si se hace dentro de los tres días siguientes a la notificación del primer auto o decreto proveído por el nuevo personal.

Mientras se decide la recusación, no suspende la jurisdicción del tribunal o juez, por lo que se continuará con la tramitación del procedimiento.

Si la recusación se declara fundada, será nulo lo actuado a partir de la fecha en que se interpuso la recusación.

Artículo reformado DOF 24-05-1996

Artículo 1140.- Declarada procedente la recusación, termina la jurisdicción del magistrado o juez, o la intervención del secretario en el negocio de que se trate.

Artículo reformado DOF 24-05-1996

Artículo 1141.- No son recusables los jueces:

I. En las diligencias de reconocimiento de documentos y en las relativas a declaraciones que deban servir para preparar el juicio;

II. Al cumplimentar exhortos;

III. En las demás diligencias que les encomienden otros jueces o tribunales;

IV. En las diligencias de mera ejecución, más sí lo serán en las de ejecución mixta;

V. En los demás actos que no radiquen jurisdicción ni importen conocimiento de causa.

Artículo 1142.- En los tribunales colegiados la recusación relativa a magistrados que los integren, sólo importa la de los funcionarios expresamente recusados.

Artículo reformado DOF 04-01-1989

Artículo 1143.- En las diligencias precautorias, en los juicios ejecutivos y en los procedimientos de apremio, no se dará curso a ninguna recusación sino practicado el aseguramiento, hecho el embargo o desembargo en su caso, o expedida y fijada la cédula.

Artículo 1144.- Antes de contestada la demanda o de oponerse las excepciones procesales, en su caso, no cabe recusación.

Artículo reformado DOF 24-05-1996

Artículo 1145.- Si se declarase inadmisible o no probada la segunda causa de recusación que se haya interpuesto, no se volverá a admitir otra recusación con causa, aunque el recusante proteste que la causa es superveniente o que no había tenido conocimiento de ella.

Artículo 1146.- Los tribunales desecharán de plano toda recusación:

I. Cuando no se presente en tiempo, y

II. Cuando no se funde en alguna de las causas a que se refieren los artículos 1132 y 1138 de esta ley, o en el caso del artículo anterior.

Artículo reformado DOF 24-05-1996

Artículo 1147.- Cuando se declare improcedente o no probada la causa de recusación, se impondrá al recusante una sanción pecuniaria a favor del colitigante, equivalente hasta de treinta días de salario mínimo general vigente en el Distrito Federal, si fueren un secretario o jueces de primera instancia y hasta de sesenta días de dicho salario, si fuere un magistrado.

Artículo reformado DOF 24-05-1996

Artículo 1148.- Si en la sentencia se declara que procede la recusación, se comunicará al juzgado correspondiente, para que éste, a su vez, remita los autos al juez que corresponda. En los de segundo grado, el magistrado recusado queda separado del conocimiento del negocio y cuando pertenezca a tribunal colegiado se complementará en la forma que determine la ley. En todos los casos el funcionario que declare procedente la recusación de que se trate, también determinará cual será el tribunal que debe seguir conociendo el asunto y el término en que deben remitírsele los autos.

Si se declara no ser bastante la causa, se comunicará la resolución al juzgado de su origen. Si la denegación de recusación fuese de un magistrado, continuará conociendo del negocio el mismo si se trata de unitario o la misma sala como antes de la recusación.

Las recusaciones de los secretarios del tribunal superior y de los juzgados de primera instancia y de paz, se substanciarán ante las salas o jueces con quienes actúen. Las resoluciones de los jueces de primera instancia serán apelables en el efecto devolutivo.

Artículo reformado DOF 27-12-1983, 24-05-1996

Artículo 1149.- Los magistrados, jueces y secretarios tienen el deber de excusarse por las mismas causas por las que pueden ser recusados, y deben de señalar expresamente la causa de su excusa.

Artículo reformado DOF 24-05-1996

Artículo 1150.- Cuando un juez o magistrado se excuse sin causa legítima o no exprese con precisión la misma, cualquiera de las partes puede acudir en queja ante el presidente del tribunal, quien podrá imponer una corrección disciplinaria.

Artículo reformado DOF 24-05-1996

CAPÍTULO X
MEDIOS PREPARATORIOS DEL JUICIO

Artículo 1151.- El juicio podrá prepararse:

I. Pidiendo declaración bajo protesta el que pretenda demandar, de aquel contra quien se propone dirigir la demanda acerca de algún hecho relativo a su personalidad o a la calidad de su posesión o tenencia;

Fracción reformada DOF 24-05-1996

II. Pidiendo la exhibición de la cosa mueble, que en su caso haya de ser objeto de acción real que se trate de entablar;

III. Pidiendo el comprador al vendedor, o el vendedor al comprador en el caso de evicción, la exhibición de títulos ú otros documentos que se refieran a la cosa vendida;

IV. Pidiendo un socio o comunero la presentación de los documentos y cuentas de la sociedad y comunidad, al consocio o condueño que los tenga en su poder.

V. Pidiendo el examen de testigos, cuando éstos sean de edad avanzada o se hallen en peligro inminente de perder la vida, o próximos a ausentarse a un lugar con el cual sean difíciles las comunicaciones y no sea posible intentar la acción, por depender su ejercicio de un plazo o de una condición que no se haya cumplido todavía;

Fracción adicionada DOF 24-05-1996

VI. Pidiendo el examen de testigos para probar alguna excepción, siempre que la prueba sea indispensable y los testigos se hallen en alguno de los casos señalados en la fracción anterior;

Fracción adicionada DOF 24-05-1996

VII. Pidiendo el examen de testigos u otras declaraciones que se requieran en un proceso extranjero, y

Fracción adicionada DOF 24-05-1996

VIII. Pidiendo el juicio pericial o la inspección judicial cuando el estado de los bienes, salud de las personas, variaciones de las condiciones, estado del tiempo, o situaciones parecidas hagan temer al solicitante la pérdida de un derecho o la necesidad de preservarlo.

Fracción adicionada DOF 24-05-1996

Artículo 1152.- Al pedirse la diligencia preparatoria debe expresarse el motivo porque se solicita y el litigio que se trata de seguir o que se teme.

Artículo reformado DOF 24-05-1996

Artículo 1153.- El juez puede disponer lo que crea conveniente, ya para cerciorarse de la personalidad del que solicita la diligencia preparatoria, ya de la urgencia de examinar a los testigos.

Contra la resolución del juez que conceda la diligencia preparatoria no cabe recurso alguno. Contra la resolución que la deniegue habrá el de apelación en ambos efectos si fuere dictada por un juez de primera instancia, o el de revocación si fuere dictada por juez menor o de paz.

Artículo reformado DOF 24-05-1996

Artículo 1154.- La acción que puede ejercitarse, conforme a las fracciones II y III del artículo 1151, procede contra cualquier persona que tenga en su poder las cosas que en ellas se mencionan. Mediante notificación personal se correrá traslado por el término de tres días a aquel contra quien se promueva, para que manifieste lo que a su derecho convenga, exponiendo en su caso las razones que tenga para oponerse a la exhibición o que le impidan realizarla. En dichos escritos deberán ofrecerse las pruebas, las que de admitirse se recibirán en la audiencia que debe celebrarse dentro del plazo de ocho días, y en donde se alegue y se resuelva sobre la exhibición solicitada. En caso de concederse la exhibición del bien mueble o de los documentos, el juez señalará día, hora y lugar para que se lleve a cabo ésta, con el apercibimiento que considere procedente. La resolución que niegue lo pedido será apelable en ambos efectos y la que lo conceda lo será en el devolutivo, de tramitación inmediata.

Artículo reformado DOF 24-05-1996, 17-04-2008, 30-12-2008

Artículo 1155.- Cuando se pida la exhibición de un protocolo o de cualquier otro documento archivado en oficina pública, si el juez concede la diligencia preparatoria, mandará que se practique por el actuario, ejecutor o secretario, acompañado del peticionario, en el domicilio del notario, corredor o de la oficina respectiva, dejándoseles a estos, cédula de notificación en la que se transcriba la orden judicial, para que se realice la inspección, sin que en ningún caso salgan los originales. De ellos se expedirán copias certificadas por duplicado, a costa del solicitante, autorizadas por el notario, corredor o servidor público correspondiente, con la anotación de haberse extendido por mandamiento judicial, señalando la fecha del mismo, datos de identificación del procedimiento y fecha de expedición, de las cuales una se entregará al solicitante, mediante razón de recibo en autos, y la otra quedará agregada al expediente.

Artículo reformado DOF 24-05-1996

Artículo 1156.- Las diligencias preparatorias a que se refiere la fracción III del artículo 1151, de encontrarse ajustada la petición del promovente, así como acreditada su calidad de socio o condueño, se admitirán de plano, y se ordenará, mediante notificación personal a aquel contra quien se pide, que exhiba los documentos y cuentas de la sociedad o comunidad, en el día y hora que al efecto se señale, para que se reciban por el tribunal, con el apercibimiento que de no realizarlo se le aplicará alguna de las medidas de apremio que autoriza la ley.

Artículo reformado DOF 24-05-1996

Artículo 1157.- Las diligencias preparatorias de que se trata en las fracciones V a VIII del artículo 1151 se practicará con citación de la parte contraria, a quien se correrá traslado de la solicitud por el término de tres días, y se aplicarán las reglas establecidas para la práctica de las pruebas testimonial, pericial o la inspección judicial, según sean los casos.

Artículo reformado DOF 24-05-1996

Artículo 1158.- El juez podrá utilizar sin limitación de ninguna especie, toda clase de apercibimientos de los que permite la ley para hacer cumplir las determinaciones que dicte en toda clase de medios preparatorios a juicio.

Artículo reformado DOF 24-05-1996

Artículo 1159.- En todos los casos en que las partes interesadas no comparezcan a los procedimientos de que se trata en este capítulo, se procederá en su rebeldía, sin necesidad de nueva búsqueda.

Artículo reformado DOF 24-05-1996

Artículo 1160.- Es obligación del tribunal ordenar se expidan copias certificadas de todo lo actuado en los medios preparatorios a juicio de que se trate.

Artículo reformado DOF 24-05-1996

Artículo 1161.- Promovido el juicio las partes podrán exhibir las copias certificadas a que se refiere el artículo anterior, o solicitar que se agreguen las actuaciones originales de los medios preparatorios que se hubieren tramitado, para lo cual deberá hacerse la petición desde el escrito de demanda o contestación y de no hacerse así no se recibirán dichos originales, al igual que cuando se hubieren extraviado o destruido.

Artículo reformado DOF 24-05-1996

Artículo 1162.- Puede prepararse el juicio ejecutivo, pidiendo al deudor confesión judicial bajo protesta de decir verdad, para lo cual el juez señalará día y hora para la comparecencia. En este caso el deudor habrá de estar en el lugar del juicio cuando se le haga la citación, y ésta deberá ser personal, expresándose en la notificación el nombre y apellidos del promovente, objeto de la diligencia, la cantidad que se reclame y el origen del adeudo, además de correrle traslado con copia de la solicitud respectiva, cotejada y sellada.

Artículo reformado DOF 24-05-1996

Artículo 1163.- Si el deudor fuere hallado o no en su domicilio y debidamente cerciorado el notificador de ser ése, le entregará la cédula en la que se contenga la transcripción íntegra de la providencia que se hubiere dictado, al propio interesado, a su mandatario, al pariente más cercano que se encontrare en la casa, a sus empleados, a sus domésticos o a cualquier otra persona que viva en el domicilio del demandado, entregándole también copias del traslado de la solicitud debidamente selladas y cotejadas.

Artículo reformado DOF 24-05-1996

Artículo 1164.- Si no comparece a la citación, y si se le hubiere hecho con apercibimiento de ser declarado confeso, así como cumplidos los requisitos a que se refieren los artículos anteriores, y la exhibición del pliego de posiciones que calificadas de legales acrediten la procedencia de lo solicitado, se le tendrá por confeso en la certeza de la deuda, y se despachará auto de embargo en su contra, siguiéndose el juicio conforme marca la ley para los de su clase.

Artículo reformado DOF 24-05-1996

Artículo 1165.- El documento privado que contenga deuda líquida y sea de plazo cumplido, permitirá al acreedor, promover medios preparatorios a juicio, exhibiendo el documento al juez a quien se le hará saber el origen del adeudo, solicitándole que ordene el reconocimiento de la firma, monto del adeudo y causa del mismo.

Para tal fin, el juez ordenará al actuario o ejecutor que se apersone en el domicilio del deudor para que se le requiera que bajo protesta de decir verdad, haga reconocimiento de su firma, así como del origen y monto del adeudo, y en el mismo acto se entregue cédula de notificación en que se encuentre transcrita la orden del juez, así como copia simple cotejada y sellada de la solicitud.

De no entenderse la diligencia personalmente con el deudor cuando se trate de persona física o del mandatario para pleitos y cobranzas o actos de dominio tratándose de personas morales o del representante legal, en otros casos, el actuario o ejecutor se abstendrá de hacer requerimiento alguno, y dejará citatorio para que ese deudor, mandatario o representante legal, lo espere para la práctica de diligencia judicial en aquellas horas que se señale en el citatorio, la que se practicará después de las seis y hasta las setenta y dos horas siguientes. También el actuario o ejecutor podrá, sin necesidad de providencia judicial, trasladarse a otro u otros domicilios en el que se pueda encontrar el deudor, con la obligación de dejar constancia de estas circunstancias. Si después de realizadas hasta un máximo de cinco búsquedas del deudor éste no fuere localizado, se darán por concluidos los medios preparatorios a juicio, devolviéndose al interesado los documentos exhibidos y dejando a salvo sus derechos para que los haga valer en la vía y forma que corresponda.

Cuando fuere localizado el deudor, su mandatario o representante, e intimado dos veces rehúse contestar si es o no es suya la firma, se tendrá por reconocida, y así lo declarará el juez.

Cuando reconozca la firma, más no el origen o el monto del adeudo, el actuario o ejecutor lo prevendrá para que en el acto de la diligencia o dentro de los cinco días siguientes exhiba las pruebas documentales que acredite su contestación. De no exhibirse, el juez lo tendrá por cierto en la certeza de la deuda señalada, o por la cantidad que deje de acreditarse que no se adeuda, al igual que cuando reconozca la firma origen o monto del adeudo.

Cuando el deudor desconozca su firma se dejarán a salvo los derechos del promovente para que los haga valer en la vía y forma correspondiente pero de acreditarse la falsedad en que incurrió el deudor, se dará vista al Ministerio Público.

Lo mismo se hará con el mandatario o representante legal del deudor que actúe en la misma forma que lo señalado en el párrafo anterior.

Cuando se tenga por reconocida la firma o por cierta la certeza de la deuda, se ordenará la expedición de copias certificadas de todo lo actuado a favor del promovente y a su costa.

El actor formulará su demanda en vía ejecutiva, ante el mismo juez que conoció de los medios preparatorios acompañando la copia certificada como documento fundatorio de su acción, copias simples de éstas y demás que se requieran para traslado al demandado, y se acumularán los dos expedientes y en su caso se despachará auto de ejecución.

Cuando se despache auto de ejecución, se seguirá el juicio en la vía ejecutiva como marca la ley para los de su clase.

La resolución que niegue el auto de ejecución será apelable en ambos efectos y, en caso contrario, se admitirá en el efecto devolutivo de tramitación inmediata.

Párrafo reformado DOF 17-04-2008, 30-12-2008

Artículo reformado DOF 24-05-1996

Artículo 1166.- Puede hacerse el reconocimiento ante notario o corredor, ya en el momento de su otorgamiento o con posterioridad, de aquellos documentos que se hubieren firmado sin la presencia de dichos fedatarios, siempre que lo haga la persona directa obligada, su representante legítimo o su mandatario con poder bastante.

El notario o corredor harán constar el reconocimiento al pie del documento mismo, asentando si la persona que lo reconoce es el obligado directo, o su apoderado y la cláusula relativa del mandato o el representante legal, señalando también el número de escritura y fecha de la misma en que se haga constar el reconocimiento.

Los documentos así reconocidos también darán lugar a la vía ejecutiva.

Artículo reformado DOF 24-05-1996

Artículo 1167.- Si es instrumento público o privado reconocido o contiene cantidad líquida, puede prepararse la acción ejecutiva siempre que la liquidación pueda hacerse en un término que no excederá de nueve días.

Artículo reformado DOF 24-05-1996

CAPÍTULO XI
DE LAS PROVIDENCIAS PRECAUTORIAS

Artículo 1168.- En los juicios mercantiles únicamente podrán dictarse las medidas cautelares o providencias precautorias, previstas en este Código, y que son las siguientes:

I. Radicación de persona, cuando hubiere temor fundado de que se ausente u oculte la persona contra quien deba promoverse o se haya promovido una demanda. Dicha medida únicamente tendrá los efectos previstos en el artículo 1173 de éste Código;

II. Retención de bienes, en cualquiera de los siguientes casos:

a) Cuando exista temor fundado de que los bienes que se hayan consignado como garantía o respecto de los cuales se vaya a ejercitar una acción real, se dispongan, oculten, dilapiden, enajenen o sean insuficientes, y

b) Tratándose de acciones personales, siempre que la persona contra quien se pida no tuviere otros bienes que aquellos en que se ha de practicar la diligencia, y exista temor fundado de que los disponga, oculte, dilapide o enajene.

En los supuestos a que se refiere esta fracción, si los bienes consisten en dinero en efectivo o en depósito en instituciones de crédito, u otros bienes fungibles, se presumirá, para los efectos de este artículo, el riesgo de que los mismos sean dispuestos, ocultados o dilapidados, salvo que el afectado con la medida garantice el monto del adeudo.

Tratándose de la retención de bienes cuya titularidad o propiedad sea susceptible de inscripción en algún registro público, el Juez ordenará que se haga la anotación sobre el mismo.

Artículo reformado DOF 10-01-2014

Artículo 1169.- Las disposiciones del artículo anterior comprenden, no solo al deudor, sino también a los tutores, socios y administradores de bienes ajenos.

Artículo 1170.- El que solicite la radicación de persona, deberá acreditar el derecho que tiene para gestionar dicha medida. Se podrá probar lo anterior mediante documentos o con testigos idóneos.

Artículo reformado DOF 10-01-2014

Artículo 1171.- Si la petición de radicación de persona se presenta antes de promover la demanda, además de cumplir con lo dispuesto en el artículo anterior, el promovente deberá garantizar el pago de los daños y perjuicios que se generen si no se presenta la demanda. El monto de la garantía deberá ser determinado por el juez prudentemente, con base en la información que se le proporcione y cuidando que la misma sea asequible para el solicitante.

Artículo reformado DOF 10-01-2014

Artículo 1172.- Si la radicación de persona se pide al tiempo de presentar la demanda, bastará la petición del actor y el otorgamiento de la garantía a que se refiere el artículo anterior para que se decrete y se haga al demandado la correspondiente notificación.

Artículo reformado DOF 10-01-2014

Artículo 1173.- En todos los casos, la radicación de persona se reducirá a prevenir al demandado que no se ausente del lugar del juicio sin dejar representante legítimo, suficientemente instruido y expensado, para responder a las resultas del juicio.

Artículo reformado DOF 10-01-2014

Artículo 1174.- El que quebrantare la providencia de radicación de persona será castigado con la pena que señala el Código Penal respectivo al delito de desobediencia a un mandato legítimo de la autoridad pública, sin perjuicio de ser compelido por los medios de apremio que correspondan a volver al lugar del juicio.

En todo caso, se seguirá éste, según su naturaleza, conforme a las reglas comunes.

Artículo reformado DOF 24-05-1996, 10-01-2014

Artículo 1175.- El juez deberá decretar de plano la retención de bienes, cuando el que lo pide cumpla con los siguientes requisitos:

I. Pruebe la existencia de un crédito líquido y exigible a su favor;

II. Exprese el valor de las prestaciones o el de la cosa que se reclama, designando ésta con toda precisión;

III. Manifieste, bajo protesta de decir verdad, las razones por las cuales tenga temor fundado de que los bienes consignados como garantía o respecto de los cuales se vaya a ejercitar la acción real serán ocultados, dilapidados, dispuestos o enajenados. En caso de que dichos bienes sean insuficientes para garantizar el adeudo, deberá acreditarlo con el avalúo o las constancias respectivas;

IV. Tratándose de acciones personales, manifieste bajo protesta de decir verdad que el deudor no tiene otros bienes conocidos que aquellos en que se ha de practicar la diligencia. Asimismo, deberá expresar las razones por las que exista temor fundado de que el deudor oculte, dilapide o enajene dichos bienes, salvo que se trate de dinero en efectivo o en depósito en instituciones de crédito, o de otros bienes fungibles, y

V. Garantice los daños y perjuicios que pueda ocasionar la medida precautoria al deudor, en el caso de que no se presente la demanda dentro del plazo previsto en este Código o bien porque promovida la demanda, sea absuelta su contraparte.

El monto de la garantía deberá ser determinado por el juez prudentemente, con base en la información que se le proporcione y cuidando que la misma sea asequible para el solicitante.

Artículo reformado DOF 10-01-2014

Artículo 1176.- La retención de bienes decretada como providencia precautoria se regirá, en lo que le resulte aplicable, por lo dispuesto para los juicios ejecutivos mercantiles. La consignación y el otorgamiento de las garantías a que se refiere el artículo 1179 de este Código, se hará de acuerdo a lo que disponga la ley procesal de la entidad federativa a que pertenezca el juez que haya decretado la providencia, y en su oscuridad o insuficiencia conforme a los principios generales del derecho.

Artículo reformado DOF 10-01-2014

Artículo 1177.- Las providencias precautorias establecidas por este Código podrán decretarse, tanto como actos prejudiciales, como después de iniciado cualquiera de los juicios previstos en el mismo. En el primero de los casos, la providencia se decretará de plano, sin citar a la persona contra quien ésta se pida, una vez cubiertos los requisitos previstos en este ordenamiento. En el segundo caso, la providencia se sustanciará en incidente, por cuerda separada, y conocerá de ella el juez o tribunal que al ser presentada la solicitud esté conociendo del negocio.

Artículo reformado DOF 10-01-2014

Artículo 1178.- Ni para recibir la información ni para dictar una providencia precautoria se citará a la persona contra quien ésta se pida, salvo que la medida se solicite iniciado cualquiera de los juicios previstos en este Código.

Artículo reformado DOF 10-01-2014

Artículo 1179.- Una vez ordenada la radicación de persona o practicada la retención de bienes, y en su caso, presentada la solicitud de inscripción de éste en el Registro Público correspondiente, se concederán tres días al afectado para que manifieste lo que a su derecho convenga.

Si el demandado consigna el valor u objeto reclamado, da fianza o garantiza con bienes raíces suficientes el valor de lo reclamado, se levantará la providencia que se hubiere dictado.

Artículo reformado DOF 10-01-2014

Artículo 1180.- En la ejecución de las providencias precautorias no se admitirá excepción alguna, salvo lo previsto en el segundo párrafo del artículo anterior.

Artículo reformado DOF 10-01-2014

Artículo 1181.- Ejecutada la providencia precautoria antes de ser promovida la demanda, el que la pidió deberá presentarla dentro de tres días, si el juicio hubiere de seguirse en el lugar en que aquélla se dictó. Si debiere seguirse en otro lugar, el juez aumentará a los tres días señalados, los que resulten de acuerdo al último párrafo del artículo 1075.

El que pidió la medida precautoria deberá acreditar ante el juzgador que concedió la providencia la presentación de la demanda ante el juez competente, dentro de los tres días siguientes a que se venza cualquiera de los plazos del párrafo anterior.

Artículo reformado DOF 10-01-2014

Artículo 1182.- Si el que solicita la providencia precautoria no cumple con lo dispuesto en el artículo que precede, ésta se revocará de oficio, aunque no lo pida la persona contra la que se decretó.

Artículo reformado DOF 10-01-2014

Artículo 1183.- En contra de la resolución que decrete una providencia precautoria procede el recurso de apelación de tramitación inmediata en efecto devolutivo, en términos de los artículos 1339,1345, fracción IV, y 1345 bis 1 de este Código.

Sin perjuicio de lo anterior, la persona contra quien se haya dictado una providencia precautoria, puede en cualquier tiempo, pero antes de la sentencia ejecutoria, solicitar al juez su modificación o revocación, cuando ocurra un hecho superveniente.

Artículo reformado DOF 24-05-1996, 10-01-2014

Artículo 1184.- Igualmente puede reclamar la providencia precautoria un tercero, cuando sus bienes hayan sido objeto del secuestro. Esta reclamación se sustanciará por cuaderno separado y conforme a los artículos siguientes.

Artículo reformado DOF 24-05-1996, 10-01-2014

Artículo 1185.- El tercero que reclame una providencia, deberá hacerlo mediante escrito en el que ofrezca las pruebas respectivas. El juez correrá traslado al promovente de la precautoria, y a la persona contra quien se ordenó la medida para que la contesten dentro del término de cinco días y ofrezcan las pruebas que pretendan se les reciban. Transcurrido el plazo para la contestación, al día siguiente en que se venza el término, el juez admitirá las pruebas que se hayan ofrecido, y señalará fecha para su desahogo dentro de los diez días siguientes, mandando preparar las pruebas que así lo ameriten.

Artículo reformado DOF 24-05-1996, 10-01-2014

Artículo 1186.- En la audiencia a que se refiere el artículo anterior, se recibirán las pruebas. Concluido su desahogo, las partes alegarán verbalmente lo que a su derecho convenga. El tribunal fallará en la misma audiencia.

Artículo reformado DOF 24-05-1996, 10-01-2014

Artículo 1187.- Si atendiendo a la cuantía del negocio fuere apelable la sentencia que resuelva la reclamación, el recurso se admitirá sólo en el efecto devolutivo de tramitación inmediata. Si la sentencia que resuelva la reclamación en primera instancia levanta la providencia precautoria, no se ejecutará sino previa garantía que dé la parte que la obtuvo. La sentencia de segunda instancia causará ejecutoria. Cuando la providencia precautoria hubiere sido dictada en segunda instancia, la sentencia no admitirá recurso alguno.

Artículo reformado DOF 10-01-2014

Artículo 1188.- Cuando la providencia precautoria se dicte por un juez que no sea el que deba conocer del negocio principal, una vez ejecutada y resuelta la reclamación, si se hubiere formulado, se remitirán al juez competente las actuaciones, que en todo caso se unirán al expediente a efecto de que obren en él para los efectos que correspondan conforme a derecho.

Artículo reformado DOF 10-01-2014

Artículo 1189.- Las garantías de que se trata en este capítulo, se otorgarán ante el juez o el tribunal que haya decretado la providencia precautoria respectiva.

Si se tratara de fianza, el fiador, o la compañía que otorgue la garantía por cualquiera de las partes se entiende que renuncia a todos los beneficios legales, observándose en este caso, lo dispuesto en los artículos relativos al Código Civil Federal.

Artículo reformado DOF 24-05-1996, 10-01-2014

Artículo 1190.- Se deroga

Artículo reformado DOF 24-05-1996. Derogado DOF 10-01-2014

Artículo 1191.- Se deroga

Artículo reformado DOF 17-04-2008. Derogado DOF 10-01-2014

Artículo 1192.- Se deroga

Artículo derogado DOF 10-01-2014

Artículo 1193.- Se deroga

Artículo reformado DOF 24-05-1996, 17-04-2008. Derogado DOF 10-01-2014

CAPÍTULO XII
REGLAS GENERALES SOBRE LA PRUEBA

Artículo 1194.- El que afirma está obligado a probar. En consecuencia, el actor debe probar su acción y el reo sus excepciones.

Artículo 1195.- El que niega no está obligado a probar, sino en el caso en que su negación envuelva afirmación expresa de un hecho.

Artículo 1196.- También está obligado a probar el que niega, cuando al hacerlo desconoce la presunción legal que tiene a su favor el colitigante.

Artículo 1197.- Solo los hechos están sujetos a prueba: el derecho lo estará únicamente cuando se funde en leyes extranjeras: el que las invoca debe probar la existencia de ellos y que son aplicables al caso.

Artículo 1198.- Las pruebas deben ofrecerse expresando claramente el hecho o hechos que se trata de demostrar con las mismas, así como las razones por los que el oferente considera que demostrarán sus afirmaciones; si a juicio del tribunal las pruebas ofrecidas no cumplen con las condiciones apuntadas, serán desechadas, observándose lo dispuesto en el artículo 1203 de este ordenamiento. En ningún caso se admitirán pruebas contrarias a la moral o al derecho.

Artículo reformado DOF 24-05-1996

Artículo 1199.- El juez recibirá el pleito a prueba en el caso de que los litigantes lo hayan solicitado, o de que él la estime necesaria.

Artículo 1200.- Cualquiera cuestión que se suscite con ocasión de lo dispuesto en los dos artículos anteriores, el juez la resolverá de plano.

Artículo 1201.- Las diligencias de prueba deberán practicarse dentro del término probatorio; el juez deberá fundar la resolución que permita su desahogo fuera de dicho término, las cuales deberán mandarse concluir en los juicios ordinarios dentro de un plazo de veinte días, y en los juicios especiales y ejecutivos dentro de diez días, bajo responsabilidad del juez, salvo casos de fuerza mayor.

Artículo reformado DOF 04-01-1989, 24-05-1996

Artículo 1202.- No obstan a lo dispuesto en el artículo anterior las reglas que se establecen para la recepción de pruebas en incidentes, o las documentales de las que la parte que las exhibe manifieste bajo protesta de decir verdad, que antes no supo de ellas, o habiéndolas solicitado y hasta requerido por el juez, no las pudo obtener, o las supervenientes.

Artículo reformado DOF 24-05-1996

Artículo 1203.- Al día siguiente en que termine el período del ofrecimiento de pruebas, el juez dictará resolución en la que determinará las pruebas que se admitan sobre cada hecho, pudiendo limitar el número de testigos prudencialmente. En ningún caso se admitirán pruebas contra del derecho o la moral; que se hayan ofrecido extemporáneamente, sobre hechos no controvertidos o ajenos a la litis; sobre hechos imposibles o notoriamente inverosímiles, o bien que no reúnan los requisitos establecidos en el artículo 1198 de este Código. Contra el auto que admita alguna prueba que contravenga las prohibiciones señaladas anteriormente o que no reúna los requisitos del artículo 1198, procede la apelación en efecto devolutivo de tramitación conjunta con la sentencia definitiva, cuando sea apelable la sentencia en lo principal. En el mismo efecto devolutivo y de tramitación conjunta con dicha sentencia, será apelable la determinación en que se deseche cualquier prueba que ofrezcan las partes o terceros llamados a juicio, a los que siempre se les considerará como partes en el mismo.

Artículo reformado DOF 24-05-1996, 17-04-2008

Artículo 1204.- La citación se hará, lo más tarde, el día anterior á aquel en que deba recibirse la prueba.

Artículo 1205.- Son admisibles como medios de prueba todos aquellos elementos que puedan producir convicción en el ánimo del juzgador acerca de los hechos controvertidos o dudosos y en consecuencia serán tomadas como pruebas las declaraciones de las partes, terceros, peritos, documentos públicos o privados, inspección judicial, fotografías, facsímiles, cintas cinematográficas, de videos, de sonido, mensajes de datos, reconstrucciones de hechos y en general cualquier otra similar u objeto que sirva para averiguar la verdad.

Artículo reformado DOF 24-05-1996, 29-05-2000

Artículo 1206.- El término de prueba es ordinario o extraordinario. Es ordinario el que se concede para producir probanzas dentro de la entidad federativa en que el litigio se sigue. Es extraordinario el que se otorga para que se reciban pruebas fuera de la misma.

Artículo reformado DOF 04-01-1989

Artículo 1207.- El término ordinario que procede, conforme al artículo 1199, es susceptible de prórroga cuando se solicite dentro del término de ofrecimiento de pruebas y la contraria manifieste su conformidad, o se abstenga de oponerse a dicha prórroga dentro del término de tres días. Dicho término únicamente podrá prorrogarse en los juicios ordinarios hasta por veinte días y en los juicios ejecutivos o especiales hasta por diez días. El término extraordinario sólo se concederá cuando las pruebas se tengan que desahogar en distinta entidad federativa o fuera del país, y cuando se otorguen las garantías por cada prueba que se encuentre en dichos supuestos, bajo las condiciones que dispongan las leyes procesales locales aplicadas supletoriamente, quedando al arbitrio del juez señalar el plazo que crea prudente, atendida la distancia de lugar y la calidad de la prueba. Del término extraordinario no cabe prórroga.

Artículo reformado DOF 24-05-1996

Artículo 1208.- Ni el término ordinario ni el extraordinario, podrán suspenderse sino de común consentimiento de los interesados, o por causa muy grave, a juicio del juez y bajo su responsabilidad.

Artículo 1209.- Cuando se otorgue la suspensión, se expresará en el auto la causa que hubiere para hacerlo.

La suspensión del procedimiento se levantará cuando se haya hecho por consentimiento de los interesados a petición de cualquiera de ellos, sin ulterior recurso, sin perjuicio de que dicha suspensión no impida que corra el término de la caducidad. Cuando se decrete por causa muy grave a juicio del juez, la suspensión se levantará cuando cese dicha causa, o éste requiera a las partes para que dentro del plazo de tres días, manifiesten y acrediten si tal gravedad subsiste. Transcurridos noventa días naturales de que se haya suspendido por causa grave, de oficio o cualquiera de las partes podrá solicitar al juez, para que se compruebe si subsiste la gravedad, y de haberse salvado ésta, se levantará la suspensión, previa constancia de haberse efectuado el requerimiento señalado anteriormente, con el fin de que se inicie cualquier término judicial, incluyendo el de la caducidad.

Párrafo adicionado DOF 24-05-1996

Artículo 1210.- Las diligencias de prueba practicadas en otros juzgados, en virtud del requerimiento del juez de los autos, durante la suspensión del término, surtirán sus efectos mientras el requerido no tenga aviso para suspenderlas.

CAPÍTULO XIII
DE LA CONFESIÓN

Artículo 1211.- La confesión puede ser judicial o extrajudicial.

Artículo 1212.- Es judicial la confesión que se hace ante juez competente, ya al contestar la demanda, ya absolviendo posiciones.

Artículo 1213.- Se considera extrajudicial la confesión que se hace ante juez incompetente.

Artículo 1214.- Desde los escritos de demanda y contestación a la demanda y hasta diez días antes de la audiencia de pruebas, se podrá ofrecer la de confesión, quedando las partes obligadas a declarar, bajo protesta de decir verdad, cuando así lo exija el contrario.

Es permitido articular posiciones al procurador que tenga poder especial para absolverlas, o general con cláusula para hacerlo.

Artículo reformado DOF 24-05-1996

Artículo 1215.- Las personas físicas que sean parte en juicio, sólo están obligadas a absolver posiciones personalmente, cuando así lo exija el que las articula, y desde el ofrecimiento de la prueba se señale la necesidad de que la absolución deba realizarse de modo tan personal, y existan hechos concretos en la demanda y contestación que justifiquen dicha exigencia, la que será calificada por el tribunal para así ordenar su recepción. En caso contrario la absolución se hará por el mandatario o representante legal con facultades suficientes para absolver posiciones.

Artículo reformado DOF 24-05-1996

Artículo 1216.- El mandatario o representante que comparezca a absolver posiciones por alguna de las partes, forzosamente será conocedor de todos los hechos controvertidos propios de su mandante o representado, y no podrá manifestar desconocer los hechos propios de aquel por quien absuelve, ni podrá manifestar que ignora la respuesta o contestar con evasivas, ni mucho menos negarse a contestar o se abstenga de responder de modo categórico en forma afirmativa o negativa, pues de hacerlo así se le declarará confeso de las posiciones que calificadas de legales se le formulen, toda vez que el tribunal bajo su responsabilidad debe considerar a dicho mandatario o representante legal, como si se tratara de la misma persona o parte por la cual absuelva las posiciones. Desde luego que el que comparezca a absolver posiciones después de contestar afirmativa o negativamente, podrá agregar lo que a su interés convenga.

Artículo reformado DOF 24-05-1996

Artículo 1217.- Tratándose de personas morales, la absolución de posiciones siempre se llevará a efecto por apoderado o representante, con facultades para absolver, sin que se pueda exigir que el desahogo de la confesional se lleve a cabo por apoderado o representante específico. En este caso, también será aplicable lo que se ordena en el artículo anterior.

Artículo reformado DOF 24-05-1996

Artículo 1218.- El cesionario se considera como apoderado del cedente para los efectos del artículo que precede.

Artículo 1219.- Si el que debe absolver las posiciones no estuviere en el lugar del juicio, el juez librará el correspondiente exhorto acompañando, cerrado y sellado, el pliego en que consten las posiciones, mismas que deben ser previamente calificadas. Del pliego, el oferente de la prueba, deberá, al ofrecer la confesión, acompañar copia que, autorizada conforme a la ley con la firma del juez y la del secretario, quedará en el seguro del juzgado, sin oportunidad de que pueda ser conocida por el contrario del oferente.

Artículo reformado DOF 24-05-1996

Artículo 1220.- El juez exhortado practicará todas las diligencias que correspondan conforme a este capítulo, pero no podrá declarar confeso a ninguno de los litigantes, salvo que el juez exhortante lo autorice para que haga esa declaración de confeso o en los casos que así lo permite la ley.

Artículo reformado DOF 24-05-1996

Artículo 1221.- El que articula las preguntas, ya sea la parte misma, ya su apoderado, tiene derecho de asistir al interrogatorio y de hacer en el acto las nuevas preguntas que le convengan.

Artículo 1222.- Las posiciones deben articularse en términos precisos; no han de ser insidiosas; no ha de contener cada una más que un solo hecho, y éste ha de ser propio del que declara.

Artículo 1223.- Si se presenta pliego de posiciones para el desahogo de la confesional, éste deberá presentarse cerrado, y guardarse así en el secreto del tribunal, asentándose la razón respectiva en la misma cubierta, que rubricará el juez y firmará el secretario. Si no se exhibe el pliego, deberá estarse a lo dispuesto en el siguiente artículo.

Artículo reformado DOF 17-04-2008

Artículo 1224.- Si el citado comparece, el juez, en su presencia, abrirá el pliego, se impondrá de las posiciones, y antes de proceder al interrogatorio, calificará las preguntas conforme al artículo 1222.

La notificación personal al que deba absolver posiciones se practicará, por lo menos con dos días de anticipación al señalado para la audiencia, sin contar el día en que se verifique la diligencia de notificación, el día siguiente hábil en que surta efectos la misma ni el señalado para recibir la declaración.

Si la oferente de la prueba decide no presentar pliego de posiciones, tendrá el derecho de articular posiciones verbales en la audiencia respectiva, pero en el caso de incomparecencia de la misma, se castigará con deserción de la confesional.

Contra la calificación de posiciones, procede el recurso de apelación preventiva de tramitación conjunta con la sentencia definitiva.

Artículo reformado DOF 17-04-2008

Artículo 1225.- Hecha la protesta de decir verdad, el juez procederá al interrogatorio, asentando literalmente las respuestas, y concluida la diligencia, la parte absolvente firmará al margen el pliego de posiciones.

Artículo 1226.- En ningún caso se permitirá que la parte que ha de absolver un interrogatorio de posiciones esté asistida por su abogado, procurador, ni por otra persona; ni se le dará traslado ni copia de las posiciones, ni término para que se aconseje; pero si el absolvente fuere extranjero, podrá ser asistido por un intérprete, si lo pidiere, en cuyo caso el juez lo nombrará.

Artículo 1227.- Si fueren varios los que hayan de absolver posiciones y al tenor de un mismo interrogatorio, las diligencias se practicarán separadamente, y en un mismo día, evitando que los que absuelvan primero se comuniquen con los que han de absolver después.

Artículo 1228.- Las contestaciones deberán ser afirmativas o negativas, pudiendo agregar el que las dé, las explicaciones que estime convenientes, o las que el juez le pida.

Artículo 1229.- En el caso de que el declarante se negare a contestar, el juez le apercibirá en el acto de tenerle por confeso si persiste en su negativa.

Artículo 1230.- Si las respuestas del que declara fueren evasivas, el juez le apercibirá igualmente de tenerle por confeso sobre los hechos respecto de los cuales sus respuestas no fueren categóricas o terminantes.

Artículo 1231.- La declaración, una vez firmada, no puede variarse ni en la sustancia ni en la redacción.

Artículo 1232.- El que deba absolver posiciones, será declarado confeso:

I. Cuando sin justa causa el que deba absolver posiciones se abstenga de comparecer cuando fue citado para hacerlo, en cuyo caso la declaración se hará de oficio; siempre y cuando se encuentre exhibido con anterioridad al desahogo de la prueba el pliego de posiciones;

Fracción reformada DOF 24-05-1996, 17-04-2008

II. Cuando se niegue a declarar;

III. Cuando al hacerlo insista en no responder afirmativa o negativamente.

Artículo 1233.- En el primer caso del artículo anterior, el juez abrirá el pliego, o hará constar por escrito las posiciones, y las calificará antes de hacer la declaración.

Artículo 1234.- Absueltas las posiciones, el absolvente tiene derecho a su vez de formularlas en el acto al articulante si hubiere asistido. El tribunal puede, libremente, interrogar a las partes sobre los hechos y circunstancias que sean conducentes a la averiguación de la verdad.

Las partes pedirán en el mismo acto de la declaración que el tribunal exija al absolvente que aclare algún punto dudoso sobre el cual no se haya contestado categóricamente, sea de las posiciones formuladas por las partes, o por el interrogatorio que de oficio se haya realizado, y en su caso que se declare confeso si se haya en alguno de los casos de las dos últimas fracciones del artículo 1232.

Artículo reformado DOF 24-05-1996

Artículo 1235.- Cuando la confesión no se haga al absolver las posiciones, sino al contestar la demanda o en cualquier otro acto del juicio, no siendo en la presencia judicial, para que ésta quede perfeccionada, el colitigante deberá pedir la ratificación, y si existiere negativa injustificada para ratificar dicho escrito que contenga la confesión, o bien omisión de hacerlo, se acusará la correspondiente rebeldía, quedando perfecta la confesión.

Artículo reformado DOF 17-04-2008

Artículo 1236.- Las autoridades, las corporaciones oficiales y los establecimientos que formen parte de la administración pública no absolverán posiciones en la forma que establecen los artículos anteriores, salvo lo dispuesto en el artículo 1217, pero la parte contraria podrá pedir que se les libre oficio, insertando las posiciones que quiera hacerles para que, por vía de informe, sean contestadas por la persona que designa, dentro del término que designe el tribunal, y que no excederá de ocho días con el apercibimiento de tenerla por confesa si no contestare dentro del término que se le haya fijado, o si no lo hiciere categóricamente afirmando o negando los hechos. La declaración de confeso podrá hacerse de oficio o a petición de parte.

Artículo reformado DOF 24-05-1996

CAPÍTULO XIV
DE LOS INSTRUMENTOS Y DOCUMENTOS

Artículo 1237.- Son instrumentos públicos los que están reputados como tales en las leyes comunes, y además las pólizas de contratos mercantiles celebrados con intervención de corredor y autorizados por éste, conforme a lo dispuesto en el presente Código.

Artículo 1238.- Documento privado es cualquiera otro no comprendido en lo que dispone el artículo anterior.

Artículo 1239.- Siempre que uno de los litigantes pidiere copia o testimonio de parte de un documento o pieza que obre en los archivos públicos o en los libros de los corredores, el contrario tendrá derecho de que a su costa se adicione con lo que crea conducente del mismo documento.

Artículo 1240.- Los documentos existentes en partido distinto del en que se siga el juicio, se compulsarán a virtud de exhorto que dirija el juez de los autos al del lugar en que aquellos se encuentren.

Artículo 1241.- Los documentos privados y la correspondencia procedentes de uno de los interesados, presentados en juicio por vía de prueba y no objetados por la parte contraria, se tendrán por admitidos y surtirán sus efectos como si hubieren sido reconocidos expresamente. Puede exigirse el reconocimiento expreso si el que los presenta así lo pidiere; con este objeto se manifestarán los originales a quien deba reconocerlos y se le dejará ver todo el documento, no sólo la firma.

Artículo reformado DOF 24-05-1996

Artículo 1242.- Los documentos privados se presentarán en originales, y cuando formen parte de un libro, expediente o legajo, se exhibirán para que se compulse la parte que señalen los interesados.

Artículo reformado DOF 24-05-1996

Artículo 1243.- Si el documento se encuentra en libros o papeles de casa de comercio o de algún establecimiento industrial, el que pida el documento o la constancia, deberá fijar con precisión cuál sea, y la copia testimoniada se tomará en el escritorio del establecimiento, sin que los directores de él estén obligados a llevar al tribunal los libros de cuenta, sino sólo a presentar las partidas o documentos designados.

Artículo reformado DOF 24-05-1996

Artículo 1244.- En el reconocimiento se observará lo dispuesto en los arts. 1217 a 1219, 1221 y 1287, fracs. I y II.

Artículo 1245.- Solo pueden reconocer un documento privado, el que lo firma, el que lo manda extender, o el legítimo representante de ellos con poder o cláusula especial.

Artículo 1246.- Los instrumentos auténticos expedidos por las autoridades federales, hacen fe en toda la República, sin necesidad de legalización.

Artículo 1247.- Las partes sólo podrán objetar los documentos en cuanto a su alcance y valor probatorio dentro de los tres días siguientes al auto admisorio de pruebas, tratándose de los presentados hasta entonces. Los exhibidos con posterioridad podrán ser objetados en igual término, contado desde el día siguiente a aquel en que surta efectos la notificación del auto que ordene su admisión. No será necesario para la objeción a que se refiere el presente artículo la tramitación incidental de la misma.

Artículo derogado DOF 04-01-1989. Adicionado DOF 24-05-1996. Reformado DOF 17-04-2008

Artículo 1248.- Para que haga fé en la República los documentos públicos extranjeros deberán presentarse legalizados por las autoridades consulares mexicanas competentes conforme a las leyes aplicabales (sic DOF 04-01-1989).

Artículo reformado DOF 04-01-1989

Artículo 1249.- Los documentos que fueren transmitidos internacionalmente, por conducto oficial, para surtir efectos legales, no requerirán de legalización.

Tampoco requerirán de legalización, los documentos públicos extranjeros, cuando se tenga celebrado tratado o acuerdo interinstitucional con el país de que provengan, y se exima de dicha legalización.

Párrafo adicionado DOF 24-05-1996

Artículo reformado DOF 04-01-1989

Artículo 1250.- En caso de que se niegue o se ponga en duda la autenticidad de un documento, objetándolo o impugnándolo de falso, podrá pedirse el cotejo de letras y/o firmas. Tratándose de los documentos exhibidos junto con la demanda, el demandado si pretende objetarlos o tacharlos de falsedad, deberá oponer la excepción correspondiente, y ofrecer en ese momento las pruebas que estime pertinentes, además de la prueba pericial, debiendo darse vista con dicha excepción a la parte actora, para que manifieste lo que a su derecho convenga respecto a la pertinencia de la prueba pericial, y reservándose su admisión para el auto admisorio de pruebas, sin que haya lugar a la impugnación en la vía incidental. En caso de que no se ofreciera la pericial, no será necesaria la vista a que se refiere el presente artículo sino que deberá estarse a lo dispuesto por los artículos 1379 y 1401 de este Código, según sea el caso.

Tratándose de documentos exhibidos por la parte demandada junto con su contestación a la demanda, o bien de documentos exhibidos por cualquiera de las partes con posterioridad a los escritos que fijan la litis, la impugnación se hará en vía incidental.

Las objeciones a que se refiere el párrafo anterior se podrán realizar desde el escrito donde se desahogue la vista de excepciones y defensas y hasta diez días antes de la celebración de la audiencia, tratándose de los presentados hasta entonces, y respecto de los que se exhiban con posterioridad, dentro de los tres días siguientes a aquel en que en su caso, sean admitidos por el tribunal.

Si con la impugnación a que se refieren los dos párrafos anteriores no se ofreciere la prueba pericial correspondiente o no se cumpliere con cualquiera de los requisitos necesarios para su admisión a trámite, se desechará de plano por el juzgador.

Artículo derogado DOF 04-01-1989. Adicionado DOF 24-05-1996. Reformado DOF 17-04-2008

Artículo 1250 Bis.- En el caso de impugnación y objeción de falsedad de un documento, además de lo dispuesto en el artículo anterior, se observará lo dispuesto en las siguientes reglas:

I. La parte que objete la autenticidad de un documento o lo redarguya de falso, deberá indicar específicamente los motivos y las pruebas;

II. Cuando se impugne la autenticidad de un documento privado, o, público sin matriz, deberán señalarse los documentos indubitables para el cotejo, y promover la prueba pericial correspondiente;

III. Sin los requisitos anteriores se tendrá por no objetado ni redargüido o impugnado el instrumento;

IV. De la impugnación se correrá traslado al colitigante para que en el término de tres días manifieste lo que a su derecho convenga y ofrezca pruebas, que se recibirán en audiencia incidental únicamente en lo relativo a la objeción o impugnación;

V. Lo dispuesto en este artículo sólo da competencia al juez para conocer y decidir en lo principal la fuerza probatoria del documento impugnado, sin que pueda hacerse declaración alguna general que afecte al instrumento y sin perjuicio del procedimiento penal a que hubiera lugar, y

VI. Si durante la secuela del procedimiento se tramitare diverso proceso penal sobre la falsedad del documento en cuestión, el tribunal, sin suspender el juicio y según las circunstancias, podrá determinar al dictar la sentencia si se reservan los derechos del impugnador para el caso en que penalmente se demuestre la falsedad o bien puede subordinar la eficacia ejecutiva de la sentencia a la prestación de una caución.

Artículo adicionado DOF 17-04-2008

Artículo 1250 Bis 1.- Tanto para la objeción o impugnación de documentos sean privados, o públicos que carezcan de matriz, únicamente se considerarán indubitables para el cotejo:

I. Los documentos que las partes reconozcan como tales, de común acuerdo, debiendo manifestar esa conformidad ante la presencia judicial;

II. Los documentos privados cuya letra o firma haya sido reconocida en juicio a solicitud de parte, por aquél a quien se atribuya la dudosa;

III. Los documentos cuya letra o firma haya sido judicialmente declarada propia de aquél a quien se atribuye la dudosa;

IV. El escrito impugnado en la parte en que reconozca la letra como suya aquel a quien perjudique;

V. Las firmas puestas en actuaciones judiciales en presencia del secretario del tribunal por la parte cuya firma o letra se trata de comprobar.

Artículo adicionado DOF 17-04-2008

Artículo 1251.- En el caso de que alguna de las partes sostenga la falsedad de un documento que pueda ser de influencia notoria en el pleito, se observarán las prescripciones relativas del Código de Procedimientos Penales respectivo.

CAPÍTULO XV
DE LA PRUEBA PERICIAL

Artículo 1252.- Los peritos deben tener título en la ciencia, arte, técnica, oficio o industria a que pertenezca la cuestión sobre la que ha de oírse su parecer, si la ciencia, arte, técnica, oficio o industria requieren título para su ejercicio.

Si no lo requirieran o requiriéndolo, no hubiere peritos en el lugar, podrán ser nombradas cualesquiera personas entendidas a satisfacción del juez, aun cuando no tengan título.

La prueba pericial sólo será admisible cuando se requieran conocimientos especiales de la ciencia, arte, técnica, oficio o industria de que se trate, más no en lo relativo a conocimientos generales que la ley presupone como necesarios en los jueces, por lo que se desecharán de oficio aquellas periciales que se ofrezcan por las partes para ese tipo de conocimientos, o que se encuentren acreditadas en autos con otras pruebas, o tan sólo se refieran a simples operaciones aritméticas o similares.

El título de habilitación de corredor público acredita para todos los efectos la calidad de perito valuador.

Artículo reformado DOF 24-05-1996

Artículo 1253.- Las partes propondrán la prueba pericial dentro del término de ofrecimiento de pruebas en los siguientes términos:

Párrafo reformado DOF 30-12-2008

I. Señalarán con toda precisión la ciencia, arte, técnica, oficio o industria sobre la cual deba practicarse la prueba; los puntos sobre los que versará y las cuestiones que se deben resolver en la pericial, así como la cédula profesional, calidad técnica, artística o industrial del perito que se proponga, nombre, apellidos y domicilio de éste, con la correspondiente relación de tal prueba con los hechos controvertidos;

II. Si falta cualquiera de los requisitos anteriores, el juez desechará de plano la prueba en cuestión;

III. En caso de estar debidamente ofrecida, el juez la admitirá, quedando obligadas las partes a que sus peritos, dentro del plazo de tres días, presenten escrito en el que acepten el cargo conferido y protesten su fiel y legal desempeño, debiendo anexar el original o copia certificada de su cédula profesional o documentos que acrediten su calidad de perito en el arte, técnica, oficio o industria para el que se les designa; manifestando, bajo protesta de decir verdad, que conocen los puntos cuestionados y pormenores relativos a la pericial, así como que tienen la capacidad suficiente para emitir dictamen sobre el particular, quedando obligados a rendir su dictamen dentro de los diez días siguientes a la fecha en que hayan presentado los escritos de aceptación y protesta del cargo de peritos, salvo que existiera en autos causa bastante por la que tuviera que modificarse la fecha de inicio del plazo originalmente concedido. Sin la exhibición de dichos documentos justificativos de su calidad, no se tendrá por presentado al perito aceptando el cargo, con la correspondiente sanción para las partes, sin que sea necesaria la ratificación de dichos dictámenes ante la presencia judicial;

Fracción reformada DOF 17-04-2008

IV. Cuando se trate de juicios ejecutivos, especiales o cualquier otro tipo de controversia de trámite específicamente singular, las partes quedan obligadas a cumplir dentro de los tres días siguientes al proveído en que se les tengan por designados tales peritos, conforme a lo ordenado en el párrafo anterior, quedando obligados los peritos, en estos casos, a rendir su dictamen dentro de los cinco días siguientes a la fecha en que hayan aceptado y protestado el cargo con la misma salvedad que la que se establece en la fracción anterior;

Fracción reformada DOF 17-04-2008

V. Cuando los peritos de las partes rindan sus dictámenes, y éstos resulten substancialmente contradictorios, se designará al perito tercero en discordia tomando en cuenta lo ordenado por el artículo 1255 de este código;

VI. La falta de presentación del escrito del perito designado por la oferente de la prueba, donde acepte y proteste el cargo, dará lugar a que se tenga por desierta dicha pericial. Si la contraria no designare perito, o el perito por ésta designado, no presentare el escrito de aceptación y protesta del cargo, dará como consecuencia que se tenga a ésta por conforme con el dictamen pericial que rinda el perito del oferente. En el supuesto de que el perito designado por alguna de las partes, que haya aceptado y protestado el cargo conferido, no presente su dictamen pericial en el término concedido, se entenderá que dicha parte acepta aquél que se rinda por el perito de la contraria, y la pericial se desahogará con ese dictamen. Si los peritos de ambas partes, no rinden su dictamen dentro del término concedido, el juez designará en rebeldía de ambas un perito único, el que rendirá su dictamen dentro del plazo señalado en las fracciones III y IV, según corresponda.

En los casos a que se refieren los párrafos anteriores, el juez sancionará a los peritos omisos con multa hasta de $5,545.7624 (cinco mil quinientos cuarenta y cinco pesos 7624/100 M.N.) y corresponderá a la Secretaría de Economía actualizar cada año por inflación este monto expresado en pesos y publicarlo en el Diario Oficial de la Federación, a más tardar el 30 de diciembre de cada año.

Párrafo reformado DOF 30-12-2008, 09-01-2012

Multa del párrafo actualizada por acuerdo DOF 29-12-2012, 30-12-2013, 26-12-2014, 24-12-2015, 26-12-2016, 26-12-2017, 31-12-2018, 30-12-2019, 24-12-2020, 30-12-2021, 27-12-2022, 28-12-2023, 30-12-2024

Para estos efectos, se basará en la variación observada en el valor del Índice Nacional de Precios al Consumidor, publicado por el Instituto Nacional de Estadística y Geografía entre la última actualización de dicho monto y el mes de noviembre del año en cuestión.

Párrafo adicionado DOF 09-01-2012

Fracción reformada DOF 17-04-2008

VII. Las partes quedan obligadas a pagar los honorarios de los peritos que hayan nombrado, así como a presentarlos cuantas veces sea necesario al juzgado. También quedarán obligadas a presentar el dictamen pericial dentro del plazo señalado, y de no presentarse, se tendrá por no rendido el dictamen;

Fracción reformada DOF 17-04-2008, 30-12-2008

VIII. Las partes en cualquier momento podrán convenir en la designación de un sólo perito para que rinda su dictamen al cual se sujetarán, y

IX. También las partes en cualquier momento podrán manifestar su conformidad con el dictamen del perito de la contraria y hacer observaciones al mismo, que serán consideradas en la valoración que realice el juez en su sentencia.

Artículo reformado DOF 24-05-1996

Artículo 1254.- El juez, antes de admitir la prueba pericial, dará vista a la contraria por el término de tres días, para que manifieste sobre la pertinencia de tal prueba y para que proponga la ampliación de otros puntos y cuestiones además de los formulados por el oferente, para que los peritos dictaminen, y para que designe perito de su parte, debiendo nombrarlo en la misma ciencia, arte, técnica, oficio o industria, en que la haya ofrecido el oferente, así como su cédula profesional, o en su caso los documentos que justifiquen su capacidad científica, artística, técnica, etc. requisito sin el cual no se le tendrá por designado, con la sanción correspondiente a que se refiere la fracción VI del artículo anterior.

Artículo reformado DOF 24-05-1996, 17-04-2008

Artículo 1255.- Cuando los dictámenes rendidos resulten substancialmente contradictorios de tal modo que el juez considere que no es posible encontrar conclusiones que le aporten elementos de convicción, podrá designar un perito tercero en discordia. A este perito deberá notificársele para que dentro del plazo de tres días, presente escrito en el que acepte el cargo conferido y proteste su fiel y legal desempeño, debiendo anexar copia de su cédula profesional o documentos que acrediten su calidad de perito en el arte, técnica, oficio o industria para el que se le designa, manifestando, bajo protesta de decir verdad, que tiene la capacidad suficiente para emitir dictamen sobre el particular; así mismo señalará el monto de sus honorarios, en los términos de la legislación local correspondiente o, en su defecto, los que determine, mismos que deben ser autorizados por el juez, y serán cubiertos por ambas partes en igual proporción.

El perito tercero en discordia rendirá su peritaje en la audiencia de pruebas o en la fecha en que según las circunstancias del caso señale el juez, salvo que medie causa justificada no imputable al perito, en cuyo caso, el juez dictará las providencias necesarias que permitan obtener el peritaje.

Párrafo reformado DOF 17-04-2008, 09-06-2011

En caso de que el perito tercero en discordia no rinda su peritaje en el supuesto previsto en el párrafo anterior, dará lugar a que el tribunal le imponga una sanción pecuniaria a favor de las partes por el importe de una cantidad igual a la que fijó como honorarios de sus servicios al aceptar y protestar el cargo. En el mismo acto, el tribunal dictará proveído de ejecución en su contra, además de hacerlo saber al tribunal pleno, y a la asociación, colegio de profesionistas o institución que lo hubiera propuesto por así haberlo solicitado el juez, para los efectos correspondientes.

Párrafo adicionado DOF 09-06-2011

En el supuesto del párrafo anterior, el juez designará otro perito tercero en discordia y, de ser necesario, suspenderá la audiencia para el desahogo de la prueba en cuestión.

Artículo reformado DOF 24-05-1996

Artículo 1256.- El perito que nombre el juez puede ser recusado dentro de los cinco días siguientes a aquél en que haya surtido efectos la notificación de la aceptación y protesta del cargo por dicho perito a los litigantes. Son causas de recusación las siguientes:

I. Ser el perito pariente por consanguinidad o afinidad, dentro del cuarto grado, de alguna de las partes, sus apoderados, abogados, autorizados o del juez o sus secretarios, o tener parentesco civil con alguna de dichas personas;

II. Haber emitido sobre el mismo asunto dictamen, a menos de que se haya mandado reponer la prueba pericial;

III. Haber prestado servicios como perito a alguno de los litigantes, salvo el caso de haber sido tercero en discordia, o ser dependiente, socio, arrendatario o tener negocios de cualquier clase, con alguna de las personas que se indican en la fracción primera;

IV. Tener interés directo o indirecto en el pleito o en otro juicio semejante, o participación en sociedad, establecimiento o empresa con alguna de las personas que se indican en la fracción primera, y

V. Tener amistad íntima o enemistad manifiesta con alguna de las partes, sus representantes, abogados o con cualquier otra persona de relación familiar cercana a aquéllos.

Propuesta en forma la recusación, el juez mandará se haga saber al perito recusado, para que el perito en el acto de la notificación si ésta se entiende con él, manifieste al notificador si es o no procedente la causa en que aquélla se funde.

Si la reconoce como cierta, el juez lo tendrá por recusado sin más trámites y en el mismo auto nombrará otro perito. Si el recusado no fuere hallado al momento de notificarlo, deberá comparecer en el término de tres días, para manifestar bajo protesta de decir verdad, si es o no procedente la causa en que se funde la recusación.

Si admite ser procedente en la comparecencia o no se presenta en el término señalado, el tribunal sin necesidad de rebeldía, de oficio, lo tendrá por recusado y en el mismo auto designará otro perito.

Cuando el perito niegue la causa de recusación, el juez mandará que comparezcan las partes a su presencia en el día y hora que señale, con las pruebas pertinentes. Las partes y el perito únicamente podrán presentar pruebas en la audiencia que para tal propósito cite el juez.

No compareciendo la parte recusante a la audiencia, se le tendrá por desistida de la recusación. En caso de inasistencia del perito se le tendrá por recusado y se designará otro.

Si comparecen todas las partes litigantes, el juez las invitará a que se pongan de acuerdo sobre la procedencia de la recusación, y en su caso sobre el nombramiento del perito que haya de reemplazar al recusado.

Si no se ponen de acuerdo, el juez admitirá las pruebas que sean procedentes desahogándose en el mismo acto, uniéndose a los autos los documentos e inmediatamente resolverá lo que estime procedente.

En el caso de declarar procedente la recusación, el juez en la misma resolución, hará el nombramiento de otro perito, si las partes no lo designan de común acuerdo.

Cuando se declare fundada alguna causa de recusación a la que se haya opuesto el perito, el tribunal en la misma resolución condenará al recusado a pagar dentro del término de tres días, una sanción pecuniaria equivalente al diez por ciento del importe de los honorarios que se hubieren autorizado, y su importe se entregará a la parte recusante.

Asimismo, se consignarán los hechos al Ministerio Público para efectos de investigación de falsedad en declaraciones judiciales o cualquier otro delito, además de remitir copia de la resolución al tribunal pleno, para que se apliquen las sanciones que correspondan.

No habrá recurso alguno contra las resoluciones que se dicten en el trámite o la decisión de la recusación.

En caso de ser desechada la recusación, se impondrá al recusante una sanción pecuniaria hasta por el equivalente a ciento veinte días de salario mínimo general vigente en el Distrito Federal, que se aplicará en favor del colitigante.

Artículo reformado DOF 24-05-1996

Artículo 1257.- Los jueces podrán designar peritos de entre aquéllos autorizados como auxiliares de la administración de justicia por la autoridad local respectiva, o a solicitar que el perito sea propuesto por colegios, asociaciones o barras de profesionales, artísticas, técnicas o científicas o de las instituciones de educación superior públicas o privadas, o las cámaras de industria, comercio, o confederaciones de cámaras a la que corresponda al objeto del peritaje.

Cuando el juez solicite que el perito se designe por alguna de las instituciones señaladas en último término, prevendrá a las mismas que la nominación del perito que propongan, se realice en un término no mayor de cinco días, contados a partir de la recepción de la notificación o mandamiento que expida el juez.

En todos los casos en que se trate únicamente de peritajes sobre el valor de cualquier clase de bienes y derechos, los mismos se realizarán por avalúos que practiquen dos corredores públicos o instituciones de crédito, nombrados por cada una de las partes, y en caso de diferencias en los montos que arrojen los avalúos, no mayor del treinta por ciento en relación con el monto mayor, se mediarán estas diferencias. De ser mayor tal diferencia, se nombrará un perito tercero en discordia, conforme al artículo 1255 de este código, en lo conducente.

En el supuesto de que alguna de las partes no exhiba el avalúo a que se refiere el párrafo anterior, el valor de los bienes y derechos será el del avalúo que se presente por la parte que lo exhiba, perdiendo su derecho la contraria para impugnarlo.

Cuando el juez lo estime necesario, podrá designar a algún corredor público, institución de crédito, al Nacional Monte de Piedad o a dependencias o entidades públicas que practican avalúos.

En todos los casos en que el tribunal designe a los peritos, los honorarios de éstos se cubrirán por mitad por ambas partes, y aquélla que no pague lo que le corresponde será apremiada por resolución que contenga ejecución y embargo en sus bienes. En el supuesto de que alguna de las partes no cumpla con su carga procesal de pago de honorarios al perito designado por el juez, dicha parte incumplida perderá todo derecho para impugnar el peritaje que se emita por dicho tercero.

Artículo reformado DOF 24-05-1996

Artículo 1258.- Las partes tendrán derecho a interrogar al o a los peritos que hayan rendido su dictamen, salvo en los casos de avalúos a que se refiere el artículo 1257, y a que el juez ordene su comparecencia en la audiencia que para tal fin se señale, en la que se interrogará por aquél que la haya solicitado o por todos los colitigantes que la hayan pedido.

Artículo reformado DOF 24-05-1996

CAPÍTULO XVI
DEL RECONOCIMIENTO O INSPECCIÓN JUDICIAL

Artículo 1259.- El reconocimiento o inspección judicial puede practicarse á petición de parte o de oficio, si el juez lo cree necesario.

El reconocimiento se practicará el día, hora y lugar que se señalen.

Párrafo adicionado DOF 24-05-1996

Las partes, sus representantes o abogados pueden concurrir a la inspección y hacer las observaciones que estimen oportunas.

Párrafo adicionado DOF 24-05-1996

También podrán concurrir a ellas los testigos de identidad o peritos que fueren necesarios.

Párrafo adicionado DOF 24-05-1996

Artículo 1260.- Del reconocimiento se levantará una acta, que firmarán todos los que a él concurran, y en la que se asentarán con exactitud los puntos que lo hayan provocado, las observaciones de los interesados, las declaraciones de los peritos, si los hubiere, y todo lo que el juez creyere conveniente para esclarecer la verdad.

CAPÍTULO XVII
DE LA PRUEBA TESTIMONIAL

Artículo 1261.- Todos los que tengan conocimiento de los hechos que las partes deben de probar, están obligados a declarar como testigos.

Artículo reformado DOF 24-05-1996

Artículo 1262.- Las partes tendrán obligación de presentar sus propios testigos para cuyo efecto se les entregarán las cédulas de notificación. Sin embargo, cuando realmente estuvieren imposibilitadas para hacerlo, lo manifestarán así bajo protesta de decir verdad y pedirán que se les cite. El juez ordenará la citación con apercibimiento de arresto hasta por treinta y seis horas o multa equivalente hasta quince días de salario mínimo general diario vigente en el Distrito Federal, que aplicará al testigo que no comparezca sin causa justificada, o que se niegue a declarar.

Artículo reformado DOF 24-05-1996

Artículo 1263.- Para el examen de los testigos no se presentarán interrogatorios escritos. Las preguntas serán formuladas verbal y directamente por las partes, tendrán relación directa con los puntos controvertidos y no serán contrarias al derecho o a la moral. Deberán estar concebidas en términos claros y precisos, procurando que en una sola no se comprenda más de un hecho. El juez debe cuidar de que se cumplan estas condiciones impidiendo preguntas que las contraríen. Contra la desestimación de preguntas sólo cabe el recurso de apelación en el efecto devolutivo, de tramitación conjunta con la sentencia definitiva.

Artículo reformado DOF 24-05-1996, 17-04-2008

Artículo 1264.- La protesta y examen de los testigos se hará en presencia de las partes que concurrieren. Interrogará el promovente de la prueba y a continuación los demás litigantes.

Artículo reformado DOF 24-05-1996

Artículo 1265.- Después de tomarle al testigo la protesta de conducirse con verdad y de advertirle de las penas en que incurren los testigos falsos, se hará constar el nombre y apellidos, edad, estado, domicilio y ocupación; si es pariente por consanguinidad o afinidad y en que grado, de alguno de los litigantes, si es dependiente o empleado del que lo presente, o tiene con él sociedad o alguna otra relación de intereses; si tiene interés directo o indirecto en el pleito, si es amigo íntimo o enemigo de alguno de los litigantes. A continuación se procederá al examen.

Artículo reformado DOF 24-05-1996

Artículo 1266.- Sobre los hechos probados por confesión judicial, no podrá el que los haya confesado rendir prueba de testigos.

Artículo 1267.- A las personas mayores de setenta años y a los enfermos, podrá el juez, según las circunstancias, recibirles la declaración en sus casas.

Artículo reformado DOF 04-01-1989

Artículo 1268.- El Presidente de la República, los secretarios de Estado, los titulares de los organismos públicos descentralizados o empresas de participación estatal mayoritaria, el Gobernador del Banco de México, los senadores, diputados, magistrados, jueces, generales con mando, las primeras autoridades políticas del Distrito Federal, no están obligados a declarar, a solicitud de las partes, respecto al asunto de que conozcan o hayan conocido por virtud de sus funciones. Solamente cuando el tribunal lo juzgue indispensable para la investigación de la verdad, podrán ser llamados a declarar. En este caso, y en cualquier otro, se pedirá su declaración por oficio, y en esta forma lo rendirán.

Artículo reformado DOF 04-01-1989, 24-05-1996

Artículo 1269.- Cuando el testigo resida fuera de la jurisdicción territorial del juez que conozca del juicio, deberá el promovente, al ofrecer la prueba, presentar sus interrogatorios con las copias respectivas para las otras partes, que dentro de tres días podrán presentar sus interrogatorios de repreguntas. Para el examen de estos testigos, se librará exhorto en que se incluirán en pliego cerrado, las preguntas y repreguntas.

Cuando se solicitare el desahogo de prueba testimonial o de declaración de parte para surtir efectos en un proceso extranjero, los declarantes podrán ser interrogados verbal y directamente en los términos que dispone este Código.

Para ello será necesario que se acredite ante el tribunal del desahogo, que los hechos materia del interrogatorio están relacionados con el proceso pendiente y que medie solicitud de parte o de la autoridad exhortante.

Artículo reformado DOF 24-05-1996

Artículo 1270.- Las partes pueden asistir al acto del interrogatorio de los testigos, pero no podrán interrumpirlos ni hacerles otras preguntas o repreguntas que las formuladas en los respectivos interrogatorios. Solo cuando el testigo deje de contestar á algún punto, o haya incurrido en contradicción, o se haya expresado con ambigüedad, pueden las partes llamar la atención del juez, para que éste, si lo estima conveniente, exija al testigo las aclaraciones oportunas.

Artículo 1271.- Los testigos serán examinados separada y sucesivamente, sin que unos pueden presenciar las declaraciones de los otros. A este efecto, el juez fijará un sólo día para que se presenten los testigos que deban declarar conforme a un mismo interrogatorio y designará el lugar en que deben permanecer hasta la conclusión de la diligencia. Cuando no fuere posible terminar el examen de los testigos en un sólo día, la diligencia se suspenderá para continuarla el siguiente.

La parte contraria al oferente de la prueba decidirá, a su perjuicio si la prueba testimonial se divide, permitiendo que se examine a un testigo sin que haya comparecido alguno con el que este relacionado el examinado.

Artículo reformado DOF 24-05-1996

Artículo 1272.- El juez, al examinar á los testigos, puede hacerles las preguntas que estime convenientes, siempre que sean relativas a los hechos contenidos en los interrogatorios.

Cuando el testigo deje de contestar a algún punto o haya incurrido en contradicción, o se haya expresado con ambigüedad, pueden las partes llamar la atención del juez para que éste, si lo estima conveniente, exija al testigo las aclaraciones oportunas.

Párrafo adicionado DOF 24-05-1996

El tribunal tendrá la más amplia facultad para hacer a los testigos y a las partes las preguntas que estime conducentes a la investigación de la verdad respecto a los puntos controvertidos.

Párrafo adicionado DOF 24-05-1996

Si el testigo no sabe el idioma, rendirá su declaración por medio de intérprete, que será nombrado por el juez. Si el testigo lo pidiere, además de asentarse su declaración en castellano, podrá escribirse en su propio idioma por él o por el intérprete.

Párrafo adicionado DOF 24-05-1996

Las respuestas del testigo se harán constar en autos en forma que al mismo tiempo se comprenda el sentido o términos de la pregunta formulada. Salvo en casos excepcionales, a juicio del juez, en que permitirá que se escriba textualmente la pregunta y a continuación la respuesta.

Párrafo adicionado DOF 24-05-1996

Los testigos están obligados a dar la razón de su dicho y el juez deberá exigirla en todo caso.

Párrafo adicionado DOF 24-05-1996

Artículo 1273.- Sobre los hechos que han sido objeto de un interrogatorio, no puede presentarse otro en ninguna instancia del juicio.

CAPÍTULO XVIII
DE LA FAMA PÚBLICA

Artículo 1274.- Para que la fama pública sea admitida como prueba, debe tener las condiciones siguientes:

I. Que se refiera á época anterior al principio del pleito;

II. Que tenga origen de personas determinadas, que sean o hayan sido conocidas, honradas, fidedignas, y que no haya tenido ni tengan interés alguno en el negocio de que se trate;

III. Que sea uniforme, constante y aceptada por la generalidad de la población donde se supone acontecido el suceso de que se trate.

IV. Que no tenga por fundamento las preocupaciones religiosas o populares, ni las exageraciones de los partidos políticos, sino una tradición racional o algunos hechos que, aunque indirectamente, la comprueben.

Artículo 1275.- La fama pública debe probarse con tres o más testigos que no solo sean mayores de toda excepción, sino que por su edad, por su inteligencia y por la independencia de su posición social, merezcan verdaderamente el hombre de fidedignos.

Artículo 1276.- Los testigos no solo deben declarar las personas á quienes oyeron referir el suceso, sino también las causas probables en que descanse la creencia de la sociedad.

CAPÍTULO XIX
DE LAS PRESUNCIONES

Artículo 1277.- Presunción es la consecuencia que la ley o el juez deducen de un hecho conocido, para averiguar la verdad de otro desconocido: la primera se llama legal, y la segunda humana.

Artículo 1278.- Hay presunción legal:

I. Cuando la ley la establece expresamente.

II. Cuando la consecuencia nace inmediata y directamente de la ley.

Artículo 1279.- Hay presunción humana cuando de un hecho debidamente probado se deduce otro que es consecuencia ordinaria de aquel.

Artículo 1280.- El que tiene á su favor una presunción legal, solo está obligado a probar el hecho en que se funda la presunción.

Artículo 1281.- No se admite prueba contra la presunción legal:

I. Cuando la ley lo prohíbe expresamente;

II. Cuando el efecto de la presunción es anular un acto o negar una acción, salvo el caso en que la ley haya reservado el derecho de probar.

Artículo 1282.- Contra las demás presunciones legales y contra las humanas, es admisible la prueba.

Artículo 1283.- Las presunciones humanas no servirán para probar aquellos actos que, conforme á la ley, deben constar en una forma especial.

Artículo 1284.- La presunción debe ser grave; esto es, digna de ser aceptada por personas de buen criterio. Debe también ser precisa; esto es, que el hecho probado en que se funde, sea parte o antecedente, o consecuencia del que se quiere probar.

Artículo 1285.- Cuando fueren varias las presunciones con que se quiere probar un hecho, han de ser, además, concordantes; esto es, no deben modificarse ni destruirse unas por otras, y deben tener tal enlace entre sí y con el hecho probado, que no puedan dejar de considerarse como antecedentes o consecuencias de éste.

Artículo 1286.- Si fueren varios los hechos en que se funde una presunción, además de las calidades señaladas en el art. 1284, deben estar de tal manera enlazadas, que aunque produzcan indicios diferentes, todos tiendan á probar el hecho de que se trate, que por lo mismo no puede dejar de ser causa o efecto de ellos.

CAPÍTULO XX
DEL VALOR DE LAS PRUEBAS

Artículo 1287.- La confesión judicial hace prueba plena cuando concurren en ella las circunstancias siguientes:

I. Que sea hecha por persona capaz de obligarse;

II. Que sea hecha con pleno conocimiento y sin coacción ni violencia;

III. Que sea de hecho propio y concerniente al negocio;
IV. Que se haya hecho conforme á las prescripciones del cap. XIII.

Artículo 1288.- Cuando la confesión judicial haga prueba plena y afecte á toda la demanda, cesará el juicio ordinario, si el actor lo pidiere así, y se procederá en la vía ejecutiva.

Artículo 1289.- Para que se consideren plenamente probados los hechos sobre que versen las posiciones que judicialmente han sido dadas por absueltas en sentido afirmativo, se requiere;
I. Que el interesado sea capaz de obligarse;
II. Que los hechos sean suyos y concernientes al pleito;
III. Que la declaración sea legal.

Artículo 1290.- El declarado confeso puede rendir prueba en contrario.

Artículo 1291.- La confesión extrajudicial hará prueba plena si el juez incompetente ante quien se hizo, era reputado competente por las dos partes en el acto de la confesión.

Artículo 1292.- Los instrumentos públicos hacen prueba plena, aunque se presenten sin citación del colitigante, salvo siempre el derecho de éste para redargüirlos de falsedad y para pedir su cotejo con los protocolos y archivos. En caso de inconformidad con el protocolo o archivo, los instrumentos no tendrán valor probatorio en el punto en que existiere la inconformidad.

Artículo 1293.- Los instrumentos públicos no se perjudicarán en cuanto a su validez por las excepciones que se aleguen para destruir la acción que en ellos se funde.

Artículo 1294.- Las actuaciones judiciales harán prueba plena.

Artículo 1295.- Para graduar la fuerza probatoria de los libros de los comerciantes, se observarán las reglas siguientes:
I. Los libros de los comerciantes probarán contra ellos, sin admitirles prueba en contrario; pero el adversario no podrá aceptar los asientos que le sean favorables y desechar los que le perjudiquen, sino que, habiendo aceptado este medio de prueba, quedará sujeto al resultado que arrojen en su conjun-

to, tomando en igual consideración todos los asientos relativos a la cuestión litigiosa;

II. Si en los asientos de los libros llevados por dos comerciantes no hubiere conformidad, y los del uno se hubieren llevado con todas las formalidades expresadas en este Código, y los del otro adolecieren de cualquier defecto o carecieren de los requisitos exigidos por este mismo Código, los asientos de los libros en regla harán fé contra los de los defectuosos, a no demostrarse lo contrario por medio de otras pruebas admisibles en derecho;

III. Si uno de los comerciantes no presentare sus libros o manifestare no tenerlos, harán fe contra él los de su adversario, llevados con todas las formalidades legales, a no demostrar que la carencia de dichos libros procede de fuerza mayor, y salvo siempre la prueba contra los asientos exhibidos, por otros medios admisibles en juicio;

IV. Si los libros de los comerciantes tuvieren todos los requisitos legales y fueren contradictorios, el juez o tribunal juzgará por las demás probanzas, calificándolas según las reglas generales del derecho;

V. (Se deroga).

Fracción derogada DOF 04-01-1989

Artículo 1296.- Los documentos privados y la correspondencia procedentes de uno de los interesados, presentados en juicio por vía de prueba y no objetados por la parte contraria se tendrán por admitidos y surtirán sus efectos como si hubieren sido reconocidos expresamente. Puede exigirse el reconocimiento expreso si el que los presenta así lo pidiere; con este objeto se manifestarán los originales a quien debe reconocerlos y se les dejará ver todo el documento, no sólo la firma.

Artículo reformado DOF 04-01-1989

Artículo 1297.- Los documentos simples comprobados por testigos tendrá el valor que merezcan sus testimonios recibidos conforme á lo dispuesto en el cap. XVII.

Artículo 1298.- El documento que un litigante presenta, prueba plenamente en su contra, en todas sus partes, aunque el colitigante no lo reconozca.

Artículo 1298 A.- Se reconoce como prueba los mensajes de datos. Para valorar la fuerza probatoria de dichos mensajes, se estimará primordialmente la fiabilidad del método en que haya sido generada, archivada, comunicada o conservada.

Artículo adicionado DOF 29-05-2000

Artículo 1299.- El reconocimiento o inspección judicial hará prueba plena cuando se haya practicado en objetos que no requieran conocimientos especiales o científicos.

Artículo 1300.- Los avalúos harán prueba plena.

Artículo 1301.- La fe de los demás juicios periciales, incluso el cotejo de letras, será calificada por el juez según las circunstancias.

Artículo 1302.- El valor de la prueba testimonial queda al arbitrio del juez, quien nunca puede considerar probados los hechos sobre los cuales ha versado, cuando no haya por lo menos dos testigos en quienes concurran las siguientes condiciones:

I. Que sean mayores de toda excepción;

II. Que sean uniformes, esto es, que convengan no solo en la sustancia, sino en los accidentes del acto que refieren, o aun cuando no convengan en éstos, si no modifican la esencia del hecho;

III. Que declaren de ciencia cierta, esto es, que hayan oído pronunciar las palabras, presenciando el acto o visto el hecho material sobre que deponen;

IV. Que den fundada razón de su dicho.

Artículo 1303.- Para valorar las declaraciones de los testigos, el juez tendrá en consideración las circunstancias siguientes:

I. Que no sean declaradas procedentes las tachas que se hubieren hecho valer o que el juez de oficio llegue a determinar;

Fracción reformada DOF 24-05-1996

II. Que por su edad, su capacidad y su instrucción, tenga el criterio necesario para juzgar del acto;

III. Que por su probidad, por la independencia de su posición y por sus antecedentes personales, tenga completa imparcialidad;

IV. Que el hecho de que se trate sea susceptible de ser conocido por medio de los sentidos, y que el testigo lo conozca por sí mismo y no por inducciones ni referencias á otras personas;

V. Que la declaración sea clara y precisa, sin dudas ni reticencias, ya sobre la sustancia del hecho, ya sobre las circunstancias esenciales;

VI. Que el testigo no haya sido obligado por fuerza o miedo, ni impulsado por engaño, error o soborno. El apremio judicial no debe estimarse como fuerza o intimidación.

Artículo 1304.- Un solo testigo hace prueba plena, cuando ambas partes personalmente y siendo mayores de edad, convengan en pasar por su dicho.

Artículo 1305.- Las presunciones legales de que trata el art. 1281, hacen prueba plena.

Artículo 1306.- Los jueces, según la naturaleza de los hechos, la prueba de ellos, el enlace natural más o menos necesario que existe entre la verdad conocida y la que se busca, y la aplicación más o menos exacta que se pueda hacer de los principios consignados en los arts. 1283 a 1286, apreciarán en justicia el valor de las presunciones humanas.

CAPÍTULO XXI
DE LAS TACHAS

Artículo 1307.- Dentro de los tres días que sigan a la declaración de los testigos, podrán las partes tachar a los testigos por causas que éstos no hayan expresado en sus declaraciones.

Artículo reformado DOF 24-05-1996

Artículo 1308.- Transcurridos dichos tres días, no podrá admitirse ninguna solicitud sobre tachas.

Artículo 1309.- (Se deroga).

Artículo derogado DOF 24-05-1996

Artículo 1310.- Cuando el testigo tuviere con ambas partes el mismo parentesco, o desempeñare oficios o tuviere negocios o interés directo o indirecto en el pleito para con las dos partes, no será tachable.

Artículo reformado DOF 24-05-1996

Artículo 1311.- No es tachable el testigo presentado por ambas partes.

Artículo 1312.- El juez nunca repelará de oficio al testigo. Será siempre examinado y las tachas que se hagan valer se calificarán en la sentencia. Cuando las tachas aparezcan de las declaraciones de los testigos u otras constancias de autos, el juez hará dicha calificación aunque no se hayan opuesto tachas al testigo.

Artículo reformado DOF 24-05-1996

Artículo 1313.- No es admisible la prueba testimonial para tachar a los testigos que hayan declarado en el incidente de tachas.

Artículo 1314.- La petición de tachas se hará en forma de incidente y en los términos para su tramitación.

Artículo reformado DOF 24-05-1996

Artículo 1315.- En las pruebas de tachas se observarán las reglas que en las comunes.

Artículo 1316.- Transcurrido el término concedido para probar las tachas, las pruebas de éstas se unirán á los autos, sin necesidad de gestión de los interesados.

Artículo 1317.- Las tachas deben contraerse únicamente á las personas de los testigos; los vicios que hubiere en los dichos o en la forma de las declaraciones, serán objeto del alegato de buena prueba.

Artículo 1318.- En igual plazo que el señalado en el artículo 1307, podrá alegarse la falsedad de los documentos, observándose las disposiciones relativas a los incidentes.

Artículo reformado DOF 24-05-1996

Artículo 1319.- Si los documentos se presentan después del término de ofrecimiento de pruebas, en los casos en que la ley lo permite, o sean supervenientes, el juez dará vista de ellos a la parte contraria, para que haga valer sus derechos.

Artículo reformado DOF 24-05-1996

Artículo 1320.- La calificación de las tachas se hará en la sentencia definitiva.

CAPÍTULO XXII
DE LAS SENTENCIAS

Artículo 1321.- Las sentencias son definitivas o interlocutorias.

Artículo 1322.- Sentencia definitiva es la que decide el negocio principal.

Artículo 1323.- Sentencia interlocutoria es la que decide un incidente, un artículo sobre excepciones dilatorias o una competencia.

Artículo 1324.- Toda sentencia debe ser fundada en la ley, y si ni por el sentido natural, ni por el espíritu de ésta, se puede decidir la controversia, se atenderá á los principios generales de derecho, tomando en consideración todas las circunstancias del caso.

Artículo 1325.- La sentencia debe ser clara, y al establecer el derecho, debe absolver o condenar.

Artículo 1326.- Cuando el actor no probare su acción, será absuelto el demandado.

Artículo 1327.- La sentencia se ocupará exclusivamente de las acciones deducidas y de las excepciones opuestas respectivamente en la demanda y en la contestación.

Artículo 1328.- No podrán, bajo ningún pretexto, los jueces ni los tribunales, aplazar, dilatar, omitir ni negar la resolución de las cuestiones que hayan sido discutidas en el pleito.

Artículo 1329.- Cuando hayan sido varios los puntos litigiosos, se hará con la debida separación la declaración correspondiente á cada uno de ellos.

Artículo 1330.- Cuando hubiere condena de frutos, intereses, daños o perjuicios, se fijará su importe en cantidad líquida, o se establecerán por lo menos las bases con arreglo á las cuales deba hacerse la liquidación, cuando no sean el objeto principal del juicio.

CAPÍTULO XXIII
DE LA ACLARACIÓN DE SENTENCIA

Artículo 1331.- La aclaración de sentencia procede respecto de las definitivas e interlocutorias, dictadas tanto en primera como en segunda instancia.

Artículo reformado DOF 25-01-2017

Artículo 1332.- El juez, al aclarar las cláusulas o palabras contradictorias, ambiguas u oscuras de la sentencia, no puede variar la sustancia de ésta.

Artículo 1333.- La aclaración de sentencia debe pedirse por escrito dentro de los tres días siguientes en el que haya surtido efectos la notificación de la resolución que se pretenda aclarar. El juez resolverá sobre la aclaración de la sentencia en un plazo máximo de tres días.

La interposición de la aclaración interrumpe el término señalado para la apelación.

Artículo reformado DOF 25-01-2017

CAPÍTULO XXIV
DE LA REVOCACIÓN Y REPOSICIÓN

Denominación del Capítulo reformada DOF 24-05-1996

Artículo 1334.- Los autos que no fueren apelables y los decretos pueden ser revocados por el juez que los dictó o por el que lo substituya en el conocimiento del negocio.

De los decretos y autos de los tribunales superiores, aun de aquellos que dictados en primera instancia serían apelables, puede pedirse la reposición.

Artículo reformado DOF 24-05-1996

Artículo 1335.- Tanto la revocación en primera instancia como la reposición deberán pedirse por escrito dentro de los tres días siguientes a que haya surtido efectos la notificación del proveído a impugnar, dando vista a la contraria por un término igual y el tribunal debe resolver y mandar notificar su determinación dentro de los tres días siguientes.

De la resolución en que se decida si se concede o no la revocación o la reposición no habrá ningún recurso.

Artículo reformado DOF 24-05-1996

CAPÍTULO XXV
DE LA APELACIÓN

Artículo 1336.- Se llama apelación el recurso que se interpone para que el tribunal superior confirme, reforme o revoque las resoluciones del inferior que puedan ser impugnadas por la apelación, en los términos que se precisan en los artículos siguientes.

Artículo reformado DOF 24-05-1996, 17-04-2008

Artículo 1337.- Pueden apelar de una sentencia:

I. El litigante condenado en el fallo, si creyere haber recibido algún agravio;

II. El vencedor que, aunque haya obtenido en el litigio, no ha conseguido la restitución de frutos, la indemnización de daños y perjuicios, o el pago de las costas, y

Fracción reformada DOF 24-05-1996

III. La parte que venció puede adherirse a la apelación interpuesta al notificársele la admisión de ésta, o dentro de los tres días siguientes a esa notificación. En este caso la adhesión al recurso sigue la suerte de éste, y

Fracción adicionada DOF 24-05-1996. Reformada DOF 17-04-2008

IV. El tercero con interés legítimo, siempre y cuando le perjudique la resolución.

Fracción adicionada DOF 17-04-2008

Artículo 1338.- La apelación puede admitirse en el efecto devolutivo y en el suspensivo, o sólo en el primero pudiendo ser éste, de tramitación inmediata o conjunta con la definitiva, según sea el caso.

Artículo reformado DOF 17-04-2008

Artículo 1339.- Son irrecurribles las resoluciones que se dicten durante el procedimiento y las sentencias que recaigan en negocios cuyo monto sea menor a $924,302.3782 (novecientos veinticuatro mil trecientos dos pesos 3782/100 M.N.) por concepto de suerte principal, sin que sean de tomarse en consideración intereses y demás accesorios reclamados a la fecha de presentación de la demanda, debiendo actualizarse dicha cantidad anualmente.

Párrafo reformado DOF 09-01-2012

Cantidad del párrafo actualizada por acuerdo DOF 29-12-2012, 30-12-2013, 26-12-2014, 24-12-2015, 07-03-2016, 26-12-2016, 26-12-2017, 31-12-2018, 30-12-2019, 24-12-2020, 30-12-2021, 27-12-2022, 28-12-2023, 30-12-2024

Corresponderá a la Secretaría de Economía actualizar cada año por inflación el monto expresado en pesos en el párrafo anterior y publicarlo en el Diario Oficial de la Federación, a más tardar el 30 de diciembre de cada año.

Párrafo adicionado DOF 09-01-2012

Para estos efectos, se basará en la variación observada en el valor del Índice Nacional de Precios al Consumidor, publicado por el Instituto Nacional de Estadística y Geografía entre la última actualización de dicho monto y el mes de noviembre del año en cuestión.

Párrafo adicionado DOF 09-01-2012

Las sentencias que fueren recurribles, conforme al primer párrafo de este artículo, lo serán por la apelación que se admita en ambos efectos, salvo cuando la Ley expresamente determine que lo sean sólo en el devolutivo.

Párrafo reformado DOF 09-01-2012

Sólo serán apelables los autos, interlocutorias o resoluciones que decidan un incidente o cuando lo disponga este código, y la sentencia definitiva pueda ser susceptible de apelación, de acuerdo a lo dispuesto en el primer párrafo de este artículo.

El recurso de apelación contra autos, interlocutorias o resoluciones, que se dicten en el trámite del procedimiento se admitirá en el efecto devolutivo de tramitación conjunta con la apelación de la sentencia definitiva, sin que sea necesario en tal escrito la expresión de agravios; interpuesta esta apelación, se reservará su trámite para que se realice en su caso conjuntamente con la tramitación de la apelación que se formule en contra de la sentencia definitiva por la misma parte apelante.

Para que proceda la apelación contra autos, interlocutorias o resoluciones en efecto devolutivo o en el suspensivo se requiere disposición especial de la ley.

La apelación debe interponerse ante el tribunal que haya pronunciado el auto, interlocutoria o resolución, a más tardar dentro de los nueve días siguientes a aquél en que surta efectos la notificación si se tratare de sentencia definitiva, seis si fuere contra auto, interlocutoria o resolución, dictada en el procedimiento si se trata de apelaciones de tramitación inmediata y en el término de tres días si se trata de apelación de tramitación conjunta con la sentencia definitiva.

Los agravios que hayan de expresarse en contra del auto, interlocutoria o resolución, cuando se trate de apelaciones de tramitación inmediata o de sentencia definitiva, se expresarán al interponerse el recurso de apelación. Los agravios que en su caso se deban expresar en contra de resoluciones de tramitación conjunta con la sentencia definitiva se expresarán en la forma y términos previstos en el artículo 1344 de este Código.

Artículo reformado DOF 24-05-1996, 17-04-2008, 30-12-2008

Artículo 1339 Bis.- Los asuntos de cuantía indeterminada siempre serán apelables.

Artículo adicionado DOF 27-01-2011

Artículo 1340.- La apelación no procede en juicios mercantiles cuando por su monto se ventilen en los juzgados de paz o de cuantía menor, o cuando el monto sea inferior a $924,293.38 (novecientos veinticuatro mil doscientos noventa y tres pesos 38/100 M.N.) por concepto de suerte principal, debiendo actualizarse dicha cantidad en los términos previstos en el artículo 1339.

Artículo reformado DOF 30-12-1975, 04-01-1989, 17-04-2008, 30-12-2008, 09-01-2012

Cantidad del artículo actualizada por acuerdo DOF 29-12-2012, 30-12-2013, 26-12-2014, 24-12-2015, 07-03-2016, 26-12-2016, 26-12-2017, 31-12-2018, 30-12-2019, 24-12-2020, 30-12-2021, 27-12-2022, 28-12-2023, 30-12-2024

Artículo 1341.- Las sentencias interlocutorias son apelables, si lo fueren las definitivas conforme al artículo anterior. Con la misma condición, son apelables los autos si causan un gravamen que no pueda repararse en la definitiva, ó si la ley expresamente lo dispone.

Artículo 1342.- Las apelaciones se admitirán o denegarán de plano, y se sustanciarán con un solo escrito de cada parte, de acuerdo a lo dispuesto en el artículo 1344 de este Código.

Artículo reformado DOF 17-04-2008

Artículo 1343.- La sentencia de segunda instancia causará ejecutoria cuando la misma no pueda ser recurrida por ningún otro medio ordinario o extraordinario de impugnación, cualquiera que sea el interés que en el litigio se verse.

Artículo reformado DOF 24-05-1996

CAPÍTULO XXVI
DEL TRÁMITE DE LA APELACIÓN

Capítulo derogado DOF 04-01-1989. Adicionado con de nominación reformada DOF 24-05-1996

Artículo 1344.- En los casos no previstos en el artículo 1345, la parte que se sienta agraviada por una resolución judicial que sea apelable, dentro del tercer día siguiente de aquél en que surta efectos su notificación, deberá hacer saber por escrito su inconformidad apelando preventivamente ésta sin expresar agravios; de no presentarse el escrito de inconformidad a que se refiere este párrafo, se tendrá por precluido el derecho del afectado para hacerlo valer como agravio en la apelación que se interponga contra la sentencia definitiva.

Dentro del plazo de nueve días a que se refiere el artículo 1079, el apelante, ya sea vencedor o vencido, deberá hacer valer también en escrito por separado los agravios que considere le causaron las determinaciones que combatió en las apelaciones admitidas en efecto devolutivo de tramitación preventiva y cuyo trámite se reservó para hacerlo conjuntamente con la sentencia definitiva, para que el tribunal que conozca del recurso en contra de ésta última pueda considerar el resultado de lo ordenado en la resolución recaída en la apelación preventiva.

Si se trata del vencido o de aquella parte que no obtuvo todo lo que pidió, con independencia de los agravios que se expresen en la apelación de tramitación conjunta con la sentencia definitiva, deberá expresar en los agravios en contra de la sentencia que resolvió el Juicio de qué manera trascendería al fondo del asunto el resarcimiento de la violación a subsanar.

Tratándose de la parte que obtuvo todo lo que pidió, aún y cuando no sea necesario que apele en contra de la sentencia definitiva, deberá expresar los agravios en contra de las resoluciones que fueron motivo del recurso de apelación preventiva de tramitación conjunta con la sentencia definitiva, manifestando de qué manera trascendería al fondo del asunto el resarcimiento de la violación a subsanar, a efecto de que el tribunal de alzada proceda a estudiarlas.

En dichos supuestos se dará vista a la contraria para que en el término de seis días contesten los agravios.

El tribunal de alzada estudiará en primer término las violaciones procesales que se hubiesen hecho valer en los recursos de apelación preventiva y de encontrar violaciones procesales que sean trascendentes al fondo del Juicio y, sólo en aquellas que requieran ser reparadas por el juez natural, dejará insubsistente la sentencia definitiva, regresando los autos originales al juez de origen para que éste proceda a reponer el procedimiento y dicte nueva sentencia.

De no ser procedentes los agravios de las apelaciones de tramitación conjunta con la sentencia definitiva o no habiendo sido expresados, o resultando fundados no sea necesario que la violación procesal sea reparada por el juez de origen, el tribunal estudiará y resolverá la procedencia, o no, de los agravios expresados en contra de la definitiva, resolviendo el recurso con plenitud de jurisdicción.

Artículo derogado DOF 04-01-1989. Adicionado DOF 24-05-1996. Reformado DOF 17-04-2008, 30-12-2008

Artículo 1345.- Además de los casos determinados expresamente en la ley, en la forma y términos que se establecen en este Capítulo, se tramitarán de inmediato las apelaciones que se interpongan:

I. Contra el auto que niegue la admisión de la demanda, o de los medios preparatorios a juicio;

II. Contra el auto que no admite a trámite la reconvención, en tratándose de juicios ordinarios;

III. Las resoluciones que por su naturaleza pongan fin al juicio;

IV. La resolución que recaiga a las providencias precautorias, siempre y cuando de acuerdo al interés del negocio hubiere lugar a la apelación, cuya tramitación será en el efecto devolutivo.

V. Contra el auto que desecha el incidente de nulidad de actuaciones por defectos en el emplazamiento y contra la resolución que se dicte en el incidente;

Fracción adicionada DOF 30-12-2008

VI. Contra las resoluciones que resuelvan excepciones procesales;

Fracción adicionada DOF 30-12-2008

VII. Contra el auto que tenga por contestada la demanda o reconvención, así como el que haga la declaración de rebeldía en ambos casos;

Fracción adicionada DOF 30-12-2008

VIII. Contra las resoluciones que suspendan el procedimiento;

Fracción adicionada DOF 30-12-2008

IX. Contra las resoluciones o autos que siendo apelables se pronuncien en ejecución de sentencia;

Fracción adicionada DOF 30-12-2008

X. La resolución que dicte el juez en el caso previsto en el artículo 1148 de este Código.

Fracción adicionada DOF 30-12-2008

Artículo derogado DOF 04-01-1989. Adicionado DOF 24-05-1996. Reformado DOF 17-04-2008

Artículo 1345 Bis.- En los casos previstos en este Capítulo, la apelación debe interponerse ante el juez que pronunció la resolución impugnada en la forma y términos previstos en éste.

Artículo adicionado DOF 17-04-2008

Artículo 1345 Bis 1.- El litigante al interponer la apelación de tramitación inmediata, expresará los agravios que considere le cause la resolución recurrida, salvo en aquellos que específicamente la ley establezca un trámite diverso.

Las apelaciones de tramitación inmediata que se interpongan contra auto o interlocutoria, deberán hacerse valer en el término de seis días y las que se interpongan contra sentencia definitiva dentro del plazo de nueve días, contados a partir del día siguiente a aquél en que surtan efectos las notificaciones de tales resoluciones.

Párrafo reformado DOF 30-12-2008

Artículo adicionado DOF 17-04-2008

Artículo 1345 Bis 2.- Interpuesta una apelación, si fuera procedente, el juez la admitirá sin substanciación alguna, siempre que tratándose de apelaciones de tramitación inmediata, en el escrito se hayan hecho valer los agravios respectivos, expresando en su auto si la admite en ambos efectos o en uno solo.

El juez en el mismo auto admisorio ordenará se forme el testimonio de apelación respectivo con todas las constancias que obren en el expediente que se tramitare ante él, si se tratare de la primera apelación que se haga valer por las partes. Si se tratare de segunda o ulteriores apelaciones, solamente formará el testimonio de apelación con las constancias faltantes entre la última admitida y las subsecuentes, hasta la apelación de que se trate.

De igual manera, al tener por interpuesto el recurso de apelación, dará vista con el mismo a la parte apelada, para que en el término de tres días conteste los agravios si se tratare de auto o sentencia interlocutoria, y de seis días si se tratare de sentencia definitiva.

Artículo adicionado DOF 17-04-2008

Artículo 1345 Bis 3.- Transcurridos los plazos señalados en el artículo anterior, sin necesidad de rebeldía y se hayan contestado o no los agravios, se remitirán al superior, los escritos originales del apelante y en su caso de la parte apelada y las demás constancias que se señalan anteriormente, o los autos originales cuando se trate de apelación en contra de sentencia definitiva, o que deba admitirse en ambos efectos. El testimonio de apelación que se forme por el juez, se remitirá a la superioridad que deba conocer del mismo, dentro del término de cinco días, contados a partir de la fecha en que precluyó el término de la parte apelada para contestar agravios, o en su caso del auto en que se tuvieron por contestados.

El tribunal al recibir el testimonio formará un solo toca o cuaderno, en el que se vayan tramitando todas las apelaciones que se interpongan en el juicio de que se trate, el que deberá mantener en el local del tribunal hasta que concluya el negocio. Una vez terminado el asunto procederá a su destrucción, guardando solo copias con firma autógrafa de las resoluciones dictadas.

Artículo adicionado DOF 17-04-2008

Artículo 1345 Bis 4.- El tribunal, al recibir las constancias que remita el inferior, revisará si la apelación fue interpuesta en tiempo y bien admitida, y calificará si se confirma o no el grado en que se admitió por el inferior. De encontrarla ajustada a derecho, así lo hará saber y citará a las partes en el mismo auto para dictar sentencia, la que pronunciará y notificará dentro de los términos de este Código.

En el caso de que se trate de sentencia definitiva y la apelación proceda en el efecto devolutivo, se dejará en el juzgado copia certificada de ella y de las demás constancias que el juez estime necesarias para ejecutarla, remitiéndose desde luego los autos originales al tribunal correspondiente.

Párrafo reformado DOF 30-12-2008

La apelación admitida en ambos efectos suspende desde luego la ejecución de la sentencia, hasta que ésta cause ejecutoria. Cuando se interponga contra auto o interlocutoria que por su contenido impida la continuación del procedimiento y la apelación se admita en ambos efectos, se suspenderá la tramitación del juicio.

Artículo adicionado DOF 17-04-2008

Artículo 1345 Bis 5.- Se admitirán en un solo efecto las apelaciones en los casos en que no se halle prevenido expresamente que se admitan en ambos efectos.

Artículo adicionado DOF 17-04-2008

Artículo 1345 Bis 6.- Una vez confirmada la admisión y calificación del grado en que haya sido admitido el recurso por el juez, el tribunal citará a las partes en el mismo auto para oír sentencia. Tratándose de apelaciones que no se tengan que resolver junto con las apelaciones intermedias que deban tramitarse y resolverse junto con ésta, o bien tratándose de apelaciones de intermedias y definitiva que se tramiten y resuelvan de manera conjunta, que no excedan en número de seis, el tribunal contará con un máximo de veinte días para elaborar el proyecto. Si el número de apelaciones que se tengan que resolver de manera conjunta exceden de seis, el plazo para dictar la sentencia se ampliará hasta por diez días más, así como en el caso de que tengan que examinarse expedientes y/o documentos voluminosos.

Artículo adicionado DOF 17-04-2008

Artículo 1345 Bis 7.- En el caso de que el apelante omitiera expresar agravios, al interponer el recurso de apelación de tramitación inmediata ante el juez sin necesidad de acusar rebeldía, declarará precluido su derecho y quedará firme la resolución. Si no se interpusiera apelación en contra de la sentencia definitiva, se entenderán consentidas las resoluciones y autos que hubieran sido apelados durante el procedimiento y que sean de tramitación conjunta con la sentencia definitiva, a excepción de lo previsto en el párrafo cuarto del artículo 1344 de este Código.

Artículo adicionado DOF 17-04-2008. Reformado DOF 30-12-2008

Artículo 1345 Bis 8.- De los autos y de las sentencias interlocutorias de tramitación inmediata, de los que se derive una ejecución que pueda causar un daño irreparable o de difícil reparación y la apelación proceda en el efecto devolutivo, se admitirán en ambos efectos si el apelante lo solicita al interponer el recurso, y señala los motivos por los que se considera el daño irreparable o de difícil reparación.

Con vista a lo solicitado el juez deberá resolver, y si la admite en ambos efectos señalará el monto de la garantía que exhibirá el apelante dentro del término de seis días para que surta efectos la suspensión.

La garantía debe atender a la importancia del negocio y no podrá ser inferior a seis mil pesos; y será fijada al prudente arbitrio del juez, cantidad que se actualizará en forma anualizada que deberá regir a partir del primero de enero de cada año, de acuerdo con el Índice Nacional de Precios al Consumidor que determine el Banco de México, o aquel que lo sustituya. Si no se exhibe la garantía en el plazo señalado, la apelación sólo se admitirá en efecto devolutivo.

En caso de que el juez señale una garantía que se estime por el apelante excesiva, o que se niegue la admisión del recurso, en ambos efectos, procede el recurso de revocación en los términos previsto en el Capítulo XXIV de este Código.

Artículo adicionado DOF 17-04-2008

CAPÍTULO XXVII
DE LA EJECUCIÓN DE LAS SENTENCIAS

Artículo 1346.- Debe ejecutar la sentencia el juez que la dictó en primera instancia, o el designado en el compromiso en caso de procedimiento convencional.

Artículo 1347.- Cuando se pida la ejecución de sentencia o convenio, si no hay bienes embargados, se procederá al embargo, observándose lo dispuesto en los arts. 1397, 1400 y 1410 á 1413 de este Libro.

Artículo 1347-A.- Las sentencias y resoluciones dictadas en el extranjero podrán tener fuerza de ejecución si se cumplen las siguientes condiciones:

Párrafo reformado DOF 22-07-1993

I. Que se hayan cumplido las formalidades establecidas en los tratados en que México sea parte en materia de exhortos provenientes del extranjero;

Fracción reformada DOF 22-07-1993

II. Que no hayan sido dictados como consecuencia del ejercicio de una acción real;

III. Que el juez o tribunal sentenciador haya tenido competencia para conocer y juzgar el asunto de acuerdo con las reglas reconocidas en el derecho internacional que sean compatibles con las adoptadas por este Código. El Juez o tribunal sentenciador extranjero no tiene competencia cuando exista, en los actos jurídicos de que devenga la resolución que se pretenda ejecutar, una cláusula de sometimiento únicamente a la jurisdicción de tribunales mexicanos;

Fracción reformada DOF 30-12-2008

IV. Que el demandado haya sido notificado o emplazado en forma personal a efecto de asegurarle la garantía de audiencia y el ejercicio de sus defensas;

V. Que tenga el carácter de cosa juzgada en el país en que fueron dictados, o que no exista recurso ordinario en su contra;

VI. Que la acción que les dio origen no sea materia de juicio que esté pendiente entre las mismas partes ante tribunales mexicanos y en el cual hubiere prevenido el Tribunal Mexicano o cuando menos que el exhorto o carta rogatoria para emplazar hubieren sido tramitados y entregados a la Secretaría de Relaciones Exteriores o a las autoridades del Estado donde deba practicarse el emplazamiento. La misma regla se aplicará cuando se hubiera dictado sentencia definitiva;

VII. Que la obligación para cuyo cumplimiento se haya procedido no sea contraria al orden público en México; y

VIII. Que llenen los requisitos para ser considerados como auténticos.

No obstante el cumplimiento de las anteriores condiciones, el juez podrá negar la ejecución si se probara que en el país de origen no se ejecutan sentencias o resoluciones jurisdiccionales extranjeras en casos análogos.

Párrafo reformado DOF 22-07-1993

Artículo adicionado DOF 04-01-1989

Artículo 1348.- Si la sentencia no contiene cantidad líquida la parte a cuyo favor se pronunció al promover la ejecución presentará su liquidación, de la cual se dará vista por tres días a la parte condenada y sea que la haya o no desahogado, el juez fallará dentro de igual plazo lo que en derecho corresponda. Esta resolución será apelable en el efecto devolutivo, de tramitación inmediata.

Artículo reformado DOF 24-05-1996, 17-04-2008

CAPÍTULO XXVIII
DE LOS INCIDENTES

Artículo 1349.- Son incidentes las cuestiones que se promueven en un juicio y tienen relación inmediata con el negocio principal, por lo que aquéllos que no guarden esa relación serán desechados de plano.

Artículo reformado DOF 24-05-1996

Artículo 1350.- Los incidentes se substanciarán en la misma pieza de autos, sin que suspendan el trámite del juicio en lo principal.

Artículo reformado DOF 24-05-1996, 08-06-2009, 25-01-2017

Artículo 1351.- Los incidentes, cualquiera que sea su naturaleza, se tramitarán verbalmente en las audiencias o por escrito, según se dispone en los siguientes artículos.

Artículo reformado DOF 24-05-1996

Artículo 1352.- Cuando en el desarrollo de alguna audiencia se interponga en forma verbal, un incidente relacionado con los actos sucedidos en la misma, el tribunal dará vista a la contraria para que en el mismo acto, de modo verbal manifieste lo que a su derecho convenga. Acto seguido se resolverá por el juez, el fondo de lo planteado. Las partes no podrán hacer uso de la palabra por más de quince minutos, tanto al interponer como al contestar estos incidentes. En este tipo de incidentes no se admitirán más prueba que la documental que se exhiba en el acto mismo de la interposición y desahogo de la contraria, la instrumental de actuaciones y la presuncional.

Artículo reformado DOF 24-05-1996

Artículo 1353.- Cualquier otro tipo de incidentes diferentes a los señalados en el artículo anterior, se harán valer por escrito, y al promoverse el incidente o al darse contestación al mismo, deberán proponerse en tales escritos las pruebas, fijando los puntos sobre las que versen las mismas. De ser procedentes las pruebas que ofrezcan las partes, se admitirán por el tribunal, señalando fecha para su desahogo en audiencia indiferible que se celebrará dentro del término de ocho días, mandando preparar aquellas pruebas que así lo ameriten.

Artículo reformado DOF 24-05-1996

Artículo 1354.- En la audiencia incidental se recibirán las pruebas y acto seguido los alegatos que podrán ser verbales citando para dictar la interlocutoria que proceda la que se pronunciará y notificará a las partes dentro de los ocho días siguientes.

Artículo reformado DOF 24-05-1996

Artículo 1355.- Cuando las partes no ofrezcan pruebas o las que propongan no se admitan, una vez contestado el incidente o transcurrido el término para hacerlo, el juez citará a las partes para oír la interlocutoria que proceda, la que se pronunciará y notificará a las partes dentro de los tres días siguientes.

Artículo reformado DOF 24-05-1996

Artículo 1356.- Las resoluciones que se dicten en los incidentes serán apelables en efecto devolutivo, salvo que paralicen o pongan término al juicio haciendo imposible su continuación, casos en que se admitirán en efecto suspensivo.

Artículo reformado DOF 24-05-1996

Artículo 1357.- Las disposiciones de este capítulo serán aplicables a los incidentes que surjan en los juicios ejecutivos y demás procedimientos especiales mercantiles que no tengan trámite específicamente señalado para los juicios de su clase.

Artículo reformado DOF 24-05-1996

Artículo 1358.- En los incidentes criminales que surjan en negocios civiles, se observará lo dispuesto en el Código de Procedimientos Penales respectivo.

CAPÍTULO XXIX
DE LA ACUMULACIÓN DE AUTOS

Artículo 1359.- La acumulación de autos solo podrá decretarse á instancia de parte legítima, salvo los casos en que, conforme á la ley, deba hacerse de oficio.

Artículo 1360.- La acumulación puede pedirse en cualquier estado del juicio, antes de pronunciarse sentencia, salvo que se trate de excepciones procesales que deban hacerse valer al contestar la demanda, o que tratándose del actor bajo protesta de decir verdad manifieste no conocer, al solicitar la acumulación, no haber conocido antes de la presentación de su demanda, de la causa de la acumulación.

Artículo reformado DOF 24-05-1996

Artículo 1361.- La acumulación deberá tramitarse en forma de incidente.

Artículo reformado DOF 24-05-1996

CAPÍTULO XXX
DE LAS TERCERÍAS

Artículo 1362.- En un juicio seguido por dos o más personas, puede un tercero presentarse a deducir otra acción distinta de la que se debate entre aquellos. Este nuevo litigante se llama tercer opositor.

Artículo 1363.- Las tercerías son coadyuvantes o excluyentes. Es coadyuvante la tercería que auxilia la pretensión del demandante o la del demandado. Las demás se llaman excluyentes.

Artículo 1364.- Las tercerías coadyuvantes pueden oponerse en cualquier juicio, sea cual fuere la acción que en él se ejercite, y cualquiera que sea el estado en que éste se encuentre, con tal que aún no se haya pronunciado sentencia que cause ejecutoria.

Artículo 1365.- Las tercerías coadyuvantes no producen otro efecto que el de asociar a quien las interpone con la parte cuyo derecho coadyuva, a fin de que el juicio continúe según el estado en que se encuentre, y se sustancíe hasta las ulteriores diligencias con el tercero y el litigante coadyuvado, teniéndose presente lo prevenido en el artículo 1060.

Artículo 1366.- La acción que deduce el tercero coadyuvante deberá juzgarse con lo principal en una misma sentencia.

Artículo 1367.- Las tercerías excluyentes son de dominio o de preferencia: en el primer caso deben fundarse en el dominio que sobre los bienes en cuestión o sobre la acción que se ejercita alega el tercero, y en el segundo, en el mejor derecho que éste deduzca para ser pagado.

Artículo 1368.- Las tercerías excluyentes no suspenderán el curso del negocio en que se interponen; se ventilarán por cuerda separada, conforme a los artículos siguientes, oyendo al demandante y al demandado en traslado por tres días a cada uno.

Artículo 1369.- Cuando el ejecutado esté conforme con la reclamación del tercer opositor, solo se seguirá el juicio de tercería entre éste y el ejecutante.

Artículo 1370.- El opositor deberá fundar su oposición precisamente en prueba documental. Sin este requisito se desechará desde luego y sin más trámite.

Artículo 1371.- Evacuando el traslado de que trata el art. 1368, el juez decidirá si hay méritos para estimar necesaria la tercería, y en caso afirmativo, a petición de cualquiera de las partes, abrirá una dilación probatoria de quince días.

Artículo 1372.- Vencido el término de prueba se pasará al periodo de alegatos por tres días comunes para las partes.

Artículo reformado DOF 24-05-1996

Artículo 1373.- Si la tercería fuere de dominio sobre bienes muebles, el juicio principal en que se interponga seguirá sus trámites y la celebración del remate únicamente podrá ser suspendida cuando el opositor exhiba título suficiente, a juicio del juez, que acredite su dominio sobre el bien en cuestión, o su derecho respecto de la acción que se ejercita. Tratándose de inmuebles, el remate sólo se suspenderá si el tercero exhibe escritura pública o instrumento equivalente, inscritos en el Registro Público correspondiente.

Artículo reformado DOF 13-06-2003

Artículo 1374.- Si la tercería fuere de preferencia, seguirán los procedimientos del juicio principal en que se interponga, hasta la realización de los bienes embargados, suspendiéndose el pago, que se hará, definida la tercería, al acreedor que tenga mejor derecho. Entretanto se decida ésta, se depositará el precio de la venta.

Artículo 1375.- Bastará la interposición de una tercería excluyente, para que el ejecutante pueda ampliar la ejecución en otros bienes del demandado y si éste no los tuviere, para pedir la declaración de quiebra.

Artículo reformado DOF 10-01-2014

Artículo 1376.- Si la tercería, cualquiera que sea, se interpone ante un juez de paz o menor, y el interés de ella excede del que la ley respectivamente somete a la jurisdicción de estos jueces, aquel ante quien se interponga remitirá lo actuado en el negocio principal y tercería, al juez que designe el tercer opositor y sea competente para conocer del negocio que representa mayor interés. El juez designado correrá traslado de la demanda verbal entablada y decidirá la tercería, sujetándose en la sustanciación a lo prevenido en los artículos anteriores.

Artículo 1376 Bis.- A todo opositor que no obtenga sentencia favorable, se le condenará al pago de gastos y costas a favor del ejecutante

Artículo adicionado DOF 13-06-2003

TÍTULO SEGUNDO
DE LOS JUICIOS ORDINARIOS

Artículo 1377.- Todas las contiendas entre partes que no tengan señalada tramitación especial en las leyes mercantiles, se ventilarán en juicio ordinario, siempre que sean susceptibles de apelación.

También se tramitarán en este juicio, a elección del demandado, las contiendas en las que se oponga la excepción de quita o pago.

Artículo reformado DOF 24-05-1996, 09-01-2012

Artículo 1378.- La demanda deberá reunir los requisitos siguientes:

I. El juez ante el que se promueve;

II. El nombre y apellidos, denominación o razón social del actor, el domicilio que señale para oír y recibir notificaciones, su Registro Federal de Contribuyentes (RFC), su Clave Única de Registro de Población (CURP) tratándose de personas físicas, en ambos casos cuando exista obligación legal para encontrarse inscritos en dichos registros, y la clave de su identificación oficial;

III. El nombre y apellidos, denominación o razón social del demandado y su domicilio;

IV. El objeto u objetos que se reclamen con sus accesorios;

V. Los hechos en que el actor funde su petición en los cuales precisará los documentos públicos o privados que tengan relación con cada hecho, así como si los tiene a su disposición. De igual manera proporcionará los nombres y apellidos de los testigos que hayan presenciado los hechos relativos.

Asimismo, debe numerar y narrar los hechos, exponiéndolos sucintamente con claridad y precisión;

VI. Los fundamentos de derecho y la clase de acción procurando citar los preceptos legales o principios jurídicos aplicables;

VII. El valor de lo demandado;

VIII. El ofrecimiento de las pruebas que el actor pretenda rendir en el juicio, y

IX. La firma del actor o de su representante legítimo. Si éstos no supieren o no pudieren firmar, pondrán su huella digital, firmando otra persona en su nombre y a su ruego, indicando estas circunstancias.

Respecto al requisito mencionado en la fracción V el actor deberá mencionar los documentos públicos y privados que tengan relación con dicha demanda, así como si los tiene o no a su disposición debiendo exhibir los que posea, y acreditar haber solicitado los que no tengan en los términos del artículo 1061. De igual manera, proporcionará los nombres y apellidos de los testigos que hayan presenciado los hechos contenidos en la demanda, y las copias simples prevenidas en el artículo 1061. Admitida la demanda se emplazará al demandado para que produzca su contestación dentro del término de quince días.

Con el escrito de contestación a la demanda se dará vista al actor, para que manifieste lo que a su derecho convenga dentro del término de tres días y para que mencione a los testigos que hayan presenciado los hechos, y los documentos relacionados con los hechos de la contestación de demanda.

El escrito de contestación se formulará ajustándose a los términos previstos en este artículo para la demanda.

El demandado, al tiempo de contestar la demanda, podrá proponer la reconvención. Si se admite por el juez, ésta se notificará personalmente a la parte actora para que la conteste en un plazo de nueve días. Del escrito de contestación a la reconvención, se dará vista a la parte contraria por el término de tres días para que mencione a los testigos que hayan presenciado los hechos, y los documentos relacionados con los hechos de la contestación a la reconvención.

El juicio principal y la reconvención se discutirán al propio tiempo y se decidirán en la misma sentencia.

Artículo reformado DOF 04-01-1989, 24-05-1996, 17-04-2008, 25-01-2017

Artículo 1379.- Las excepciones que tenga el demandado, cualquiera que sea su naturaleza, se harán valer simultáneamente en la contestación y nunca después, a no ser que fueren supervenientes.

Artículo reformado DOF 04-01-1989

Artículo 1380.- Si la demanda fuere obscura o irregular, o no cumpliera con alguno de los requisitos precisados en el artículo 1378, el juez señalará, con toda precisión, en qué consisten los defectos de la misma, en el proveído que al efecto se dicte, lo que se hará por una sola ocasión.

El actor deberá cumplir con la prevención que haga el juez, en un plazo máximo de tres días, contados a partir del día siguiente a aquel en que surta efectos la notificación y, en caso de no hacerlo, transcurrido el término, el juez la desechará precisando los puntos de la prevención que no fueron atendidos y pondrá a disposición del interesado todos los documentos originales y copias simples que se hayan exhibido, con excepción de la demanda con la que se haya formado el expediente respectivo.

No podrá desestimarse la demanda si quien la presenta manifiesta bajo protesta de decir verdad que carece del Registro Federal de Contribuyentes (RFC), de la Clave Única de Registro de Población (CURP), porque no esté obligado a la inscripción en los padrones correspondientes.

Artículo reformado DOF 04-01-1989, 24-05-1996, 25-01-2017

Artículo 1381.- Las excepciones perentorias se opondrán, sustanciarán y decidirán simultáneamente y en uno con el pleito principal, sin poderse nunca formar, por razón de ellas, artículo especial en el juicio.

Artículo 1382.- Contestada la demanda, se mandará recibir el negocio a prueba, si la exigiere.

Artículo 1383.- Según la naturaleza y calidad del negocio el juez fijará de oficio o a petición de parte que se abra el mismo a prueba, no pudiendo exceder de cuarenta días, de los cuales los diez días primeros serán para ofrecimiento y los treinta siguientes para desahogo de pruebas. Si el juez señala un término inferior al máximo que se autoriza, deberá precisar cuántos días completos se destinan para ofrecimiento y cuántos días completos para el desahogo, procurando que sea en la misma proporción que se indica anteriormente,

Cuando las pruebas hubieren de practicarse fuera del lugar del juicio, se recibirán a petición de parte dentro de términos hasta de sesenta y noventa días naturales, si se tratare de pruebas a desahogarse dentro de la República Mexicana, o fuera de ella, respectivamente, siempre que se llenen los siguientes requisitos:

I. Que se solicite durante los diez primeros días del período probatorio;

II. Que se indiquen los nombres, apellidos y domicilio de las partes o testigos, que hayan de ser examinados cuando se trate de pruebas confesional o testimonial, exhibiendo en el mismo acto el pliego de posiciones o los interrogatorios a testigos; y

III. Que se designen, en caso de ser prueba instrumental, los archivos públicos o particulares donde se hallen los documentos que hayan que testimoniarse o presentarse originales.

El juez al calificar la admisibilidad de las pruebas, determinará si los interrogatorios exhibidos para la confesional o la testimonial guardan relación con los puntos controvertidos o si los documentos y los testigos fueron nombrados al demandar o contestar la demanda, y si no reúnen estos requisitos se desecharán de plano.

De no exhibirse el pliego de posiciones, o los interrogatorios a testigos con las copias correspondientes de éstos, no se admitirán las pruebas respectivas.

En el caso de concederse el término extraordinario, el juez por cada prueba para la que conceda dicho término determinará una cantidad que el promovente deposite como sanción pecuniaria en caso de no rendirse alguna de las pruebas que se solicitan se practiquen fuera del lugar del juicio. En ningún caso las cantidades que se ordenen se depositen como sanción pecuniaria serán inferiores al equivalente del importe de sesenta días del salario mínimo diario general vigente en el Distrito Federal, teniendo el juez la facultad discrecional de señalar importes mayores al mínimo señalado anteriormente, tomando en cuenta la suerte principal del juicio y demás circunstancias que considere prudentes.

El que proponga dichas pruebas deberá exhibir las cantidades que fije el juez, en billete de depósito dentro del término de tres días, y en caso de no hacerlo así, no se admitirá la prueba.

La prueba para la cual se haya concedido el término extraordinario y que no se reciba, dará lugar a que el juez haga efectiva la sanción pecuniaria correspondiente en favor del colitigante.

Las pruebas que deban recibirse fuera del lugar del juicio, se tramitarán mediante exhorto que se entregue al solicitante, quien por el hecho de recibirlo no podrá alegar que el mismo no se expidió con las constancias necesarias, a menos de que lo hagan saber al tribunal exhortante dentro del término de tres días, para que devolviendo el exhorto recibido corrija o complete el mismo o lo substituya.

Transcurrido el término extraordinario concedido, que empezará a contar a partir de la fecha en que surta efectos la notificación a las partes, según certificación que haga la secretaría, sin que se haga devolución del exhorto diligenciado, sin causa justificada, se hará efectiva la sanción pecuniaria y se procederá a condenar en costas.

Artículo reformado DOF 24-05-1996

Artículo 1384.- Dentro del término concedido para ofrecimiento de pruebas, la parte que pretenda su prórroga pedirá que se le conceda la misma, y el juez dará vista a la contraria por el término de tres días, y de acuerdo a lo que alegaren las partes se concederá o denegará. Si ambas partes estuvieran conformes en la prórroga la misma se concederá por todo el plazo en que convengan, no pudiendo exceder del término de noventa días.

Artículo reformado DOF 24-05-1996

Artículo 1385.- Transcurrido el término de pruebas, el juez en todos los casos en que no se haya concluido el desahogo de las mismas, mandará concluirlas en los plazos que al efecto se autorizan en este Código.

Artículo reformado DOF 24-05-1996

Artículo 1386.- Las pruebas deberán desahogarse dentro de los términos y prórrogas que se autorizan y aquellas que no se logren concluir serán a perjuicio de las partes, sin que el juez pueda prorrogar los plazos si la ley no se lo permite.

Artículo reformado DOF 24-05-1996

Artículo 1387.- Para las pruebas documentales y supervenientes se observará lo que dispone este Código, y en su defecto lo que al efecto disponga la Ley Procesal de la entidad federativa que corresponda.

Artículo reformado DOF 24-05-1996

Artículo 1388.- Concluido el término probatorio, se pondrán los autos a la vista de las partes, para que dentro del término común de tres días produzcan sus alegatos, y transcurrido dicho plazo hayan alegado o no, el tribunal de oficio, citará para oír sentencia definitiva la que dictará y notificará dentro del término de quince días.

Artículo reformado DOF 24-05-1996

Artículo 1389.- Pasado que sea el término para alegar, serán citadas las partes para sentencia.

Artículo 1390.- Dentro de los quince días siguientes a la citación para sentencia, se pronunciará ésta.

TÍTULO ESPECIAL
DEL JUICIO ORAL MERCANTIL

Título adicionado DOF 27-01-2011

CAPÍTULO I
DISPOSICIONES GENERALES

Capítulo adicionado DOF 27-01-2011

Artículo 1390 Bis.- Se tramitarán en este juicio todas las contiendas mercantiles sin limitación de cuantía.

Párrafo reformado DOF 25-01-2017

Contra las resoluciones pronunciadas en el juicio oral mercantil no procederá recurso ordinario alguno.

No obstante, las partes podrán solicitar al juez, de manera verbal en las audiencias, que subsane las omisiones o irregularidades que se llegasen a presentar en la substanciación del juicio oral, para el sólo efecto de regularizar el procedimiento.

Párrafo adicionado DOF 10-01-2014

Asimismo, el juez podrá ordenar que se subsane toda omisión que notare en la substanciación, para el solo efecto de regularizar el procedimiento.

Párrafo adicionado DOF 10-01-2014

Si las partes estimaren que la sentencia definitiva contiene omisiones, cláusulas o palabras contradictorias, ambiguas u oscuras, las partes podrán solicitar de manera verbal dentro de la audiencia en que se dicte, la aclaración o adición a la resolución, sin que con ello se pueda variar la substancia de la resolución. Contra tal determinación no procederá recurso ordinario alguno.

Párrafo adicionado DOF 10-01-2014

Artículo adicionado DOF 27-01-2011. Reformado DOF 09-01-2012

Artículo 1390 Bis 1.- No se sustanciarán en este juicio aquellos de tramitación especial establecidos en el presente Código y en otras leyes, ni los de cuantía indeterminada.

Tratándose de acciones personales en donde no se reclame una prestación económica, la competencia por cuantía la determinará el valor del negocio materia de la controversia.

Párrafo adicionado DOF 25-01-2017

Los medios preparatorios a juicio y las providencias precautorias se tramitarán en términos de los Capítulos X y XI, respectivamente, del Título Primero, Libro Quinto de este Código.

Párrafo adicionado DOF 25-01-2017

Artículo adicionado DOF 27-01-2011. Reformado DOF 09-01-2012

Artículo 1390 Bis 2.- En el juicio oral mercantil se observarán especialmente los principios de oralidad, publicidad, igualdad, inmediación, contradicción, continuidad y concentración.

Artículo adicionado DOF 27-01-2011

Artículo 1390 Bis 3.- Quienes no puedan hablar, oír, o no hablen el idioma español, formularán sus preguntas o contestaciones por escrito o por medio de un intérprete, que se designará de entre aquellos autorizados como auxiliares de la administración de justicia o por colegios, asociaciones, barras de profesionales o instituciones públicas o privadas, relatándose sus preguntas o sus contestaciones en la audiencia y, si así lo solicitare, permanecerá a su lado durante toda la audiencia.

En estos casos, a solicitud del intérprete o de la parte, se concederá el tiempo suficiente para que éste pueda hacer la traducción respectiva, cuidando, en lo posible, que no se interrumpa la fluidez del debate.

Los intérpretes, al iniciar su función, serán advertidos de las penas en que incurren los falsos declarantes y sobre su obligación de traducir o interpretar fielmente lo dicho.

Artículo adicionado DOF 27-01-2011

Artículo 1390 Bis 4.- El juez tendrá las más amplias facultades de dirección procesal para decidir en forma pronta y expedita lo que en derecho convenga.

Para hacer cumplir sus determinaciones el juez puede hacer uso de las medidas de apremio que se mencionan en el artículo 1067 Bis, en los términos que ahí se especifican.

Artículo adicionado DOF 27-01-2011

Artículo 1390 Bis 5.- Las diligencias de desahogo de pruebas que deban verificarse fuera del juzgado, pero dentro de su ámbito de competencia territorial, deberán ser presididas por el juez, registradas por personal técnico adscrito al Poder Judicial de la entidad federativa o del Poder Judicial de la federación, según corresponda, por cualquiera de los medios referidos en el artículo 1390 Bis-26 del presente título y certificadas de conformidad con lo dispuesto para el desarrollo de las audiencias en el juzgado.

Artículo adicionado DOF 27-01-2011

Artículo 1390 Bis 6.- La nulidad de una actuación deberá reclamarse en la audiencia subsecuente, bajo pena de quedar validada de pleno derecho. La producida en la audiencia de juicio deberá reclamarse durante ésta hasta antes de que el juez pronuncie la sentencia definitiva. La del emplazamiento, por su parte, podrá reclamarse en cualquier momento hasta antes de que se dicte sentencia definitiva.

Si la nulidad del emplazamiento se promueve hasta antes de la audiencia preliminar, se hará de manera escrita, con vista a la contraria por el término de tres días y se citará para audiencia especial, en la que se desahogarán las pruebas que en su caso se hayan admitido, y se dictará la sentencia correspondiente. Si se promueven pruebas, deberán ofrecerse en los escritos respectivos, fijando los puntos sobre los que versen. Si las pruebas no tienen relación con los puntos cuestionados incidentalmente, o si éstos son puramente de derecho, el tribunal deberá desecharlas. Igual regla se seguirá para la nulidad promovida en audiencia.

La nulidad del emplazamiento que se promueva durante las audiencias preliminar o de juicio se realizará de manera oral y la parte contraria la contestará en igual forma y de no hacerlo se tendrá por precluído su derecho. Si se ofrecen pruebas y de ser procedente su admisión, el Juez ordenará su desahogo de ser posible en la misma audiencia o en su defecto, citará a las partes para audiencia especial.

Desahogadas las pruebas admitidas o cuando las partes no ofrezcan pruebas, o las que propongan no se admitan, el juez escuchará los alegatos de las partes en el orden que determine y sin mayores trámites, dictará la resolución interlocutoria si fuera posible; en caso contrario, citará a las partes para dictarla también en audiencia, dentro del término de tres días.

Artículo adicionado DOF 27-01-2011. Reformado DOF 09-01-2012, 25-01-2017

Artículo 1390 Bis 7.- La recusación del juez será admisible hasta antes de la calificación sobre la admisibilidad de las pruebas en la audiencia preliminar.

Párrafo reformado DOF 09-01-2012

Se interpondrá ante el juez, expresándose con claridad y precisión la causa en que se funde, quien remitirá de inmediato testimonio de las actuaciones respectivas al Tribunal Superior para su resolución, quien la substanciará conforme a las reglas previstas en el Capítulo IX, Título Primero, Libro Quinto de este Código.

Párrafo adicionado DOF 09-01-2012. Reformado DOF 25-01-2017

Si la recusación se declara fundada, será nulo lo actuado a partir del momento en que se interpuso la recusación.

Artículo adicionado DOF 27-01-2011

Artículo 1390 Bis 8.- En todo lo no previsto regirán las reglas generales de este Código, en cuanto no se opongan a las disposiciones del presente Título.

Artículo adicionado DOF 27-01-2011. Reformado DOF 09-01-2012

Artículo 1390 Bis 9.- Las promociones de las partes deberán formularse oralmente durante las audiencias, con excepción de las señaladas en los artículos 1390 Bis 6 y 1390 Bis 13 de este Código.

Párrafo reformado DOF 25-01-2017

Los tribunales no admitirán promociones frívolas o improcedentes, y deberán desecharse de plano, debiendo fundamentar y motivar su decisión.

Artículo adicionado DOF 27-01-2011. Reformado DOF 09-01-2012

Artículo 1390 Bis 10.- En el juicio únicamente será notificado personalmente el emplazamiento y el auto que admita la reconvención. Las demás determinaciones se notificarán a las partes conforme a las reglas de las notificaciones no personales.

Artículo adicionado DOF 27-01-2011. Reformado DOF 25-01-2017

CAPÍTULO II
DEL PROCEDIMIENTO ORAL

Capítulo adicionado DOF 27-01-2011

SECCIÓN PRIMERA
FIJACIÓN DE LA LITIS

Sección adicionada DOF 27-01-2011

Artículo 1390 Bis 11.- La demanda deberá presentarse por escrito y reunirá los requisitos siguientes:

I. El juez ante el que se promueve;

II. El nombre y apellidos, denominación o razón social del actor y el domicilio que señale para oír y recibir notificaciones;

III. El nombre y apellidos, denominación o razón social del demandado y su domicilio;

IV. El objeto u objetos que se reclamen con sus accesorios;

V. Los hechos en que el actor funde su petición en los cuales precisará los documentos públicos o privados que tengan relación con cada hecho, así como si los tiene a su disposición. De igual manera proporcionará los nombres y apellidos de los testigos que hayan presenciado los hechos relativos.

Asimismo, debe numerar y narrar los hechos, exponiéndolos sucintamente con claridad y precisión;

VI. Los fundamentos de derecho y la clase de acción procurando citar los preceptos legales o principios jurídicos aplicables;

VII. El valor de lo demandado;

VIII. El ofrecimiento de las pruebas que el actor pretenda rendir en el juicio, y

IX. La firma del actor o de su representante legítimo. Si éstos no supieren o no pudieren firmar, pondrán su huella digital, firmando otra persona en su nombre y a su ruego, indicando estas circunstancias.

Artículo adicionado DOF 27-01-2011

Artículo 1390 Bis 12.- Si la demanda fuere obscura o irregular, o no cumpliera con alguno de los requisitos que señala el artículo anterior, el juez señalará, con toda precisión, en qué consisten los defectos de la misma, en el proveído que al efecto se dicte, lo que se hará por una sola ocasión.

El actor deberá cumplir con la prevención que haga el juez, en un plazo máximo de tres días, contados a partir del día siguiente a aquel en que surta efectos la notificación y, en caso de no hacerlo, transcurrido el término, el juez la desechará precisando los puntos de la prevención que no fueron atendidos y pondrá a disposición del interesado todos los documentos originales y copias simples que se hayan exhibido, con excepción de la demanda con la que se haya formado el expediente respectivo.

Artículo adicionado DOF 27-01-2011

Artículo 1390 Bis 13.- En los escritos de demanda, contestación, reconvención, contestación a la reconvención y desahogo de vista de éstas, las partes ofrecerán sus pruebas expresando con toda claridad cuál es el hecho o hechos que se tratan de demostrar con las mismas, así como las razones por las que el oferente considera que demostrarán sus afirmaciones, proporcionando el nombre, apellidos y domicilio de los testigos que hubieren mencionado en los escritos señalados al principio de este párrafo, así como los de sus peritos, y la clase de pericial de que se trate con el cuestionario a resolver, que deberán rendir durante el juicio, exhibiendo las documentales que tengan en su poder o el escrito sellado mediante el cual hayan solicitado los documentos que no tuvieren en su poder en los términos del artículo 1061 de este Código.

El juez no admitirá pruebas que sean contrarias al derecho o la moral; que se hayan ofrecido extemporáneamente, salvo que se tratare de pruebas supervenientes, en términos del artículo 1390 bis 49; que se refieran a hechos no controvertidos o ajenos a la litis, o bien sobre hechos imposibles o notoriamente inverosímiles.

Si las partes incumplen los requisitos anteriores, el juez desechará las pruebas.

Artículo adicionado DOF 27-01-2011. Reformado DOF 09-01-2012, 10-01-2014

Artículo 1390 Bis 14.- Admitida la demanda, el juez ordenará emplazar al demandado corriéndole traslado con copia de la misma y de los documentos acompañados, a fin de que dentro del plazo de nueve días entregue su contestación por escrito.

Artículo adicionado DOF 27-01-2011

Artículo 1390 Bis 15.- El emplazamiento se entenderá con el interesado, su representante, mandatario o procurador, entregando cédula en la que se hará constar la fecha y la hora en que se entregue; la clase de procedimiento, el nombre y apellidos de las partes, el juez o tribunal que manda practicar la diligencia; transcripción de la determinación que se manda notificar y el nombre y apellidos de la persona a quien se entrega, levantándose acta de la diligencia, a la que se agregará copia de la cédula entregada en la que se procurará recabar la firma de aquel con quien se hubiera entendido la actuación.

El notificador se identificará ante la persona con la que entienda la diligencia; requiriendo a ésta para que a su vez se identifique, asentando su resultado, así como los medios por los que se cerciore de ser el domicilio del buscado, pudiendo pedir la exhibición de documentos que lo acrediten, precisándolos en caso de su presentación, así como aquellos signos exteriores del inmueble que puedan servir de comprobación de haber acudido al domicilio señalado como el del buscado, y las demás manifestaciones que haga la persona con quien se entienda el emplazamiento en cuanto a su relación laboral, de parentesco, de negocios, de habitación o cualquier otra existente con el interesado.

La cédula se entregará a los parientes, empleados o domésticos del interesado o a cualquier otra persona que viva en el domicilio señalado, en caso de no encontrarse el buscado; después de que el notificador se haya cerciorado de que ahí lo tiene la persona que debe ser notificada; se expondrán en todo caso los medios por los cuales el notificador se haya cerciorado de que ahí tiene su domicilio la persona buscada.

Además de la cédula, se entregará copia simple de la demanda debidamente cotejada y sellada más, en su caso, copias simples de los demás documentos que el actor haya exhibido con su demanda.

El actor podrá acompañar al actuario a efectuar el emplazamiento.

Artículo adicionado DOF 27-01-2011

Artículo 1390 Bis 16.- Transcurrido el plazo fijado para contestar la demanda y, en su caso, la reconvención, sin que lo hubiere hecho y sin que medie petición de parte, se procederá en los términos del artículo 1390 Bis 20.

El juez examinará, escrupulosamente y bajo su más estricta responsabilidad, si el emplazamiento fue practicado al demandado en forma legal. Si el juez encontrara que el emplazamiento no se hizo conforme a la ley, mandará reponerlo.

Artículo adicionado DOF 27-01-2011. Reformado DOF 09-01-2012

Artículo 1390 Bis 17.- El escrito de contestación se formulará ajustándose a los términos previstos para la demanda. Las excepciones que se tengan, cualquiera que sea su naturaleza, se harán valer simultáneamente en la contestación y nunca después, salvo las supervenientes. Del escrito de contestación se dará vista a la parte actora por el término de 3 días para que desahogue la vista de la misma.

Artículo adicionado DOF 27-01-2011

Artículo 1390 Bis 18.- El demandado, al tiempo de contestar la demanda, podrá proponer la reconvención. Si se admite por el juez, ésta se notificará personalmente a la parte actora para que la conteste en un plazo de nueve días. Del escrito de contestación a la reconvención, se dará vista a la parte contraria por el término de tres días para que desahogue la vista de la misma. Si no se admite, el juez publicará únicamente un acuerdo para enterar a la parte que la solicitó sobre la reserva del derecho.

Si la demanda reconvencional fuere obscura o irregular, el juez señalará, con toda precisión, en qué consisten los defectos de la misma en el proveído que al efecto se dicte, lo que se hará por una sola ocasión y el promovente deberá cumplir con tal prevención en un plazo máximo de tres días, contados a partir del día siguiente a aquel en que surta efectos la notificación y, en caso de no hacerlo, transcurrido el término, el juez la desechará precisando los puntos de la prevención que no fueron atendidos y pondrá a disposición del interesado todos los documentos originales y copias simples que se hayan exhibido con la reconvención a excepción de la demanda con la que se interponga.

Párrafo reformado DOF 25-01-2017

Lo anterior, salvo que la acción de reconvención provenga de la misma causa que la acción principal, supuesto en el cual cesará de inmediato el juicio para que se continúe en la vía correspondiente.

Artículo adicionado DOF 27-01-2011. Reformado DOF 09-01-2012, 10-01-2014

Artículo 1390 Bis 19.- El demandado podrá allanarse a la demanda; en este caso el juez citará a las partes a la audiencia de juicio, que tendrá verificativo en un plazo no mayor de diez días, en la que se dictará la sentencia respectiva.

Artículo adicionado DOF 27-01-2011

Artículo 1390 Bis 20.- Desahogada la vista de la contestación a la demanda y, en su caso, de la contestación a la reconvención, o transcurridos los plazos para ello, el juez señalará de inmediato la fecha y hora para la celebración de la audiencia preliminar, la que deberá fijarse dentro de los diez días siguientes.

En el mismo auto, el juez admitirá, en su caso, las pruebas que fuesen ofrecidas en relación con las excepciones procesales opuestas, para que se rindan a más tardar en la audiencia preliminar. En caso de no desahogarse las pruebas en la audiencia, se declararán desiertas por causa imputable al oferente.

Párrafo adicionado DOF 25-01-2017

Artículo adicionado DOF 27-01-2011. Reformado DOF 09-01-2012

SECCIÓN SEGUNDA
DE LAS AUDIENCIAS

Sección adicionada DOF 27-01-2011

Artículo 1390 Bis 21.- Es obligación de las partes asistir a las audiencias del procedimiento, por sí o a través de sus legítimos representantes, que gocen de las facultades a que se refiere el párrafo tercero del artículo 1069 de este Código, además de contar con facultades expresas para conciliar ante el juez y suscribir, en su caso, el convenio correspondiente.

Artículo adicionado DOF 27-01-2011

Artículo 1390 Bis 22.- Las resoluciones judiciales pronunciadas en las audiencias se tendrán por notificadas en ese mismo acto, sin necesidad de formalidad alguna a quienes estén presentes o debieron haber estado.

Artículo adicionado DOF 27-01-2011

Artículo 1390 Bis 23.- Las audiencias serán presididas por el juez. Se desarrollarán oralmente en lo relativo a toda intervención de quienes participen en ella. Serán públicas, siguiendo en lo que les sean aplicables las reglas del artículo 1080 de este Código y las disposiciones aplicables de la Ley Federal de Transparencia y Acceso a la Información Pública Gubernamental.

Párrafo reformado DOF 09-01-2012

El juez ordenará la práctica de las pruebas, dirigirá el debate y exigirá el cumplimiento de las formalidades que correspondan y moderará la discusión, podrá impedir que las alegaciones se desvíen hacia aspectos no pertinentes o inadmisibles, también podrá limitar el tiempo y número de veces del uso de la palabra a las partes que debieren intervenir, interrumpiendo a quienes hicieren uso abusivo de su derecho.

El juez contará con las más amplias facultades disciplinarias para mantener el orden durante el debate y durante las audiencias, para lo cual podrá ejercer el poder de mando de la fuerza pública e imponer indistintamente las medidas de apremio a que se refiere el artículo 1067 Bis de este Código.

Párrafo reformado DOF 09-01-2012

Artículo adicionado DOF 27-01-2011

Artículo 1390 Bis 24.- El juez determinará el inicio y la conclusión de cada una de las etapas de la audiencia, con lo que quedan precluídos los derechos procesales que debieron ejercitarse en cada una de ellas.

Párrafo reformado DOF 25-01-2017

La parte que asista tardíamente a una audiencia se incorporará al procedimiento en la etapa en que ésta se encuentre, sin perjuicio de la facultad del juez en materia de conciliación y/o mediación.

Una vez que los testigos, peritos o partes concluyan su intervención, a petición de ellos podrán ausentarse del recinto oficial cuando el juez lo autorice.

Artículo adicionado DOF 27-01-2011

Artículo 1390 Bis 25.- Las audiencias se suspenden por receso, diferimiento o por actualizarse cualquiera de los supuestos previstos en el artículo 1076, fracción VI, de este Código.

Durante el desarrollo de las audiencias, de estimarlo necesario, el juez podrá decretar recesos, con el fin de realizar determinados actos relacionados con el asunto que se substancia, fijando al momento la hora de reanudación de la audiencia.

Cuando una audiencia no logre concluirse en la fecha señalada para su celebración, el juez podrá diferirla, y deberá fijarse, en el acto, la fecha y hora de su reanudación, salvo que ello resultare materialmente imposible, y ordenar su reanudación cuando resulte pertinente.

Artículo adicionado DOF 27-01-2011. Reformado DOF 25-01-2017

Artículo 1390 Bis 26.- Para producir fe, las audiencias se registrarán por medios electrónicos, o cualquier otro idóneo a juicio del juez, que permita garantizar la fidelidad e integridad de la información, la conservación y reproducción de su contenido y el acceso a los mismos a quienes, de acuerdo a la ley, tuvieren derecho a ella.

Párrafo reformado DOF 09-01-2012

Al inicio de las audiencias, el secretario del juzgado hará constar oralmente en el registro a que se hace referencia en el párrafo anterior la fecha, hora y lugar de realización, el nombre de los servidores públicos del juzgado, y demás personas que intervendrán.

Las partes y los terceros que intervengan en el desarrollo de las audiencias deberán rendir previamente protesta de que se conducirán con verdad. Para tal efecto, el secretario del juzgado les tomará protesta, apercibiéndolos de las penas que se imponen a quienes declaran con falsedad.

Artículo adicionado DOF 27-01-2011

Artículo 1390 Bis 27.- Al terminar las audiencias, se levantará acta que deberá contener, cuando menos:

I. El lugar, la fecha y el expediente al que corresponde;

II. El nombre de quienes intervienen y la constancia de la inasistencia de los que debieron o pudieron estar presentes, indicándose la causa de la ausencia si se conoce;

III. Una relación sucinta del desarrollo de la audiencia, y

IV. La firma del juez y secretario.

Artículo adicionado DOF 27-01-2011

Artículo 1390 Bis 28.- El secretario del juzgado deberá certificar el medio en donde se encuentre registrada la audiencia respectiva, identificar dicho medio con el número de expediente y tomar las medidas necesarias para evitar que pueda alterarse.

Artículo adicionado DOF 27-01-2011

Artículo 1390 Bis 29.- Se podrá solicitar copia simple o certificada de las actas o copia en medio electrónico de los registros que obren en el procedimiento, la que deberá ser certificada en los términos del artículo anterior a costa del litigante y previo el pago correspondiente.

Tratándose de copias simples, el juzgado debe expedir a costa del solicitante, sin demora alguna, aquéllas que se le soliciten, bastando que la parte interesada lo realice verbalmente.

Párrafo reformado DOF 25-01-2017

Artículo adicionado DOF 27-01-2011

Artículo 1390 Bis 30.- La conservación de los registros estará a cargo del juzgado que los haya generado, los que deberán contar con el respaldo necesario, que se certificará en los términos del artículo 1390 Bis 28. Cuando por cualquier causa se dañe el soporte material del registro afectando su contenido, el juez ordenará reemplazarlo por una copia fiel, que obtendrá de quien la tuviere, si no dispone de ella directamente.

Artículo adicionado DOF 27-01-2011

Artículo 1390 Bis 31.- En el tribunal estarán disponibles los instrumentos y el personal necesarios para que las partes tengan acceso a los registros del procedimiento, a fin de conocer su contenido.

Artículo adicionado DOF 27-01-2011

SECCIÓN TERCERA
DE LA AUDIENCIA PRELIMINAR

Sección adicionada DOF 27-01-2011

Artículo 1390 Bis 32.- La audiencia preliminar tiene por objeto:

I. La depuración del procedimiento;

II. La conciliación y/o mediación de las partes por conducto del juez;

III. La fijación de acuerdos sobre hechos no controvertidos;

IV. La fijación de acuerdos probatorios;

V. La calificación sobre la admisibilidad de las pruebas, y

Fracción reformada DOF 09-01-2012

VI. La citación para audiencia de juicio.

Artículo adicionado DOF 27-01-2011

Artículo 1390 Bis 33.- La audiencia preliminar se llevará a cabo con o sin asistencia de las partes. A quien no acuda sin justa causa calificada por el juez se le impondrá una sanción, que no podrá ser inferior a $3,113.62 (tres mil ciento trece pesos 62/100 M.N.) a $10,051.06 (diez mil cincuenta y un pesos 06/100 M.N.), monto que se actualizará en los términos del artículo 1253, fracción VI de este Código.

Artículo adicionado DOF 27-01-2011. Reformado DOF 25-01-2017

Cantidades del artículo actualizadas por acuerdo DOF 29-12-2012, 30-12-2013, 26-12-2014, 24-12-2015, 26-12-2016, 26-12-2017, 31-12-2018, 30-12-2019, 24-12-2020, 30-12-2021, 27-12-2022, 28-12-2023, 30-12-2024

Artículo 1390 Bis 34.- El juez examinará las cuestiones relativas a la legitimación procesal y procederá, en su caso, a resolver las excepciones procesales con el fin de depurar el procedimiento; salvo las cuestiones de incompetencia, que se tramitarán conforme a la parte general de este Código.

Artículo adicionado DOF 27-01-2011. Reformado DOF 09-01-2012

Artículo 1390 Bis 35.- En caso de que resulten improcedentes las excepciones procesales, o si no se opone alguna, el juez procurará la conciliación entre las partes, haciéndoles saber los beneficios de llegar a un convenio proponiéndoles soluciones. Si los interesados llegan a un convenio, el juez lo aprobará de plano si procede legalmente y dicho pacto tendrá fuerza de cosa juzgada. En caso de desacuerdo, el juez proseguirá con la audiencia.

Las partes no podrán invocar, en ninguna etapa procesal, antecedente alguno relacionado con la proposición, discusión, aceptación, ni rechazo de las propuestas de conciliación y/o mediación.

Artículo adicionado DOF 27-01-2011

Artículo 1390 Bis 36.- Durante la audiencia, las partes podrán solicitar conjuntamente al juez la fijación de acuerdos sobre hechos no controvertidos, los que tendrán como fin establecer qué acontecimientos de la litis están fuera del debate, a efecto de que las pruebas sólo se dirijan a hechos en litigio.

Artículo adicionado DOF 27-01-2011. Reformado DOF 25-01-2017

Artículo 1390 Bis 37.- El juez podrá formular proposiciones a las partes para que realicen acuerdos probatorios respecto de aquellas pruebas ofrecidas a efecto de determinar cuáles resultan innecesarias.

En caso de que las partes no lleguen a un acuerdo probatorio, el juez procederá a la calificación sobre la admisibilidad de las pruebas, así como la forma en que deberán prepararse para su desahogo en la audiencia de juicio, quedando a cargo de las partes su oportuna preparación, bajo el apercibimiento que de no hacerlo se declararán desiertas de oficio las mismas por causas imputables al oferente. Las pruebas que ofrezcan las partes sólo deberán recibirse cuando estén permitidas por la ley y se refieran a los puntos cuestionados y se cumplan con los demás requisitos que se señalan en este Título.

Párrafo reformado DOF 09-01-2012

La preparación de las pruebas quedará a cargo de las partes, por lo que deberán presentar a los testigos, peritos y demás, pruebas que les hayan sido admitidas; y sólo de estimarlo necesario, el juez, en auxilio del oferente, expedirá los oficios o citaciones y realizará el nombramiento del perito tercero en discordia, en el entendido de que serán puestos a disposición de la parte oferente los oficios y citaciones respectivas, a afecto de que preparen sus pruebas y éstas se desahoguen en la audiencia de juicio.

En el mismo proveído, el juez fijará la fecha para la celebración de la audiencia de juicio, misma que deberá celebrarse dentro del plazo de cuarenta días siguientes a la emisión de dicho auto.

Párrafo reformado DOF 25-01-2017

Si en la audiencia preliminar sólo se admiten pruebas documentales que no requieran ser preparadas para su desahogo, se podrá concentrar la audiencia de juicio en la preliminar, para desahogar las documentales respectivas y dictar la sentencia definitiva en la misma audiencia.

Párrafo adicionado DOF 25-01-2017

Artículo adicionado DOF 27-01-2011

SECCIÓN CUARTA
DE LA AUDIENCIA DEL JUICIO

Sección adicionada DOF 27-01-2011

Artículo 1390 Bis 38.- Abierta la audiencia se procederá al desahogo de las pruebas que se encuentren debidamente preparadas en el orden que el juez estime pertinente. Al efecto, contará con las más amplias facultades como rector del procedimiento; dejando de recibir las que no se encuentren preparadas y haciendo efectivo el apercibimiento realizado al oferente; por lo que la audiencia no se suspenderá ni diferirá en ningún caso por falta de preparación o desahogo de las pruebas admitidas, salvo en aquellos casos expresamente determinados en este Título, por caso fortuito o de fuerza mayor.

En la audiencia sólo se concederá el uso de la palabra, por una vez, a cada una de las partes para formular sus alegatos.

Enseguida, se declarará el asunto visto y se dictará de inmediato la resolución correspondiente.

Párrafo reformado DOF 25-01-2017

Artículo adicionado DOF 27-01-2011. Reformado DOF 09-01-2012

Artículo 1390 Bis 39.- El juez expondrá oralmente y de forma breve, los fundamentos de hecho y de derecho que motivaron su sentencia y leerá únicamente los puntos resolutivos. Acto seguido quedará a disposición de las partes copia de la sentencia que se pronuncie, por escrito, para que estén en posibilidad de solicitar en un plazo máximo de sesenta minutos la aclaración de la misma en términos del último párrafo del artículo 1390 Bis.

En caso de que en la fecha y hora fijada para esta audiencia no asistiere al juzgado ninguna de las partes, se hará constar que la copia de la sentencia queda a disposición de las partes, siendo innecesario la exposición oral y lectura de los fundamentos de hecho y de derecho que motivaron la sentencia, así como de los respectivos puntos resolutivos.

Artículo adicionado DOF 27-01-2011. Reformado DOF 09-01-2012, 25-01-2017

CAPÍTULO III
DE LOS INCIDENTES

Capítulo adicionado DOF 27-01-2011

Artículo 1390 Bis 40.- Los incidentes deberán promoverse oralmente en las audiencias y no las suspenderán. Se exceptúan los incidentes relativos a la impugnación de documento o de nulidad del emplazamiento, mismos que se substanciarán en la forma que más adelante se precisa. La parte contraria contestará oralmente en la audiencia y, de no hacerlo, se tendrá por precluído su derecho.

Párrafo reformado DOF 25-01-2017

Tratándose de una cuestión que requiera prueba y de ser procedente su admisión, el juez ordenará su desahogo en audiencia especial o dentro de alguna de las audiencias del procedimiento, en la cual escuchará los alegatos de las partes, en el orden que determine. Enseguida se dictará la resolución, si fuera posible; en caso contrario, citará a las partes para dictarla en audiencia dentro del término de tres días.

Párrafo reformado DOF 25-01-2017

Cuando las partes no ofrezcan pruebas o las que propongan no se admitan, el juez, sin mayores trámites, dictará la resolución correspondiente, si fuera posible; en caso contrario, citará a las partes para dictarla en audiencia dentro del término de tres días.

Párrafo adicionado DOF 09-01-2012. Reformado DOF 25-01-2017

Si en la audiencia de juicio no pudiere concluirse una cuestión incidental, el juez continuará con el desarrollo de la audiencia, resolviendo la incidencia previamente al dictado de la sentencia definitiva.

Párrafo reformado DOF 10-01-2014

Artículo adicionado DOF 27-01-2011

CAPÍTULO IV
DE LAS PRUEBAS

Capítulo adicionado DOF 27-01-2011

SECCIÓN PRIMERA
CONFESIONAL

Sección adicionada DOF 27-01-2011

Artículo 1390 Bis 41.- La prueba confesional en este juicio se desahogará conforme a las siguientes reglas:

I. La oferente de la prueba podrá pedir que la contraparte se presente a declarar sobre los interrogatorios que, en el acto de la audiencia se formulen;

Fracción reformada DOF 25-01-2017

II. Los interrogatorios podrán formularse libremente sin más limitación que las preguntas se refieran a hechos propios del declarante que sean objeto del debate. El juez, en el acto de la audiencia, calificará las preguntas que se formulen oralmente y el declarante dará respuesta a aquellas calificadas de legales, y

Fracción reformada DOF 25-01-2017

III. Previo el apercibimiento correspondiente, en caso de que la persona que deba declarar no asista sin justa causa o no conteste las preguntas que se le formulen, de oficio se hará efectivo el apercibimiento y se tendrán por ciertos los hechos que la contraparte pretenda acreditar con esta probanza, salvo prueba en contrario.

Fracción reformada DOF 25-01-2017

Artículo adicionado DOF 27-01-2011. Reformado DOF 09-01-2012

SECCIÓN SEGUNDA
TESTIMONIAL

Sección adicionada DOF 27-01-2011

Artículo 1390 Bis 42.- Las partes tendrán la obligación de presentar a sus testigos, para cuyo efecto se les entregarán las cédulas de notificación. Sin embargo, cuando realmente estuvieren imposibilitadas para hacerlo, lo manifestarán así bajo protesta de decir verdad y pedirán que se les cite. El juez ordenará la citación con el apercibimiento que, en caso de desobediencia, se les aplicarán y se les hará comparecer mediante el uso de los medios de apremio señalados en las fracciones III y IV del artículo 1067 Bis de este Código.

Párrafo reformado DOF 25-01-2017

Cuando la citación deba ser realizada por el juez, ésta se hará mediante cédula por lo menos con dos días de anticipación al día en que deban declarar, sin contar el día en que se verifique la diligencia de notificación, el día siguiente hábil en que surta efectos la misma, ni el señalado para recibir la declaración. Si el testigo citado de esta forma no asistiere a rendir su declaración en la audiencia programada, el juez le hará efectivo el apercibimiento realizado y reprogramará su desahogo. En este caso, podrá suspenderse la audiencia.

La prueba se declarará desierta si, aplicados los medios de apremio señalados en el párrafo anterior, no se logra la presentación de los testigos. Igualmente, en caso de que el señalamiento del domicilio de algún testigo resulte inexacto o de comprobarse que se solicitó su citación con el propósito de retardar el procedimiento, se impondrá al oferente una sanción pecuniaria a favor del colitigante hasta por la cantidad señalada en la fracción II del artículo 1067 Bis de este Código. El juez despachará de oficio ejecución en contra del infractor, sin perjuicio de que se denuncie la falsedad en que hubiere incurrido, declarándose desierta de oficio la prueba testimonial.

Artículo adicionado DOF 27-01-2011. Reformado DOF 09-01-2012

Artículo 1390 Bis 43.- Las partes interrogaran oralmente a los testigos. Las preguntas estarán concebidas en términos claros y precisos, limitándose a los hechos o puntos controvertidos objeto de esta prueba, debiendo el juez impedir preguntas contrarias a estos requisitos, así como aquellas que resulten ociosas o impertinentes. Para conocer la verdad sobre los puntos controvertidos, el juez también puede, de oficio, interrogar ampliamente a los testigos.

Artículo adicionado DOF 27-01-2011. Reformado DOF 09-01-2012

SECCIÓN TERCERA
INSTRUMENTAL

Sección adicionada DOF 27-01-2011

Artículo 1390 Bis 44.- Los registros del juicio oral, cualquiera que sea el medio, serán instrumentos públicos; harán prueba plena y acreditarán el modo en que se desarrolló la audiencia o diligencia correspondiente, la observancia de las formalidades, las personas que hubieran intervenido, las resoluciones pronunciadas por el juez y los actos que se llevaron a cabo.

Artículo adicionado DOF 27-01-2011

Artículo 1390 Bis 45.- Los documentos que presenten las partes podrán ser objetados en cuanto su alcance y valor probatorio, durante la etapa de admisión de pruebas en la audiencia preliminar. Los presentados con posterioridad deberán serlo durante la audiencia en que se ofrezcan.

La impugnación de falsedad de un documento, tratándose de los exhibidos junto con la demanda, se opondrá mediante excepción, simultáneamente en la contestación y nunca después, a no ser que fueren supervenientes. Al momento de su interposición se deberán ofrecer las pruebas que se estimen pertinentes, además de la prueba pericial, con lo que se dará vista a la contraria, para que manifieste lo que a su derecho convenga y designe perito de su parte, reservándose su admisión en la audiencia preliminar; sin que haya lugar a la impugnación en la vía incidental.

Párrafo reformado DOF 09-01-2012, 25-01-2017

Tratándose de documentos exhibidos por la parte demandada junto con su contestación a la demanda, o bien, de documentos exhibidos por cualquiera de las partes con posterioridad a los escritos que fijan la litis, la impugnación se hará de forma oral en vía incidental en la audiencia en que éstos se admitan.

Párrafo adicionado DOF 25-01-2017

La preparación y desahogo de la prueba pericial correspondiente, se hará en términos de los artículos 1390 Bis 46, 1390 Bis 47 y 1390 Bis 48 de este Código.

Párrafo adicionado DOF 25-01-2017

Si con la impugnación no se ofreciere la prueba pericial correspondiente o no se cumpliere con cualquiera de los requisitos necesarios para su admisión a trámite, se desechará de plano por el juzgador.

Párrafo adicionado DOF 25-01-2017

Artículo adicionado DOF 27-01-2011

SECCIÓN CUARTA
PERICIAL

Sección adicionada DOF 27-01-2011

Artículo 1390 Bis 46.- Al ofrecer la prueba pericial las partes deberán reunir los siguientes requisitos: señalarán con toda precisión la ciencia, arte, técnica, oficio o industria sobre la cual deba practicarse la prueba; los puntos sobre los que versará y las cuestiones que se deben resolver en la pericial, así como los datos de la cédula profesional o documento que acredite la calidad técnica, artística o industrial del perito que se proponga, nombre, apellidos y domicilio de éste, con la correspondiente relación de tal prueba con los hechos controvertidos. Si falta cualquiera de los requisitos anteriores, el juez desechará de plano la prueba en cuestión.

Si se ofrece la prueba pericial en la demanda o en la reconvención, la contraparte, al presentar su contestación, deberá designar el perito de su parte, proporcionando los requisitos establecidos en el párrafo anterior, y proponer la ampliación de otros puntos y cuestiones, además de los formulados por el oferente, para que los peritos dictaminen.

En caso de que la prueba pericial se ofrezca al contestar la demanda o al contestar la reconvención, la contraria, al presentar el escrito en el que desahogue la vista de ésta, deberá designar el perito de su parte en los términos establecidos en este artículo.

De estar debidamente ofrecida, el juez la admitirá en la etapa correspondiente, quedando obligadas las partes a que sus peritos en la audiencia de juicio exhiban el dictamen respectivo.

Artículo adicionado DOF 27-01-2011. Reformado DOF 09-01-2012, 25-01-2017

Artículo 1390 Bis 47.- En caso de que alguno de los peritos de las partes no exhiba su dictamen en la audiencia correspondiente, precluirá el derecho de las partes para hacerlo y, en consecuencia, la prueba quedará desahogada con el dictamen que se tenga por rendido. En el supuesto de que ninguno de los peritos exhiba su dictamen en la audiencia respectiva, se declarará desierta la prueba.

Párrafo reformado DOF 09-01-2012, 25-01-2017

Cuando los dictámenes exhibidos resulten sustancialmente contradictorios de tal modo que el Juez considere que no es posible encontrar conclusiones que le aporten elementos de convicción, podrá designar un perito tercero en discordia. A este perito deberá notificársele para que dentro del plazo de tres días, presente escrito en el que acepte el cargo conferido y proteste su fiel y legal desempeño; asimismo señalará el monto de sus honorarios, en los términos de la legislación local correspondiente o, en su defecto, los que determine, mismos que deben ser autorizados por el Juez, y serán cubiertos por ambas partes en igual proporción.

El perito tercero en discordia deberá rendir su peritaje precisamente en la audiencia que corresponda, y su incumplimiento dará lugar a que el juez le imponga como sanción pecuniaria, en favor de las partes y de manera proporcional a cada una de ellas, el importe de una cantidad igual a la que cotizó por sus servicios. En el mismo acto, el juez dictará proveído de ejecución en contra de dicho perito tercero en discordia, además de hacerla saber al Consejo de la Judicatura Federal o de la entidad federativa de que se trate, o a la presidencia del tribunal, según corresponda, a la asociación, colegio de profesionistas o institución que lo hubiera propuesto por así haberlo solicitado el juez, para los efectos correspondientes, independientemente de las sanciones administrativas y legales a que haya lugar.

Párrafo reformado DOF 09-01-2012, 25-01-2017

En el supuesto del párrafo anterior, el Juez designará otro perito tercero en discordia y, de ser necesario, suspenderá la audiencia para el desahogo de la prueba en cuestión.

Artículo adicionado DOF 27-01-2011

Artículo 1390 Bis 48.- Los peritos asistirán a la audiencia respectiva con el fin de exponer verbalmente las conclusiones de sus dictámenes, a efecto de que se desahogue la prueba con los exhibidos y respondan las preguntas que el juez o las partes les formulen, debiendo acreditar, en la misma audiencia y bajo su responsabilidad, su calidad científica, técnica, artística o industrial para el que fueron propuestos, con el original o copia certificada de su cédula profesional o el documento respectivo. En caso de que no justifique su calidad de perito, o de no asistir los peritos designados por las partes, se tendrá por no rendido su dictamen y la ausencia injustificada del perito tercero en discordia dará lugar a que se le imponga una sanción pecuniaria equivalente a la cantidad que cotizó por sus servicios, en favor de las partes, en igual proporción.

Artículo adicionado DOF 27-01-2011. Reformado DOF 09-01-2012, 25-01-2017

SECCIÓN QUINTA
PRUEBA SUPERVENIENTE

Sección adicionada DOF 27-01-2011

Artículo 1390 Bis 49.- Después de la demanda y contestación, reconvención y contestación a la reconvención en su caso, no se admitirán al actor ni al demandado, respectivamente, otros documentos que los que se hallen en alguno de los casos siguientes:

I. Ser de fecha posterior a dichos escritos;

II. Los anteriores respecto de los cuales, protestando decir verdad, asevere la parte que los presente no haber tenido antes conocimiento de su existencia;

III. Los que no haya sido posible adquirir con anterioridad por causas que no sean imputables a la parte interesada.

Cuando alguna de las partes tenga conocimiento de una prueba documental superveniente, deberá ofrecerla hasta antes de que se declare visto el asunto y el juez, oyendo previamente a la parte contraria en la misma audiencia, resolverá lo conducente

Párrafo reformado DOF 09-01-2012

Artículo adicionado DOF 27-01-2011

Artículo 1390 Bis 50.- La ejecución de los convenios celebrados ante los Jueces de Proceso Oral y de las resoluciones dictadas por éstos, se hará en términos del Capítulo XXVII, del Título primero, del Libro Quinto de este Código.

Artículo adicionado DOF 09-01-2012

TÍTULO ESPECIAL BIS
DEL JUICIO EJECUTIVO MERCANTIL ORAL

Título adicionado DOF 25-01-2017

CAPÍTULO I
DISPOSICIONES GENERALES

Capítulo adicionado DOF 25-01-2017

Artículo 1390 Ter.- El procedimiento ejecutivo a que se refiere este Título tiene lugar cuando la demanda se funda en uno de los documentos que traigan aparejada ejecución previstos en el artículo 1391.

Artículo adicionado DOF 25-01-2017

Artículo 1390 Ter 1.- La vía indicada en el artículo que antecede procede siempre y cuando el valor de la suerte principal sea igual o superior a la cantidad a la que establece el artículo 1339 para que un juicio sea apelable y hasta cuatro millones de pesos 00/100 moneda nacional, sin que sean de tomarse en consideración intereses y demás accesorios reclamados a la fecha de interposición de la demanda, debiendo actualizarse dichas cantidades anualmente.

Corresponderá a la Secretaría de Economía actualizar cada año por inflación los montos expresados en pesos en el párrafo anterior y publicarlos en el Diario Oficial de la Federación, a más tardar el 30 de diciembre de cada año.

Para estos efectos, se basará en la variación observada en el valor del Índice Nacional de Precios al Consumidor, publicado por el Instituto Nacional de Estadística y Geografía entre la última actualización de dichos montos y el mes de noviembre del año en cuestión.

Artículo adicionado DOF 25-01-2017

Artículo 1390 Ter 2.- Contra las resoluciones pronunciadas en este juicio no se dará recurso ordinario alguno.

No obstante, las partes podrán solicitar al juez, de manera verbal en las audiencias, que subsane las omisiones o irregularidades que se llegasen a presentar en la substanciación del juicio oral, para el sólo efecto de regularizar el procedimiento.

Asimismo, el juez podrá ordenar que se subsane toda omisión que notare, para el sólo efecto de regularizar el procedimiento.

Si las partes estimaren que la sentencia definitiva contiene omisiones, cláusulas o palabras contradictorias, ambiguas u oscuras, podrán solicitar de manera verbal dentro de la audiencia en que se dicte, la aclaración o adición a la resolución, sin que con ello se pueda variar la substancia de la resolución.

Artículo adicionado DOF 25-01-2017

Artículo 1390 Ter 3.- En el juicio ejecutivo mercantil oral se observarán los principios que contempla el artículo 1390 Bis 2 y se tramitará conforme a las reglas previstas en los artículos 1390 Bis 3; 1390 Bis 4; 1390 Bis 5; 1390 Bis 6; 1390 Bis 7; 1390 Bis 8; 1390 Bis 9; 1390 Bis 10; 1390 Bis 12 y 1390 Bis 13, salvo lo relativo a la reconvención que es incompatible con este juicio.

Artículo adicionado DOF 25-01-2017

CAPÍTULO II
DEL PROCEDIMIENTO EJECUTIVO MERCANTIL ORAL

Capítulo adicionado DOF 25-01-2017

SECCIÓN PRIMERA
FIJACIÓN DE LA LITIS

Sección adicionada DOF 25-01-2017

Artículo 1390 Ter 4.- La demanda deberá presentarse en los términos señalados en el artículo 1390 Bis 11.

Artículo adicionado DOF 25-01-2017

Artículo 1390 Ter 5.- Presentada por el actor su demanda, se dictará auto, con efectos de mandamiento en forma, para que el demandado sea requerido de pago, y no haciéndolo se proceda al embargo de acuerdo a las reglas previstas en los artículos 1392, 1393, 1394, 1395 y 1396.

Artículo adicionado DOF 25-01-2017

Artículo 1390 Ter 6.- Dentro de los ocho días siguientes al requerimiento de pago, al embargo, en su caso, y al emplazamiento, el demandado deberá contestar la demanda, refiriéndose concretamente a cada hecho, oponiendo las excepciones que se prevén en los artículos 1397, 1398 y 1403; y conforme a las reglas previstas en los artículos 1390 Bis 16, 1390 Bis 20, 1399 y 1400, salvo lo relativo a la reconvención que es incompatible con este juicio.

Artículo adicionado DOF 25-01-2017

Artículo 1390 Ter 7.- El escrito de contestación se formulará ajustándose a los términos previstos para la demanda.

Del escrito de contestación se dará vista a la parte actora por el término de tres días para que la desahogue.

Artículo adicionado DOF 25-01-2017

Artículo 1390 Ter 8.- Si el demandado se allanare a la demanda y solicitare término de gracia para el pago y cumplimiento de lo reclamado, el juez dará vista a la actora para que dentro de tres días manifieste lo que a su derecho convenga, debiendo el juez resolver de acuerdo a las proposiciones de las partes en la audiencia de juicio que tendrá verificativo en un plazo no mayor de diez días en la que se dictará la sentencia respectiva.

Artículo adicionado DOF 25-01-2017

Artículo 1390 Ter 9.- Si se tratare de cartas de porte, se atenderá a lo que dispone el artículo 583.

Artículo adicionado DOF 25-01-2017

SECCIÓN SEGUNDA
DE LAS AUDIENCIAS

Sección adicionada DOF 25-01-2017

Artículo 1390 Ter 10.- Las audiencias se desarrollarán conforme a las reglas generales previstas para el Juicio Oral Mercantil en términos de la Sección Segunda, del Capítulo II, del Título Especial de este Código.

Artículo adicionado DOF 25-01-2017

Artículo 1390 Ter 11.- La audiencia preliminar se sustanciará conforme a las reglas previstas en la Sección Tercera, del Capítulo II, del Título Especial de este Código.

Artículo adicionado DOF 25-01-2017

Artículo 1390 Ter 12.- La audiencia de juicio se sustanciará conforme a las reglas previstas en la Sección Cuarta, del Capítulo II, del Título Especial de este Código.

Artículo adicionado DOF 25-01-2017

CAPÍTULO III
DE LOS INCIDENTES

Capítulo adicionado DOF 25-01-2017

Artículo 1390 Ter 13.- Los incidentes se tramitarán conforme a las reglas previstas en el Capítulo III del Título Especial de este Código.

Artículo adicionado DOF 25-01-2017

CAPÍTULO IV
DE LAS PRUEBAS

Capítulo adicionado DOF 25-01-2017

Artículo 1390 Ter 14.- El desahogo de las pruebas se hará conforme a las reglas previstas en el Capítulo IV del Título Especial de este Código, salvo lo relativo a la reconvención que es incompatible con este juicio.

Artículo adicionado DOF 25-01-2017

CAPÍTULO V
DE LA EJECUCIÓN

Capítulo adicionado DOF 25-01-2017

SECCIÓN PRIMERA

Sección adicionada DOF 25-01-2017

Artículo 1390 Ter 15.- La ejecución de los convenios celebrados ante los jueces de Proceso Oral y de las resoluciones dictadas por éstos conforme a este Título, se hará en lo conducente en los términos previstos para la ejecución de los juicios ejecutivos reguladas en el Título Tercero, así como a lo dispuesto en el Título Primero, del Libro Quinto de este Código.

Artículo adicionado DOF 25-01-2017

TÍTULO TERCERO
DE LOS JUICIOS EJECUTIVOS

Artículo 1391.- El procedimiento ejecutivo tiene lugar cuando la demanda se funda en documento que traiga aparejada ejecución.

Traen aparejada ejecución:

I. La sentencia ejecutoriada o pasada en autoridad de cosa juzgada y la arbitral que sea inapelable, conforme al artículo 1346, observándose lo dispuesto en el 1348;

II. Los instrumentos públicos, así como los testimonios y copias certificadas que de los mismos expidan los fedatarios públicos, en los que conste alguna obligación exigible y líquida;

Fracción reformada DOF 13-06-2003, 10-01-2014

III. La confesión judicial del deudor, según el art. 1288;

IV. Los títulos de crédito;

Fracción reformada DOF 24-05-1996

V. (Se deroga)

Fracción reformada DOF 24-05-1996. Derogada DOF 14-12-2011

VI. La decisión de los peritos designados en los seguros para fijar el importe del siniestro, observándose lo prescrito en la ley de la materia;

Fracción reformada DOF 24-05-1996

VII. Las facturas, cuentas corrientes y cualesquiera otros contratos de comercio firmados y reconocidos judicialmente por el deudor;

Fracción reformada DOF 24-05-1996, 17-04-2012

VIII. Los convenios celebrados en los procedimientos conciliatorios tramitados ante la Procuraduría Federal del Consumidor o ante la Comisión Nacional para la Protección y Defensa de los Usuarios de Servicios Financieros, así como los laudos arbitrales que éstas emitan, y

Fracción adicionada DOF 17-04-2012. Reformada DOF 10-01-2014

IX. Los demás documentos que por disposición de la Ley tienen el carácter de ejecutivos o que por sus características traen aparejada ejecución.

Fracción adicionada DOF 24-05-1996. Reformada y recorrida DOF 17-04-2012

Artículo 1392.- Presentada por el actor su demanda acompañada del título ejecutivo, se proveerá auto, con efectos de mandamiento en forma, para que el demandado sea requerido de pago, y no haciéndolo se le embarguen bienes suficientes para cubrir la deuda, los gastos y costas, poniéndolos bajo la responsabilidad del actor, en depósito de persona nombrada por éste.

En todo momento, el actor tendrá acceso a los bienes embargados, a efecto de verificar que no hayan sido dispuestos, sustraídos, su estado y la suficiencia de la garantía, para lo cual, podrá además solicitar la práctica de avalúos. De ser el caso, el actor podrá solicitar la ampliación de embargo, salvo que la depreciación del bien haya sido por causas imputables al mismo o a la persona nombrada para la custodia del bien.

Artículo reformado DOF 24-05-1996, 10-01-2014

Artículo 1393.- No encontrándose el demandado a la primera busca en el inmueble señalado por el actor, pero cerciorado de ser el domicilio de aquél, se le dejará citatorio fijándole hora hábil, dentro de un lapso comprendido entre las seis y las setenta y dos horas posteriores, y si no aguarda, se practicará la diligencia de embargo con los parientes, empleados o domésticos del interesado, o cualquier otra persona que viva en el domicilio señalado, siguiéndose las reglas del Código Nacional de Procedimientos Civiles y Familiares respecto de los embargos.

Párrafo reformado DOF 14-11-2025

Una vez que el actuario o ejecutor se cerciore de que en el domicilio sí habita la persona buscada y después de la habilitación de días y horas inhábiles, de persistir la negativa de abrir o de atender la diligencia, el actuario dará fe para que el Juez ordene dicha diligencia por medio de edictos sin girar oficios para la localización del domicilio.

Artículo reformado DOF 24-05-1996, 13-06-2003, 10-01-2014

Artículo 1394.- La diligencia de embargo se iniciará con el requerimiento de pago al demandado, su representante o la persona con la que se entienda, de las indicadas en el artículo anterior; de no hacerse el pago, se requerirá al demandado, su representante o la persona con quien se entiende la diligencia, para que señale bienes suficientes para garantizar las prestaciones reclamadas, apercibiéndolo que de no hacerlo, el derecho para señalar bienes pasará al actor. A continuación, se emplazará al demandado.

Párrafo reformado DOF 10-01-2014

En todos los casos se le entregará a dicho demandado cédula en la que se contengan la orden de embargo decretada en su contra, dejándole copia de la diligencia practicada, corriéndole traslado con la copia de demanda, de los documentos base de la acción y demás que se ordenan por el artículo 1061.

La diligencia de embargo no se suspenderá por ningún motivo, sino que se llevará adelante hasta su conclusión, dejando al demandado sus derechos a salvo para que los haga valer como le convenga durante el juicio.

Párrafo reformado DOF 10-01-2014

En todos los casos, practicada la diligencia de ejecución decretada, el ejecutor entregará también al ejecutante copia del acta que se levante o constancia firmada por él, en que conste los bienes que hayan sido embargados y el nombre, apellidos y domicilio del depositario designado.

Párrafo adicionado DOF 10-01-2014

La copia o constancia que se entregue al ejecutante podrá servir para el caso de haberse embargado bienes inmuebles, para que la misma se presente al Registro Público de la Propiedad, o del Comercio, dentro de los tres días siguientes, para su inscripción preventiva, la cual tendrá los mismos efectos que se señalan para los avisos de los notarios en los términos de la parte final del artículo 3016 del Código Civil, y el juez, dentro de un término máximo de cinco días, deberá poner a disposición del interesado el oficio respectivo junto con copia certificada de la diligencia de embargo para su inscripción.

Párrafo adicionado DOF 10-01-2014

El juez, en ningún caso, suspenderá su jurisdicción para dejar de resolver todo lo concerniente al embargo, su inscripción en el Registro Público que corresponda, desembargo, rendición de cuentas por el depositario respecto de los gastos de administración y de las demás medidas urgentes, provisionales o no, relativas a los actos anteriores.

Artículo reformado DOF 04-01-1989, 24-05-1996

Artículo 1395.- En el embargo de bienes se seguirá este orden:

I. Las mercancías;

II. Los créditos de fácil y pronto cobro, a satisfacción del actor;

III. Los demás muebles del demandado;

IV. Los inmuebles;

V. Las demás acciones y derechos que tenga el demandado.

Cualquiera dificultad suscitada en el orden que deba seguirse, no impedirá el embargo. El ejecutor la allanará, prefiriendo lo que prudentemente crea más realizable, a reserva de lo que determine el juez.

Tratándose de embargo de inmuebles, a petición de la parte actora, el juez requerirá que la demandada exhiba el o los contratos celebrados con anterioridad que impliquen la transmisión del uso o de la posesión de los mismos a terceros. Sólo se aceptarán contratos que cumplan con todos los requisitos legales y administrativos aplicables.

Tratándose de embargo de bienes muebles, el mismo deberá realizarse en la Sección Única del Registro Único de Garantías Mobiliarias del Registro Público de Comercio.

Párrafo adicionado DOF 13-06-2014

Una vez trabado el embargo, el ejecutado no puede alterar en forma alguna el bien embargado, ni celebrar contratos que impliquen el uso del mismo, sin previa autorización del juez, quien al decidir deberá recabar la opinión del ejecutante. Registrado que sea el embargo, toda transmisión de derechos respecto de los bienes sobre los que se haya trabado no altera de manera alguna la situación jurídica de los mismos en relación con el derecho que, en su caso, corresponda al embargante de obtener el pago de su crédito con el producto del remate de esos bienes, derecho que se surtirá en contra de tercero con la misma amplitud y en los mismos términos que se surtiría en contra del embargado, si no hubiese operado la transmisión.

Cometerá el delito de desobediencia el ejecutado que transmita el uso del bien embargado sin previa autorización judicial.

Artículo reformado DOF 13-06-2003, 10-01-2014

Artículo 1396.- Hecho el embargo, acto continuo se notificará al demandado, o a la persona con quien se haya practicado la diligencia para que dentro del término de ocho días, el que se computará en términos del artículo 1075 de este Código, comparezca la parte demandada ante el juzgado a hacer paga llana de la cantidad reclamada y las costas, o a oponer las excepciones que tuviere para ello.

Artículo reformado DOF 04-01-1989, 17-04-2008, 10-01-2014

Artículo 1397.- Si se tratare de sentencia, no se admitirá más excepción que la de pago si la ejecución se pide dentro de ciento ochenta días; si ha pasado ese término, pero no más de un año, se admitirán además las de transacción, compensación y compromiso en árbitros; y transcurrido más de un año, serán admisibles también la de novación, comprendiéndose en ésta la espera, la quita, el pacto de no pedir y cualquier otro arreglo que modifique la obligación, y la de falsedad del instrumento, siempre que la ejecución no se pida en virtud de ejecutoria, convenio o juicio constante en autos. Todas estas excepciones, sin comprender la de falsedad, deberán ser posteriores á la sentencia, convenio o juicio, y constar por instrumento público, por documento judicialmente reconocido o por confesión judicial.

Artículo 1398.- Los términos fijados en el artículo anterior, se contarán desde la fecha de la sentencia o convenio, a no ser que en ellos se fije plazo para el cumplimiento de la obligación, en cuyo caso el término se contará desde el día en que se venció el plazo o desde que pudo exigirse la última prestación vencida, si se tratare de prestaciones periódicas.

Artículo 1399.- Dentro de los ocho días siguientes al requerimiento de pago, al embargo, en su caso, y al emplazamiento, el demandado deberá contestar la demanda, refiriéndose concretamente a cada hecho, oponiendo únicamente las excepciones que permite la ley en el artículo 1403 de este Código, y tratándose de títulos de crédito las del artículo 8 de la Ley General de Títulos y Operaciones de Crédito, y en el mismo escrito ofrecerá pruebas, relacionándolas con los hechos y acompañando los documentos que exige la ley para las excepciones.

Artículo reformado DOF 04-01-1989, 24-05-1996, 30-12-2008

Artículo 1400.- Si el demandado dejare de cumplir con lo dispuesto por el artículo 1061 de este ordenamiento respecto de las documentales en que funde sus excepciones, el juez dejará de admitirlas, salvo las que sean supervenientes.

En caso de que el demandado hubiere exhibido las documentales respectivas, o cumplido con lo que ordena el artículo 1061 de este ordenamiento, se tendrán por opuestas las excepciones que permite la ley, con las cuales se dará vista al actor por tres días para que manifieste y ofrezca las pruebas que a su derecho convenga.

Artículo reformado DOF 24-05-1996

Artículo 1401.- En los escritos de demanda, contestación y desahogo de vista de ésta, las partes ofrecerán sus pruebas, relacionándolas con los puntos controvertidos, proporcionando el nombre, apellidos y domicilio de los testigos que hubieren mencionado en los escritos señalados al principio de este artículo; así como los de sus peritos, y la clase de pericial de que se trate con el cuestionario que deban resolver; y todas las demás pruebas que permitan las leyes.

Si los testigos no se hubieren mencionado con sus nombres y apellidos en los escritos que fijan la litis, el juez no podrá admitirlas aunque se ofrezcan por las partes posteriormente, salvo que importen excepción superveniente.

Desahogada la vista o transcurrido el plazo para hacerlo, el juez admitirá y mandará preparar las pruebas que procedan, de acuerdo con los Capítulos XII al XIX, del Título Primero, Libro Quinto de este Código, abriendo el juicio a desahogo de pruebas, hasta por un término de quince días, dentro de los cuales deberán realizarse todas las diligencias necesarias para su desahogo, señalando las fechas necesarias para su recepción.

Párrafo reformado DOF 13-06-2003, 25-01-2017

Las pruebas que se reciban fuera del término concedido por el juez, o su prórroga si la hubiere decretado, serán bajo la responsabilidad de éste, quien sin embargo, podrá mandarlas concluir en una sola audiencia indiferible que se celebrará dentro de los diez días siguientes.

Artículo reformado DOF 04-01-1989, 24-05-1996

Artículo 1402.- Si se tratare de cartas de porte, se atenderá a lo que dispone el art. 583.

Artículo 1403.- Contra cualquier otro documento mercantil que traiga aparejada ejecución, son admisibles las siguientes excepciones:

I. Falsedad del título o del contrato contenido en él;

II. Fuerza o miedo;

III. Prescripción o caducidad del título;

IV. Falta de personalidad en el ejecutante, o del reconocimiento de la firma del ejecutado, en los casos en que ese reconocimiento es necesario;

V. Incompetencia del juez;

VI. Pago o compensación;

VII. Remisión o quita;

VIII. Oferta de no cobrar o espera.

IX. Novación de contrato;

Las excepciones comprendidas desde la fracción IV a la IX sólo serán admisibles en juicio ejecutivo, si se fundaren en prueba documental.

Párrafo reformado DOF 24-05-1996

Artículo 1404.- En los juicios ejecutivos los incidentes no suspenderán el procedimiento y se tramitarán cualquiera que sea su naturaleza con un escrito de cada parte y contándose con tres días para dictar resolución. Si se promueve prueba deberá ofrecerse en los escritos respectivos, fijando los puntos sobre los que verse, y se citará para audiencia indiferible dentro del término de ocho días, en que se reciba, se oigan brevemente las alegaciones, y en la misma se dicte la resolución correspondiente que debe notificarse a las partes en el acto, o a más tardar el día siguiente.

Artículo reformado DOF 04-01-1989, 24-05-1996

Artículo 1405.- Si el demandado se allanare a la demanda y solicitare término de gracia para el pago de lo reclamado, el juez dará vista al actor para que, dentro de tres días manifieste lo que a su derecho convenga, debiendo el juez resolver de acuerdo a tales proposiciones de las partes.

Artículo reformado DOF 24-05-1996, 10-01-2014

Artículo 1406.- En la audiencia en la que se desahogue la última de las pruebas, el tribunal dispondrá que las partes aleguen por sí o por sus abogados o apoderados, primero el actor y luego el demandado; procurando la mayor brevedad y concisión.

Los alegatos siempre serán verbales. Concluida la etapa de alegatos se citará para sentencia. Queda prohibida la práctica de dictar alegatos a la hora de la diligencia.

Artículo reformado DOF 24-05-1996, 25-01-2017

Artículo 1407.- La sentencia se pronunciará dentro del plazo de ocho días, posteriores a la citación.

Artículo reformado DOF 25-01-2017

Artículo 1407 Bis.- Para la tramitación de apelaciones, respecto del Juicio a que se refiere este capítulo, se estará a las reglas generales que prevé este Código.

Artículo adicionado DOF 17-04-2008. Reformado (y se suprimen las fracciones I a V) DOF 30-12-2008

Artículo 1408.- Si en la sentencia se declara haber lugar a hacer trance y remate de los bienes embargados y pago al actor, en la misma sentencia se decidirá también sobre los derechos controvertidos.

Artículo reformado DOF 10-01-2014

Artículo 1409.- Si la sentencia declarase que no procede el juicio ejecutivo, reservará al actor sus derechos para que los ejercite en la vía y forma que corresponda.

Artículo 1410.- A virtud de la sentencia de remate se procederá a la venta de los bienes retenidos o embargados, con el avalúo que cada parte exhiba dentro de los diez días siguientes a que sea ejecutable la sentencia. Si los valores determinados en cada avalúo no coincidieren, se tomará como base para el remate el promedio de ambos avalúos, siempre y cuando no exista una diferencia mayor al veinte por ciento entre el más bajo y el más alto. Si la discrepancia en el valor de los avalúos exhibidos por las partes fuera superior al porcentaje referido, el Juez podrá ordenar que se practique un tercer avalúo.

En caso de que alguna de las partes deje de exhibir el avalúo se entenderá su conformidad con el avalúo exhibido por su contraria.

El avalúo de los bienes retenidos o embargados será practicado por un corredor público, una Institución de crédito o perito valuador autorizado por el Consejo de la Judicatura correspondiente quienes no podrán tener el carácter de parte o de interesada en el juicio.

Artículo reformado DOF 10-01-2014

Artículo 1411.- Presentado el avalúo y notificadas las partes para que ocurran al juzgado a imponerse de aquel, se anunciará en la forma legal la venta de los bienes por medio de edictos que se publicarán dos veces en un periódico de circulación amplia de la Entidad Federativa donde se ventile el juicio. Entre la primera y la segunda publicación, deberá mediar un lapso de tres días si fuesen muebles, y nueve días si fuesen raíces. Asimismo, entre la última publicación y la fecha del remate deberá mediar un plazo no menor de cinco días.

Artículo reformado DOF 19-10-2011, 10-01-2014

Artículo 1412.- Postura legal es la que cubre las dos terceras partes del precio fijado por las partes a los bienes retenidos o embargados, o en su defecto, el establecido mediante el procedimiento previsto en el artículo 1410 de este ordenamiento, con tal de que sea suficiente para pagar el importe de lo sentenciado.

Si en la primera almoneda no hubiere postura legal, se citará a una segunda, para lo cual se hará una sola publicación de edictos, conforme a lo dispuesto en el artículo 1411 de este Código. En la segunda almoneda se tendrá como precio el de la primera con deducción de un diez por ciento.

Si en la segunda almoneda, no hubiere postura legal, se citará a la tercera en la forma que dispone el párrafo anterior, y de igual manera se procederá para las ulteriores, cuando se actualizare la misma causa hasta efectuar legalmente el remate. En cada una de las almonedas se deducirá un diez por ciento del precio que en la anterior haya servido de base.

En cualquier almoneda en que no hubiere postura legal, el ejecutante tiene derecho a pedir la adjudicación de los bienes a rematar, por las dos terceras partes del precio que en ella haya servido de base para el remate, hasta el importe de lo sentenciado y, en su caso, entregará el remanente al demandado en los diez días hábiles siguientes a que haya quedado firme la adjudicación respectiva.

Artículo reformado DOF 10-01-2014

Artículo 1412 Bis.- Cuando el monto líquido de la condena fuere superior al valor de los bienes embargados, previamente valuados en términos del artículo 1410 de este Código, y del certificado de gravámenes no aparecieren otros acreedores, el ejecutante podrá optar por la adjudicación directa de los bienes que haya en su favor al valor fijado en el avalúo.

Artículo adicionado DOF 13-06-2003

Artículo 1412 Bis 1.- Tratándose del remate y adjudicación de inmuebles, el juez y el adjudicatario, sin más trámite, otorgarán la escritura pública correspondiente ante fedatario público.

Artículo adicionado DOF 13-06-2003

Artículo 1412 Bis 2.- Una vez que quede firme la resolución que determine la adjudicación de los bienes, se dictarán las diligencias necesarias a petición de parte interesada para poner en posesión material y jurídica de dichos bienes al adjudicatario, siempre y cuando este último, en su caso, haya consignado el precio, dándose para ello las ordenes necesarias, aún las de desocupación de fincas habitadas por el demandado o terceros que no tuvieren contratos para acreditar el uso, en los términos que fija la legislación civil aplicable.

En caso de que existan terceros que acrediten mediante la exhibición del contrato correspondiente dicho uso, en la primera diligencia que se lleve a cabo en términos del párrafo anterior, se dará a conocer como nuevo dueño al adjudicatario o, en su caso, a sus causahabientes.

Artículo adicionado DOF 10-01-2014

Artículo 1413.- Las partes, durante el juicio, podrán convenir en que los bienes embargados se avalúen o vendan en la forma y términos que ellos acordaren, denunciándolo así oportunamente al juzgado por medio de un escrito firmado por ellas.

Artículo 1414.- Cualquier incidente o cuestión que se suscite en los Juicios Ejecutivos Mercantiles será resuelto por el juez con apoyo en las disposiciones respectivas de este Título; y en su defecto, en lo relativo a los incidentes en los Juicios Ordinarios Mercantiles; y a falta de uno u otro, a lo que disponga el Código Nacional de Procedimientos Civiles y Familiares, procurando la mayor equidad entre las partes sin perjuicio para ninguna de ellas.

Artículo reformado DOF 24-05-1996, 13-06-2003, 17-04-2008, 14-11-2025

TÍTULO TERCERO BIS
DE LOS PROCEDIMIENTOS DE EJECUCIÓN DE LA PRENDA SIN TRANSMISIÓN DE POSESIÓN Y DEL FIDEICOMISO DE GARANTÍA

Título adicionado DOF 23-05-2000

CAPÍTULO I
DEL PROCEDIMIENTO EXTRAJUDICIAL DE EJECUCIÓN DE GARANTÍAS OTORGADAS MEDIANTE PRENDA SIN TRANSMISIÓN DE POSESIÓN Y FIDEICOMISO DE GARANTÍA

Capítulo adicionado DOF 23-05-2000

Artículo 1414 Bis.- Se tramitará en esta vía el pago de los créditos vencidos y la obtención de la posesión de los bienes objeto de las garantías otorgadas mediante prenda sin transmisión de posesión o fideicomiso de garantía, siempre que no existan controversias en cuanto a la exigibilidad del crédito, la cantidad reclamada y la entrega de la posesión de los bienes mencionados. Para efectos de lo anterior, el valor de los bienes podrá determinarse por cualquiera de los siguientes procedimientos:

I. Por el dictamen que rinda el perito que las partes designen para tal efecto desde la celebración del contrato o en fecha posterior, o

II. Por cualquier otro procedimiento que acuerden las partes por escrito.

Al celebrar el contrato las partes deberán designar perito o establecer las bases para designar a una persona autorizada distinta del acreedor, para que realice el avalúo de los bienes, en caso de que éste no pueda llevarse a cabo, en términos de lo establecido en las fracciones de este artículo.

Párrafo reformado DOF 13-06-2014

A falta de acuerdo respecto a la designación del perito o de la persona autorizada, éste será designado por el juez competente a solicitud de cualquiera de las partes.

Párrafo adicionado DOF 13-06-2014

Artículo adicionado DOF 23-05-2000

Artículo 1414 Bis 1.- El procedimiento se iniciará con el requerimiento formal de entrega de la posesión de los bienes, que formule al deudor el fiduciario o el acreedor prendario, según corresponda, mediante fedatario público.

Una vez entregada la posesión de los bienes al fiduciario o acreedor prendario, éste tendrá el carácter de depositario judicial hasta en tanto no se realice lo previsto en el artículo 1414 bis 4.

Artículo adicionado DOF 23-05-2000

Artículo 1414 Bis 2.- Se dará por concluido el procedimiento extrajudicial y quedará expedita la vía judicial en los siguientes casos:

I. Cuando se oponga el deudor a la entrega material de los bienes o al pago del crédito respectivo, o

II. Cuando no se haya producido el acuerdo a que se refiere el artículo 1414 bis o éste sea de imposible cumplimiento.

Artículo adicionado DOF 23-05-2000

Artículo 1414 Bis 3.- Fuera de los casos previstos en el artículo anterior, el fiduciario o el acreedor prendario podrá obtener la posesión de los bienes objeto de la garantía, si así se estipuló expresamente en el contrato respectivo.

Este acto deberá llevarse a cabo ante fedatario público, quien deberá levantar el acta correspondiente, así como el inventario pormenorizado de los bienes.

Artículo adicionado DOF 23-05-2000

Artículo 1414 Bis 4.- Una vez entregada la posesión de los bienes se procederá a la enajenación de éstos, en términos del artículo 1414 bis 17, fracción II.

Artículo adicionado DOF 23-05-2000

Artículo 1414 Bis 5.- En caso de que el fiduciario o el acreedor prendario, según corresponda, no pueda obtener la posesión de los bienes, se seguirá el procedimiento de ejecución forzosa a que se refiere el siguiente Capítulo de este Código.

Artículo adicionado DOF 23-05-2000

Artículo 1414 Bis 6.- No será necesario agotar el procedimiento a que se refieren los artículos anteriores, para iniciar el procedimiento de ejecución previsto en el Capítulo siguiente.

Artículo adicionado DOF 23-05-2000

CAPÍTULO II
DEL PROCEDIMIENTO JUDICIAL DE EJECUCIÓN DE GARANTÍAS OTORGADAS MEDIANTE PRENDA SIN TRANSMISIÓN DE POSESIÓN Y FIDEICOMISO DE GARANTÍA

Capítulo adicionado DOF 23-05-2000

Artículo 1414 Bis 7.- Se tramitará de acuerdo a este procedimiento todo juicio que tenga por objeto el pago de un crédito cierto, líquido y exigible y la obtención de la posesión material de los bienes que lo garanticen, siempre que la garantía se haya otorgado mediante prenda sin transmisión de posesión, o bien, mediante fideicomiso de garantía en que no se hubiere convenido el procedimiento previsto en el artículo 403 de la Ley General de Títulos y Operaciones de Crédito.

Párrafo reformado DOF 13-06-2003

Para que el juicio se siga de acuerdo con las disposiciones de este Capítulo, es requisito indispensable que el mencionado crédito conste en documento público o escrito privado, según corresponda, en términos de la Ley General de Títulos y Operaciones de Crédito y que sea exigible en los términos pactados o conforme con las disposiciones legales aplicables.

Artículo adicionado DOF 23-05-2000

Artículo 1414 Bis 8.- Presentado el escrito de demanda, acompañado del contrato respectivo y la determinación del saldo que formule el actor, y cuando el promovente sea una institución de crédito, anexando la certificación de saldo que corresponda, el juez bajo su más estricta responsabilidad, si encuentra que se reúnen los requisitos fijados en el artículo anterior, en un plazo no mayor de dos días, admitirá la misma y dictará auto con efectos de mandamiento en forma para que el demandado sea requerido de pago y, de no hacerlo, el propio demandado, el depositario, o quien detente la posesión, haga entrega de la posesión material al actor o a quien éste designe, de los bienes objeto de la garantía indicados en el contrato. En este último caso, el actor o quien éste designe, tendrá el carácter de depositario judicial y deberá informar al juez sobre el lugar en el que permanecerán los bienes que le han sido entregados, en tanto no sean vendidos.

En el mismo auto mediante el cual se requiera de pago al demandado, el juez lo emplazará a juicio, en caso de que no pague o no haga entrega de la posesión material de los bienes dados en garantía al acreedor, para que dentro del término de cinco días ocurra a contestarla y a oponer, en su caso, las excepciones que se indican en el artículo 1414 bis 10.

La referida determinación de saldo podrá elaborarse a partir del último estado de cuenta que, en su caso, el deudor haya recibido y aceptado, siempre y cuando se haya pactado, o bien el acreedor esté obligado por disposición de Ley a entregar estados de cuenta al deudor. Se entenderá que el deudor ha recibido y aceptado este último estado de cuenta, si no lo objeta por escrito dentro de los diez días hábiles siguientes de haberlo recibido o bien efectúa pagos parciales al acreedor con posterioridad a su recepción.

Artículo adicionado DOF 23-05-2000. Reformado DOF 13-06-2003, 10-01-2014

Artículo 1414 Bis 9.- La diligencia a que se refiere el artículo anterior, no se suspenderá por ningún motivo y se llevará adelante hasta su conclusión, dejando al demandado sus derechos a salvo para que los haga valer como le convenga durante el juicio. A fin de poner en posesión material de los bienes al demandante, el juzgador apercibirá al demandado con el uso de los medios de apremio establecidos en el artículo 1067 bis de este Código.

Párrafo reformado DOF 10-01-2014

Si el demandado no hiciera entrega de los bienes en la diligencia prevista en este artículo, el secretario o actuario, en su caso, hará constar y dará cuenta de ello al juez, quien procederá a hacer efectivos los medios de apremio que estime conducentes para lograr el cumplimiento de su determinación en términos del presente Capítulo.

Párrafo reformado DOF 10-01-2014

En caso de que la garantía recaiga sobre una casa habitación, utilizada como tal por el demandado, éste será designado depositario de la misma hasta la sentencia, siempre que acepte tal encargo. Cuando conforme a la sentencia, proceda que el demandado entregue al demandante la posesión material del inmueble, el juez hará efectivos los medios de apremio decretados y dictará las medidas conducentes para lograr el cumplimiento de la sentencia, ajustándose a lo dispuesto en este artículo.

Artículo adicionado DOF 23-05-2000. Reformado DOF 09-01-2012

Artículo 1414 Bis 10.- El demandado podrá oponer las excepciones que a su derecho convenga, pero su trámite se sujetará a las reglas siguientes:

I. Sólo se tendrán por opuestas las excepciones que se acrediten con prueba documental, salvo aquéllas que por su naturaleza requieran del ofrecimiento y desahogo de pruebas distintas a la documental;

II. Si se opone la excepción de falta de personalidad del actor y se declara procedente, el juez concederá un plazo no mayor de diez días para que dicha parte subsane los defectos del documento presentado, si fueran subsanables; igual derecho tendrá el demandado, si se impugna la personalidad de su representante. Si no se subsana la del actor, el juez de inmediato sobreseerá el juicio, y si no se subsana la del demandado, el juicio se seguirá en rebeldía.

III. Si se oponen excepciones consistentes en que el demandado no haya firmado el documento base de la acción o fundadas en la falsedad del mismo, serán declaradas improcedentes al dictarse la sentencia, cuando quede acreditado que el demandado realizó pagos parciales del crédito a su cargo, o bien, que éste ha mantenido la posesión de los bienes adquiridos con el producto del crédito. Lo anterior, sin perjuicio de que la improcedencia de dichas excepciones resulte de diversa causa;

IV. Si se opone la excepción de litispendencia, sólo se admitirá cuando se exhiban con la contestación, las copias selladas de la demanda y la contestación a ésta o de las cédulas de emplazamiento del juicio pendiente, y

V. Si se opone la excepción de improcedencia o error en la vía, el juez prevendrá al actor para que en un término que no exceda de tres días hábiles, la corrija.

El juez, bajo su más estricta responsabilidad, revisará la contestación de la demanda y desechará de plano todas las excepciones notoriamente improcedentes, o aquéllas respecto de las cuales no se exhiba prueba documental o no se ofrezcan las pruebas directamente pertinentes a acreditarlas.

Artículo adicionado DOF 23-05-2000. Reformado DOF 10-01-2014

Artículo 1414 Bis 11.- El allanamiento que afecte toda la demanda producirá el efecto de que el asunto pase a sentencia definitiva.

El demandado aun cuando no hubiere contestado en tiempo la demanda, tendrá en todo tiempo el derecho de ofrecer pruebas, hasta antes de que se dicte la sentencia correspondiente, y por una sola vez.

Artículo adicionado DOF 23-05-2000

Artículo 1414 Bis 12.- Tanto en la demanda como en la contestación a la misma, las partes tienen la obligación de ser claras y precisas. En esos mismos escritos deberán ofrecer todas sus pruebas relacionándolas con los hechos que pretendan probar y presentar todos los documentos respectivos, salvo lo dispuesto en el segundo párrafo del artículo anterior.

Artículo adicionado DOF 23-05-2000

Artículo 1414 Bis 13.- Siempre que las pruebas ofrecidas sean contra la moral o el derecho, o no se ajusten a lo dispuesto en los artículos 1414 bis 11 y 1414 bis 12, o bien se refieran a hechos imposibles, notoriamente inverosímiles o no controvertidos por las partes, el juez las desechará de plano.

Artículo adicionado DOF 23-05-2000

Artículo 1414 Bis 14.- El juez resolverá sobre la admisión o desechamiento de pruebas en el auto que tenga por contestada o no la demanda. En el mismo auto, el juez dará vista al actor con las excepciones opuestas por el demandado, por el término de tres días y señalará fecha y hora para la celebración de la audiencia de pruebas alegatos y sentencia. Esta audiencia deberá celebrarse dentro de los diez días siguientes a aquél en que haya concluido el plazo fijado para que el actor desahogue la vista a que se refiere este artículo.

Artículo adicionado DOF 23-05-2000

Artículo 1414 Bis 15.- La preparación de las pruebas quedará a cargo de las partes, por lo que deberán presentar a sus testigos, peritos, documentos públicos y privados, pliego de posiciones y demás pruebas que les hayan sido admitidas.

Cuando las partes tengan que rendir prueba testimonial o pericial para acreditar algún hecho, deberán ofrecerla en los escritos de demanda o contestación, señalando el nombre y apellidos de sus testigos y de sus peritos, en su caso, y exhibir copia de los interrogatorios al tenor de los cuales deban ser examinados los testigos o del cuestionario para los peritos.

El juez ordenará que se entregue una copia a cada una de las partes, para que al verificarse la audiencia puedan formular repreguntas por escrito o verbalmente.

La prueba de inspección ocular deberá ofrecerse con igual oportunidad que las anteriores.

Al promoverse la prueba pericial, el juez hará la designación de un perito, o de los que estime convenientes para la práctica de la diligencia, sin perjuicio de que cada parte pueda designar también un perito para que se asocie al nombrado por el juez o rinda dictamen por separado. La prueba pericial será calificada por el juez según prudente estimación.

Si llamado un testigo o solicitado un documento que haya sido admitido como prueba, ésta no se desahoga por causa imputable al oferente, a más tardar en la audiencia, se declarará desierta, a menos que exista una causa de fuerza mayor debidamente comprobada.

Artículo adicionado DOF 23-05-2000

Artículo 1414 Bis 16.- El juez debe presidir la audiencia, ordenar el desahogo de las pruebas admitidas y preparadas, y dar oportunidad a las partes para alegar lo que a su derecho convenga, por escrito o verbalmente, sin necesidad de asentarlo en autos en este último caso. Acto continuo, el juez dictará sentencia, la que será apelable únicamente en efecto devolutivo.

Artículo adicionado DOF 23-05-2000

Artículo 1414 Bis 17.- Obtenido el valor de avalúo de los bienes, de acuerdo con lo dispuesto en el artículo 1414 bis, se estará a lo siguiente:

I. Cuando el valor de los bienes sea igual al monto del adeudo condenado, quedará liquidado totalmente el crédito respectivo, sin corresponder en consecuencia acción o derecho alguno a la parte actora para ejercitar o hacer valer con posterioridad en contra del demandado, por lo que respecta al contrato base de la acción. En este caso, el actor, podrá disponer libremente de los bienes objeto de la garantía;

II. Cuando el valor de los bienes sea menor al monto del adeudo condenado, el actor, podrá disponer libremente de los bienes objeto de la garantía y conservará las acciones que en derecho le corresponda, por la diferencia que no le haya sido cubierta, conforme lo establecen las leyes correspondientes.

Se exceptúa de lo dispuesto en el párrafo anterior, a los créditos a la vivienda por un monto inferior a 100,000 Unidades de Inversión (UDIs), siempre que se haya pagado cuando menos el 50% del saldo insoluto del crédito. En este caso el valor del bien dado en garantía, actualizado a UDIs, responderá por el resto del crédito otorgado, sin corresponder en consecuencia acción o derecho alguno sobre otros bienes, títulos o derechos que no hayan sido dados en garantía a la parte actora para ejercitar o hacer valer con posterioridad en contra del demandado, por lo que respecta al contrato base de la acción.

En ningún caso y bajo ninguna forma se podrá renunciar a este derecho;

III. Cuando el valor de los bienes sea mayor al monto del adeudo condenado, la parte actora, según se trate y una vez deducido el crédito, los intereses y los gastos generados, entregará al demandado el remanente que corresponda por la venta de los bienes.

La venta a elección del actor se podrá realizar ante el juez que conozca del juicio o fedatario público, mediante el procedimiento siguiente:

a) Se notificará personalmente al demandado, conforme a lo señalado en el Libro Quinto, Capítulo IV, del Título Primero de este Código, el día y la hora en que se efectuará la venta de los bienes a que se refiere el inciso siguiente. Dicha notificación deberá realizarse con cinco días de anticipación a la fecha de la venta;

b) Se publicará en un periódico de la localidad en que se encuentren los bienes por lo menos con cinco días hábiles de antelación, un aviso de venta de los mismos, en el que se señale el lugar, día y hora en que se pretenda realizar la venta, señalando la descripción de los bienes, así como el precio de la venta, determinado conforme al artículo 1414 bis.

En dicha publicación podrán señalarse las fechas en que se realizarán, en su caso, las ofertas sucesivas de venta de los bienes. Cada semana en la que no haya sido posible realizar la venta de los bienes, el valor mínimo de venta de los mismos, se reducirá en un 10%, pudiendo el actor, a su elección, obtener la propiedad plena de los mismos cuando el precio de dichos bienes esté en alguno de los supuestos a que se refieren las fracciones I o II de este artículo.

El demandado que desee que se realicen más publicaciones relativas a la venta de los bienes podrá hacerlo directamente a su costa, y

c) Realizada la venta de los bienes, si el precio de venta de los mismos fuera superior al monto del adeudo, el actor procederá a entregar el remanente que corresponda al demandado en un plazo no mayor de cinco días, una vez que se haya deducido el monto del crédito otorgado, incluyendo intereses y demás gastos incurridos para la venta, en efectivo, cheque de caja o mediante billete de depósito a favor de la parte demandada a través del fedatario.

Artículo adicionado DOF 23-05-2000. Reformado DOF 13-06-2003, 10-01-2014

Artículo 1414 Bis 18.- En caso de incumplimiento de la parte actora a lo señalado en la fracción III, inciso c), del artículo anterior, el juez lo apercibirá con las medidas de apremio establecidas en el artículo 1414 Bis 9, y le ordenará pagar una pena equivalente a cien y hasta tres mil veces, el salario mínimo diario general vigente en el Distrito Federal en las fechas de incumplimiento, por día transcurrido, mientras subsista el incumplimiento.

Artículo adicionado DOF 23-05-2000. Reformado DOF 13-06-2003

Artículo 1414 Bis 19.- El actor, en tanto no realice la entrega al demandado del remanente de recursos que proceda en términos del artículo 1414 bis 17, fracción III, por la venta de los bienes objeto de la garantía, cubrirá a éste, por todo el tiempo que dure el incumplimiento, una tasa de interés equivalente a dos veces el Costo de Captación a Plazo de pasivos denominados en moneda nacional (CCP), que mensualmente da a conocer el Banco de México, mediante publicaciones en el Diario Oficial de la Federación.

Artículo adicionado DOF 23-05-2000. Reformado DOF 13-06-2003, 10-01-2014

Artículo 1414 Bis 20.- En los procedimientos que se ventilen conforme a lo señalado en este Capítulo, no se admitirán incidentes y las resoluciones que se dicten podrán ser apeladas sólo en efecto devolutivo, por lo que en ningún caso podrá suspenderse el procedimiento, salvo lo previsto en el último párrafo del artículo 1414 bis 10.

En todo lo no previsto en este Capítulo serán aplicables las disposiciones contenidas en el Título III del Libro V, de este Código.

Artículo adicionado DOF 23-05-2000

Nota: Por Decreto **DOF 04-01-1989** se adicionó un nuevo Título Cuarto entonces denominado "Del Procedimiento Arbitral" con los artículos 1415 al 1437. En consecuencia, se suprimieron las referencias a los Capítulos I "Disposiciones generales, II "Del aseguramiento de bienes", III "De la rectificación de créditos", IV "De la liquidación judicial", V "Del abandono de activo", VI "Del concurso necesario", VII "De la administración de la quiebra", VIII "De la graduación" y IX "De la segunda instancia", que formaban parte del anterior Título Cuarto "Del Procedimiento Especial en las Quiebras", el cual fue previamente derogado en su totalidad con los capítulos y artículos que lo integraban mediante **Ley DOF 20-04-1943**.

TÍTULO CUARTO
DEL ARBITRAJE COMERCIAL

Título derogado DOF 20-04-1943. Título adicionado y reestructurado DOF 04-01-1989. Denominación reformada DOF 22-07-1993

CAPÍTULO I
DISPOSICIONES GENERALES

Capítulo adicionado DOF 22-07-1993

Artículo 1415.- Las disposiciones del presente título se aplicarán al arbitraje comercial nacional, y al internacional cuando el lugar del arbitraje se encuentre en territorio nacional, salvo lo dispuesto en los tratados internacionales de que México sea parte o en otras leyes que establezcan un procedimiento distinto o dispongan que determinadas controversias no sean susceptibles de arbitraje.

Lo dispuesto en los artículos 1424, 1425, 1461, 1462 y 1463, se aplicará aún cuando el lugar del arbitraje se encuentre fuera del territorio nacional.

Artículo derogado DOF 20-04-1943. Adicionado DOF 04-01-1989. Reformado DOF 22-07-1993

Artículo 1416.- Para los efectos del presente título se entenderá por:

I. Acuerdo de arbitraje, el acuerdo por el que las partes deciden someter a arbitraje todas o ciertas controversias que hayan surgido o puedan surgir entre ellas respecto de una determinada relación jurídica, contractual o no contractual. El acuerdo de arbitraje podrá adoptar la forma de una cláusula compromisoria incluida en un contrato o la forma de un acuerdo independiente;

II. Arbitraje, cualquier procedimiento arbitral de carácter comercial, con independencia de que sea o no una institución arbitral permanente ante la que se lleve a cabo;

III. Arbitraje internacional, aquél en el que:

a) Las partes al momento de la celebración del acuerdo de arbitraje, tengan sus establecimientos en países diferentes; o

b) El lugar de arbitraje, determinado en el acuerdo de arbitraje o con arreglo al misma, el lugar del cumplimiento de una parte sustancial de las obligaciones de la relación comercial o el lugar con el cual el objeto del litigio tenga una relación más estrecha, esté situado fuera del país en el que las partes tienen su establecimiento.

Para los efectos de esta fracción, si alguna de las partes tienen más de un establecimiento, el establecimiento será el que guarde una relación más estrecha con el acuerdo de arbitraje; y si una parte no tiene ningún establecimiento, se tomará en cuenta su residencia habitual;

IV. Costas, los honorarios del tribunal arbitral; los gastos de viaje y demás expensan realizadas por los árbitros; costo de la asesoría pericial o de cualquier otra asistencia requerida por el tribunal arbitral; gastos de viaje y otras expensas realizadas por los testigos, siempre que sean aprobados por el tribunal arbitral; costo de representación y asistencia legal de la parte vencedora si se reclamó dicho costo durante el procedimiento arbitral y sólo en la medida en que el tribunal arbitral decida que el monto es razonable; y honorarios y gastos de la institución que haya designado a los árbitros;

V. Tribunal arbitral, el árbitro o árbitros designados para decidir una controversia.

Artículo derogado DOF 20-04-1943. Adicionado DOF 04-01-1989. Reformado DOF 22-07-1993

Artículo 1417.- Cuando una disposición del presente título:

I. Deje a las partes la facultad de decidir libremente sobre un asunto, esa facultad entrañará la de autorizar a un tercero, incluida una Institución, a que adopte la decisión de que se trate, excepto en los casos previstos en el artículo 1445;

II. Se refiera a un acuerdo entre las partes, se entenderán comprendidas en ese acuerdo todas las disposiciones del reglamento de arbitraje a que dicho acuerdo, en su caso, remita;

III. Se refiera a una demanda, se aplicará también a una reconvención, y cuando se refiera a una contestación se aplicará asimismo a la contestación a esa reconvención, excepto en los casos previstos en la fracción I del artículo 1441 y el inciso a) de la fracción II del artículo 1449. Lo anterior, sin perjuicio de la decisión de los árbitros sobre su competencia para conocer de la demanda y de la reconvención.

Artículo derogado DOF 20-04-1943. Adicionado DOF 04-01-1989. Reformado DOF 22-07-1993

Artículo 1418.- En materia de notificación y cómputo de plazos se estará a lo siguiente:

I. Salvo acuerdo en contrario de las partes:

a) Se considerará recibida toda comunicación escrita que haya sido entregada personalmente al destinatario o que haya sido entregada en su establecimiento, residencia habitual o domicilio postal; en el supuesto de que no se obtenga después de una indagación razonable la ubicación de alguno de esos lugares, se considerará recibida toda comunicación escrita enviada al último establecimiento, residencia habitual o domicilio postal conocido del destinatario, por carta certificada o cualquier otro medio que deje constancia del intento de entrega;

b) La comunicación se considerará recibida el día en que se haya realizado tal entrega.

II. Las disposiciones de este artículo no serán aplicables a las comunicaciones habidas en un procedimiento judicial.

Artículo derogado DOF 20-04-1943. Adicionado DOF 04-01-1989. Reformado DOF 22-07-1993

Artículo 1419.- Para los fines del cómputo de plazos establecidos en el presente título, dichos plazos comenzarán a correr desde el día siguiente a aquél en que se reciba una notificación, nota, comunicación o propuesta. Si el último día de ese plazo es feriado oficial o no laborable en el lugar de residencia o establecimiento de los negocios del destinatario, dicho plazo se prorrogará hasta el primer día laborable siguiente. Los demás días feriados oficiales o no laborables que ocurran durante el transcurso del plazo se incluirán en el cómputo del plazo.

Artículo derogado DOF 20-04-1943. Adicionado DOF 04-01-1989. Reformado DOF 22-07-1993

Artículo 1420.- Si una parte prosigue el arbitraje sabiendo que no se ha cumplido alguna disposición del presente título de la que las partes puedan apartarse o algún requisito del acuerdo de arbitraje y no exprese su objeción a tal incumplimiento sin demora justificada o, si se prevé un plazo para hacerlo y no lo hace, se entenderá renunciado su derecho a impugnar.

Artículo derogado DOF 20-04-1943. Adicionado DOF 04-01-1989. Reformado DOF 22-07-1993

Artículo 1421.- Salvo disposición en contrario, en los asuntos que se rijan por el presente título, no se requerirá intervención judicial.

Artículo derogado DOF 20-04-1943. Adicionado DOF 04-01-1989. Reformado DOF 22-07-1993

Artículo 1422.- Cuando se requiera la intervención judicial será competente para conocer el juez de primera instancia federal o del orden común del lugar donde se lleve a cabo el arbitraje.

Cuando el lugar del arbitraje se encuentre fuera del territorio nacional, conocerá del reconocimiento y de la ejecución del laudo el juez de primera instancia federal o del orden común competente, del domicilio del ejecutado o, en su defecto, el de la ubicación de los bienes.

Artículo derogado DOF 20-04-1943. Adicionado DOF 04-01-1989. Reformado DOF 22-07-1993

CAPÍTULO II
ACUERDO DE ARBITRAJE

Capítulo adicionado DOF 22-07-1993

Artículo 1423.- El acuerdo de arbitraje deberá constar por escrito, y consignarse en documento firmado por las partes o en un intercambio de cartas, télex, telegramas, facsímil u otros medios de telecomunicación que dejen constancia del acuerdo, o en un intercambio de escritos de demanda y contestación en los que la existencia de un acuerdo sea afirmada por una parte sin ser negada por la otra. La referencia hecha en un contrato a un documento que contenga una cláusula compromisoria, constituirá acuerdo de arbitraje siempre que dicho contrato conste por escrito y la referencia implique que esa cláusula forma parte del contrato.

Artículo derogado DOF 20-04-1943. Adicionado DOF 04-01-1989. Reformado DOF 22-07-1993

Artículo 1424.- El juez al que se someta un litigio sobre un asunto que sea objeto de un acuerdo de arbitraje, remitirá a las partes al arbitraje en el momento en que lo solicite cualquiera de ellas, a menos que se compruebe que dicho acuerdo es nulo, ineficaz o de ejecución imposible.

Si se ha entablado la acción a que se refiere el párrafo anterior, se podrá no obstante, iniciar o proseguir las actuaciones arbitrales y dictar un laudo mientras la cuestión esté pendiente ante el juez.

Sin menoscabo de lo que establece el primer párrafo de este artículo, cuando un residente en el extranjero se hubiese sujetado expresamente al arbitraje e intentara un litigio individual o colectivo, el juez remitirá a las partes al arbitraje. Si el juez negase el reconocimiento del laudo arbitral en los términos del artículo 1462 de este Código, quedarán a salvo los derechos de la parte actora para promover la acción procedente.

Artículo derogado DOF 20-04-1943. Adicionado DOF 04-01-1989. Reformado DOF 22-07-1993, 06-06-2011

Artículo 1425.- Aun cuando exista un acuerdo de arbitraje las partes podrán, con anterioridad a las actuaciones arbitrales o durante su transcurso, solicitar al juez la adopción de medidas cautelares provisionales.

Artículo derogado DOF 20-04-1943. Adicionado DOF 04-01-1989. Reformado DOF 22-07-1993

CAPÍTULO III
COMPOSICIÓN DEL TRIBUNAL ARBITRAL

Capítulo adicionado DOF 22-07-1993

Artículo 1426.- Las partes podrán determinar libremente el número de árbitros. A falta de tal acuerdo, será un solo árbitro.

Artículo derogado DOF 20-04-1943. Adicionado DOF 04-01-1989. Reformado DOF 22-07-1993

Artículo 1427.- Para el nombramiento de árbitros se estará a lo siguiente:

I. Salvo acuerdo en contrario de las partes, la nacionalidad de una persona no será obstáculo para que actúe como árbitro.

II. Sin perjuicio de lo dispuesto en las fracciones IV y V del presente artículo, las partes podrán acordar libremente el procedimiento para el nombramiento de los árbitros.

III. A falta de tal acuerdo:

a) En el arbitraje con árbitro único, si las partes no logran ponerse de acuerdo sobre la designación del árbitro, éste será nombrado, a petición de cualquiera de las partes, por el juez;

b) En el arbitraje con tres árbitros, cada parte nombrará un árbitro, y los dos árbitros así designados nombrarán al tercero; si una parte no nombra al árbitro dentro de los treinta días del recibo de un requerimiento de la otra parte para que lo haga, o si los dos árbitros no consiguen ponerse de acuerdo sobre el tercer árbitro dentro de los treinta días siguientes contados a partir de su nombramiento, la designación será hecha, a petición de cualquiera de las partes, por el juez;

IV. Cuando en un procedimiento de nombramiento convenido por las partes, una de ellas no actúe conforme a lo estipulado en dicho procedimiento, o las partes o dos árbitros no puedan llegar a un acuerdo conforme al mencionado procedimiento, o bien, un tercero, incluida una Institución, no cumpla alguna función que se le confiera en dicho procedimiento, cualquiera de las partes podrá solicitar al juez que adopte las medidas necesarias, a menos que en el acuerdo sobre el procedimiento de nombramiento se prevean otros medios para conseguirlo, y

V. Toda decisión sobre las cuestiones encomendadas al juez en las fracciones III o IV del presente artículo, será inapelable. Al nombrar un árbitro, el juez tendrá debidamente en cuenta las condiciones requeridas para un árbitro estipuladas en el acuerdo entre las partes y tomará las medidas necesarias para garantizar el nombramiento de un árbitro independiente e imparcial. En el caso de árbitro único o del tercer árbitro, tomará en cuenta asimismo, la conveniencia de nombrar un árbitro de nacionalidad distinta a la de las partes.

Artículo derogado DOF 20-04-1943. Adicionado DOF 04-01-1989. Reformado DOF 22-07-1993

Artículo 1428.- La persona a quien se comunique su posible nombramiento como árbitro deberá revelar todas las circunstancias que puedan dar lugar a dudas justificadas acerca de su imparcialidad o independencia. El árbitro, desde el momento de su nombramiento y durante todas las actuaciones arbitrales, revelará sin demora tales circunstancias a las partes, a menos que ya se hubiera hecho de su conocimiento.

Un árbitro sólo podrá ser recusado si existen circunstancias que den lugar a dudas justificadas respecto de su imparcialidad o independencia, o si no posee las cualidades convenidas por las partes. Una parte sólo podrá recusar al árbitro nombrado por ella, o en cuyo nombramiento haya participado, por causas de las que haya tenido conocimiento después de efectuada la designación.

Artículo derogado DOF 20-04-1943. Adicionado DOF 04-01-1989. Reformado DOF 22-07-1993

Artículo 1429.- Las partes podrán acordar libremente el procedimiento de recusación de los árbitros.

A falta de acuerdo, la parte que desee recusar a un árbitro enviará al tribunal arbitral, dentro de los quince días siguientes a aquél en que tenga conocimiento de su constitución o de circunstancias que den lugar a dudas justificadas respecto de la imparcialidad del árbitro o su independencia, o si no posee las cualidades convenidas, un escrito en el que exponga los motivos para la recusación. A menos que el árbitro recusado renuncie a su cargo o que la otra parte acepte la recusación, corresponderá al tribunal arbitral decidir sobre ésta.

Si no prosperase la recusación incoada en los términos del párrafo anterior, la parte recusante podrá pedir al juez, dentro de los treinta días siguientes de notificada la decisión por la que se rechaza la recusación, resuelva sobre su procedencia, decisión que será inapelable. Mientras esa petición esté pendiente, el tribunal arbitral, incluso el árbitro recusado, podrán proseguir las actuaciones arbitrales y dictar un laudo.

Artículo derogado DOF 20-04-1943. Adicionado DOF 04-01-1989. Reformado DOF 22-07-1993

Artículo 1430.- Cuando un árbitro se vea impedido de hecho o por disposición legal para ejercer sus funciones o por otros motivos no las ejerza dentro de un plazo razonable, cesará en su cargo si renuncia o si las partes acuerdan su remoción. Si existe desacuerdo, cualquiera de las partes podrá solicitar al juez dé por terminado el encargo, decisión que será inapelable.

Artículo derogado DOF 20-04-1943. Adicionado DOF 04-01-1989. Reformado DOF 22-07-1993

Artículo 1431.- Cuando un árbitro cese en su cargo en virtud de lo dispuesto en los artículos 1429 o 1430, renuncia, remoción por acuerdo de las partes o terminación de su encargo por cualquier otra causa, se procederá al nombramiento de un sustituto conforme al mismo procedimiento por el que se designó al árbitro que se ha de sustituir.

Artículo derogado DOF 20-04-1943. Adicionado DOF 04-01-1989. Reformado DOF 22-07-1993

CAPÍTULO IV
COMPETENCIA DEL TRIBUNAL ARBITRAL

Capítulo adicionado DOF 22-07-1993

Artículo 1432.- El tribunal arbitral estará facultado para decidir sobre su propia competencia, incluso sobre las excepciones relativas a la existencia o validez del acuerdo de arbitraje. A ese efecto, la cláusula compromisoria que forme parte de un contrato se considerará como un acuerdo independiente de las demás estipulaciones del contrato. La decisión de un tribunal arbitral declarando nulo un contrato, no entrañará por ese solo hecho la nulidad de la cláusula compromisoria.

La excepción de incompetencia del tribunal arbitral deberá oponerse a más tardar en el momento de presentar la contestación. Las partes no se verán impedidas de oponer la excepción por el hecho de que hayan designado a un árbitro o participado en su designación. La excepción basada en que el tribunal arbitral ha excedido su mandato, deberá oponerse tan pronto como se plantee durante las actuaciones arbitrales la materia que supuestamente exceda su mandato. El tribunal arbitral podrá, en cualquiera de los casos, estimar una excepción presentada con posterioridad si considera justificada la demora.

El tribunal arbitral podrá decidir las excepciones a que se hace referencia en el párrafo anterior, desde luego o en el laudo sobre el fondo del asunto. Si antes de emitir laudo sobre el fondo, el tribunal arbitral se declara competente, cualquiera de las partes dentro de los treinta días siguientes a aquél en que se le notifique esta decisión, podrá solicitar al juez resuelva en definitiva; resolución que será inapelable. Mientras esté pendiente dicha solicitud, el tribunal arbitral podrá proseguir sus actuaciones y dictar laudo.

Artículo derogado DOF 20-04-1943. Adicionado DOF 04-01-1989. Reformado DOF 22-07-1993

Artículo 1433.- Salvo acuerdo en contrario de las partes, el tribunal arbitral podrá, a petición de una de ellas, ordenar la adopción de las providencias precautorias necesarias respecto del objeto de litigio. El tribunal arbitral podrá exigir de cualquiera de las partes una garantía suficiente en relación con esas medidas.

Artículo derogado DOF 20-04-1943. Adicionado DOF 04-01-1989. Reformado DOF 22-07-1993

CAPÍTULO V
SUSTANCIACIÓN DE LAS ACTUACIONES ARBITRALES

Capítulo adicionado DOF 22-07-1993

Artículo 1434.- Deberá tratarse a las partes con igualdad y darse a cada una de ellas plena oportunidad de hacer valer sus derechos.

Artículo derogado DOF 20-04-1943. Adicionado DOF 04-01-1989. Reformado DOF 22-07-1993

Artículo 1435.- Con sujeción a las disposiciones del presente título, las partes tendrán libertad para convenir el procedimiento a que se haya de ajustar el tribunal arbitral en sus actuaciones.

A falta de acuerdo, el tribunal arbitral podrá, con sujeción a lo dispuesto por el presente título, dirigir el arbitraje del modo que considere apropiado. Esta facultad conferida al tribunal arbitral incluye la de determinar la admisibilidad, pertinencia y valor de las pruebas.

Artículo derogado DOF 20-04-1943. Adicionado DOF 04-01-1989. Reformado DOF 22-07-1993

Artículo 1436.- Las partes podrán determinar libremente el lugar del arbitraje. En caso de no haber acuerdo al respecto, el tribunal arbitral determinará el lugar del arbitraje, atendiendo las circunstancias del caso, inclusive las conveniencias de las partes.

Sin perjuicio de lo dispuesto en el párrafo precedente, el tribunal arbitral podrá salvo acuerdo en contrario de las partes, reunirse en cualquier lugar que estime apropiado para celebrar deliberaciones entre sus miembros, oír a las partes, a los testigos, o a los peritos, o para examinar mercancías u otros bienes o documentos.

Artículo derogado DOF 20-04-1943. Adicionado DOF 04-01-1989. Reformado DOF 22-07-1993

Artículo 1437.- Salvo que las partes hayan convenido otra cosa, las actuaciones arbitrales con respecto a una determinada controversia, se iniciarán en la fecha en que el demandado haya recibido el requerimiento de someter esa controversia al arbitraje.

Artículo derogado DOF 20-04-1943. Adicionado DOF 04-01-1989. Reformado DOF 22-07-1993

Artículo 1438.- Las partes podrán acordar libremente el idioma o los idiomas que hayan de utilizarse en las actuaciones arbitrales. A falta de tal acuerdo, el tribunal arbitral determinará el o los idiomas que hayan de emplearse en las actuaciones. Este acuerdo o esta determinación será aplicable, salvo pacto en contrario, a todos los escritos de las partes, a todas las audiencias y a cualquier laudo, decisión o comunicación de otra índole que emita el tribunal arbitral.

El tribunal arbitral podrá ordenar que cualquier prueba documental vaya acompañada de una traducción a uno de los idiomas convenidos por las partes o determinados por el tribunal arbitral.

Artículo derogado DOF 20-04-1943. Adicionado DOF 22-07-1993

Artículo 1439.- Dentro del plazo convenido por las partes o del determinado por el tribunal arbitral, el actor deberá expresar los hechos en que se funda la demanda, los puntos controvertidos y las prestaciones que reclama; y el demandado deberá referirse a todo lo planteado en la demanda, a menos que las partes hayan acordado otra cosa respecto de los elementos que la demanda y la contestación deban necesariamente contener. Las partes aportarán, al formular sus alegatos, todos los documentos que consideran pertinentes con que cuenten o harán referencia a los documentos u otras pruebas que vayan a presentar.

Salvo acuerdo en contrario de las partes, éstas podrán modificar o ampliar su demanda o contestación, a menos que el tribunal arbitral considere improcedente la alteración de que se trate en razón de la demora con que se haya hecho.

Artículo derogado DOF 20-04-1943. Adicionado DOF 22-07-1993

Artículo 1440.- Salvo acuerdo en contrario de las partes, el tribunal arbitral decidirá si han de celebrarse audiencias para la presentación de pruebas o de alegatos orales, o si las actuaciones se substanciarán sobre la base de documentos y demás pruebas. Si las partes no hubiesen acordado la no celebración de audiencias, el tribunal arbitral celebrará dichas audiencias en la fase apropiada de las actuaciones, a petición de una de las partes.

Deberá notificarse a las partes con suficiente antelación la celebración de las audiencias y las reuniones del tribunal arbitral para examinar mercancías u otros bienes o documentos.

De todas las declaraciones, documentos probatorios, peritajes o demás información que una de las partes suministre al tribunal arbitral se dará traslado a la otra parte.

Artículo derogado DOF 20-04-1943. Adicionado DOF 22-07-1993

Artículo 1441.- Salvo acuerdo en contrario de las partes, cuando, sin invocar causa justificada:

I. El actor no presente su demanda con arreglo al primer párrafo del artículo 1439, el tribunal arbitral dará por terminadas las actuaciones.

II. El demandado no presente su contestación con arreglo a lo dispuesto en el primer párrafo del artículo 1439, el tribunal arbitral continuará las actuaciones, sin que esa omisión se considere por sí misma como una aceptación de lo alegado por el actor, y

III. Una de las partes no comparezca a una audiencia o no presente pruebas documentales, el tribunal arbitral podrá continuar las actuaciones y dictar el laudo basándose en las pruebas de que disponga.

Artículo derogado DOF 20-04-1943. Adicionado DOF 22-07-1993

Artículo 1442.- Salvo acuerdo en contrario de las partes, el tribunal arbitral podrá nombrar uno o más peritos para que le informen sobre materias concretas y solicitar a cualquiera de las partes que proporcione al perito toda la información pertinente, o le presente para su inspección o le proporcione acceso a todos los documentos, mercancías u otros bienes pertinentes.

Artículo derogado DOF 20-04-1943. Adicionado DOF 22-07-1993

Artículo 1443.- Salvo acuerdo en contrario de las partes, cuando una parte lo solicite o el tribunal arbitral lo considere necesario, el perito, después de la presentación de su dictamen escrito u oral, deberá participar en una audiencia en la que las partes tendrán oportunidad de formular preguntas y presentar peritos para que informen sobre los puntos controvertidos.

Artículo derogado DOF 20-04-1943. Adicionado DOF 22-07-1993

Artículo 1444.- El tribunal arbitral o cualquiera de las partes con la aprobación de éste, podrá solicitar la asistencia del juez para el desahogo de pruebas.

Artículo derogado DOF 20-04-1943. Adicionado DOF 22-07-1993

CAPÍTULO VI
PRONUNCIAMIENTO DEL LAUDO Y TERMINACIÓN DE LAS ACTUACIONES

Capítulo adicionado DOF 22-07-1993

Artículo 1445.- El tribunal arbitral decidirá el litigio de conformidad con las normas de derecho elegidas por las partes. Se entenderá que toda indicación del derecho u ordenamiento jurídico de un país determinado se refiere, a menos que se exprese lo contrario, al derecho sustantivo de ese país y no a sus normas de conflicto de leyes.

Si las partes no indicaren la ley que debe regir el fondo de litigio, el tribunal arbitral, tomando en cuenta las características y conexiones del caso, determinará el derecho aplicable.

El tribunal arbitral decidirá como amigable componedor o en conciencia, sólo si las partes le han autorizado expresamente a hacerlo.

En todos los casos, el tribunal arbitral decidirá con arreglo a las estipulaciones del convenio y tendrá en cuenta los usos mercantiles aplicables al caso.

Artículo derogado DOF 20-04-1943. Adicionado DOF 22-07-1993

Artículo 1446.- En las actuaciones arbitrales en que hubiere más de un árbitro, toda decisión del tribunal arbitral se adoptará, salvo acuerdo en contrario de las partes, por mayoría de votos. Sin embargo, el árbitro presidente podrá decidir cuestiones de procedimiento, si así lo autorizan las partes o todos los miembros del tribunal arbitral.

Artículo derogado DOF 20-04-1943. Adicionado DOF 22-07-1993

Artículo 1447.- Si durante las actuaciones arbitrales, las partes llegaren a una transacción que resuelva el litigio, el tribunal arbitral dará por terminadas las actuaciones y, si lo piden ambas partes y el tribunal arbitral no se opone, hará constar la transacción en forma de laudo arbitral en los términos convenidos por las partes.

Dicho laudo se dictará con arreglo a lo dispuesto en el artículo 1448.

Este laudo tendrá la misma naturaleza y efectos que cualquier otro dictado sobre el fondo del litigio.

Artículo derogado DOF 20-04-1943. Adicionado DOF 22-07-1993

Artículo 1448.- El laudo se dictará por escrito y será firmado por el o los árbitros. En actuaciones arbitrales con más de un árbitro, bastarán las firmas de la mayoría de los miembros del tribunal arbitral, siempre que se deje constancia de las razones de la falta de una o más firmas.

El laudo del tribunal arbitral deberá ser motivado, a menos que las partes hayan convenido otra cosa o se trate de un laudo pronunciado en los términos convenidos por las partes conforme al artículo 1447.

Constarán en el laudo la fecha en que ha sido dictado y el lugar del arbitraje determinado de conformidad con el primer párrafo del artículo 1436. El laudo se considerará dictado en ese lugar.

Después de dictado el laudo, el tribunal arbitral lo notificará a cada una de las partes mediante entrega de una copia firmada por los árbitros de conformidad con el párrafo del presente artículo.

Artículo derogado DOF 20-04-1943. Adicionado DOF 22-07-1993

Artículo 1449.- Las actuaciones del tribunal arbitral terminan por:

I. Laudo definitivo, y

II. Orden del tribunal arbitral cuando:

a) El actor retire su demanda, a menos que el demandado se oponga a ello y el tribunal arbitral reconozca su legítimo interés en obtener una solución definitiva de litigio;

b) Las partes acuerden dar por terminadas las actuaciones; y

c) El tribunal arbitral compruebe que la prosecución de las actuaciones resultaría innecesaria o imposible.

El tribunal arbitral cesará en sus funciones al terminar las actuaciones arbitrales, salvo lo dispuesto en los artículos 1450, 1451 y 1459.

Artículo derogado DOF 20-04-1943. Adicionado DOF 22-07-1993

Artículo 1450.- Dentro de los treinta días siguientes a la notificación del laudo, salvo que las partes hayan acordado otro plazo, cualquiera de ellas podrá, con notificación a la otra, pedir al tribunal arbitral:

I. Corrija en el laudo cualquier error de cálculo, de copia, tipográfico o de naturaleza similar.

El tribunal arbitral podrá corregir cualquiera de los errores mencionados por su propia iniciativa dentro de los treinta días siguientes a la fecha del laudo;

II. Si así lo acuerdan las partes, dé una interpretación sobre un punto o una parte concreta de laudo. Si el tribunal arbitral lo estima justificado, efectuará la corrección o dará la interpretación dentro de los treinta días siguientes a la recepción de la solicitud. Dicha interpretación formará parte del laudo.

Artículo derogado DOF 20-04-1943. Adicionado DOF 22-07-1993

Artículo 1451.- Salvo acuerdo en contrario de las partes, dentro de los treinta días siguientes a la recepción del laudo, cualquiera de las partes, con notificación a la otra parte, podrá solicitar al tribunal arbitral que dicte un laudo adicional respecto de reclamaciones formuladas en las actuaciones arbitrales pero omitidas en el laudo. Si el tribunal arbitral lo estima justificado, dictará el laudo adicional dentro de sesenta días.

El tribunal arbitral podrá prorrogar, de ser necesario, el plazo para efectuar una corrección, dar una interpretación o dictar un laudo adicional, con arreglo a lo dispuesto en el párrafo anterior o en el artículo 1450.

En las correcciones o interpretaciones del laudo o en los laudos adicionales, se aplicará lo dispuesto en el artículo 1448.

Artículo derogado DOF 20-04-1943. Adicionado DOF 22-07-1993

CAPÍTULO VII
DE LAS COSTAS

Capítulo adicionado DOF 22-07-1993

Artículo 1452.- Las partes tienen la facultad de adoptar, ya sea directamente o por referencia a un reglamento de arbitraje, reglas relativas a las costas del arbitraje. A falta de acuerdo entre las partes, se aplicarán las disposiciones del presente capítulo.

Artículo derogado DOF 20-04-1943. Adicionado DOF 22-07-1993

Artículo 1453.- El tribunal arbitral fijará en el laudo las costas del arbitraje.

Artículo derogado DOF 20-04-1943. Adicionado DOF 22-07-1993

Artículo 1454.- Los honorarios del tribunal arbitral serán de un monto razonable, teniendo en cuenta el monto en disputa, la complejidad del tema, el tiempo dedicado por los árbitros y cualesquiera otras circunstancias pertinentes del caso.

Los honorarios de cada árbitro, se indicarán por separado y los fijará el propio tribunal arbitral.

Cuando una parte lo pida y el juez consienta en desempeñar esta función, el tribunal arbitral fijará sus honorarios solamente tras consultar al juez, el cual podrá hacer al tribunal arbitral las observaciones que considere apropiadas respecto de los honorarios.

Artículo derogado DOF 20-04-1943. Adicionado DOF 22-07-1993

Artículo 1455.- Salvo lo dispuesto en el párrafo siguiente, las costas del arbitraje serán a cargo de la parte vencida. Sin embargo, el tribunal arbitral podrá prorratear los elementos de estas costas entre las partes si decide que el prorrateo es razonable, teniendo en cuenta las circunstancias del caso.

Respecto del costo de representación y de asistencia legal, el tribunal arbitral decidirá, teniendo en cuenta las circunstancias del caso, qué parte deberá pagar dicho costo o podrá prorratearlo entre las partes si decide que es lo razonable.

Cuando el tribunal arbitral dicte una orden de conclusión del procedimiento arbitral o un laudo en los términos convenidos por las partes, fijará las costas del arbitraje en el texto de esa orden o laudo.

El tribunal arbitral no podrá cobrar honorarios adicionales por la interpretación, rectificación o por completar su laudo.

Artículo derogado DOF 20-04-1943. Adicionado DOF 22-07-1993

Artículo 1456.- Una vez constituido, el tribunal arbitral podrá requerir a cada una de las partes que deposite una suma igual, por concepto de anticipo de honorarios del tribunal arbitral, gastos de viaje y demás expensas de los árbitros, y del costo de asesoría pericial o de cualquier otra asistencia requerida por el tribunal arbitral.

En el curso de las actuaciones, el tribunal arbitral podrá requerir depósitos adicionales de las partes.

Cuando una parte lo solicite y el juez consienta en desempeñar esa función, el tribunal arbitral fijará el monto de los depósitos o depósitos adicionales sólo después de consultar al juez, que podrá formular al tribunal arbitral todas las observaciones que estime apropiadas relativas al monto de tales depósitos y depósitos adicionales.

Si transcurridos treinta días desde la comunicación del requerimiento del tribunal arbitral los depósitos requeridos no se han abonado en su totalidad, el tribunal arbitral informará de este hecho a las partes a fin de que cada una de ellas haga el pago requerido. Si este no se efectúa, el tribunal arbitral podrá ordenar la suspensión o la conclusión del procedimiento de arbitraje.

Una vez dictado el laudo, el tribunal arbitral entregará a las partes un estado de cuenta de los depósitos recibidos y les reembolsará todo saldo no utilizado.

Artículo derogado DOF 20-04-1943. Adicionado DOF 22-07-1993

CAPÍTULO VIII
DE LA NULIDAD DEL LAUDO

Capítulo adicionado DOF 22-07-1993

Artículo 1457.- Los laudos arbitrales sólo podrán ser anulados por el juez competente cuando:

I. La parte que intente la acción pruebe que:

a) Una de las partes en el acuerdo de arbitraje estaba afectada por alguna incapacidad, o que dicho acuerdo no es válido en virtud de la ley a que las partes lo han sometido, o si nada se hubiese indicado a ese respecto en virtud de la legislación mexicana;

b) No fue debidamente notificada de la designación de un árbitro o de las actuaciones arbitrales, o no hubiere podido, por cualquier otra razón, hacer valer sus derechos;

c) El laudo se refiere a una controversia no prevista en el acuerdo de arbitraje o contiene decisiones que exceden los términos del acuerdo de arbitraje. No obstante, si las disposiciones del laudo que se refieren a las cuestiones sometidas al arbitraje pueden separarse de las que no lo están, sólo se podrán anular estas últimas; o

d) La composición del tribunal arbitral o el procedimiento arbitral no se ajustaron en el acuerdo celebrado entre las partes, salvo que dicho acuerdo estuviera en conflicto con una disposición del presente título de la que las partes no pudieran apartarse o, a falta de dicho acuerdo, que no se ajustaron al presente título; o

II. El juez compruebe que según la legislación mexicana, el objeto de la controversia no es susceptible de arbitraje, o que el laudo es contrario al orden público.

Artículo derogado DOF 20-04-1943. Adicionado DOF 22-07-1993

Artículo 1458.- La petición de nulidad deberá formularse dentro de un plazo de tres meses contado a partir de la fecha de la notificación del laudo o, si la petición se ha hecho con arreglo a los artículos 1450 y 1451 desde la fecha en que esa petición haya sido resuelta por el tribunal arbitral.

Artículo derogado DOF 20-04-1943. Adicionado DOF 22-07-1993

Artículo 1459.- El juez, cuando se le solicite la anulación de un laudo, podrá suspender las actuaciones de nulidad, cuando corresponda y así lo solicite una de las partes, por el plazo que determine a fin de dar al tribunal arbitral la oportunidad de reanudar las actuaciones arbitrales o de adoptar cualquier otra medida que a juicio del tribunal arbitral elimine los motivos para la petición de la nulidad.

Artículo derogado DOF 20-04-1943. Adicionado DOF 22-07-1993

Artículo 1460.- Se Deroga.

Artículo derogado DOF 20-04-1943. Adicionado DOF 22-07-1993. Derogado DOF 27-01-2011

CAPÍTULO IX
RECONOCIMIENTO Y EJECUCIÓN DE LAUDOS

Capítulo adicionado DOF 22-07-1993

Artículo 1461.- Un laudo arbitral, cualquiera que sea el país en que haya sido dictado, será reconocido como vinculante y, después de la presentación de una petición por escrito al juez, será ejecutado de conformidad con las disposiciones de este capítulo.

La parte que invoque un laudo o pida su ejecución deberá presentar el original del laudo debidamente autenticado o copia certificada del mismo, y el original del acuerdo de arbitraje a que se refieren los artículos 1416 fracción I y 1423 o copia certificada del mismo. Si el laudo o el acuerdo no estuviera redactado en español, la parte que lo invoca deberá presentar una traducción a este idioma de dichos documentos, hecha por perito oficial.

Artículo derogado DOF 20-04-1943. Adicionado DOF 22-07-1993

Artículo 1462.- Sólo se podrá denegar el reconocimiento o la ejecución de un laudo arbitral, cualquiera que sea el país en que se hubiere dictado, cuando:

I. La parte contra la cual de invoca el laudo, pruebe ante el juez competente del país en que se pide en reconocimiento o la ejecución que:

a) Una de las partes en el acuerdo de arbitraje estaba afectada por alguna incapacidad, o que dicho acuerdo no es válido en virtud de la ley a que las partes lo han sometido, o si nada se hubiere iniciado a este respecto, en virtud de la ley del país en que se haya dictado el laudo;

b) No fue debidamente notificada de la designación de un árbitro o de las actuaciones arbitrales, o no hubiere podido, por cualquier otra razón, hacer valer sus derechos;

c) El laudo se refiere a una controversia no prevista en el acuerdo de arbitraje o contiene decisiones que exceden los términos del acuerdo de arbitraje. No obstante, sin las disposiciones del laudo que se refieren a las cuestiones sometidas al arbitraje pueden separarse de las que no lo están, se podrá dar reconocimiento y ejecución a las primeras;

d) La composición del tribunal arbitral o el procedimiento arbitral no se ajustaron al acuerdo celebrado entre las partes o, en defecto de tal acuerdo, que no se ajustaron a la ley del país donde se efectuó el arbitraje; o

e) El laudo no sea aún obligatorio para las partes o hubiere sido anulado o suspendido por el juez del país en que, o conforme a cuyo derecho, hubiere sido dictado ese laudo; o

II. El juez compruebe que, según la legislación mexicana, el objeto de la controversia no es susceptible de arbitraje; o que el reconocimiento o la ejecución del laudo son contrarios al orden público.

Artículo derogado DOF 20-04-1943. Adicionado DOF 22-07-1993

Artículo 1463.- Si solicitó a un juez del país en que, o conforme a su derecho, fue dictado el laudo, su nulidad o suspensión, el juez al que se solicita el reconocimiento o la ejecución de laudo podrá, si lo considera procedente, aplazar su decisión y a instancia de la parte que pida el reconocimiento o la ejecución del laudo, podrá también ordenar a la otra parte que otorgue garantías suficientes.

Artículo derogado DOF 20-04-1943. Adicionado DOF 22-07-1993. Reformado DOF 27-01-2011

CAPÍTULO X
DE LA INTERVENCIÓN JUDICIAL EN LA TRANSACCIÓN COMERCIAL Y EL ARBITRAJE

Capítulo adicionado DOF 27-01-2011

Artículo 1464.- Cuando una parte solicite la remisión al arbitraje en los términos del artículo 1424, se observará lo siguiente:

I. La solicitud deberá hacerse en el primer escrito sobre la sustancia del asunto que presente el solicitante.

II. El juez, previa vista a las demás partes, resolverá de inmediato.

III. Si el juez ordena remitir al arbitraje, ordenará también suspender el procedimiento.

IV. Una vez que el asunto se haya resuelto finalmente en el arbitraje, a petición de cualquiera de las partes, el juez dará por terminado el juicio.

V. Si se resuelve la nulidad del acuerdo de arbitraje, la incompetencia del Tribunal Arbitral o de cualquier modo el asunto no se termina, en todo o en parte, en el arbitraje, a petición de cualquiera de las partes, y previa audiencia de todos los interesados, se levantará la suspensión a que se refiere la fracción III de este artículo.

VI. Contra la resolución que decida sobre la remisión al arbitraje no procederá recurso alguno.

Artículo derogado DOF 20-04-1943. Adicionado DOF 27-01-2011

Artículo 1465.- En los casos a que se refiere el artículo anterior, la suspensión del procedimiento judicial y la remisión al arbitraje se harán de inmediato. Sólo se denegará la remisión al arbitraje:

a) Si en el desahogo de la vista dada con la solicitud de remisión al arbitraje se demuestra por medio de resolución firme, sea en forma de sentencia o laudo arbitral, que se declaró la nulidad del acuerdo de arbitraje, o

b) Si la nulidad, la ineficacia o la imposible ejecución del acuerdo de arbitraje son notorias desde el desahogo de la vista dada con la solicitud de remisión al arbitraje. Al tomar esta determinación el juez deberá observar un criterio riguroso.

Artículo derogado DOF 20-04-1943. Adicionado DOF 27-01-2011

Artículo 1466.- Se tramitarán en vía de jurisdicción voluntaria conforme al Código Nacional de Procedimientos Civiles y Familiares, con excepción del artículo 433:

I. La solicitud de designación de árbitros o la adopción de medidas previstas en las fracciones III y IV del artículo 1427 de este Código.

II. La solicitud de asistencia para el desahogo de pruebas prevista en el artículo 1444 de este Código.

III. La consulta sobre los honorarios del Tribunal Arbitral prevista en el artículo 1454 de este Código.

Artículo derogado DOF 20-04-1943. Adicionado DOF 27-01-2011

Artículo 1467.- Salvo que en las circunstancias del caso sea inconveniente, al designar árbitro o árbitros o adoptar las medidas a que se refiere el artículo anterior, se observará lo siguiente:

I. El juez deberá oír previamente a las partes, a cuyo efecto podrá, si lo estima conveniente, citarlas a una junta para oír sus opiniones.

II. El juez deberá previamente consultar con una o varias instituciones arbitrales, colegio de corredores públicos, cámaras de comercio o industria designadas a su criterio, los nombres de los árbitros disponibles.

Fracción reformada DOF 09-01-2012

III. Salvo acuerdo en contrario de las partes o que el juez determine discrecionalmente que el uso del sistema de lista no es apropiado para el caso, el juez observará lo siguiente:

a) Enviará a todas las partes una lista idéntica de tres nombres por lo menos;

b) Dentro de los 10 días siguientes a la recepción de esta lista, cada una de las partes podrá devolverla al juez, tras haber suprimido el nombre o los nombres que le merecen objeción y enumerado los nombres restantes de la lista en el orden de su preferencia. Si una parte no hace comentarios, se entenderá que presta su conformidad a la lista remitida por el juez;

c) Transcurrido el plazo mencionado, el juez nombrará al árbitro o árbitros de entre las personas aprobadas en las listas devueltas y de conformidad con el orden de preferencia indicado por las partes, y

d) Si por cualquier motivo no pudiera hacerse el nombramiento según el sistema de lista, el juez ejercerá su discreción para nombrar al árbitro o árbitros.

IV. Antes de hacer la designación, el juez pedirá al árbitro o árbitros designados, que hagan las declaraciones previstas en el acuerdo de arbitraje y en el artículo 1428.

Artículo derogado DOF 20-04-1943. Adicionado DOF 27-01-2011

Artículo 1468.- Contra la resolución del juez no procederá recurso alguno, salvo el derecho de las partes a recusar al árbitro o árbitros, en los términos del acuerdo de arbitraje o, en su defecto, las disposiciones del artículo 1429.

Artículo derogado DOF 20-04-1943. Adicionado DOF 27-01-2011

Artículo 1469.- Salvo que en las circunstancias del caso sea inconveniente, la asistencia en el desahogo de pruebas se dará previa audiencia de todas las partes en el arbitraje.

Artículo derogado DOF 20-04-1943. Adicionado DOF 27-01-2011

Artículo 1470.- Se tramitarán conforme al procedimiento previsto en los artículos 1472 a 1476:

I. La resolución sobre recusación de un árbitro a que se refiere el tercer párrafo del artículo 1429.

II. La resolución sobre la competencia del Tribunal Arbitral, cuando se determina en una resolución que no sea un laudo sobre el fondo del asunto, conforme a lo previsto en el tercer párrafo del artículo 1432.

III. La adopción de las medidas cautelares provisionales a que se refiere el artículo 1425.

IV. El reconocimiento y ejecución de medidas cautelares ordenadas por un Tribunal Arbitral.

V. La nulidad de transacciones comerciales y laudos arbitrales.

Artículo derogado DOF 20-04-1943. Adicionado DOF 27-01-2011

Artículo 1471.- Para el reconocimiento y ejecución de los laudos a que se refieren los artículos 1461 a 1463 de este Código, no se requiere de homologación. Salvo cuando se solicite el reconocimiento y ejecución como defensa en un juicio u otro procedimiento, el reconocimiento y ejecución se promoverán en el juicio especial a que se refieren los artículos 1472 a 1476.

Artículo derogado DOF 20-04-1943. Adicionado DOF 27-01-2011

Artículo 1472.- El juicio especial sobre transacciones comerciales y arbitraje, a que se refieren los artículos 1470 y 1471, se tramitará conforme a los siguientes artículos.

Artículo derogado DOF 20-04-1943. Adicionado DOF 27-01-2011

Artículo 1473.- Admitida la demanda, el juez ordenará emplazar a las demandadas, otorgándoles un término de quince días para contestar.

Artículo derogado DOF 20-04-1943. Adicionado DOF 27-01-2011

Artículo 1474.- Transcurrido el término para contestar la demanda, sin necesidad de acuse de rebeldía, si las partes no promovieren pruebas ni el juez las estimare necesarias, se citará, para dentro de los tres días siguientes, a la audiencia de alegatos, la que se verificará concurran o no las partes.

Artículo derogado DOF 20-04-1943. Adicionado DOF 27-01-2011

Artículo 1475.- Si se promoviere prueba o el juez la estimare necesaria previo a la celebración de la audiencia, se abrirá una dilación probatoria de diez días.

Artículo derogado DOF 20-04-1943. Adicionado DOF 27-01-2011

Artículo 1476.- Celebrada la audiencia el juez citará a las partes para oír sentencia. Las resoluciones intermedias dictadas en este juicio especial y la sentencia que lo resuelva no serán recurribles.

Artículo derogado DOF 20-04-1943. Adicionado DOF 27-01-2011

Artículo 1477.- Los juicios especiales que versen sobre nulidad o reconocimiento y ejecución de laudos comerciales podrán acumularse. Para que proceda la acumulación, es necesario que no se haya celebrado la audiencia de alegatos. La acumulación se hará en favor del juez que haya prevenido. La acumulación no procede respecto de procesos que se ventilen en jurisdicciones territoriales diversas o en el extranjero, ni entre tribunales federales y los de los estados. La acumulación se tramitará conforme al Código Nacional de

Procedimientos Civiles y Familiares. La resolución que resuelva sobre la acumulación es irrecurrible.

Artículo derogado DOF 20-04-1943. Adicionado DOF 27-01-2011. Reformado DOF 14-11-2025

Artículo 1478.- El juez gozará de plena discreción en la adopción de las medidas cautelares provisionales a que se refiere el artículo 1425.

Artículo derogado DOF 20-04-1943. Adicionado DOF 27-01-2011

Artículo 1479.- Toda medida cautelar ordenada por un Tribunal Arbitral se reconocerá como vinculante y, salvo que el Tribunal Arbitral disponga otra cosa, será ejecutada al ser solicitada tal ejecución ante el juez competente, cualquiera que sea el estado en donde haya sido ordenada, y a reserva de lo dispuesto en el artículo 1480.

La parte que solicite o haya obtenido el reconocimiento o la ejecución de una medida cautelar informará sin demora al juez de toda revocación, suspensión o modificación que se ordene de dicha medida.

El juez ante el que sea solicitado el reconocimiento o la ejecución de una medida cautelar podrá, si lo considera oportuno, exigir de la parte solicitante que preste una garantía adecuada, cuando el Tribunal Arbitral no se haya pronunciado aún sobre tal garantía o cuando esa garantía sea necesaria para proteger los derechos de terceros.

Artículo derogado DOF 20-04-1943. Adicionado DOF 27-01-2011

Artículo 1480.- Podrá denegarse el reconocimiento o la ejecución de una medida cautelar únicamente:

I. Si, al actuar a instancia de la parte afectada por la medida, al juez le consta que:

a) Dicha denegación está justificada por alguno de los motivos enunciados en los incisos a), b), c) o d) de la fracción I del artículo 1462, o

b) No se ha cumplido la decisión del Tribunal Arbitral sobre la prestación de la garantía que corresponda a la medida cautelar otorgada por el Tribunal Arbitral, o

c) La medida cautelar ha sido revocada o suspendida por el Tribunal Arbitral o, en caso de que esté facultado para hacerlo, por un tribunal del estado en donde se tramite el procedimiento de arbitraje o conforme a cuyo derecho dicha medida se otorgó, o

II. Si el Juez resuelve que:

a) La medida cautelar es incompatible con las facultades que se le confieren, a menos que el mismo juez decida reformular la medida para ajustarla a sus propias facultades y procedimientos a efectos de poderla ejecutar sin modificar su contenido, o bien que

b) Alguno de los motivos de denegación enunciados en la fracción II del artículo 1462 es aplicable al reconocimiento o a la ejecución de la medida cautelar.

Toda determinación a la que llegue el juez respecto de cualquier motivo enunciado en la fracción I del presente artículo será únicamente aplicable para los fines de la solicitud de reconocimiento y ejecución de la medida cautelar. El juez al que se solicite el reconocimiento o la ejecución no podrá emprender, en el ejercicio de dicho cometido, una revisión del contenido de la medida cautelar.

De toda medida cautelar queda responsable el que la pide, así como el Tribunal Arbitral que la dicta, por consiguiente son de su cargo los daños y perjuicios que se causen.

Artículo derogado DOF 20-04-1943. Adicionado DOF 27-01-2011

Artículo 1481.- (Se deroga).

Artículo derogado DOF 20-04-1943

Artículo 1482.- (Se deroga).

Artículo derogado DOF 20-04-1943

Artículo 1483.- (Se deroga).

Artículo derogado DOF 20-04-1943

Artículo 1484.- (Se deroga).

Artículo derogado DOF 20-04-1943

Artículo 1485.- (Se deroga).

Artículo derogado DOF 20-04-1943

Artículo 1486.- (Se deroga).

Artículo derogado DOF 20-04-1943

Artículo 1487.- (Se deroga).

Artículo derogado DOF 20-04-1943

Artículo 1488.- (Se deroga).
Artículo derogado DOF 20-04-1943

Artículo 1489.- (Se deroga).
Artículo derogado DOF 20-04-1943

Artículo 1490.- (Se deroga).
Artículo derogado DOF 20-04-1943

Artículo 1491.- (Se deroga).
Artículo derogado DOF 20-04-1943

Artículo 1492.- (Se deroga).
Artículo derogado DOF 20-04-1943

Artículo 1493.- (Se deroga).
Artículo derogado DOF 20-04-1943

Artículo 1494.- (Se deroga).
Artículo derogado DOF 20-04-1943

Artículo 1495.- (Se deroga).
Artículo derogado DOF 20-04-1943

Artículo 1496.- (Se deroga).
Artículo derogado DOF 20-04-1943

Artículo 1497.- (Se deroga).
Artículo derogado DOF 20-04-1943

Artículo 1498.- (Se deroga).
Artículo derogado DOF 20-04-1943

Artículo 1499.- (Se deroga).
Artículo derogado DOF 20-04-1943

Artículo 1500.- (Se deroga).
Artículo derogado DOF 20-04-1943

TRANSITORIOS

Artículo Primero.- Este Código comenzará a regir el día 1o. de Enero de 1890.

Artículo Segundo.- La sustanciación de los negocios pendientes se sujetará a este Código en el estado que ella se encuentre el expresado día; pero si los términos que nuevamente se señalan para algún acto judicial fuesen menores que los que estuvieren ya concedidos, se observará lo dispuesto en la legislación anterior.

Artículo Tercero.- Los recursos que estén ya legalmente interpuestos, serán admitidos aunque no deban serlo conforme a este Código; pero se sustanciará sujetándose a las reglas que él establece para los de su clase, o en su defecto a las establecidas en el Código de Comercio de 20 de Abril de 1884.

Artículo Cuarto.- Quedan derogados dicho Código de Comercio de 20 de Abril de 1884 y las leyes mercantiles preexistentes y relativas a las materias que en este Código se tratan.

Por tanto, mando se imprima, publique, circule y se le dé el debido cumplimiento.

Palacio de Gobierno Nacional en México, a 15 de Septiembre de 1889.- **Porfirio Díaz**.- Al C. Lic. **Joaquín Baranda**, Secretario de Estado y del Despacho de Justicia e Instrucción Pública.

Y lo comunico a ud. para los fines consiguientes.

Libertad y Constitución. México, Septiembre 15 de 1889.- **J. Baranda.**

LEY GENERAL DE SOCIEDADES MERCANTILES

Nueva Ley publicada en el Diario Oficial de la Federación el 4 de agosto de 1934

TEXTO VIGENTE

Última reforma publicada DOF 20-10-2023

Cantidades actualizadas por Acuerdo DOF 30-12-2024

Nota de vigencia: La reforma al segundo párrafo del artículo 81, publicada en el **DOF 20-10-2023**, entrará en vigor **20 de abril de 2024.**

Al margen un sello que dice: Poder Ejecutivo Federal.- Estados Unidos Mexicanos.- México.- Secretaría de Gobernación.

El C. Presidente Constitucional Substituto de los Estados Unidos Mexicanos, se ha servido dirigirme la siguiente Ley:

"**ABELARDO L. RODRÍGUEZ**, Presidente Constitucional Substituto de los Estados Unidos Mexicanos, a sus habitantes, sabed:"

Que en uso de las facultades extraordinarias que me confiere el Decreto expedido por el Congreso de la Unión, con fecha 28 de diciembre de 1933, para expedir un nuevo Código de Comercio y las leyes especiales en materia de comercio y de derecho procesal mercantil, he tenido a bien expedir la siguiente

LEY GENERAL DE SOCIEDADES MERCANTILES

CAPÍTULO I
DE LA CONSTITUCIÓN Y FUNCIONAMIENTO DE LAS SOCIEDADES EN GENERAL

Artículo 1o.- Esta Ley reconoce las siguientes especies de sociedades mercantiles:

I. Sociedad en nombre colectivo;

II. Sociedad en comandita simple;

III. Sociedad de responsabilidad limitada;

IV. Sociedad anónima;

V. Sociedad en comandita por acciones;

Fracción reformada DOF 14-03-2016

VI. Sociedad cooperativa, y

Fracción reformada DOF 14-03-2016

VII. Sociedad por acciones simplificada.

Fracción adicionada DOF 14-03-2016

Cualquiera de las sociedades a que se refieren las fracciones I a V, y VII de este artículo podrá constituirse como sociedad de capital variable, observándose entonces las disposiciones del Capítulo VIII de esta Ley.

Fe de erratas al párrafo DOF 28-08-1934. Párrafo reformado DOF 14-03-2016

Artículo 2o.- Las sociedades mercantiles inscritas en el Registro Público de Comercio, tienen personalidad jurídica distinta de la de los socios.

Salvo el caso previsto en el artículo siguiente, no podrán ser declaradas nulas las sociedades inscritas en el Registro Público de Comercio.

Las sociedades no inscritas en el Registro Público de Comercio que se hayan exteriorizado como tales, frente a terceros consten o no en escritura pública, tendrán personalidad jurídica.

Las relaciones internas de las sociedades irregulares se regirán por el contrato social respectivo, y, en su defecto, por las disposiciones generales y por las especiales de esta ley, según la clase de sociedad de que se trate.

Tratándose de la sociedad por acciones simplificada, para que surta efectos ante terceros deberá inscribirse en el registro mencionado.

Párrafo adicionado DOF 14-03-2016

Los que realicen actos jurídicos como representantes o mandatarios de una sociedad irregular, responderán del cumplimiento de los mismos frente a terceros, subsidiaria, solidaria e ilimitadamente, sin perjuicio de la responsabilidad penal, en que hubiere incurrido, cuando los terceros resultaren perjudicados.

Los socios no culpables de la irregularidad, podrán exigir daños y perjuicios a los culpables y a los que actuaren como representantes o mandatarios de la sociedad irregular.

Artículo reformado DOF 02-02-1943

Artículo 3o.- Las sociedades que tengan un objeto ilícito o ejecuten habitualmente actos ilícitos, serán nulas y se procederá a su inmediata liquidación, a petición que en todo tiempo podrá hacer cualquiera persona, incluso el Ministerio Público, sin perjuicio de la responsabilidad penal a que hubiere lugar.

La liquidación se limitará a la realización del activo social, para pagar las deudas de la sociedad, y el remanente se aplicará al pago de la responsabilidad civil, y en defecto de ésta, a la Beneficencia Pública de la localidad en que la sociedad haya tenido su domicilio.

Artículo 4o.- Se reputarán mercantiles todas las sociedades que se constituyan en alguna de las formas reconocidas en el artículo 1° de esta Ley.

Las sociedades mercantiles podrán realizar todos los actos de comercio necesarios para el cumplimiento de su objeto social, salvo lo expresamente prohibido por las leyes y los estatutos sociales.

Párrafo adicionado DOF 13-06-2014

Artículo 5o.- Las sociedades se constituirán ante fedatario público y en la misma forma se harán constar con sus modificaciones. El fedatario público no autorizará la escritura o póliza cuando los estatutos o sus modificaciones contravengan lo dispuesto por esta Ley.

La sociedad por acciones simplificada se constituirá a través del procedimiento establecido en el Capítulo XIV de esta Ley.

Párrafo adicionado DOF 14-03-2016

Fe de erratas al artículo DOF 28-08-1934. Reformado DOF 11-06-1992, 13-06-2014

Artículo 6o.- La escritura o póliza constitutiva de una sociedad deberá contener:

Párrafo reformado DOF 13-06-2014

I. Los nombres, nacionalidad y domicilio de las personas físicas o morales que constituyan la sociedad;

II. El objeto de la sociedad;

III. Su razón social o denominación;

IV.- Su duración, misma que podrá ser indefinida;

Fracción reformada DOF 15-12-2011

V. El importe del capital social;

VI. La expresión de lo que cada socio aporte en dinero o en otros bienes; el valor atribuido a éstos y el criterio seguido para su valorización.

Cuando el capital sea variable, así se expresará indicándose el mínimo que se fije;

VII. El domicilio de la sociedad;

VIII. La manera conforme a la cual haya de administrarse la sociedad y las facultades de los administradores;

IX. El nombramiento de los administradores y la designación de los que han de llevar la firma social;

X. La manera de hacer la distribución de las utilidades y pérdidas entre los miembros de la sociedad;

XI. El importe del fondo de reserva;

XII. Los casos en que la sociedad haya de disolverse anticipadamente;

Fracción reformada DOF 20-10-2023

XIII. Las bases para practicar la liquidación de la sociedad y el modo de proceder a la elección de los liquidadores, cuando no hayan sido designados anticipadamente, y

Fracción reformada DOF 20-10-2023

XIV. Las reglas para la celebración de las Asambleas de Socios y de los órganos de administración, siendo que los estatutos podrán contemplar que unas y otras podrán celebrarse de forma presencial o mediante el uso de medios electrónicos, ópticos o de cualquier otra tecnología, que permitan la participación de la totalidad o una parte de los asistentes por dichos medios en la asamblea o junta de que se trate, siempre y cuando la participación sea simultánea y se permita la interacción en las deliberaciones de una forma funcionalmente equivalente a la reunión presencial. En todo caso, sean presenciales o mediante el uso de medios electrónicos, ópticos o de cualquier otra tecnología, en todas las Asambleas de Socios y de los órganos de administración se deberá contar con mecanismos o medidas que permitan el acceso, la acreditación de la identidad de los asistentes, así como, en su caso, del sentido de su voto, y se genere la evidencia correspondiente.

Fracción adicionada DOF 20-10-2023

Todos los requisitos a que se refiere este artículo y las demás reglas que se establezcan en la escritura sobre organización y funcionamiento de la sociedad constituirán los estatutos de la misma.

Artículo 7o.- Si el contrato social no se hubiere otorgado en escritura o póliza ante fedatario público, pero contuviere los requisitos que señalan las fracciones I a VII del artículo 6o., cualquiera persona que figure como socio podrá demandar en la vía sumaria el otorgamiento de la escritura o póliza correspondiente.

Fe de erratas al párrafo DOF 28-08-1934. Reformado DOF 13-06-2014

En caso de que la escritura social no se presentare dentro del término de quince días a partir de su fecha, para su inscripción en el Registro Público de Comercio, cualquier socio podrá demandar en la vía sumaria dicho registro.

Las personas que celebren operaciones a nombre de la sociedad, antes del registro de la escritura constitutiva, contraerán frente a terceros responsabilidad ilimitada y solidaria por dichas operaciones.

Artículo 8o.- En caso de que se omitan los requisitos que señalan las fracciones VIII a XIII, inclusive, del artículo 6°, se aplicarán las disposiciones relativas de esta Ley.

Asimismo, las reglas permisivas contenidas en esta Ley no constituirán excepciones a la libertad contractual que prevalece en esta materia.

Párrafo adicionado DOF 13-06-2014

Artículo 8o A.- El ejercicio social de las sociedades mercantiles coincidirá con el año de calendario, salvo que las mismas queden legalmente constituidas con posterioridad al 1o. de enero del año que corresponda, en cuyo caso el primer ejercicio se iniciará en la fecha de su constitución y concluirá el 31 de diciembre del mismo año.

En los casos en que una sociedad entre en liquidación o sea fusionada, su ejercicio social terminará anticipadamente en la fecha en que entre en liquidación o se fusione y se considerará que habrá un ejercicio durante todo el tiempo en que la sociedad esté en liquidación debiendo coincidir éste último con lo que al efecto establece el artículo 11 del Código Fiscal de la Federación.

Artículo adicionado DOF 28-12-1989

Artículo 9o.- Toda sociedad podrá aumentar o disminuir su capital, observando, según su naturaleza, los requisitos que exige esta Ley.

La reducción del capital social, efectuada mediante reembolso a los socios o liberación concedida a éstos de exhibiciones no realizadas, se publicará en el sistema electrónico establecido por la Secretaría de Economía.

Párrafo reformado DOF 13-06-2014

Los acreedores de la sociedad, separada o conjuntamente, podrán oponerse ante la autoridad judicial a dicha reducción, desde el día en que se haya tomado la decisión por la sociedad, hasta cinco días después de la última publicación.

La oposición se tramitará en la vía sumaria, suspendiéndose la reducción entre tanto la sociedad no pague los créditos de los opositores, o no los garantice a satisfacción del Juez que conozca del asunto, o hasta que cause ejecutoria la sentencia que declare que la oposición es infundada.

Artículo 10.- La representación de toda sociedad mercantil corresponderá a su administrador o administradores, quienes podrán realizar todas las operaciones inherentes al objeto de la sociedad, salvo lo que expresamente establezcan la Ley y el contrato social.

Para que surtan efecto los poderes que otorgue la sociedad mediante acuerdo de la asamblea o del órgano colegiado de administración, en su caso, bastará con la protocolización ante notario de la parte del acta en que conste el acuerdo relativo a su otorgamiento, debidamente firmada por quienes actuaron como presidente o secretario de la asamblea o del órgano de administración según corresponda, quienes deberán firmar el instrumento notarial, o en su defecto lo podrá firmar el delegado especialmente designado para ello en sustitución de los anteriores.

Párrafo adicionado DOF 11-06-1992

El notario hará constar en el instrumento correspondiente, mediante la relación, inserción o el agregado al apéndice de las certificaciones, en lo conducente, de los documentos que al efecto se le exhiban, la denominación o razón social de la sociedad, su domicilio, duración, importe del capital social y objeto de la misma, así como las facultades que conforme a sus estatutos le correspondan al órgano que acordó el otorgamiento del poder y, en su caso, la designación de los miembros del órgano de administración.

Párrafo adicionado DOF 11-06-1992

Si la sociedad otorgare el poder por conducto de una persona distinta a los órganos mencionados, en adición a la relación o inserción indicadas en el párrafo anterior, se deberá dejar acreditado que dicha persona tiene las facultades para ello.

Párrafo adicionado DOF 11-06-1992

Artículo 11.- Salvo pacto en contrario, las aportaciones de bienes se entenderán traslativas de dominio. El riesgo de la cosa no será a cargo de la sociedad, sino hasta que se le haga la entrega respectiva.

Artículo 12.- A pesar de cualquier pacto en contrario, el socio que aporte a la sociedad uno o más créditos, responderá de la existencia y legitimidad de ellos, así como de la solvencia del deudor, en la época de la aportación, y de que, si se tratare de títulos de crédito, éstos no han sido objeto de la publicación que previene la Ley para los casos de pérdida de valores de tal especie.

Artículo 13.- El nuevo socio de una sociedad ya constituida responde de todas las obligaciones sociales contraidas antes de su admisión, aun cuando se modifique la razón social o la denominación. El pacto en contrario no producirá efecto en perjuicio de terceros.

Artículo 14.- El socio que se separe o fuere excluido de una sociedad, quedará responsable para con los terceros, de todas las operaciones pendientes en el momento de la separación o exclusión.

El pacto en contrario no producirá efecto en perjuicio de terceros.

Artículo 15.- En los casos de exclusión o separación de un socio, excepto en las sociedades de capital variable, la sociedad podrá retener la parte de capital y utilidades de aquél hasta concluir las operaciones pendientes al tiempo de la exclusión o separación, debiendo hacerse hasta entonces la liquidación del haber social que le corresponda.

Artículo 16.- En el reparto de las ganancias o pérdidas se observarán, salvo pacto en contrario, las reglas siguientes:

I. La distribución de las ganancias o pérdidas entre los socios capitalistas se hará proporcionalmente a sus aportaciones;

II. Al socio industrial corresponderá la mitad de las ganancias, y si fueren varios, esa mitad se dividirá entre ellos por igual, y

III. El socio o socios industriales no reportarán las pérdidas.

Artículo 17.- No producirán ningún efecto legal las estipulaciones que excluyan a uno o más socios de la participación en las ganancias.

Artículo 18.- Si hubiere pérdida del capital social, éste deberá ser reintegrado o reducido antes de hacerse repartición o asignación de utilidades.

Artículo 19.- La distribución de utilidades sólo podrá hacerse después de que hayan sido debidamente aprobados por la asamblea de socios o accionistas los estados financieros que las arrojen. Tampoco podrá hacerse distribución de utilidades mientras no hayan sido restituidas o absorbidas mediante aplicación de otras partidas del patrimonio, las pérdidas sufridas en uno o varios ejercicios anteriores, o haya sido reducido el capital social. Cualquiera estipulación en contrario no producirá efecto legal, y tanto la sociedad como sus acreedores podrán repetir por los anticipos o reparticiones de utilidades hechas en contravención de este artículo, contra las personas que las hayan recibido, o exigir su reembolso a los administradores que las hayan pagado, siendo unas y otros mancomunada y solidariamente responsables de dichos anticipos y reparticiones.

Artículo reformado DOF 23-01-1981

Artículo 20.- Salvo por la sociedad por acciones simplificada, de las utilidades netas de toda sociedad, deberá separarse anualmente el cinco por ciento, como mínimo, para formar el fondo de reserva, hasta que importe la quinta parte del capital social.

Fe de erratas al párrafo DOF 28-08-1934. Reformado DOF 14-03-2016

El fondo de reserva deberá ser reconstituido de la misma manera cuando disminuya por cualquier motivo.

Artículo 21.- Son nulos de pleno derecho los acuerdos de los administradores o de las juntas de socios y asambleas, que sean contrarios a lo que dispone el artículo anterior. En cualquier tiempo en que, no obstante esta prohibición, apareciere que no se han hecho las separaciones de las utilidades para formar o reconstituir el fondo de reserva, los administradores responsables quedarán ilimitada y solidariamente obligados a entregar a la sociedad, una cantidad igual a la que hubiere debido separarse.

Quedan a salvo los derechos de los administradores para repetir contra los socios por el valor de lo que entreguen cuando el fondo de reserva se haya repartido.

No se entenderá como reparto la capitalización de la reserva legal, cuando esto se haga, pero en este caso deberá volverse a constituir a partir del ejercicio siguiente a aquel en que se capitalice, en los términos del artículo 20.

Párrafo adicionado DOF 23-01-1981

Artículo 22.- Para hacer efectiva la obligación que impone a los administradores el artículo anterior, cualquier socio o acreedor de la sociedad podrá demandar su cumplimiento en la vía sumaria.

Artículo 23.- Los acreedores particulares de un socio no podrán, mientras dure la sociedad, hacer efectivos sus derechos sino sobre las utilidades que correspondan al socio según los correspondientes estados financieros, y, cuando se disuelva la sociedad, sobre la porción que le corresponda en la liquidación. Igualmente, podrán hacer efectivos sus derechos sobre cualquier otro reembolso que se haga a favor de los socios, tales como devolución de primas sobre acciones, devoluciones de aportaciones adicionales y cualquier otro semejante.

Párrafo reformado DOF 23-01-1981

Podrán, sin embargo, embargar la porción que le corresponda al socio en la liquidación y, en las sociedades por acciones, podrán embargar y hacer vender las acciones del deudor.

Párrafo reformado DOF 23-01-1981

Cuando las acciones estuvieren caucionando las gestiones de los administradores o comisarios, el embargo producirá el efecto de que, llegado el momento en que deban devolverse las acciones, se pongan éstas a disposición de la autoridad que practicó el embargo, así como los dividendos causados desde la fecha de la diligencia.

Artículo 24.- La sentencia que se pronuncie contra la sociedad condenándola al cumplimiento de obligaciones respecto de tercero, tendrá fuerza de cosa juzgada contra los socios, cuando éstos hayan sido demandados conjuntamente con la sociedad. En este caso la sentencia se ejecutará primero en los bienes de la sociedad y sólo a falta o insuficiencia de éstos, en los bienes de los socios demandados.

Cuando la obligación de los socios se limite al pago de sus aportaciones, la ejecución de la sentencia se reducirá al monto insoluto exigible.

CAPÍTULO II
DE LA SOCIEDAD EN NOMBRE COLECTIVO

Artículo 25.- Sociedad en nombre colectivo es aquella que existe bajo una razón social y en la que todos los socios responden, de modo subsidiario, ilimitada y solidariamente, de las obligaciones sociales.

Artículo 26.- Las cláusulas del contrato de sociedad que supriman la responsabilidad ilimitada y solidaria de los socios, no producirán efecto alguno legal con relación a terceros; pero los socios pueden estipular que la responsabilidad de alguno o algunos de ellos se limite a una porción o cuota determinada.

Fe de erratas al artículo DOF 28-08-1934

Artículo 27.- La razón social se formará con el nombre de uno o más socios, y cuando en ella no figuren los de todos, se le añadirán las palabras y compañía u otras equivalentes.

Artículo 28.- Cualquiera persona extraña a la sociedad que haga figurar o permita que figure su nombre en la razón social, quedará sujeta a la responsabilidad ilimitada y solidaria que establece el artículo 25.

Artículo 29.- El ingreso o separación de un socio no impedirá que continúe la misma razón social hasta entonces empleada; pero si el nombre del socio que se separe apareciere en la razón social, deberá agregarse a ésta la palabra "sucesores".

Artículo 30.- Cuando la razón social de una compañía sea la que hubiere servido a otra cuyos derechos y obligaciones han sido transferidos a la nueva, se agregará a la razón social la palabra "sucesores".

Artículo 31.- Los socios no pueden ceder sus derechos en la compañía sin el consentimiento de todos los demás, y sin él, tampoco pueden admitirse a otros nuevos, salvo que en uno u otro caso el contrato social disponga que será bastante el consentimiento de la mayoría.

Artículo 32.- En el contrato social podrá pactarse que a la muerte de cualquiera de los socios continúe la sociedad con sus herederos.

Artículo 33.- En caso de que se autorice la cesión de que trata el artículo 31, en favor de persona extraña a la sociedad, los socios tendrán el derecho del tanto, y gozarán de un plazo de quince días para ejercitarlo, contando desde la fecha de la junta en que se hubiere otorgado la autorización. Si fuesen varios los socios que quieran usar de este derecho, les competerá a todos ellos en proporción a sus aportaciones.

Artículo 34.- El contrato social no podrá modificarse sino por el consentimiento unánime de los socios, a menos que en el mismo se pacte que pueda acordarse la modificación por la mayoría de ellos. En este caso la minoría tendrá el derecho de separarse de la sociedad.

Artículo 35.- Los socios, ni por cuenta propia, ni por ajena podrán dedicarse a negocios del mismo género de los que constituyen el objeto de la sociedad, ni formar parte de sociedades que los realicen, salvo con el consentimiento de los demás socios.

En caso de contravención, la sociedad podrá excluir al infractor, privándolo de los beneficios que le correspondan en ella y exigirle el importe de los daños y perjuicios.

Estos derechos se extinguirán en el plazo de tres meses contados desde el día en que la sociedad tenga conocimiento de la infracción.

Artículo 36.- La administración de la sociedad estará a cargo de uno o varios administradores, quienes podrán ser socios o personas extrañas a ella.

Artículo 37.- Salvo pacto en contrario, los nombramientos y remociones de los administradores se harán libremente por la mayoría de votos de los socios.

Artículo 38.- Todo socio tendrá derecho a separarse, cuando en contra de su voto, el nombramiento de algún administrador recayere en persona extraña a la sociedad.

Artículo 39.- Cuando el administrador sea socio y en el contrato social se pactare su inamovilidad, sólo podrá ser removido judicialmente por dolo, culpa o inhabilidad.

Artículo 40.- Siempre que no se haga designación de administradores, todos los socios concurrirán en la administración.

Artículo 41.- El administrador sólo podrá enajenar y gravar los bienes inmuebles de la compañía, con el consentimiento de la mayoría de los socios, o en el caso de que dicha enajenación constituya el objeto social o sea una consecuencia natural de éste.

Artículo 42.- El administrador podrá, bajo su responsabilidad, dar poderes para la gestión de ciertos y determinados negocios sociales, pero para delegar su encargo necesitará el acuerdo de la mayoría de los socios, teniendo los de la minoría el derecho de retirarse cuando la delegación recayere en persona extraña a la sociedad.

Artículo 43.- La cuenta de administración se rendirá semestralmente, si no hubiere pacto sobre el particular, y en cualquier tiempo en que lo acuerden los socios.

Artículo 44.- El uso de la razón social corresponde a todos los administradores, salvo que en la escritura constitutiva se limite a uno o varios de ellos.

Artículo 45.- Las decisiones de los administradores se tomarán por voto de la mayoría de ellos, y en caso de empate, decidirán los socios.

Cuando se trate de actos urgentes cuya omisión traiga como consecuencia un daño grave para la sociedad, podrá decidir un solo administrador en ausencia de los otros que estén en la imposibilidad, aun momentánea, de resolver sobre los actos de la administración.

Artículo 46.- Los socios resolverán también por el voto de la mayoría de ellos. Sin embargo, en el contrato social podrá pactarse que la mayoría se compute por cantidades; pero si un solo socio representare el mayor interés, se necesitará además el voto de otro.

Para los efectos de este precepto, el socio industrial disfrutará de una sola representación que, salvo disposición en contrario del contrato social, será igual a la del mayor interés de los socios capitalistas. Cuando fueren varios los socios industriales, la representación única que les concede este artículo se ejercitará emitiendo como voto el que haya sido adoptado por mayoría de personas entre los propios industriales.

Artículo 47.- Los socios no administradores podrán nombrar un interventor que vigile los actos de los administradores, y tendrán el derecho de examinar el estado de la administración y la contabilidad y papeles de la compañía, haciendo las reclamaciones que estimen convenientes.

Artículo 48.- El capital social no podrá repartirse sino después de la disolución de la compañía y previa la liquidación respectiva, salvo pacto en contrario que no perjudique el interés de terceros.

Artículo 49.- Los socios industriales deberán percibir, salvo pacto en contrario, las cantidades que periódicamente necesiten para alimentos; en el concepto de que dichas cantidades y épocas de percepción serán fijadas por acuerdo de la mayoría de los socios o, en su defecto, por la autoridad judicial. Lo que perciban los socios industriales por alimentos se computará en los balances anuales a cuenta de utilidades, sin que tengan obligación de reintegrarlo en los casos en que el balance no arroje utilidades o las arroje en cantidad menor.

Los socios capitalistas que administren podrán percibir periódicamente, por acuerdo de la mayoría de los socios, una remuneración con cargo a gastos generales.

Artículo 50.- El contrato de sociedad podrá rescindirse respecto de un socio:

I. Por uso de la firma o del capital social para negocios propios;
II. Por infracción al pacto social;
III. Por infracción a las disposiciones legales que rijan el contrato social;
IV. Por comisión de actos fraudulentos o dolosos contra la compañía;
V. Por quiebra, interdicción o inhabilitación para ejercer el comercio.

CAPÍTULO III
DE LA SOCIEDAD EN COMANDITA SIMPLE

Artículo 51.- Sociedad en comandita simple es la que existe bajo una razón social y se compone de uno o varios socios comanditados que responden, de manera subsidiaria, ilimitada y solidariamente, de las obligaciones sociales, y de uno o varios comanditarios que únicamente están obligados al pago de sus aportaciones.

Artículo 52.- La razón social se formará con los nombres de uno o más comanditados, seguidos de las palabras "y compañía" u otros equivalentes, cuando en ella no figuren los de todos. A la razón social se agregarán siempre las palabras "Sociedad en Comandita" o su abreviatura "S. en C".

Artículo 53.- Cualquiera persona, ya sea socio comanditario o extraño a la sociedad, que haga figurar o permita que figure su nombre en la razón social, quedará sujeto a la responsabilidad de los comanditados. En esta misma responsabilidad incurrirán los comanditarios cuando se omita la expresión "Sociedad en Comandita" o su abreviatura.

Fe de erratas al artículo DOF 28-08-1934

Artículo 54.- El socio o socios comanditarios no pueden ejercer acto alguno de administración, ni aun con el carácter de apoderados de los administradores; pero las autorizaciones y la vigilancia dadas o ejercidas por los comanditarios, en los términos del contrato social, no se reputarán actos de administración.

Artículo 55.- El socio comanditario quedará obligado solidariamente para con los terceros por todas las obligaciones de la sociedad en que haya tomado parte en contravención a lo dispuesto en el artículo anterior. También será responsable solidariamente para con los terceros, aun en las operaciones en que no haya tomado parte, si habitualmente ha administrado los negocios de la sociedad.

Artículo 56.- Si para los casos de muerte o incapacidad del socio administrador, no se hubiere determinado en la escritura social, la manera de substituirlo y la sociedad hubiere de continuar, podrá interinamente un socio comanditario, a falta de comanditados, desempeñar los actos urgentes o de mera administración durante el término de un mes, contado desde el día en que la muerte o incapacidad se hubiere efectuado.

En estos casos el socio comanditario no es responsable más que de la ejecución de su mandato.

Artículo 57.- Son aplicables a la sociedad en comandita los artículos del 30 al 39, del 41 al 44 y del 46 al 50.

Los artículos 26, 29, 40 y 45 sólo se aplicarán con referencia a los socios comanditados.

CAPÍTULO IV
DE LA SOCIEDAD DE RESPONSABILIDAD LIMITADA

Artículo 58.- Sociedad de responsabilidad limitada es la que se constituye entre socios que solamente están obligados al pago de sus aportaciones, sin que las partes sociales puedan estar representadas por títulos negociables, a la orden o al portador, pues sólo serán cedibles en los casos y con los requisitos que establece la presente Ley.

Artículo 59.- La sociedad de responsabilidad limitada existirá bajo una denominación o bajo una razón social que se formará con el nombre de uno o más socios. La denominación o la razón social irá inmediatamente seguida de las palabras "Sociedad de Responsabilidad Limitada" o de su abreviatura "S. de R. L." La omisión de este requisito sujetará a los socios a la responsabilidad que establece el artículo 25.

Artículo 60.- Cualquiera persona extraña a la sociedad que haga figurar o permita que figure su nombre en la razón social, responderá de las operaciones sociales hasta por el monto de la mayor de las aportaciones.

Artículo 61.- Ninguna sociedad de responsabilidad limitada tendrá más de cincuenta socios.

Artículo reformado DOF 11-06-1992

Artículo 62.- El capital social será el que se establezca en el contrato social; se dividirá en partes sociales que podrán ser de valor y categoría desiguales, pero que en todo caso serán de un múltiplo de un peso.

Artículo reformado DOF 11-06-1992, 15-12-2011

Artículo 63.- La constitución de las sociedades de responsabilidad limitada o el aumento de su capital social, no podrá llevarse a cabo mediante suscripción pública.

Artículo 64.- Al constituirse la sociedad el capital deberá estar íntegramente suscrito y exhibido, por lo menos, el cincuenta por ciento del valor de cada parte social.

Artículo 65.- Para la cesión de partes sociales, así como para la admisión de nuevos socios, bastará el consentimiento de los socios que representen la mayoría del capital social, excepto cuando los estatutos dispongan una proporción mayor.

Artículo reformado DOF 11-06-1992. Fe de erratas DOF 12-06-1992

Artículo 66.- Cuando la cesión de que trata el artículo anterior se autorice en favor de una persona extraña a la sociedad, los socios tendrán el derecho del tanto y gozarán de un plazo de quince días para ejercitarlo, contado desde la fecha de la junta en que se hubiere otorgado la autorización. Si fuesen varios los socios que quieran usar de este derecho, les competerá a todos ellos en proporción a sus aportaciones.

Artículo 67.- La transmisión por herencia de las partes sociales, no requerirá el consentimiento de los socios, salvo pacto que prevea la disolución de la sociedad por la muerte de uno de ellos, o que disponga la liquidación de la parte social que corresponda al socio difunto, en el caso de que la sociedad no continúe con los herederos de éste.

Artículo 68.- Cada socio no tendrá más de una parte social. Cuando un socio haga una nueva aportación o adquiera la totalidad o una fracción de la parte de un coasociado, se aumentará en la cantidad respectiva el valor de su parte social, a no ser que se trate de partes que tengan derechos diversos, pues entonces se conservará la individualidad de las partes sociales.

Artículo 69.- Las partes sociales son indivisibles. No obstante, podrá establecerse en el contrato de sociedad, el derecho de división y el de cesión parcial, respetándose las reglas contenidas en los artículos 61, 62, 65 y 66 de esta Ley.

Artículo 70.- Cuando así lo establezca el contrato social, los socios, además de sus obligaciones generales, tendrán la de hacer aportaciones suplementarias en proporción a sus primitivas aportaciones.

Queda prohibido pactar en el contrato social prestaciones accesorias consistentes en trabajo o servicio personal de los socios.

Artículo reformado DOF 12-02-1949

Artículo 71.- La amortización de las partes sociales no estará permitida sino en la medida y forma que establezca el contrato social vigente en el momento en que las partes afectadas hayan sido adquiridas por los socios. La amortización se llevará a efecto con las utilidades líquidas de las que conforme a la Ley pueda disponerse para el pago de dividendos. En el caso de que el contrato social lo prevenga expresamente, podrán expedirse a favor de los socios cuyas partes sociales se hubieren amortizado, certificados de goce con los derechos que establece el artículo 137 para las acciones de goce.

Artículo 72.- En los aumentos del capital social se observarán las mismas reglas de la constitución de la sociedad.

Los socios tendrán, en proporción a sus partes sociales, preferencia para suscribir las nuevamente emitidas, a no ser que este privilegio lo supriman el contrato social o el acuerdo de la asamblea que decida el aumento del capital social.

Artículo 73.- La sociedad llevará un libro especial de los socios, en el cual se inscribirá el nombre y el domicilio de cada uno, con indicación de sus aportaciones, y la transmisión de las partes sociales. Esta no surtirá efectos respecto de terceros sino después de la inscripción.

De la inscripción a que se refiere el párrafo anterior deberá publicarse un aviso en el sistema electrónico establecido por la Secretaría de Economía conforme a lo dispuesto en el artículo 50 Bis del Código de Comercio y las disposiciones para su operación.

Párrafo adicionado DOF 14-06-2018

Cualquiera persona que compruebe un interés legítimo tendrá la facultad de consultar este libro, que estará al cuidado de los administradores, quienes responderán personal y solidariamente de su existencia regular y de la exactitud de sus datos.

Artículo 74.- La administración de las sociedades de responsabilidad limitada estará a cargo de uno o más gerentes, que podrán ser socios o personas extrañas a la sociedad, designados temporalmente o por tiempo indeterminado. Salvo pacto en contrario, la sociedad tendrá el derecho para revocar en cualquier tiempo a sus administradores.

Cuando no aparezca hecha la designación de los gerentes, se observará lo dispuesto en el artículo 40.

Artículo 75.- Las resoluciones de los gerentes se tomarán por mayoría de votos, pero si el contrato social exige que obren conjuntamente, se necesitará la unanimidad, a no ser que la mayoría estime que la sociedad corre grave peligro con el retardo, pues entonces podrá dictar la resolución correspondiente.

Las resoluciones de los gerentes podrán tomarse mediante el uso de medios electrónicos, ópticos o de cualquier otra tecnología si así lo establecen los estatutos sociales.

Párrafo adicionado DOF 20-10-2023

Artículo 76.- Los administradores que no hayan tenido conocimiento del acto o que hayan votado en contra, quedarán libres de responsabilidad.

La acción de responsabilidad en interés de la sociedad contra los gerentes, para el reintegro del patrimonio social, pertenece a la asamblea y a los socios individualmente considerados; pero éstos no podrán ejercitarla cuando la asamblea, con un voto favorable de las tres cuartas partes del capital social, haya absuelto a los gerentes de su responsabilidad.

La acción de responsabilidad contra los administradores pertenece también a los acreedores sociales; pero sólo podrá ejercitarse por el síndico, después de la declaración de quiebra de la sociedad.

Artículo 77.- La asamblea de los socios es el órgano supremo de la sociedad. Sus resoluciones se tomarán por mayoría de votos de los socios que representen, por lo menos, la mitad del capital social, a no ser que el contrato social exija una mayoría más elevada. Salvo estipulación en contrario, si esta cifra no se obtiene en la primera reunión, los socios serán convocados por segunda vez, tomándose las decisiones por mayoría de votos, cualquiera que sea la porción del capital representado.

Artículo 78.- Las asambleas tendrán las facultades siguientes:

I. Discutir, aprobar, modificar o reprobar el balance general correspondiente al ejercicio social clausurado y de tomar con estos motivos, las medidas que juzguen oportunas.

II. Proceder al reparto de utilidades.

III. Nombrar y remover a los gerentes.

IV. Designar, en su caso, el Consejo de Vigilancia.

V. Resolver sobre la división y amortización de las partes sociales.

VI. Exigir, en su caso, las aportaciones suplementarias y las prestaciones accesorias.

VII. Intentar contra los órganos sociales o contra los socios, las acciones que correspondan para exigirles daños y perjuicios.

VIII. Modificar el contrato social.

IX. Consentir en las cesiones de partes sociales y en la admisión de nuevos socios.

X. Decidir sobre los aumentos y reducciones del capital social.

XI. Decidir sobre la disolución de la sociedad, y

XII. Las demás que les correspondan conforme a la Ley o al contrato social.

Artículo 79.- Todo socio tendrá derecho a participar en las decisiones de las asambleas, gozando de un voto por cada mil pesos de su aportación o el múltiplo de esta cantidad que se hubiere determinado, salvo lo que el contrato social establezca sobre partes sociales privilegiadas.

Artículo reformado DOF 11-06-1992

Artículo 80.- Las asambleas se reunirán en el domicilio social, por lo menos una vez al año, en la época fijada en el contrato.

No se entenderá que una asamblea se realiza fuera del domicilio social por el sólo hecho de utilizarse medios electrónicos, ópticos o de cualquier otra tecnología.

Párrafo adicionado DOF 20-10-2023

Adicionalmente, los socios podrán celebrar asambleas fuera del domicilio social, siempre y cuando la totalidad de los socios lo aprueben y adicionalmente exista la posibilidad de utilizar medios electrónicos, ópticos o de cualquier otra tecnología. Para dichas asambleas, en este caso, se deberá señalar en el acta de asamblea, el domicilio en el cual se llevó a cabo la asamblea respectiva.

Párrafo adicionado DOF 20-10-2023

Artículo 81.- Las asambleas serán convocadas por los gerentes; si no lo hicieren, por el Consejo de Vigilancia, y a falta u omisión de éste, por los socios que representen más de la tercera parte del capital social.

Las convocatorias se harán por medio de la publicación de un aviso en el sistema electrónico establecido por la Secretaría de Economía conforme a lo dispuesto en el artículo 50 Bis del Código de Comercio, deberán contener la orden del día y estar firmadas por quien las realiza y se publicarán con la anticipación que fijen los estatutos o en su defecto, con ocho días de anticipación a la celebración de la asamblea.

Párrafo reformado DOF 20-10-2023

Artículo 82.- El contrato social podrá consignar los casos en que la reunión de la asamblea no sea necesaria, y en ellos se remitirá a los socios, por carta certificada con acuse de recibo, el texto de las resoluciones o decisiones, emitiéndose el voto correspondiente por escrito.

Si así lo solicitan los socios que representen más de la tercera parte del capital social, deberá convocarse a la asamblea, aun cuando el contrato social sólo exija el voto por correspondencia.

Si así lo establecen los estatutos, las asambleas se podrán llevar a cabo mediante el uso de medios electrónicos, ópticos o de cualquier otra tecnología a fin de que la totalidad de los participantes en la asamblea o una parte de ellos pueda asistir.

Párrafo adicionado DOF 20-10-2023

Artículo 83.- Salvo pacto en contrario, la modificación del contrato social se decidirá por la mayoría de los socios que representen, por lo menos, las tres cuartas partes del capital social; con excepción de los casos de cambio de objeto o de las reglas que determinen un aumento en las obligaciones de los socios, en los cuales se requerirá la unanimidad de votos.

Artículo 84.- Si el contrato social así lo establece, se procederá a la constitución de un Consejo de Vigilancia, formado de socios o de personas extrañas a la sociedad.

Artículo 85.- En el contrato social podrá estipularse que los socios tengan derecho a percibir intereses no mayores del nueve por ciento anual sobre sus aportaciones, aun cuando no hubiere beneficios; pero solamente por el período de tiempo necesario para la ejecución de los trabajos que según el objeto de la sociedad deban preceder al comienzo de sus operaciones, sin que en ningún caso dicho período exceda de tres años. Estos intereses deberán cargarse a gastos generales.

Fe de erratas al artículo DOF 28-08-1934

Artículo 86.- Son aplicables a las sociedades de responsabilidad limitada las disposiciones de los artículos 27, 29, 30, 38, 42, 43, 44, 48 y 50, fracciones I, II, III y IV.

CAPÍTULO V
DE LA SOCIEDAD ANÓNIMA

Artículo 87.- Sociedad anónima es la que existe bajo una denominación y se compone exclusivamente de socios cuya obligación se limita al pago de sus acciones.

Artículo 88.- La denominación se formará libremente, pero será distinta de la de cualquiera otra sociedad y al emplearse irá siempre seguida de las palabras "Sociedad Anónima" o de su abreviatura "S.A."

SECCIÓN PRIMERA
DE LA CONSTITUCIÓN DE LA SOCIEDAD

Artículo 89.- Para proceder a la constitución de una sociedad anónima se requiere:

I. Que haya dos socios como mínimo, y que cada uno de ellos suscriba una acción por lo menos;

Fracción reformada DOF 11-06-1992

II. Que el contrato social establezca el monto mínimo del capital social y que esté íntegramente suscrito;

Fracción reformada DOF 11-06-1992, 28-07-2006, 15-12-2011

III. Que se exhiba en dinero efectivo, cuando menos el veinte por ciento del valor de cada acción pagadera en numerario, y

IV. Que se exhiba íntegramente el valor de cada acción que haya de pagarse, en todo o en parte, con bienes distintos del numerario.

Artículo 90.- La sociedad anónima puede constituirse por la comparecencia ante fedatario público, de las personas que otorguen la escritura o póliza correspondiente, o por suscripción pública, en cuyo caso se estará a lo establecido en el artículo 11 de la Ley del Mercado de Valores.

Artículo reformado DOF 13-06-2014

Artículo 91.- La escritura constitutiva o póliza de la sociedad anónima deberá contener, además de los datos requeridos por el artículo 6o., los siguientes:

Párrafo reformado DOF 13-06-2014

I. La parte exhibida del capital social;

II. El número, valor nominal y naturaleza de la acciones en que se divide el capital social, salvo lo dispuesto en el segundo párrafo de la fracción IV del artículo 125;

III. La forma y términos en que deba pagarse la parte insoluta de las acciones;

IV. La participación en las utilidades concedidas a los fundadores;

V. El nombramiento de uno o varios comisarios;

VI. Las facultades de la Asamblea General y las condiciones para la validez de sus deliberaciones, así como para el ejercicio del derecho de voto, en cuanto las disposiciones legales puedan ser modificadas por la voluntad de los socios.

VII. En su caso, las estipulaciones que:

a) Impongan restricciones, de cualquier naturaleza, a la transmisión de propiedad o derechos, respecto de las acciones de una misma serie o clase representativas del capital social, distintas a lo que se prevé en el artículo 130 de la Ley General de Sociedades Mercantiles.

b) Establezcan causales de exclusión de socios o para ejercer derechos de separación, de retiro, o bien, para amortizar acciones, así como el precio o las bases para su determinación.

c) Permitan emitir acciones que:

1. No confieran derecho de voto o que el voto se restrinja a algunos asuntos.

2. Otorguen derechos sociales no económicos distintos al derecho de voto o exclusivamente el derecho de voto.

3. Confieran el derecho de veto o requieran del voto favorable de uno o más accionistas, respecto de las resoluciones de la asamblea general de accionistas.

Las acciones a que se refiere este inciso, computarán para la determinación del quórum requerido para la instalación y votación en las asambleas de accionistas, exclusivamente en los asuntos respecto de los cuales confieran el derecho de voto a sus titulares.

d) Implementen mecanismos a seguir en caso de que los accionistas no lleguen a acuerdos respecto de asuntos específicos.

e) Amplíen, limiten o nieguen el derecho de suscripción preferente a que se refiere el artículo 132 de la Ley General de Sociedades Mercantiles.

f) Permitan limitar la responsabilidad en los daños y perjuicios ocasionados por sus consejeros y funcionarios, derivados de los actos que ejecuten o por las decisiones que adopten, siempre que no se trate de actos dolosos o de mala fe, o bien, ilícitos conforme a ésta u otras leyes.

Fracción adicionada DOF 13-06-2014

Artículo 92.- Cuando la sociedad anónima haya de constituirse por suscripción pública, los fundadores redactarán y depositarán en el Registro Público de Comercio un programa que deberá contener el proyecto de los estatutos, con los requisitos del artículo 6º, excepción hecha de los establecidos por las fracciones I y VI, primer párrafo, y con los del artículo 91, exceptuando el prevenido por la fracción V.

Artículo 93.- Cada suscripción se recogerá por duplicado en ejemplares del programa, y contendrá:

I. El nombre, nacionalidad y domicilio del suscriptor;

II. El número, expresado con letras, de las acciones suscritas; su naturaleza y valor;

III. La forma y términos en que el suscriptor se obligue a pagar la primera exhibición;

IV. Cuando las acciones hayan de pagarse con bienes distintos del numerario, la determinación de éstos;

V. La forma de hacer la convocatoria para la Asamblea General Constitutiva y las reglas conforme a las cuales deba celebrarse;

VI. La fecha de la suscripción, y

VII. La declaración de que el suscriptor conoce y acepta el proyecto de los estatutos.

Los fundadores conservarán en su poder un ejemplar de la suscripción y entregarán el duplicado al suscriptor.

Artículo 94.- Los suscriptores depositarán en la institución de crédito designada al efecto por los fundadores, las cantidades que se hubieren obligado a exhibir en numerario, de acuerdo con la fracción III del artículo anterior, para que sean recogidas por los representantes de la sociedad una vez constituida.

Artículo 95.- Las aportaciones distintas del numerario se formalizarán al protocolizarse el acta de la asamblea constitutiva de la sociedad.

Artículo 96.- Si un suscriptor faltare a las obligaciones que establecen los artículos 94 y 95, los fundadores podrán exigirle judicialmente el cumplimiento o tener por no suscritas las acciones.

Artículo 97.- Todas las acciones deberán quedar suscritas dentro del término de un año, contado desde la fecha del programa, a no ser que en éste se fije un plazo menor.

Artículo 98.- Si vencido el plazo convencional o el legal que menciona el artículo anterior, el capital social no fuere íntegramente suscrito, o por cualquier otro motivo no se llegare a constituir la sociedad, los suscriptores quedarán desligados y podrán retirar las cantidades que hubieren depositado.

Artículo 99.- Suscrito el capital social y hechas las exhibiciones legales, los fundadores, dentro de un plazo de quince días, publicarán la convocatoria para la reunión de la Asamblea General Constitutiva, en la forma prevista en el programa, en el sistema electrónico establecido por la Secretaría de Economía.

Artículo reformado DOF 13-06-2014

Artículo 100.- La Asamblea General Constitutiva se ocupará:

I. De comprobar la existencia de la primera exhibición prevenida en el proyecto de estatutos;

II. De examinar y en su caso aprobar el avalúo de los bienes distintos del numerario que uno o más socios se hubiesen obligado a aportar. Los suscriptores no tendrán derecho a voto con relación a sus respectivas aportaciones en especie;

III. De deliberar acerca de la participación que los fundadores se hubieren reservado en las utilidades;

IV. De hacer el nombramiento de los administradores y comisarios que hayan de funcionar durante el plazo señalado por los estatutos, con la designación de quiénes de los primeros han de usar la firma social.

Artículo 101.- Aprobada por la Asamblea General la constitución de la sociedad, se procederá a la protocolización y registro del acta de la junta y de los estatutos.

Artículo 102.- Toda operación hecha por los fundadores de una sociedad anónima, con excepción de las necesarias para constituirla, será nula con respecto a la misma, si no fuere aprobada por la Asamblea General.

Artículo 103.- Son fundadores de una sociedad anónima:

I. Los mencionados en el artículo 92, y

II. Los otorgantes del contrato constitutivo social.

Artículo 104.- Los fundadores no pueden estipular a su favor ningún beneficio que menoscabe el capital social, ni en el acto de la constitución ni para lo porvenir. Todo pacto en contrario es nulo.

Artículo 105.- La participación concedida a los fundadores en las utilidades anuales no excederá del diez por ciento, ni podrá abarcar un período de más de diez años a partir de la constitución de la sociedad. Esta participación no podrá cubrirse sino después de haber pagado a los accionistas un dividendo del cinco por ciento sobre el valor exhibido de sus acciones.

Artículo 106.- Para acreditar la participación a que se refiere el artículo anterior, se expedirán títulos especiales denominados "Bonos de Fundador" sujetos a las disposiciones de los artículos siguientes.

Artículo 107.- Los bonos de fundador no se computarán en el capital social, ni autorizarán a sus tenedores para participar en él a la disolución de la sociedad, ni para intervenir en su administración. Sólo confieren el derecho de percibir la participación en las utilidades que el bono exprese y por el tiempo que en el mismo se indique.

Fe de erratas al artículo DOF 28-08-1934

Artículo 108.- Los bonos de fundador deberán contener:

Párrafo reformado DOF 30-12-1982

I. Nombre, nacionalidad y domicilio del fundador;

Fracción adicionada DOF 30-12-1982

II. La expresión "bono de fundador" con caracteres visibles;

Fracción recorrida DOF 30-12-1982

III. La denominación, domicilio, duración, capital de la sociedad y fecha de constitución;

Fracción recorrida DOF 30-12-1982

IV. El número ordinal del bono y la indicación del número total de los bonos emitidos;

Fracción recorrida DOF 30-12-1982

V. La participación que corresponda al bono en las utilidades y el tiempo durante el cual deba ser pagada;

Fracción recorrida DOF 30-12-1982

VI. Las indicaciones que conforme a las leyes deben contener las acciones por lo que hace a la nacionalidad de cualquier adquirente del bono;

Fracción recorrida DOF 30-12-1982

VII. La firma autógrafa de los administradores que deben suscribir el documento conforme a los estatutos.

Fracción recorrida DOF 30-12-1982

Artículo 109.- Los tenedores de bonos de fundador tendrán derecho al canje de sus títulos por otros que representen distintas participaciones, siempre que la participación total de los nuevos bonos sea idéntica a la de los canjeados.

Artículo 110.- Son aplicables a los bonos de fundador, en cuanto sea compatible con su naturaleza, las disposiciones de los artículos 111, 124, 126 y 127.

SECCIÓN SEGUNDA
DE LAS ACCIONES

Artículo 111.- Las acciones en que se divide el capital social de una sociedad anónima estarán representadas por títulos nominativos que servirán para acreditar y transmitir la calidad y los derechos de socio, y se regirán por las disposiciones relativas a valores literales, en lo que sea compatible con su naturaleza y no sea modificado por la presente Ley.

Artículo reformado DOF 30-12-1982

Artículo 112.- Las acciones serán de igual valor y conferirán iguales derechos.

Sin embargo, en el contrato social podrá estipularse que el capital se divida en varias clases de acciones con derechos especiales para cada clase, observándose siempre lo que dispone el artículo 17.

Fe de erratas al párrafo DOF 28-08-1934

Artículo 113. Salvo lo previsto por el artículo 91, cada acción sólo tendrá derecho a un voto; pero en el contrato social podrá pactarse que una parte de las acciones tenga derecho de voto solamente en las Asambleas Extraordinarias que se reúnan para tratar los asuntos comprendidos en las fracciones I, II, IV, V, VI y VII del artículo 182.

Párrafo reformado DOF 13-06-2014

No podrán asignarse dividendos a las acciones ordinarias sin que antes se pague a las de voto limitando un dividendo de cinco por ciento. Cuando en algún ejercicio social no haya dividendos o sean inferiores a dicho cinco por ciento, se cubrirá éste en los años siguientes con la prelación indicada.

Al hacerse la liquidación de la sociedad, las acciones de voto limitado se reembolsarán antes que las ordinarias.

En el contrato social podrá pactarse que a las acciones de voto limitado se les fije un dividendo superior al de las acciones ordinarias.

Los tenedores de las acciones de voto limitado tendrán los derechos que esta ley confiere a las minorías para oponerse a las decisiones de las asambleas y para revisar el balance y los libros de la sociedad.

Artículo 114.- Cuando así lo prevenga el contrato social, podrán emitirse en favor de las personas que presten sus servicios a la sociedad, acciones especiales en las que figurarán las normas respecto a la forma, valor, inalienabilidad y demás condiciones particulares que les corresponda.

Artículo 115.- Se prohíbe a las sociedades anónimas emitir acciones por una suma menor de su valor nominal.

Artículo 116.- Solamente serán liberadas las acciones cuyo valor esté totalmente cubierto y aquellas que se entreguen a los accionistas según acuerdo de la asamblea general extraordinaria, como resultado de la capitalización de primas sobre acciones o de otras aportaciones previas de los accionistas, así como de capitalización de utilidades retenidas o de reservas de valuación o de revaluación. Cuando se trate de capitalización de utilidades retenidas o de reservas de valuación o de revaluación, éstas deberán haber sido previamente reconocidas en estados financieros debidamente aprobados por la asamblea de accionistas.

Tratándose de reservas de valuación o de revaluación, éstas deberán estar apoyadas en avalúos efectuados por valuadores independientes autorizados por la Comisión Nacional de Valores, instituciones de crédito o corredores públicos titulados.

Párrafo reformado DOF 08-02-1985

Fe de erratas al artículo DOF 28-08-1934. Reformado DOF 23-01-1981

Artículo 117.- La distribución de las utilidades y del capital social se hará en proporción al importe exhibido de las acciones.

Los suscriptores y adquirentes de acciones pagadoras serán responsables por el importe insoluto de la acción durante cinco años, contados desde la fecha del registro de traspaso; pero no podrá reclamarse el pago al enajenante sin que antes se haga excusión en los bienes del adquirente.

Reforma DOF 30-12-1982: Derogó del artículo los entonces párrafos primero y cuarto

Artículo 118.- Cuando constare en las acciones el plazo en que deban pagarse las exhibiciones y el monto de éstas, transcurrido dicho plazo, la sociedad procederá a exigir judicialmente, en la vía sumaria, el pago de la exhibición, o bien a la venta de las acciones.

Artículo 119. Cuando se decrete una exhibición cuyo plazo o monto no conste en las acciones, deberá hacerse una publicación, por lo menos 30 días antes de la fecha señalada para el pago, en el sistema electrónico establecido por la Secretaría de Economía. Transcurrido dicho plazo sin que se haya verificado la exhibición, la sociedad procederá en los términos del artículo anterior.

Artículo reformado DOF 13-06-2014

Artículo 120.- La venta de las acciones a que se refieren los artículos que preceden, se hará por medio de corredor titulado y se extenderán nuevos títulos o nuevos certificados provisionales para substituir a los anteriores.

El producto de la venta se aplicará al pago de la exhibición decretada, y si excediere del importe de ésta, se cubrirán también los gastos de la venta y los intereses legales sobre el monto de la exhibición. El remanente se entregará al antiguo accionista, si lo reclamare dentro del plazo de un año, contado a partir de la fecha de la venta.

Artículo 121.- Si en el plazo de un mes, a partir de la fecha en que debiera de hacerse el pago de la exhibición, no se hubiere iniciado la reclamación judicial o no hubiere sido posible vender las acciones en un precio que cubra el valor de la exhibición, se declararán extinguidas aquéllas y se procederá a la consiguiente reducción del capital social.

Artículo 122.- Cada acción es indivisible, y en consecuencia, cuando haya varios copropietarios de una misma acción, nombrarán un representante común, y si no se pusieren de acuerdo, el nombramiento será hecho por la autoridad judicial.

El representante común no podrá enajenar o gravar la acción, sino de acuerdo con las disposiciones del derecho común en materia de copropiedad.

Artículo 123.- En los estatutos se podrá establecer que las acciones, durante un período que no exceda de tres años, contados desde la fecha de la respectiva emisión, tengan derecho a intereses no mayores del nueve por ciento anual. En tal caso, el monto de estos intereses debe cargarse a gastos generales.

Artículo 124.- Los títulos, representativos de las acciones deberán estar expedidos dentro de un plazo que no exceda de un año, contado a partir de la fecha del contrato social o de la modificación de éste, en que se formalice el aumento de capital.

Mientras se entregan los títulos podrán expedirse certificados provisionales, que serán siempre nominativos y que deberán canjearse por los títulos, en su oportunidad.

Los duplicados del programa en que se hayan verificado las suscripciones, se canjearán por títulos definitivos o certificados provisionales, dentro de un plazo que no excederá de dos meses, contado a partir de la fecha del contrato social. Los duplicados servirán como certificados provisionales o títulos definitivos, en los casos que esta Ley señala.

Artículo 125.- Los títulos de las acciones y los certificados provisionales deberán expresar:

I. El nombre, nacionalidad y domicilio del accionista;

Fracción reformada DOF 30-12-1982

II. La denominación, domicilio y duración de la sociedad;

III. La fecha de la constitución de la sociedad y los datos de su inscripción en el Registro Público de Comercio;

IV. El importe del capital social, el número total y el valor nominal de las acciones.

Si el capital se integra mediante diversas o sucesivas series de acciones, las mencionas del importe del capital social y del número de acciones se concretarán en cada emisión, a los totales que se alcancen con cada una de dichas series.

Cuando así lo prevenga el contrato social, podrá omitirse el valor nominal de las acciones, en cuyo caso se omitirá también el importe del capital social.

Fracción reformada DOF 31-12-1956

V. Las exhibiciones que sobre el valor de la acción haya pagado el accionista, o la indicación de ser liberada;

VI. La serie y número de la acción o del certificado provisional, con indicación del número total de acciones que corresponda a la serie;

VII. Los derechos concedidos y las obligaciones impuestas al tenedor de la acción, y en su caso, a las limitaciones al derecho de voto y en específico las estipulaciones previstas en la fracción VII del artículo 91 de esta Ley.

Fracción reformada DOF 13-06-2014

VIII. La firma autógrafa de los administradores que conforme al contrato social deban suscribir el documento, o bien la firma impresa en facsímil de dichos administradores a condición, en este último caso, de que se deposite el original de las firmas respectivas en el Registro Público de Comercio en que se haya registrado la Sociedad.

Fracción reformada DOF 31-12-1956

Artículo 126.- Los títulos de las acciones y los certificados provisionales podrán amparar una o varias acciones.

Artículo 127.- Los títulos de las acciones llevarán adheridos cupones, que se desprenderán del título y que se entregarán a la sociedad contra el pago de dividendos o intereses. Los certificados provisionales podrán tener también cupones.

Artículo reformado DOF 30-12-1982, 08-02-1985

Artículo 128.- Las sociedades anónimas tendrán un registro de acciones que contendrá:

Párrafo reformado DOF 30-12-1982

I. El nombre, la nacionalidad y el domicilio del accionista, y la indicación de las acciones que le pertenezcan, expresándose los números, series, clases y demás particularidades;

II. La indicación de las exhibiciones que se efectúen;

III. Las transmisiones que se realicen en los términos que prescribe el artículo 129;

IV. (Se deroga).

Fracción derogada DOF 30-12-1982

Artículo 129.- La sociedad considerará como dueño de las acciones a quien aparezca inscrito como tal en el registro a que se refiere el artículo anterior. A este efecto, la sociedad deberá inscribir en dicho registro, a petición de cualquier titular, las transmisiones que se efectúen.

De la inscripción a que se refiere el párrafo anterior deberá publicarse un aviso en el sistema electrónico establecido por la Secretaría de Economía conforme a lo dispuesto en el artículo 50 Bis del Código de Comercio y las disposiciones para su operación.

Párrafo adicionado DOF 14-06-2018

La Secretaría se asegurará que el nombre, nacionalidad y el domicilio del accionista contenido en el aviso se mantenga confidencial, excepto en los casos en que la información sea solicitada por autoridades judiciales o administrativas cuando ésta sea necesaria para el ejercicio de sus atribuciones en términos de la legislación correspondiente.

Párrafo adicionado DOF 14-06-2018

Artículo reformado DOF 30-12-1982

Artículo 130.- En el contrato social podrá pactarse que la transmisión de las acciones sólo se haga con la autorización del consejo de administración. El consejo podrá negar la autorización designando un comprador de las acciones al precio corriente en el mercado.

Artículo reformado DOF 30-12-1982

Artículo 131.- La transmisión de una acción que se efectúe por medio diverso del endoso deberá anotarse en el título de la acción.

Artículo reformado DOF 30-12-1982

Artículo 132. Los accionistas tendrán derecho preferente, en proporción al número de sus acciones, para suscribir las que emitan en caso de aumento del capital social. Este derecho deberá ejercitarse dentro de los quince días siguientes a la publicación en el sistema electrónico establecido por la Secretaría de Economía, del acuerdo de la Asamblea sobre el aumento del capital social.

Artículo reformado DOF 13-06-2014

Artículo 133.- No podrán emitirse nuevas acciones, sino hasta que las precedentes hayan sido íntegramente pagadas.

Artículo 134.- Se prohibe a las sociedades anónimas adquirir sus propias acciones, salvo por adjudicación judicial, en pago de créditos de la sociedad.

En tal caso, la sociedad venderá las acciones dentro de tres meses, a partir de la fecha en que legalmente pueda disponer de ellas; y si no lo hiciere en ese plazo, las acciones quedarán extinguidas y se procederá a la consiguiente reducción del capital. En tanto pertenezcan las acciones a la sociedad, no podrán ser representadas en las asambleas de accionistas.

Artículo 135.- En el caso de reducción del capital social mediante reembolso a los accionistas, la designación de las acciones que hayan de nulificarse se hará por sorteo ante Notario o Corredor titulado.

Artículo 136.- Para la amortización de acciones con utilidades repartibles, cuando el contrato social la autorice, se observarán las siguientes reglas:

I. La amortización deberá ser decretada por la Asamblea General de Accionistas;

II. Sólo podrán amortizarse acciones íntegramente pagadas;

III. La adquisición de acciones para amortizarlas se hará en bolsa; pero si el contrato social o el acuerdo de la Asamblea General fijaren un precio determinado, las acciones amortizadas se designarán por sorteo ante Notario o Corredor titulado. El resultado del sorteo deberá publicarse por una sola vez en el sistema electrónico establecido por la Secretaría de Economía;

Fe de erratas a la fracción DOF 28-08-1934. Reformada DOF 13-06-2014

IV. Los títulos de las acciones amortizadas quedarán anulados y en su lugar podrán emitirse acciones de goce, cuando así lo prevenga expresamente el contrato social;

V. La sociedad conservará a disposición de los tenedores de las acciones amortizadas, por el término de un año, contado a partir de la fecha de la publicación a que se refiere la fracción III, el precio de las acciones sorteadas y, en su caso, las acciones de goce. Si vencido este plazo no se hubieren presentado los tenedores de las acciones amortizadas a recoger su precio y las acciones de goce, aquél se aplicará a la sociedad y éstas quedarán anuladas.

Artículo 137.- Las acciones de goce tendrán derecho a las utilidades líquidas, después de que se haya pagado a las acciones no reembolsables el dividendo señalado en el contrato social. El mismo contrato podrá también conceder el derecho de voto a las acciones de goce.

En caso de liquidación, las acciones de goce concurrirán con las no reembolsadas, en el reparto del haber social, después de que éstas hayan sido íntegramente cubiertas, salvo que en el contrato social se establezca un criterio diverso para el reparto del excedente.

Artículo 138.- Los Consejeros y Directores que hayan autorizado la adquisición de acciones en contravención a lo dispuesto en el artículo 134, serán personal y solidariamente responsables de los daños y perjuicios que se causen a la sociedad o a los acreedores de ésta.

Artículo 139.- En ningún caso podrán las sociedades anónimas hacer préstamos o anticipos sobre sus propias acciones.

Artículo 140.- Salvo el caso previsto por el párrafo 2o. de la fracción IV del artículo 125, cuando por cualquier causa se modifiquen las indicaciones contenidas en los títulos de las acciones, éstas deberán canjearse y anularse los títulos primitivos, o bien, bastará que se haga constar en estos últimos, previa certificación notarial, o de Corredor Público Titulado, dicha modificación.

Artículo reformado DOF 31-12-1956

Artículo 141.- Las acciones pagadas en todo o en parte mediante aportaciones en especie, deben quedar depositadas en la sociedad durante dos años. Si en este plazo aparece que el valor de los bienes es menor en un veinticinco por ciento del valor por el cual fueron aportados, el accionista está obligado a cubrir la diferencia a la sociedad, la que tendrá derecho preferente respecto de cualquier acreedor sobre el valor de las acciones depositadas.

SECCIÓN TERCERA
DE LA ADMINISTRACIÓN DE LA SOCIEDAD

Artículo 142.- La administración de la sociedad anónima estará a cargo de uno o varios mandatarios temporales y revocables, quienes pueden ser socios o personas extrañas a la sociedad.

Artículo 143.- Cuando los administradores sean dos o más, constituirán el Consejo de Administración.

Salvo pacto en contrario, será Presidente del Consejo el Consejero primeramente nombrado, y a falta de éste el que le siga en el orden de la designación.

Para que el Consejo de Administración funcione legalmente deberá asistir, por lo menos, la mitad de sus miembros, y sus resoluciones serán válidas cuando sean tomadas por la mayoría de los presentes. En caso de empate, el Presidente del Consejo decidirá con voto de calidad.

En los estatutos se podrá prever que las resoluciones tomadas fuera de sesión de consejo, por unanimidad de sus miembros tendrán, para todos los efectos legales, la misma validez que si hubieren sido adoptadas en sesión de consejo, siempre que se confirmen por escrito.

Párrafo adicionado DOF 11-06-1992

Asimismo, en los estatutos se podrá prever que las sesiones del consejo de administración se puedan llevar a cabo mediante el uso de medios electrónicos, ópticos o de cualquier otra tecnología, tal y como si se tratara de sesiones del Consejo presenciales, pudiendo darse la participación de parte o todos los asistentes presencialmente o por medios electrónicos, ópticos o de cualquier otra tecnología teniendo la misma validez unas y otras.

Párrafo adicionado DOF 20-10-2023

Artículo 144.- Cuando los administradores sean tres o más, el contrato social determinará los derechos que correspondan a la minoría en la designación, pero en todo caso la minoría que represente un veinticinco por ciento del capital social nombrará cuando menos un consejero. Este porcentaje será del diez por ciento, cuando se trate de aquellas sociedades que tengan inscritas sus acciones en la Bolsa de Valores.

Artículo reformado DOF 23-01-1981

Artículo 145.- La Asamblea General de Accionistas, el Consejo de Administración o el Administrador, podrá nombrar uno o varios Gerentes Generales o Especiales, sean o no accionistas. Los nombramientos de los Gerentes serán revocables en cualquier tiempo por el Administrador o Consejo de Administración o por la Asamblea General de Accionistas.

Artículo 146.- Los Gerentes tendrán las facultades que expresamente se les confieran; no necesitarán de autorización especial del Administrador o Consejo de Administración para los actos que ejecuten y gozarán, dentro de la órbita de las atribuciones que se les hayan asignado, de las más amplias facultades de representación y ejecución.

Artículo 147.- Los cargos de Administrador o Consejero y de Gerente, son personales y no podrán desempeñarse por medio de representante.

Artículo 148.- El Consejo de Administración podrá nombrar de entre sus miembros un delegado para la ejecución de actos concretos. A falta de designación especial, la representación corresponderá al Presidente del Consejo.

Artículo 149.- El Administrador o el Consejo de Administración y los Gerentes podrán, dentro de sus respectivas facultades, conferir poderes en nombre de la sociedad, los cuales serán revocables en cualquier tiempo.

Artículo 150.- Las delegaciones y los poderes otorgados por el Administrador o Consejo de Administración y por los Gerentes no restringen sus facultades.

La terminación de las funciones de Administrador o Consejo de Administración o de los Gerentes, no extingue las delegaciones ni los poderes otorgados durante su ejercicio.

Artículo 151.- No pueden ser Administradores ni Gerentes, los que conforme a la ley estén inhabilitados para ejercer el comercio.

Artículo 152.- Los estatutos o la asamblea general de accionistas, podrán establecer la obligación para los administradores y gerentes de prestar garantía para asegurar las responsabilidades que pudieran contraer en el desempeño de sus encargos.

Artículo reformado DOF 11-06-1992

Artículo 153.- No podrán inscribirse en el Registro Público de Comercio los nombramientos de los administradores y gerentes sin que se compruebe que han prestado la garantía a que se refiere el artículo anterior, en caso de que los estatutos o la asamblea establezcan dicha obligación.

Artículo reformado DOF 11-06-1992

Artículo 154.- Los Administradores continuarán en el desempeño de sus funciones aun cuando hubiere concluido el plazo para el que hayan sido designados, mientras no se hagan nuevos nombramientos y los nombrados no tomen posesión de sus cargos.

Artículo 155.- En los casos de revocación del nombramiento de los Administradores, se observarán las siguientes reglas:

I. Si fueren varios los Administradores y sólo se revocaren los nombramientos de algunos de ellos, los restantes desempeñaran la administración, si reúnen el quórum estatutario, y

II. Cuando se revoque el nombramiento del Administrador único, o cuando habiendo varios Administradores se revoque el nombramiento de todos o de un número tal que los restantes no reúnan el quórum estatutario, los Comisarios designarán con carácter provisional a los Administradores faltantes.

Iguales reglas se observarán en los casos de que la falta de los Administradores sea ocasionada por muerte, impedimento u otra causa.

Artículo 156.- El Administrador que en cualquiera operación tenga un interés opuesto al de la sociedad, deberá manifestarlo a los demás Administradores y abstenerse de toda deliberación y resolución. El Administrador que contravenga esta disposición, será responsable de los daños y perjuicios que se causen a la sociedad.

Artículo 157. Los Administradores tendrán la responsabilidad inherente a su mandato y la derivada de las obligaciones que la ley y los estatutos les imponen. Dichos Administradores deberán guardar confidencialidad respecto de la información y los asuntos que tengan conocimiento con motivo de su cargo en la sociedad, cuando dicha información o asuntos no sean de carácter público, excepto en los casos en que la información sea solicitada por autoridades judiciales o administrativas. Dicha obligación de confidencialidad estará vigente durante el tiempo de su encargo y hasta un año posterior a la terminación del mismo.

Artículo reformado DOF 13-06-2014

Artículo 158.- Los administradores son solidariamente responsables para con la sociedad:

Párrafo reformado DOF 23-01-1981

I. De la realidad de las aportaciones hechas por los socios;

II. Del cumplimiento de los requisitos legales y estatutarios establecidos con respecto a los dividendos que se paguen a los accionistas.

Fracción reformada DOF 23-01-1981

III. De la existencia y mantenimiento de los sistemas de contabilidad, control, registro, archivo o información que previene la ley.

Fracción reformada DOF 23-01-1981

IV. Del exacto cumplimiento de los acuerdos de las Asambleas de Accionistas.

Artículo 159.- No será responsable el Administrador que, estando exento de culpa, haya manifestado su inconformidad en el momento de la deliberación y resolución del acto de que se trate.

Artículo 160.- Los Administradores serán solidariamente responsables con los que les hayan precedido, por las irregularidades en que éstos hubieren incurrido, si, conociéndolas, no las denunciaren por escrito a los Comisarios.

Artículo 161.- La responsabilidad de los Administradores sólo podrá ser exigida por acuerdo de la Asamblea General de Accionistas, la que designará la persona que haya de ejercitar la acción correspondiente, salvo lo dispuesto en el artículo 163.

Artículo 162.- Los Administradores removidos por causa de responsabilidad, sólo podrán ser nombrados nuevamente en el caso de que la autoridad judicial declare infundada la acción ejercitada en su contra.

Los Administradores cesarán en el desempeño de su encargo inmediatamente que la Asamblea General de Accionistas pronuncie resolución en el sentido de que se les exija la responsabilidad en que hayan incurrido.

Artículo 163. Los accionistas que representen el veinticinco por ciento del capital social, por lo menos, podrán ejercitar directamente la acción de responsabilidad civil contra los Administradores, siempre que se satisfagan los requisitos siguientes:

Párrafo reformado DOF 13-06-2014

I. Que la demanda comprenda el monto total de las responsabilidades en favor de la sociedad y no únicamente el interés personal de los promoventes, y

II. Que, en su caso, los actores no hayan aprobado la resolución tomada por la Asamblea General de Accionistas sobre no haber lugar a proceder contra los Administradores demandados.

Los bienes que se obtengan como resultado de la reclamación serán percibidos por la sociedad.

SECCIÓN CUARTA
DE LA VIGILANCIA DE LA SOCIEDAD

Artículo 164.- La vigilancia de la sociedad anónima estará a cargo de uno o varios Comisarios, temporales y revocables, quienes pueden ser socios o personas extrañas a la sociedad.

Artículo 165.- No podrán ser comisarios.

Párrafo reformado DOF 23-01-1981

I. Los que conforme a la Ley estén inhabilitados para ejercer el comercio;

II. Los empleados de la sociedad, los empleados de aquellas sociedades que sean accionistas de la sociedad en cuestión por más de un veinticinco por ciento del capital social, ni los empleados de aquellas sociedades de las que la sociedad en cuestión sea accionista en más de un cincuenta por ciento.

Fracción reformada DOF 23-01-1981

III. Los parientes consanguíneos de los Administradores, en línea recta sin limitación de grado, los colaterales dentro del cuarto y los afines dentro del segundo.

Artículo 166.- Son facultades y obligaciones de los comisarios:

Párrafo reformado DOF 23-01-1981

I. Cerciorarse de la constitución y subsistencia de la garantía que exige el artículo 152, dando cuenta sin demora de cualquiera irregularidad a la Asamblea General de Accionistas;

II. Exigir a los administradores una información mensual que incluya por lo menos un estado de situación financiera y un estado de resultados.

Fracción reformada DOF 23-01-1981

III. Realizar un examen de las operaciones, documentación, registros y demás evidencias comprobatorias, en el grado y extensión que sean necesarios para efectuar la vigilancia de las operaciones que la ley les impone y para poder rendir fundadamente el dictamen que se menciona en el siguiente inciso.

Fracción reformada DOF 23-01-1981

IV. Rendir anualmente a la Asamblea General Ordinaria de Accionistas un informe respecto a la veracidad, suficiencia y razonabilidad de la información presentada por el Consejo de Administración a la propia Asamblea de Accionistas. Este informe deberá incluir, por lo menos:

A) La opinión del Comisario sobre si las políticas y criterios contables y de información seguidos por la sociedad son adecuados y suficientes tomando en consideración las circunstancias particulares de la sociedad.

B) La opinión del Comisario sobre si esas políticas y criterios han sido aplicados consistentemente en la información presentada por los administradores.

C) La opinión del comisario sobre si, como consecuencia de lo anterior, la información presentada por los administradores refleja en forma veraz y suficiente la situación financiera y los resultados de la sociedad.

Fracción reformada DOF 23-01-1981

V. Hacer que se inserten en la Orden del Día de las sesiones del Consejo de Administración y de las Asambleas de Accionistas, los puntos que crean pertinentes;

VI. Convocar a Asambleas ordinarias y extraordinarias de accionistas, en caso de omisión de los Administradores y en cualquier otro caso en que lo juzguen conveniente;

VII. Asistir, con voz, pero sin voto, a todas la sesiones del Consejo de Administración, a las cuales deberán ser citados;

VIII. Asistir, con voz pero sin voto, a las Asambleas de Accionistas, y

IX. En general, vigilar la gestión, conducción y ejecución de los negocios de la sociedad.

Fracción reformada DOF 13-06-2014

Artículo 167.- Cualquier accionista podrá denunciar por escrito a los Comisarios los hechos que estime irregulares en la administración, y éstos deberán mencionar las denuncias en sus informes a la Asamblea General de

Accionistas y formular acerca de ellas las consideraciones y proposiciones que estimen pertinentes.

Artículo 168.- Cuando por cualquier causa faltare la totalidad de los Comisarios, el Consejo de Administración deberá convocar, en el término de tres días, a Asamblea General de Accionistas, para que ésta haga la designación correspondiente.

Si el Consejo de Administración no hiciere la convocatoria dentro del plazo señalado, cualquier accionista podrá ocurrir a la autoridad judicial del domicilio de la sociedad, para que ésta haga la convocatoria.

En el caso de que no se reuniere la Asamblea o de que reunida no se hiciere la designación, la autoridad judicial del domicilio de la sociedad, a solicitud de cualquier accionista, nombrará los Comisarios, quienes funcionarán hasta que la Asamblea General de Accionistas haga el nombramiento definitivo.

Artículo 169.- Los comisarios serán individualmente responsables para con la sociedad por el cumplimiento de las obligaciones que la ley y los estatutos les imponen. Podrán, sin embargo, auxiliarse y apoyarse en el trabajo de personal que actúe bajo su dirección y dependencia o en los servicios de técnicos o profesionistas independientes cuya contratación y designación dependa de los propios comisarios.

Artículo reformado DOF 23-01-1981

Artículo 170.- Los Comisarios que en cualquiera operación tuvieren un interés opuesto al de la sociedad, deberán abstenerse de toda intervención, bajo la sanción establecida en el artículo 156.

Al efecto, los comisarios deberán notificar por escrito al Consejo de Administración o al administrador único, según sea el caso, dentro de un plazo que no deberá exceder de quince días naturales contados a partir de que tomen conocimiento de la operación correspondiente, los términos y condiciones de la operación de que se trate, así como cualquier información relacionada con la naturaleza y el beneficio que obtendrían las partes involucradas en la misma.

Párrafo adicionado DOF 13-06-2014

Artículo 171.- Son aplicables a los Comisarios las disposiciones contenidas en los artículos 144, 152, 154, 160, 161, 162 y 163.

SECCIÓN QUINTA
DE LA INFORMACIÓN FINANCIERA

Denominación de la Sección reformada DOF 23-01-1981

Artículo 172.- Las sociedades anónimas, bajo la responsabilidad de sus administradores, presentarán a la Asamblea de Accionistas, anualmente, un informe que incluya por lo menos:

A) Un informe de los administradores sobre la marcha de la sociedad en el ejercicio, así como sobre las políticas seguidas por los administradores y, en su caso, sobre los principales proyectos existentes.

B) Un informe en que declaren y expliquen las principales políticas y criterios contables y de información seguidos en la preparación de la información financiera.

C) Un estado que muestre la situación financiera de la sociedad a la fecha de cierre del ejercicio.

D) Un estado que muestre, debidamente explicados y clasificados, los resultados de la sociedad durante el ejercicio.

E) Un estado que muestre los cambios en la situación financiera durante el ejercicio.

F) Un estado que muestre los cambios en las partidas que integran el patrimonio social, acaecidos durante el ejercicio.

G) Las notas que sean necesarias para completar o aclarar la información que suministren los estados anteriores.

A la información anterior se agregará el informe de los comisarios a que se refiere la fracción IV del artículo 166.

Artículo reformado DOF 23-01-1981

Artículo 173.- El informe del que habla el enunciado general del artículo anterior, incluido el informe de los comisarios, deberá quedar terminado y ponerse a disposición de los accionistas por lo menos quince días antes de la fecha de la asamblea que haya de discutirlo. Los accionistas tendrán derecho a que se les entregue una copia del informe correspondiente.

Artículo reformado DOF 23-01-1981

Artículo 174.- (Se deroga).

Artículo derogado DOF 23-01-1981

Artículo 175.- (Se deroga).

Artículo derogado DOF 23-01-1981

Artículo 176.- La falta de presentación oportuna del informe a que se refiere el enunciado general del artículo 172, será motivo para que la Asamblea General de Accionistas acuerde la remoción del Administrador o Consejo de Administración, o de los Comisarios, sin perjuicio de que se les exijan las responsabilidades en que respectivamente hubieren incurrido.

Artículo reformado DOF 23-01-1981

Artículo 177. Quince días después de la fecha en que la asamblea general de accionistas haya aprobado el informe a que se refiere el enunciado general del artículo 172, los accionistas podrán solicitar que se publiquen en el sistema electrónico establecido por la Secretaría de Economía los estados financieros, junto con sus notas y el dictamen de los comisarios.

Artículo reformado DOF 23-01-1981, 02-06-2009, 13-06-2014

SECCIÓN SEXTA
DE LAS ASAMBLEAS DE ACCIONISTAS

Artículo 178.- La Asamblea General de Accionistas es el Órgano Supremo de la Sociedad; podrá acordar y ratificar todos los actos y operaciones de ésta y sus resoluciones serán cumplidas por la persona que ella misma designe, o a falta de designación, por el Administrador o por el Consejo de Administración.

En los estatutos se podrá prever que las resoluciones tomadas fuera de asamblea, por unanimidad de los accionistas que representen la totalidad de las acciones con derecho a voto o de la categoría especial de acciones de que se trate, en su caso, tendrán, para todos los efectos legales, la misma validez que si hubieren sido adoptadas reunidos en asamblea general o especial, respectivamente, siempre que se confirmen por escrito. En lo no previsto en los estatutos serán aplicables en lo conducente, las disposiciones de esta ley.

Párrafo adicionado DOF 11-06-1992

Asimismo, en los estatutos se podrá prever asimismo que las asambleas de accionistas se puedan llevar a cabo mediante el uso de medios electrónicos, ópticos o de cualquier otra tecnología, tal y como si se tratara de asambleas de accionistas presenciales, pudiendo darse la participación de parte o todos los asistentes presencialmente o por medios electrónicos, ópticos o de cualquier otra tecnología teniendo la misma validez unas y otras.

Párrafo adicionado DOF 20-10-2023

Artículo 179.- Las Asambleas Generales de Accionistas son ordinarias y extraordinarias. Unas y otras se reunirán en el domicilio social, y sin este requisito serán nulas, salvo caso fortuito o de fuerza mayor.

No se entenderá que una Asamblea de Accionistas se realiza fuera del domicilio social por el sólo hecho de utilizarse medios electrónicos, ópticos o de cualquier otra tecnología.

Párrafo adicionado DOF 20-10-2023

Asimismo, sin necesidad de existir caso fortuito o fuerza mayor, los accionistas podrán celebrar asambleas fuera del domicilio social, siempre y cuando la totalidad de los accionistas lo aprueben y adicionalmente exista la posibilidad de utilizar medios electrónicos, ópticos o de cualquier otra tecnología para dichas asambleas, en este caso, se deberá señalar en el acta de asamblea, el domicilio en el cual se llevó a cabo la asamblea respectiva.

Párrafo adicionado DOF 20-10-2023

Artículo 180.- Son asambleas ordinarias, las que se reúnen para tratar de cualquier asunto que no sea de los enumerados en el artículo 182.

Artículo 181.- La Asamblea Ordinaria se reunirá por lo menos una vez al año dentro de los cuatro meses que sigan a la clausura del ejercicio social y se ocupará, además de los asuntos incluidos en la orden del día, de los siguientes:

Párrafo reformado DOF 23-01-1981

I. Discutir, aprobar o modificar el informe de los administradores a que se refiere el enunciado general del artículo 172, tomando en cuenta el informe de los comisarios, y tomar las medidas que juzgue oportunas.

Fracción reformada DOF 23-01-1981

II. En su caso, nombrar al Administrador o Consejo de Administración y a los Comisarios;

III. Determinar los emolumentos correspondientes a los Administradores y Comisarios, cuando no hayan sido fijados en los estatutos.

Artículo 182.- Son asambleas extraordinarias, las que se reúnan para tratar cualquiera de los siguientes asuntos:

I. Prórroga de la duración de la sociedad;

II. Disolución anticipada de la sociedad;

III. Aumento o reducción del capital social;

IV. Cambio de objeto de la sociedad;

V. Cambio de nacionalidad de la sociedad;

VI. Transformación de la sociedad;

VII. Fusión con otra sociedad;

VIII. Emisión de acciones privilegiadas;

IX. Amortización por la sociedad de sus propias acciones y emisión de acciones de goce;

X. Emisión de bonos;

XI. Cualquiera otra modificación del contrato social, y

XII. Los demás asuntos para los que la Ley o el contrato social exija un quórum especial.

Estas asambleas podrán reunirse en cualquier tiempo.

Artículo 183.- La convocatoria para las asambleas deberá hacerse por el Administrador o el Consejo de Administración, o por los Comisarios, salvo lo dispuesto en los artículos 168, 184 y 185.

Artículo 184.- Los accionistas que representen por lo menos el treinta y tres por ciento del capital social, podrán pedir por escrito, en cualquier tiempo, al Administrador o Consejo de Administración o a los Comisarios, la Convocatoria de una Asamblea General de Accionistas, para tratar de los asuntos que indiquen en su petición.

Si el Administrador o Consejo de Administración, o los Comisarios se rehusaren a hacer la convocatoria, o no lo hicieren dentro del término de quince días desde que hayan recibido la solicitud, la convocatoria podrá ser hecha por la autoridad judicial del domicilio de la sociedad, a solicitud de quienes representen el treinta y tres por ciento del capital social, exhibiendo al efecto los títulos de las acciones.

Artículo 185.- La petición a que se refiere el artículo anterior, podrá ser hecha por el titular de una sola acción, en cualquiera de los casos siguientes:

I. Cuando no se haya celebrado ninguna asamblea durante dos ejercicios consecutivos;

II. Cuando las asambleas celebradas durante ese tiempo no se hayan ocupado de los asuntos que indica el artículo 181.

Si el Administrador o Consejo de Administración, o los Comisarios se rehusaren a hacer la convocatoria, o no la hicieren dentro del término de quince días desde que hayan recibido la solicitud, ésta se formulará ante el Juez competente para que haga la convocatoria, previo traslado de la petición al Administrador o Consejo de Administración y a los Comisarios. El punto se decidirá siguiéndose la tramitación establecida para los incidentes de los juicios mercantiles.

Artículo 186.- La convocatoria para las asambleas generales deberá hacerse por medio de la publicación de un aviso en el sistema electrónico establecido por la Secretaría de Economía con la anticipación que fijen los estatutos, o en su defecto, quince días antes de la fecha señalada para la reunión. Durante todo este tiempo estará a disposición de los accionistas, en las oficinas de la sociedad, o en su defecto, en el medio electrónico, óptico o de cualquier otra tecnología que se determine para tal efecto en los estatutos de la sociedad, el informe a que se refiere el enunciado general del artículo 172.

Artículo reformado DOF 23-01-1981, 13-06-2014, 20-10-2023

Artículo 187.- La convocatoria para las Asambleas deberá contener la Orden del Día y será firmada por quien la haga.

Artículo 188.- Toda resolución de la Asamblea tomada con infracción de lo que disponen los dos artículos anteriores, será nula, salvo que en el momento de la votación haya estado representada la totalidad de las acciones.

Artículo 189.- Para que una Asamblea Ordinaria se considere legalmente reunida, deberá estar representada, por lo menos, la mitad del capital social, y las resoluciones sólo serán válidas cuando se tomen por mayoría de los votos presentes.

Artículo 190.- Salvo que en el contrato social se fije una mayoría más elevada, en las Asambleas Extraordinarias, deberán estar representadas, por lo menos, las tres cuartas partes del capital y las resoluciones se tomarán por el voto de las acciones que representen la mitad del capital social.

Artículo 191.- Si la Asamblea no pudiere celebrarse el día señalado para su reunión, se hará una segunda convocatoria con expresión de esta circunstancia y en la junta se resolverá sobre los asuntos indicados en la Orden del Día, cualquiera que sea el número de acciones representadas.

Tratándose de Asambleas Extraordinarias, las decisiones se tomarán siempre por el voto favorable del número de acciones que representen, por lo menos, la mitad del capital social.

Artículo 192.- Los accionistas podrán hacerse representar en las Asambleas por mandatarios, ya sea que pertenezcan o no a la sociedad. La representación deberá conferirse en la forma que prescriban los estatutos y a falta de estipulación, por escrito.

No podrán ser mandatarios los Administradores ni los Comisarios de la sociedad.

Artículo 193.- Salvo estipulación contraria de los estatutos, las Asambleas Generales de Accionistas serán presididas por el Administrador o por el Consejo de Administración, y a falta de ellos, por quien fuere designado por los accionistas presentes.

Artículo 194.- Las actas de las Asambleas Generales de Accionistas se asentarán en el libro respectivo y deberán ser firmadas ya sea con firma autógrafa o electrónica, por el Presidente y por el Secretario de la Asamblea, así como por los Comisarios que concurran. Se agregarán a las actas los documentos que justifiquen que las convocatorias se hicieron en los términos que esta Ley establece.

Párrafo reformado DOF 20-10-2023

Cuando por cualquiera circunstancia no pudiere asentarse el acta de una asamblea en el libro respectivo, se protocolizará ante fedatario público.

Párrafo reformado DOF 13-06-2014

Las actas de las Asambleas Extraordinarias serán protocolizadas ante fedatario público e inscritas en el Registro Público de Comercio.

Párrafo reformado DOF 02-06-2009, 13-06-2014

Artículo 195.- En caso de que existan diversas categorías de accionistas, toda proposición que pueda perjudicar los derechos de una de ellas, deberá ser aceptada previamente por la categoría afectada, reunida en asamblea especial, en la que se requerirá la mayoría exigida para las modificaciones al contrato constitutivo, la cual se computará con relación al número total de acciones de la categoría de que se trate.

Las asambleas especiales se sujetarán a lo que dispone los artículos 179, 183 y del 190 al 194, y serán presididas por el accionista que designen los socios presentes.

Artículo 196.- El accionista que en una operación determinada tenga por cuenta propia o ajena un interés contrario al de la sociedad, deberá abstenerse a toda deliberación relativa a dicha operación.

El accionista que contravenga esta disposición, será responsable de los daños y perjuicios, cuando sin su voto no se hubiere logrado la mayoría necesaria para la validez de la determinación.

Artículo 197.- Los administradores y los comisarios no podrán votar en las deliberaciones relativas a la aprobación de los informes a que se refieren los artículos 166 en su fracción IV y 172 en su enunciado general o a su responsabilidad.

En caso de contravención esta disposición, la resolución será nula cuando sin el voto del Administrador o Comisario no se habría logrado la mayoría requerida.

Artículo reformado DOF 23-01-1981

Artículo 198. Sin perjuicio de lo que dispongan las leyes especiales, los accionistas de las sociedades anónimas podrán convenir entre ellos:

I. Derechos y obligaciones que establezcan opciones de compra o venta de las acciones representativas del capital social de la sociedad, tales como:

a) Que uno o varios accionistas solamente puedan enajenar la totalidad o parte de su tenencia accionaria, cuando el adquirente se obligue también a adquirir una proporción o la totalidad de las acciones de otro u otros accionistas, en iguales condiciones;

b) Que uno o varios accionistas puedan exigir a otro socio la enajenación de la totalidad o parte de su tenencia accionaria, cuando aquéllos acepten una oferta de adquisición, en iguales condiciones;

c) Que uno o varios accionistas tengan derecho a enajenar o adquirir de otro accionista, quien deberá estar obligado a enajenar o adquirir, según corresponda, la totalidad o parte de la tenencia accionaria objeto de la operación, a un precio determinado o determinable;

d) Que uno o varios accionistas queden obligados a suscribir y pagar cierto número de acciones representativas del capital social de la sociedad, a un precio determinado o determinable, y

e) Otros derechos y obligaciones de naturaleza análoga;

II. Enajenaciones y demás actos jurídicos relativos al dominio, disposición o ejercicio del derecho de preferencia a que se refiere el artículo 132 de esta Ley, con independencia de que tales actos jurídicos se lleven a cabo con otros accionistas o con personas distintas de éstos;

III. Acuerdos para el ejercicio del derecho de voto en asambleas de accionistas;

IV. Acuerdos para la enajenación de sus acciones en oferta pública; y

V. Otros de naturaleza análoga.

Los convenios a que se refiere este artículo no serán oponibles a la sociedad, excepto tratándose de resolución judicial.

Artículo reformado DOF 13-06-2014

Artículo 199.- A solicitud de los accionistas que reúnan el veinticinco por ciento de las acciones representadas en una Asamblea, se aplazará, para dentro de tres días y sin necesidad de nueva convocatoria, la votación de cualquier asunto respecto del cual no se consideren suficientemente informados. Este derecho no podrá ejercitarse sino una sola vez para el mismo asunto.

Artículo reformado DOF 13-06-2014

Artículo 200.- Las resoluciones legalmente adoptadas por las Asambleas de Accionistas son obligatorias aun para los ausentes o disidentes, salvo el derecho de oposición en los términos de esta Ley.

Artículo 201. Los accionistas que representen el veinticinco por ciento del capital social podrán oponerse judicialmente a las resoluciones de las Asambleas Generales, siempre que se satisfagan los siguientes requisitos:

Párrafo reformado DOF 13-06-2014

I. Que la demanda se presente dentro de los quince días siguientes a la fecha de clausura de la Asamblea;

II. Que los reclamantes no hayan concurrido a la Asamblea o hayan dado su voto en contra de la resolución, y

III. Que la demanda señale la cláusula del contrato social o el precepto legal infringido y el concepto de violación.

No podrá formularse oposición judicial contra las resoluciones relativas a la responsabilidad de los Administradores o de los Comisarios.

Artículo 202.- La ejecución de las resoluciones impugnadas podrá suspenderse por el Juez, siempre que los, actores dieren fianza bastante para responder de los daños y perjuicios que pudieren causarse a la sociedad, por la inejecución de dichas resoluciones, en caso de que la sentencia declare infundada la oposición.

Artículo 203.- La sentencia que se dicte con motivo de la oposición surtirá efectos respecto de todos los socios.

Artículo 204.- Todas las oposiciones contra una misma resolución, deberán decidirse en una sola sentencia.

Artículo 205. Para el ejercicio de las acciones judiciales a que se refieren los artículos 185 y 201, los accionistas depositarán los títulos de sus acciones ante fedatario público o en una Institución de Crédito, quienes expedirán el certificado correspondiente para acompañarse a la demanda y los demás que sean necesarios para hacer efectivos los derechos sociales.

Párrafo reformado DOF 13-06-2014

Las acciones depositadas no se devolverán sino hasta la conclusión del juicio.

Artículo 206.- Cuando la Asamblea General de Accionistas adopte resoluciones sobre los asuntos comprendidos en las fracciones IV, V y VI del artículo 182, cualquier accionista que haya votado en contra tendrá derecho a separarse de la sociedad y obtener el reembolso de sus acciones, en proporción al activo social, según el último balance aprobado siempre que lo solicite dentro de los quince días siguientes a la clausura de la asamblea.

CAPÍTULO VI
DE LA SOCIEDAD EN COMANDITA POR ACCIONES

Artículo 207.- La sociedad en comandita por acciones, es la que se compone de uno o varios socios comanditados que responden de manera subsidiaria, ilimitada y solidariamente, de las obligaciones sociales, y de uno o varios comanditarios que únicamente están obligados al pago de sus acciones.

Artículo 208.- La sociedad en comandita por acciones se regirá por las reglas relativas a la sociedad anónima, salvo lo dispuesto en los artículos siguientes.

Artículo 209.- El capital social estará dividido en acciones y no podrán cederse sin el consentimiento de la totalidad de los comanditados y el de las dos terceras partes de los comanditarios.

Artículo reformado DOF 30-12-1982

Artículo 210.- La sociedad en comandita por acciones podrá existir bajo una razón social, que se formará con los nombres de uno o más comanditados seguidos de las palabras y compañía u otros equivalentes, cuando en ellas no figuren los de todos. A la razón social o a la denominación, en su caso, se agregarán las palabras "Sociedad en Comandita por Acciones", o su abreviatura "S. en C. por A".

Artículo 211.- Es aplicable a la sociedad en comandita por acciones lo dispuesto en los artículos 28, 29, 30, 53, 54 y 55; y en lo que se refiere solamente a los socios comanditados, lo prevenido en los artículos 26, 32, 35, 39 y 50.

CAPÍTULO VII
DE LA SOCIEDAD COOPERATIVA

Artículo 212.- Las sociedades cooperativas se regirán por su legislación especial.

CAPÍTULO VIII
DE LAS SOCIEDADES DE CAPITAL VARIABLE

Artículo 213.- En las sociedades de capital variable el capital social será susceptible de aumento por aportaciones posteriores de los socios o por la admisión de nuevos socios, y de disminución de dicho capital por retiro parcial o total de las aportaciones, sin más formalidades que las establecidas por este capítulo.

Artículo 214.- Las sociedades de capital variable se regirán por las disposiciones que correspondan a la especie de sociedad de que se trate, y por las de la sociedad anónima relativas a balances y responsabilidades de los administradores, salvo las modificaciones que se establecen en el presente capítulo.

Artículo 215.- A la razón social o denominación propia del tipo de sociedad, se añadirán siempre las palabras "de capital variable".

Artículo 216.- El contrato constitutivo de toda sociedad de capital variable, deberá contener, además de las estipulaciones que correspondan a la naturaleza de la sociedad, las condiciones que se fijen para el aumento y la disminución del capital social.

En las sociedades por acciones el contrato social o la Asamblea General Extraordinaria fijarán los aumentos del capital y la forma y términos en que deban hacerse las correspondientes emisiones de acciones. Las acciones emitidas y no suscritas a los certificados provisionales, en su caso, se conservarán en poder de la sociedad para entregarse a medida que vaya realizándose la suscripción.

Artículo 217.- En la sociedad anónima, en la de responsabilidad limitada y en la comandita por acciones, se indicará un capital mínimo que no podrá ser inferior al que fijen los artículos 62 y 89. En las sociedades en nombre colectivo y en comandita simple, el capital mínimo no podrá ser inferior a la quinta parte del capital inicial.

Queda prohibido a las sociedades por acciones, anunciar el capital cuyo aumento esté autorizado sin anunciar al mismo tiempo el capital mínimo. Los administradores o cualquiera otro funcionario de la sociedad que infrinjan este precepto, serán responsables por los daños y perjuicios que se causen.

Artículo 218.- (Se deroga).

Artículo derogado DOF 30-12-1982

Artículo 219.- Todo aumento o disminución del capital social deberá inscribirse en un libro de registro que al efecto llevará la sociedad.

Artículo 220.- El retiro parcial o total de aportaciones de un socio deberá notificarse a la sociedad de manera fehaciente y no surtirá efectos sino hasta el fin del ejercicio anual en curso, si la notificación se hace antes del último trimestre de dicho ejercicio, y hasta el fin del ejercicio siguiente, si se hiciere después.

Artículo 221.- No podrá ejercitarse el derecho de separación cuando tenga como consecuencia reducir a menos del mínimo el capital social.

CAPÍTULO IX
DE LA FUSIÓN, TRANSFORMACIÓN, Y ESCISIÓN DE LAS SOCIEDADES

Denominación del Capítulo reformada DOF 11-06-1992

Artículo 222.- La fusión de varias sociedades deberá ser decidida por cada una de ellas, en la forma y términos que correspondan según su naturaleza.

Artículo 223. Los acuerdos sobre fusión se inscribirán en el Registro Público de Comercio y se publicarán en el sistema electrónico establecido por la Secretaría de Economía, de la misma manera, cada sociedad deberá publicar su último balance, y aquélla o aquéllas que dejen de existir, deberán publicar, además, el sistema establecido para la extinción de su pasivo.

Artículo reformado DOF 13-06-2014

Artículo 224.- La fusión no podrá tener efecto sino tres meses después de haberse efectuado la inscripción prevenida en el artículo anterior.

Durante dicho plazo, cualquier acreedor de las sociedades que se fusionan, podrá oponerse judicialmente en la vía sumaria, a la fusión, la que se suspenderá hasta que cause ejecutoria la sentencia que declare que la oposición es infundada.

Transcurrido el plazo señalado sin que se haya formulado oposición, podrá llevarse a cabo la fusión, y la sociedad que subsista o la que resulte de la fusión, tomará a su cargo los derechos y las obligaciones de las sociedades extinguidas.

Fe de erratas al párrafo DOF 28-08-1934

Artículo 225.- La fusión tendrá efecto en el momento de la inscripción, si se pactare el pago de todas las deudas de las sociedades que hayan de fusionarse, o se constituyere el depósito de su importe en una institución de crédito, o constare el consentimiento de todos los acreedores. A este efecto, las deudas a plazo se darán por vencidas.

El certificado en que se haga constar el depósito, deberá publicarse conforme al artículo 223.

Artículo 226.- Cuando de la fusión de varias sociedades haya de resultar una distinta, su constitución se sujetará a los principios que rijan la constitución de la sociedad a cuyo género haya de pertenecer.

Artículo 227.- Las sociedades constituidas en alguna de las formas que establecen las fracciones I a V del artículo 1°, podrán adoptar cualquier otro tipo legal. Asimismo podrán transformarse en sociedad de capital variable.

Artículo 228.- En la transformación de las sociedades se aplicarán los preceptos contenidos en los artículos anteriores de este capítulo.

Artículo 228 Bis.- Se da la escisión cuando una sociedad denominada escindente decide extinguirse y divide la totalidad o parte de su activo, pasivo y capital social en dos o más partes, que son aportadas en bloque a otras sociedades de nueva creación denominadas escindidas; o cuando la escindente, sin extinguirse, aporta en bloque parte de su activo, pasivo y capital social a otra u otras sociedades de nueva creación.

La escisión se regirá por lo siguiente:

I. Sólo podrá acordarse por resolución de la asamblea de accionistas o socios u órgano equivalente, por la mayoría exigida para la modificación del contrato social;

II. Las acciones o partes sociales de la sociedad que se escinda deberán estar totalmente pagadas;

III. Cada uno de los socios de la sociedad escindente tendrá inicialmente una proporción del capital social de las escindidas, igual a la de que sea titular en la escindente;

IV. La resolución que apruebe la escisión deberá contener:

a) La descripción de la forma, plazos y mecanismos en que los diversos conceptos de activo, pasivo y capital social serán transferidos;

b) La descripción de las partes del activo, del pasivo y del capital social que correspondan a cada sociedad escindida, y en su caso a la escindente, con detalle suficiente para permitir la identificación de éstas;

c) Los estados financieros de la sociedad escindente, que abarquen por lo menos las operaciones realizadas durante el último ejercicio social, debidamente dictaminados por auditor externo. Corresponderá a los administradores de la escindente, informar a la asamblea sobre las operaciones que se realicen hasta que la escisión surta plenos efectos legales;

d) La determinación de las obligaciones que por virtud de la escisión asuma cada sociedad escindida. Si una sociedad escindida incumpliera alguna de las obligaciones asumidas por ella en virtud de la escisión, responderán solidariamente ante los acreedores que no hayan dado su consentimiento expreso, la o las demás sociedades escindidas, durante un plazo de tres años contado a partir de la última de las publicaciones a que se refiere la fracción V, hasta por el importe del activo neto que les haya sido atribuido en la escisión a cada una de ellas; si la escindente no hubiere dejado de existir, ésta responderá por la totalidad de la obligación; y

e) Los proyectos de estatutos de las sociedades escindidas.

V. La resolución de escisión deberá protocolizarse ante fedatario público e inscribirse en el Registro Público de Comercio. Asimismo, deberá publicarse en el sistema electrónico establecido por la Secretaría de Economía, un extracto de dicha resolución que contenga, por lo menos, la síntesis de la información a que se refieren los incisos a) y d) de la fracción IV de este artículo, indicando claramente que el texto completo se encuentra a disposición de socios y acreedores en el domicilio social de la sociedad durante un plazo de cuarenta y cinco días naturales contados a partir de que se hubieren efectuado la inscripción y la publicación;

Fracción reformada DOF 13-06-2014

VI. Durante el plazo señalado, cualquier socio o grupo de socios que representen por lo menos el veinte por ciento del capital social o acreedor que tenga interés jurídico, podrá oponerse judicialmente a la escisión, la que se suspenderá hasta que cause ejecutoria la sentencia que declara que la oposición es infundada, se dicte resolución que tenga por terminado el procedimiento sin que hubiere procedido la oposición o se llegue a convenio, siempre y cuando quien se oponga diere fianza bastante para responder de los daños y perjuicios que pudieren causarse a la sociedad con la suspensión;

VII. Cumplidos los requisitos y transcurrido el plazo a que se refiere la fracción V, sin que se haya presentado oposición, la escisión surtirá plenos efectos; para la constitución de las nuevas sociedades, bastará la protocolización de sus estatutos y su inscripción en el Registro Público de Comercio;

VIII. Los accionistas o socios que voten en contra de la resolución de escisión gozarán del derecho a separarse de la sociedad, aplicándose en lo conducente lo previsto en el artículo 206 de esta ley;

IX. Cuando la escisión traiga aparejada la extinción de la escindente, una vez que surta efectos la escisión se deberá solicitar del Registro Público de Comercio la cancelación de la inscripción del contrato social;

X. No se aplicará a las sociedades escindidas lo previsto en el artículo 141 de esta ley.

Artículo adicionado DOF 11-06-1992

CAPÍTULO X
DE LA DISOLUCIÓN DE LAS SOCIEDADES

Artículo 229.- Las sociedades se disuelven:

I. Por expiración del término fijado en el contrato social;

II. Por imposibilidad de seguir realizando el objeto principal de la sociedad o por quedar éste consumado;

III. Por acuerdo de los socios tomado de conformidad con el contrato social y con la Ley;

IV. Porque el número de accionistas llegue a ser inferior al mínimo que esta Ley establece, o porque las partes de interés se reúnan en una sola persona;

V. Por la pérdida de las dos terceras partes del capital social.

VI. Por resolución judicial o administrativa dictada por los tribunales competentes, conforme a las causales previstas en las leyes aplicables.

Fracción adicionada DOF 24-01-2018

Artículo 230.- La sociedad en nombre colectivo se disolverá, salvo pacto en contrario, por la muerte, incapacidad, exclusión o retiro de uno de los socios, o por que el contrato social se rescinda respecto a uno de ellos.

En caso de muerte de un socio, la sociedad solamente podrá continuar con los herederos, cuando éstos manifiesten su consentimiento; de lo contrario, la sociedad, dentro del plazo de dos meses, deberá entregar a los herederos la cuota correspondiente al socio difunto, de acuerdo con el último balance aprobado.

Artículo 231.- Las disposiciones establecidas en el artículo anterior son aplicables a la sociedad en comandita simple y a la sociedad en comandita por acciones, en lo que concierne a los comanditados.

Artículo 232.- En el caso de la fracción I del artículo 229, la disolución de la sociedad se realizará por el solo transcurso del término establecido para su duración.

En los demás casos, comprobada por la sociedad la existencia de causas de disolución, la causa de disolución se inscribirá de manera inmediata en el Registro Público de Comercio.

Párrafo reformado DOF 24-01-2018

Si la inscripción no se hiciere a pesar de existir la causa de disolución, cualquier interesado podrá ocurrir ante la autoridad judicial, en la vía sumaria o, en los casos que la disolución sea por resolución judicial, en la vía incidental, a fin de que ordene el registro de la disolución.

Párrafo reformado DOF 24-01-2018

Cuando se haya inscrito la disolución de una sociedad, sin que a juicio de algún interesado hubiere existido alguna causa de las enumeradas por la Ley, podrá ocurrir ante la autoridad judicial, dentro del término de treinta días contados a partir de la fecha de la inscripción, y demandar, en la vía sumaria, la cancelación de la inscripción, salvo los casos en que la disolución sea por resolución judicial, en los cuales aplicará los medios de impugnación correspondientes a la materia que emitió la resolución judicial correspondiente.

Párrafo reformado DOF 24-01-2018

Artículo 233.- Los Administradores no podrán iniciar nuevas operaciones con posterioridad al vencimiento del plazo de duración de la sociedad, al acuerdo sobre disolución o a la comprobación de una causa de disolución.

Si contravinieren esta prohibición, los Administradores serán solidariamente responsables por las operaciones efectuadas.

CAPÍTULO XI
DE LA LIQUIDACIÓN DE LAS SOCIEDADES

Artículo 234.- Disuelta la sociedad, se pondrá en liquidación.

Artículo 235.- La liquidación estará a cargo de uno o más liquidadores, quienes serán representantes legales de la sociedad y responderán por los actos que ejecuten excediéndose de los límites de su encargo.

Artículo 236.- A falta de disposición del contrato social, el nombramiento de los liquidadores se hará por acuerdo de los socios, tomado en la proporción y forma que esta Ley señala, según la naturaleza de la sociedad, para el acuerdo sobre disolución. La designación de liquidadores deberá hacerse en el mismo acto en que se acuerde o se reconozca la disolución. En los casos de que la sociedad se disuelva por la expiración del plazo o en virtud de sentencia ejecutoriada, la designación de los liquidadores deberá hacerse inmediatamente que concluya el plazo o que se dicte la sentencia.

Si por cualquier motivo el nombramiento de los liquidadores no se hiciere en los términos que fija este artículo, lo hará la autoridad judicial en la vía sumaria o, en los casos en que la disolución sea por resolución judicial, en la vía incidental, ambos supuestos a petición de cualquier socio.

Párrafo reformado DOF 24-01-2018

Artículo 237.- Mientras no haya sido inscrito en el Registro Público de Comercio el nombramiento de los liquidadores y éstos no hayan entrado en funciones, los administradores continuarán en el desempeño de su encargo.

Lo anterior no será aplicable cuando el nombramiento del liquidador se realice conforme al procedimiento del artículo 249 Bis 1 de esta Ley.

Párrafo adicionado DOF 24-01-2018

Artículo 238.- El nombramiento de los liquidadores podrá ser revocado por acuerdo de los socios, tomado en los términos del artículo 236 o por resolución judicial, si cualquier socio justificare, en la vía sumaria o, en los casos en que la disolución sea por resolución judicial, en la vía incidental, la existencia de una causa grave para la revocación.

Párrafo reformado DOF 24-01-2018

Los liquidadores cuyos nombramientos fueren revocados, continuarán en su encargo hasta que entren en funciones los nuevamente nombrados.

Lo anterior no será aplicable cuando el nombramiento del liquidador se realice conforme al procedimiento del artículo 249 Bis 1 de esta Ley.

Párrafo adicionado DOF 24-01-2018

Artículo 239.- Cuando sean varios los liquidadores, éstos deberán obrar conjuntamente.

Artículo 240.- La liquidación se practicará con arreglo a las estipulaciones relativas del contrato social o a la resolución que tomen los socios al acordarse o reconocerse la disolución de la sociedad. A falta de dichas estipulaciones, la liquidación se practicará de conformidad con las disposiciones de este capítulo.

Lo anterior no será aplicable cuando el nombramiento del liquidador se realice conforme al procedimiento del artículo 249 Bis 1 de esta Ley.

Párrafo adicionado DOF 24-01-2018

Artículo 241.- Hecho el nombramiento de los liquidadores, los Administradores les entregarán todos los bienes, libros y documentos de la sociedad, levantándose en todo caso un inventario del activo y pasivo sociales.

Lo anterior no será aplicable cuando el nombramiento del liquidador se realice conforme al procedimiento del artículo 249 Bis 1 de esta Ley.

Párrafo adicionado DOF 24-01-2018

Artículo 242.- Salvo el acuerdo de los socios o las disposiciones del contrato social, los liquidadores tendrán las siguientes facultades:

I. Concluir las operaciones sociales que hubieren quedado pendientes al tiempo de la disolución;

II. Cobrar lo que se deba a la sociedad y pagar lo que ella deba;

III. Vender los bienes de la sociedad;

IV. Liquidar a cada socio su haber social;

V. Practicar el balance final de la liquidación, que deberá someterse a la discusión y aprobación de los socios, en la forma que corresponda, según la naturaleza de la sociedad.

El balance final, una vez aprobado, se depositará en el Registro Público de Comercio; deberá publicarse en el sistema electrónico establecido por la Secretaría de Economía previsto en el artículo 50 Bis del Código de Comercio;

Párrafo reformado DOF 24-01-2018

VI. Obtener del Registro Público de Comercio la cancelación de la inscripción del contrato social, una vez concluida la liquidación.

Lo dispuesto en las fracciones anteriores no será aplicable cuando el nombramiento del liquidador se realice conforme al procedimiento del artículo 249 Bis 1 de esta Ley.

Párrafo adicionado DOF 24-01-2018

Artículo 243.- Ningún socio podrá exigir de los liquidadores la entrega total del haber que le corresponda; pero sí la parcial que sea compatible con los intereses de los acreedores de la sociedad, mientras no estén extinguidos sus créditos pasivos, o se haya depositado su importe si se presentare inconveniente para hacer su pago.

El acuerdo sobre distribución parcial deberá publicarse en el sistema electrónico establecido por la Secretaría de Economía, y los acreedores tendrán el derecho de oposición en la forma y términos del artículo 9o.

Párrafo reformado DOF 13-06-2014

Artículo 244.- Las sociedades, aún después de disueltas, conservarán su personalidad jurídica para los efectos de la liquidación.

Artículo 245.- Los liquidadores mantendrán en depósito, durante diez años después de la fecha en que se concluya la liquidación, los libros y papeles de la sociedad.

Los liquidadores podrán optar por conservar los libros y papeles de la sociedad en formato impreso, o en medios electrónicos, ópticos o de cualquier otra tecnología, siempre y cuando, en estos últimos medios se observe lo establecido en la norma oficial mexicana sobre digitalización y conservación de mensajes de datos que para tal efecto emita la Secretaría de Economía. En el caso de que la disolución o liquidación se realice en los términos de lo establecido en el artículo 249 Bis 1 de esta Ley, el plazo de conservación de la documentación será de cinco años.

Párrafo adicionado DOF 24-01-2018

Artículo 246.- En la liquidación de las sociedades en nombre colectivo, en comandita simple o de responsabilidad limitada, una vez pagadas las deudas sociales, la distribución del remanente entre los socios, si no hubiere estipulaciones expresas, se sujetará a las siguientes reglas:

I. Si los bienes en que consiste el haber social son de fácil división, se repartirán en la proporción que corresponda a la representación de cada socio en la masa común;

II. Si los bienes fueren de diversa naturaleza, se fraccionarán en las partes proporcionales respectivas, compensándose entre los socios las diferencias que hubiere;

III. Una vez formados los lotes, el liquidador convocará a los socios a una junta en la que les dará a conocer el proyecto respectivo; y aquéllos gozarán de un plazo de ocho días hábiles a partir del siguiente a la fecha de la junta, para exigir modificaciones, si creyeren perjudicados sus derechos;

IV. Si los socios manifestaren expresamente su conformidad o si, durante el plazo que se acaba de indicar, no formularen observaciones, se les tendrán por conformes con el proyecto, y el liquidador hará la respectiva adjudicación, otorgándose, en su caso, los documentos que procedan;

V. Si, durante el plazo a que se refiere la fracción III, los socios formularen observaciones al proyecto de división, el liquidador convocará a una nueva junta, en el plazo de ocho días, para que, de mutuo acuerdo, se hagan al proyecto las modificaciones a que haya lugar; y si no fuere posible obtener el acuerdo, el liquidador adjudicará el lote o lotes respecto de los cuales hubiere inconformidad, en común a los respectivos socios, y la situación jurídica resultante entre los adjudicatarios se regirá por las reglas de la copropiedad;

VI. Si la liquidación social se hiciere a virtud de la muerte de uno de los socios, la división o venta de los inmuebles se hará conforme a las disposiciones de esta Ley, aunque entre los herederos haya menores de edad.

Lo dispuesto en las fracciones anteriores no será aplicable cuando el nombramiento del liquidador se realice conforme al procedimiento del artículo 249 Bis 1 de esta Ley.

Párrafo adicionado DOF 24-01-2018

Artículo 247.- En la liquidación de las sociedades anónimas y en comandita por acciones, los liquidadores procederán a la distribución del remanente entre los socios con sujeción a las siguientes reglas:

I. En el balance final se indicará la parte que a cada socio corresponda en el haber social;

II. Dicho balance se publicará en el sistema electrónico establecido por la Secretaría de Economía.

Párrafo reformado DOF 13-06-2014

El mismo balance quedará, por igual término, así como los papeles y libros de la sociedad, a disposición de los accionistas, quienes gozarán de un plazo de quince días a partir de la última publicación, para presentar sus reclamaciones a los liquidadores.

III. Transcurrido dicho plazo, los liquidadores convocarán a una Asamblea General de Accionistas para que apruebe en definitiva el balance. Esta Asamblea será presidida por uno de los liquidadores.

Lo dispuesto en las fracciones anteriores no será aplicable cuando el nombramiento del liquidador se realice conforme al procedimiento del artículo 249 Bis 1 de esta Ley.

Párrafo adicionado DOF 24-01-2018

Artículo 248.- Aprobado el balance general, los liquidadores procederán a hacer a los accionistas los pagos que correspondan, contra la entrega de los títulos de las acciones.

Artículo 249.- Las sumas que pertenezcan a los accionistas y que no fueren cobradas en el transcurso de dos meses, contados desde la aprobación del balance final, se depositarán en una institución de crédito con la indicación del accionista. Dichas sumas se pagarán por la institución de crédito en que se hubiese constituido el depósito.

Artículo reformado DOF 30-12-1982

Artículo 249 Bis.- Las sociedades podrán llevar a cabo su disolución y liquidación conforme al procedimiento contemplado en el artículo 249 Bis 1, siempre y cuando la sociedad:

I. Esté conformada exclusivamente por socios o accionistas que sean personas físicas;

II. No se ubique en el supuesto contemplado en el artículo 3 de esta Ley;

III. Hubiere publicado en el sistema electrónico establecido por la Secretaría de Economía conforme a lo dispuesto en el artículo 50 Bis del Código de

Comercio y las disposiciones para su operación, el aviso de inscripción en el libro especial de los socios o registro de acciones de registro con la estructura accionaria vigente por lo menos 15 días hábiles previos a la fecha de la asamblea mediante la cual se acuerde la disolución. Para tales efectos la información contenida en el aviso de la inscripción tendrá carácter confidencial;

IV. No se encuentre realizando operaciones, ni haya emitido facturas electrónicas durante los últimos dos años;

V. Esté al corriente en el cumplimiento de sus obligaciones fiscales, laborales y de seguridad social;

VI. No posea obligaciones pecuniarias con terceros;

VII. Sus representantes legales no se encuentren sujetos a un procedimiento penal por la posible comisión de delitos fiscales o patrimoniales;

VIII. No se encuentre en concurso mercantil, y

IX. No sea una entidad integrante del sistema financiero, en términos de la legislación especial aplicable.

Artículo adicionado DOF 24-01-2018

Artículo 249 Bis 1.- El procedimiento de disolución y liquidación a que se refiere el artículo 249 Bis de esta Ley, se realizará conforme a lo siguiente:

I. La totalidad de los socios o accionistas acordarán mediante asamblea la disolución y liquidación de la sociedad, declarando bajo protesta de decir verdad, que se ubican y cumplen con las condiciones a que se refiere el artículo 249 Bis de esta Ley, y nombrarán al liquidador de entre los socios o accionistas.

Este acuerdo deberá suscribirse por todos los socios o accionistas, constar en acta de disolución y liquidación y publicarse en el sistema electrónico establecido por la Secretaría de Economía previsto en el artículo 50 Bis del Código de Comercio, a más tardar dentro de los 5 días hábiles siguientes a la fecha de la asamblea de la disolución y liquidación, en ningún caso se exigirá el requisito de escritura pública, póliza, o cualquier otra formalidad adicional a la contemplada en este párrafo;

II. Una vez publicado el acuerdo, la Secretaría de Economía verificará que el acta de disolución y liquidación de la sociedad cumpla con lo establecido en la fracción anterior y, de ser procedente, lo enviará electrónicamente para su inscripción en el Registro Público de Comercio de conformidad con lo dispuesto en el artículo 10 Bis 1 del Reglamento del Registro Público de Comercio;

III. Los socios o accionistas entregarán al liquidador todos los bienes, libros y documentos de la sociedad a más tardar dentro de los 15 días hábiles siguientes a la fecha de la asamblea de la disolución y liquidación;

IV. El liquidador llevará a cabo la distribución del remanente del haber social entre los socios o accionistas de forma proporcional a sus aportaciones, si es que lo hubiere en un plazo que no excederá los 45 días hábiles siguientes a la fecha de la asamblea de la disolución y liquidación;

V. Los socios o accionistas entregarán al liquidador los títulos de las acciones a más tardar dentro de los 15 días hábiles siguientes a la fecha de la asamblea de la disolución y liquidación;

VI. Una vez liquidada la sociedad, el liquidador publicará el balance final de la sociedad en el sistema electrónico establecido por la Secretaría de Economía previsto en el artículo 50 Bis del Código de Comercio, que en ningún caso podrá exceder a los 60 días hábiles siguientes a la fecha de la asamblea de la disolución y liquidación, y

VII. La Secretaría de Economía realizará la inscripción de la cancelación del folio de la sociedad en el Registro Público de Comercio de conformidad con lo dispuesto en el artículo 10 Bis 1 del Reglamento del Registro Público de Comercio y notificará a la autoridad fiscal correspondiente.

En caso que los socios o accionistas faltaren a la verdad afirmando un hecho falso o alterando o negando uno verdadero conforme a lo establecido en el presente artículo, los socios o accionistas responderán frente a terceros, solidaria e ilimitadamente, sin perjuicio de cualquier otra responsabilidad en que hubieren incurrido en materia penal.

Artículo adicionado DOF 24-01-2018

CAPÍTULO XII
DE LAS SOCIEDADES EXTRANJERAS

Artículo 250.- Las sociedades extranjeras legalmente constituidas tienen personalidad jurídica en la República.

Artículo 251.- Las sociedades extranjeras sólo podrán ejercer el comercio desde su inscripción en el Registro.

La inscripción sólo se efectuará previa autorización de la Secretaría de Economía, en los términos de los artículos 17 y 17 A de la Ley de Inversión Extranjera.

Párrafo reformado DOF 24-12-1996, 28-07-2006

Las sociedades extranjeras deberán publicar anualmente, en el sistema electrónico establecido por la Secretaría de Economía, un balance general de la negociación visado por un contador público titulado.

Párrafo reformado DOF 13-06-2014

Nota: El Decreto DOF 28-07-2006 que reformó el párrafo segundo del artículo 251 de esta Ley, hace referencia a las fracciones I a III de dicho párrafo segundo, como si estuvieran vigentes *(I. a III...)*. Sin embargo, estas fracciones fueron previamente suprimidas del artículo 251, segundo párrafo, al reformarse dicho precepto por Decreto DOF 24-12-1996.

CAPÍTULO XIII
DE LA ASOCIACIÓN EN PARTICIPACIÓN

Artículo 252.- La asociación en participación es un contrato por el cual una persona concede a otras que le aportan bienes o servicios, una participación en las utilidades y en las pérdidas de una negociación mercantil o de una o varias operaciones de comercio.

Artículo 253.- La asociación en participación no tiene personalidad jurídica ni razón social o denominación.

Artículo 254.- El contrato de asociación en participación debe constar por escrito y no estará sujeto a registro.

Artículo 255.- En los contratos de asociación en participación se fijarán los términos, proporciones de interés y demás condiciones en que deban realizarse.

Artículo 256.- El asociante obra en nombre propio y no habrá relación jurídica entre los terceros y los asociados.

Artículo 257.- Respecto a terceros, los bienes aportados pertenecen en propiedad al asociante, a no ser que por la naturaleza de la aportación fuere necesaria alguna otra formalidad, o que se estipule lo contrario y se inscriba la cláusula relativa en el Registro Público de Comercio del lugar donde el asociante ejerce el Comercio. Aun cuando la estipulación no haya sido registrada, surtirá sus efectos si se prueba que el tercero tenía o debía tener conocimiento de ella.

Artículo 258.- Salvo pacto en contrario, para la distribución de las utilidades y de las pérdidas, se observará lo dispuesto en el artículo 16. Las pérdidas que correspondan a los asociados no podrán ser superiores al valor de su aportación.

Artículo 259.- Las asociaciones en participación funcionan, se disuelven y liquidan, a falta de estipulaciones especiales, por las reglas establecidas para las sociedades en nombre colectivo, en cuanto no pugnen con las disposiciones de este capítulo.

CAPÍTULO XIV
DE LA SOCIEDAD POR ACCIONES SIMPLIFICADA

Capítulo derogado DOF 11-06-1992. Capítulo adicionado con denominación reformada DOF 14-03-2016

Artículo 260.- La sociedad por acciones simplificada es aquella que se constituye con una o más personas físicas que solamente están obligadas al pago de sus aportaciones representadas en acciones. En ningún caso las personas físicas podrán ser simultáneamente accionistas de otro tipo de sociedad mercantil a que se refieren las fracciones I a VII, del artículo 1o. de esta Ley, si su participación en dichas sociedades mercantiles les permite tener el control de la sociedad o de su administración, en términos del artículo 2, fracción III de la Ley del Mercado de Valores.

Los ingresos totales anuales de una sociedad por acciones simplificada no podrá rebasar de $7,398,448.74. En caso de rebasar el monto respectivo, la sociedad por acciones simplificada deberá transformarse en otro régimen societario contemplado en esta Ley, en los términos en que se establezca en las reglas señaladas en el artículo 263 de la misma. El monto establecido en este párrafo se actualizará anualmente el primero de enero de cada año, considerando el factor de actualización correspondiente al periodo comprendido desde el mes de diciembre del penúltimo año hasta el mes de diciembre inmediato anterior a aquel por el que se efectúa la actualización, misma que se obtendrá de conformidad con el artículo 17-A del Código Fiscal de la Federación. La

Secretaría de Economía publicará el factor de actualización en el Diario Oficial de la Federación durante el mes de diciembre de cada año.

Cantidad del párrafo actualizada por acuerdo DOF 27-12-2022, 28-12-2023, 30-12-2024

En caso que los accionistas no lleven a cabo la transformación de la sociedad a que se refiere el párrafo anterior responderán frente a terceros, subsidiaria, solidaria e ilimitadamente, sin perjuicio de cualquier otra responsabilidad en que hubieren incurrido.

Artículo derogado DOF 11-06-1992. Adicionado DOF 14-03-2016

Artículo 261.- La denominación se formará libremente, pero distinta de la de cualquier otra sociedad y siempre seguida de las palabras "Sociedad por Acciones Simplificada" o de su abreviatura "S.A.S.".

Artículo derogado DOF 11-06-1992. Adicionado DOF 14-03-2016

Artículo 262.- Para proceder a la constitución de una sociedad por acciones simplificada únicamente se requerirá:

I. Que haya uno o más accionistas;

II. Que el o los accionistas externen su consentimiento para constituir una sociedad por acciones simplificada bajo los estatutos sociales que la Secretaría de Economía ponga a disposición mediante el sistema electrónico de constitución;

III. Que alguno de los accionistas cuente con la autorización para el uso de denominación emitida por la Secretaría de Economía, y

IV. Que todos los accionistas cuenten con certificado de firma electrónica avanzada vigente reconocido en las reglas generales que emita la Secretaría de Economía conforme a lo dispuesto en el artículo 263 de esta Ley.

En ningún caso se exigirá el requisito de escritura pública, póliza o cualquier otra formalidad adicional, para la constitución de la sociedad por acciones simplificada.

Fe de erratas al artículo DOF 28-08-1934. Derogado DOF 11-06-1992. Adicionado DOF 14-03-2016

Artículo 263.- Para efectos de lo dispuesto en el artículo 262 de esta Ley, el sistema electrónico de constitución estará a cargo de la Secretaría de Economía y se llevará por medios digitales mediante el programa informático establecido para tal efecto, cuyo funcionamiento y operación se regirá por las reglas generales que para tal efecto emita la propia Secretaría.

El procedimiento de constitución se llevará a cabo de acuerdo con las siguientes bases:

I. Se abrirá un folio por cada constitución;

II. El o los accionistas seleccionarán las cláusulas de los estatutos sociales que ponga a disposición la Secretaría de Economía a través del sistema;

III. Se generará un contrato social de la constitución de la sociedad por acciones simplificada firmado electrónicamente por todos los accionistas, usando el certificado de firma electrónica vigente a que se refiere la fracción IV del artículo 262 de esta Ley, que se entregará de manera digital;

IV. La Secretaría de Economía verificará que el contrato social de la constitución de la sociedad cumpla con lo dispuesto en el artículo 264 de esta Ley, y de ser procedente lo enviará electrónicamente para su inscripción en el Registro Público de Comercio;

V. El sistema generará de manera digital la boleta de inscripción de la sociedad por acciones simplificada en el Registro Público de Comercio;

VI. La utilización de fedatarios públicos es optativa;

VII. La existencia de la sociedad por acciones simplificada se probará con el contrato social de la constitución de la sociedad y la boleta de inscripción en el Registro Público de Comercio;

VIII. Los accionistas que soliciten la constitución de una sociedad por acciones simplificada serán responsables de la existencia y veracidad de la información proporcionada en el sistema. De lo contrario responden por los daños y perjuicios que se pudieran originar, sin perjuicio de las sanciones administrativas o penales a que hubiere lugar, y

IX. Las demás que se establezcan en las reglas del sistema electrónico de constitución.

Artículo derogado DOF 11-06-1992. Adicionado DOF 14-03-2016

Artículo 264.- Los estatutos sociales a que se refiere el artículo anterior únicamente deberán contener los siguientes requisitos:

I. Denominación;

II. Nombre de los accionistas;

III. Domicilio de los accionistas;

IV. Registro Federal de Contribuyentes de los accionistas;

V. Correo electrónico de cada uno de los accionistas;

VI. Domicilio de la sociedad;

VII. Duración de la sociedad;

VIII. La forma y términos en que los accionistas se obliguen a suscribir y pagar sus acciones;

IX. El número, valor nominal y naturaleza de las acciones en que se divide el capital social;

X. El número de votos que tendrá cada uno de los accionistas en virtud de sus acciones;

XI. El objeto de la sociedad, y

XII. La forma de administración de la sociedad.

El o los accionistas serán subsidiariamente o solidariamente responsables, según corresponda, con la sociedad, por la comisión de conductas sancionadas como delitos.

Los contratos celebrados entre el accionista único y la sociedad deberán inscribirse por la sociedad en el sistema electrónico establecido por la Secretaría de Economía conforme a lo dispuesto en el artículo 50 Bis del Código de Comercio.

Artículo derogado DOF 11-06-1992. Adicionado DOF 14-03-2016

Artículo 265.- Todas las acciones señaladas en la fracción IX del artículo 264 deberán pagarse dentro del término de un año contado desde la fecha en que la sociedad quede inscrita en el Registro Público de Comercio.

Cuando se haya suscrito y pagado la totalidad del capital social, la sociedad deberá publicar un aviso en el sistema electrónico establecido por la Secretaría de Economía en términos de lo dispuesto en el artículo 50 Bis del Código de Comercio.

Artículo adicionado DOF 14-03-2016

Artículo 266.- La Asamblea de Accionistas es el órgano supremo de la sociedad por acciones simplificada y está integrada por todos los accionistas.

Las resoluciones de la Asamblea de Accionistas se tomarán por mayoría de votos y podrá acordarse que las reuniones se celebren de manera presencial o por medios electrónicos si se establece un sistema de información en términos de lo dispuesto en el artículo 89 del Código de Comercio. En todo caso deberá llevarse un libro de registro de resoluciones.

Cuando la sociedad por acciones simplificada esté integrada por un solo accionista, éste será el órgano supremo de la sociedad.

Artículo adicionado DOF 14-03-2016

Artículo 267.- La representación de la sociedad por acciones simplificada estará a cargo de un administrador, función que desempeñará un accionista.

Cuando la sociedad por acciones simplificada esté integrada por un solo accionista, éste ejercerá las atribuciones de representación y tendrá el cargo de administrador.

Se entiende que el administrador, por su sola designación, podrá celebrar o ejecutar todos los actos y contratos comprendidos en el objeto social o que se relacionen directamente con la existencia y el funcionamiento de la sociedad.

Artículo adicionado DOF 14-03-2016

Artículo 268.- La toma de decisiones de la Asamblea de Accionistas se regirá únicamente conforme a las siguientes reglas:

I. Todo accionista tendrá derecho a participar en las decisiones de la sociedad;

II. Los accionistas tendrán voz y voto, las acciones serán de igual valor y conferirán los mismos derechos;

III. Cualquier accionista podrá someter asuntos a consideración de la Asamblea, para que sean incluidos en el orden del día, siempre y cuando lo solicite al administrador por escrito o por medios electrónicos, si se acuerda un sistema de información de acuerdo con lo dispuesto en el artículo 89 del Código de Comercio;

IV. El administrador enviará a todos los accionistas el asunto sujeto a votación por escrito o por cualquier medio electrónico si se acuerda un sistema de información de acuerdo con lo dispuesto en el artículo 89 del Código de Comercio, señalando la fecha para emitir el voto respectivo;

V. Los accionistas manifestarán su voto sobre los asuntos por escrito o por medios electrónicos si se acuerda un sistema de información de acuerdo con lo dispuesto en el artículo 89 del Código de Comercio, ya sea de manera presencial o fuera de asamblea.

La Asamblea de Accionistas será convocada por el administrador de la sociedad, mediante la publicación de un aviso en el sistema electrónico establecido por la Secretaría de Economía con una antelación mínima de cinco días hábiles. En la convocatoria se insertará el orden del día con los asuntos que se someterán a consideración de la Asamblea, así como los documentos que correspondan.

Si el administrador se rehúsa a hacer la convocatoria, o no lo hiciere dentro del término de quince días siguientes a la recepción de la solicitud de algún accionista, la convocatoria podrá ser hecha por la autoridad judicial del domicilio de la sociedad, a solicitud de cualquier accionista.

Agotado el procedimiento establecido en el presente artículo las resoluciones de la Asamblea de Accionistas se consideran válidas y serán obligatorias para todos los accionistas si la votación se emitió por la mayoría de los mismos, salvo que se ejercite el derecho de oposición previsto en esta Ley.

Artículo adicionado DOF 14-03-2016

Artículo 269.- Las modificaciones a los estatutos sociales se decidirán por mayoría de votos.

En cualquier momento los accionistas podrán acordar formas de organización y administración distintas a la contemplada en este Capítulo; siempre y cuando los accionistas celebren ante fedatario público la transformación de la sociedad por acciones simplificada a cualquier otro tipo de sociedad mercantil, conforme a las disposiciones de esta Ley.

Artículo adicionado DOF 14-03-2016

Artículo 270.- Salvo pacto en contrario, deberán privilegiarse los mecanismos alternativos de solución de controversias previstos en el Código de Comercio para sustanciar controversias que surjan entre los accionistas, así como de éstos con terceros.

Artículo adicionado DOF 14-03-2016

Artículo 271.- Salvo pacto en contrario, las utilidades se distribuirán en proporción a las acciones de cada accionista.

Artículo adicionado DOF 14-03-2016

Artículo 272.- El administrador publicará en el sistema electrónico de la Secretaría de Economía, el informe anual sobre la situación financiera de la sociedad conforme a las reglas que emita la Secretaría de Economía de acuerdo con lo dispuesto en el artículo 263 de esta Ley.

La falta de presentación de la situación financiera durante dos ejercicios consecutivos dará lugar a la disolución de la sociedad, sin perjuicio de las responsabilidades en que incurran los accionistas de manera individual. Para efectos de lo dispuesto en este párrafo, la Secretaría de Economía emitirá la declaratoria de incumplimiento correspondiente conforme al procedimiento establecido en las reglas mencionadas en el párrafo anterior.

Artículo adicionado DOF 14-03-2016

Artículo 273.- En lo que no contradiga el presente Capítulo son aplicables a la sociedad por acciones simplificada las disposiciones que en esta Ley regulan a la sociedad anónima así como lo relativo a la fusión, la transformación, escisión, disolución y liquidación de sociedades.

Para los casos de la sociedad por acciones simplificada que se integre por un solo accionista, todas las disposiciones que hacen referencia a "accionistas", se entenderán aplicables respecto del accionista único. Asimismo, aquellas disposiciones que hagan referencia a "contrato social", se entenderán referidas al "acto constitutivo".

Artículo adicionado DOF 14-03-2016

TRANSITORIOS

Artículo 1°.- Esta Ley entrará en vigor en la fecha de su publicación.

Artículo 2°.- Sus disposiciones regirán los efectos jurídicos de los actos anteriores a su vigencia, siempre que su aplicación no resulte retroactiva.

Artículo 3°.- Las sociedades anónimas que al entrar en vigor la presente Ley estén constituyéndose por el procedimiento de suscripción pública, podrán ajustar sus estatutos a las prevenciones de esta Ley sobre sociedades de capital variable, siempre que así lo acuerde la asamblea constitutiva que al efecto se celebre, con el quórum y la mayoría requeridos por el artículo 190, computados en relación con las acciones que hayan sido suscritas.

Artículo 4°.- Se derogan el Título Segundo del Libro Segundo del Código de Comercio de 15 de septiembre de 1889 y todas las disposiciones legales que se opongan a la presente Ley.

En cumplimiento de lo dispuesto por la fracción I del artículo 89 de la Constitución Política de los Estados Unidos Mexicanos, y para su debida publicación y observancia, promulgo la presente Ley, en la residencia del Poder Ejecutivo Federal, en la ciudad de México, a los veintiocho días del mes de julio de mil novecientos treinta y cuatro.- **A. L. Rodríguez**.- Rúbrica.- El Secretario de Estado y del Despacho de la Economía Nacional, **Primo Villa Michel**.- Rúbrica.- Al C. Subsecretario de Gobernación.- Presente."

Lo que comunico a usted para su publicación y demás fines.

Sufragio Efectivo. No Reelección.

México, D. F., a 1o. de agosto de 1934.- El Subsecretario de Gobernación, Encargado del Despacho, **Juan G. Cabral**.- Rúbrica.

Al C...

LEY GENERAL DE TÍTULOS Y OPERACIONES DE CRÉDITO

Nueva Ley publicada en el Diario Oficial de la Federación el 27 de agosto de 1932

TEXTO VIGENTE

Última reforma publicada DOF 26-03-2024

Al margen un sello que dice: Poder Ejecutivo Federal.-Estados Unidos Mexicanos.- México.- Secretaría de Gobernación.

El C. Presidente Constitucional de los Estados Unidos Mexicanos, se ha servido dirigirme la siguiente ley:

PASCUAL ORTIZ RUBIO, Presidente Constitucional de los Estados Unidos Mexicanos, a sus habitantes, sabed:

Que en ejercicio de las facultades extraordinarias de que me hallo investido en las materias de comercio y derecho procesal mercantil, y de crédito y moneda, por leyes de 31 de diciembre de 1931 y 21 de enero de 1932, he tenido a bien expedir la siguiente

LEY GENERAL DE TITULOS Y OPERACIONES DE CRÉDITO

TÍTULO PRELIMINAR

CAPÍTULO ÚNICO

Artículo 1o.- Son cosas mercantiles los títulos de crédito. Su emisión, expedición, endoso, aval o aceptación y las demás operaciones que en ellos se consignen, son actos de comercio. Los derechos y obligaciones derivados de los actos o contratos que hayan dado lugar a la emisión o transmisión de títulos de crédito, o se hayan practicado con éstos, se rigen por las normas enumeradas en el artículo 2o., cuando no se puedan ejercitar o cumplir separadamente del título, y por la Ley que corresponda a la naturaleza civil o mercantil de tales actos o contratos, en los demás casos.

Fe de erratas al párrafo DOF 08-09-1932

Las operaciones de crédito que esta Ley reglamenta son actos de comercio.

Artículo 2o.- Los actos y las operaciones a que se refiere el artículo anterior, se rigen:

I. Por lo dispuesto en esta Ley, y en las demás leyes especiales, relativas; en su defecto,

II. Por la Legislación Mercantil general; en su defecto,

III. Por los usos bancarios y mercantiles y, en defecto de éstos, y

Fracción reformada DOF 26-03-2024

IV. Por la legislación federal.

Fracción reformada DOF 26-03-2024

Artículo 3o.- Todos los que tengan capacidad legal para contratar, conforme a las Leyes que menciona el artículo anterior, podrán efectuar las operaciones a que se refiere esta ley, salvo aquellas que requieran concesión o autorización especial.

Fe de erratas al artículo DOF 08-09-1932

Artículo 4o.- En las operaciones de crédito que esta ley reglamenta, se presume que los codeudores se obligan solidariamente.

TÍTULO PRIMERO
DE LOS TÍTULOS DE CRÉDITO

CAPÍTULO I
DE LAS DIVERSAS CLASES DE TÍTULOS DE CRÉDITO

SECCIÓN PRIMERA
DISPOSICIONES GENERALES

Artículo 5o.- Son títulos de crédito, los documentos necesarios para ejercitar el derecho literal que en ellos se consigna, con independencia de que se emitan por medios escritos o electrónicos.

Los títulos de crédito podrán emitirse en medios electrónicos, ópticos o por cualquier otra tecnología a través de un sistema de información que se usará para generar, transmitir, recibir, entregar, o procesar de alguna otra forma mensajes de datos, en términos del artículo 89 del Código de Comercio.

Para efectos de lo dispuesto en el párrafo anterior, los títulos de crédito emitidos en medios electrónicos, ópticos o por cualquier otra tecnología se considerarán mensaje de datos en los términos del Título Segundo del Libro Segundo del Código de Comercio y no se desconocerán efectos jurídicos, validez, ni exigibilidad de los derechos consignados en dichos títulos por la sola razón de que estén contenidos en un mensaje de datos.

Artículo reformado DOF 26-03-2024

Artículo 5o Bis.- Cuando la presente Ley u otra disposición legal señale o exija que las operaciones que esta Ley regula consten por escrito, ese requisito se dará por cumplido respecto de un título de crédito emitido en medios electrónicos, ópticos o por cualquier otra tecnología, cuando así expresamente lo permita la Ley, si se mantiene íntegro y disponible.

Para efectos de los títulos de crédito que obren en medios electrónicos, por integridad se entenderá que la información contenida en el título de crédito emitido en medios electrónicos, ópticos o por cualquier otra tecnología, se ha mantenido completa e inalterada, a excepción de cualquier cambio que surja en el curso normal de su comunicación, archivo o presentación que conste y su circulación sea trazable en el sistema de información a que se refiere el artículo 5o. de esta Ley.

Se presumirá que un título de crédito se mantiene íntegro y disponible cuando pueda consultarse en el sistema de información a que se refiere el artículo 5o. de esta Ley.

Cuando se exija la firma de una persona, ese requisito se dará por cumplido para títulos de crédito emitidos en medios electrónicos, ópticos o por cualquier otra tecnología, siempre que sea atribuible a dicha persona conforme al Código de Comercio.

Artículo adicionado DOF 26-03-2024

Artículo 6o.- Las disposiciones de este Capítulo no son aplicables a los boletos, contraseñas, fichas u otros documentos que no estén destinados a circular y sirvan exclusivamente para identificar a quien tiene derecho a exigir la prestación que en ellos se consigna.

Artículo 7o.- Los títulos de crédito dados en pago, se presumen recibidos bajo la condición "salvo buen cobro."

Artículo 8o.- Contra las acciones derivadas de un título de crédito, sólo pueden oponerse las siguientes excepciones y defensas:

I. Las de incompetencia y de falta de personalidad en el actor;

II. Las que se funden en el hecho de no haber sido el demandado quien firmó el documento;

III. Las de falta de representación, de poder bastante o de facultades legales en quien subscribió el título a nombre del demandado, salvo lo dispuesto en al artículo 11;

IV. La de haber sido incapaz el demandado al suscribir el título;

V. Las fundadas en la omisión de los requisitos y menciones que el título o el acto en él consignado deben llenar o contener y la ley no presuma expresamente, o que no se hayan satisfecho dentro del término que señala el artículo 15;

VI. La de alteración del texto del documento o de los demás actos que en él consten, sin perjuicio de lo dispuesto en el artículo 13;

VII. Las que se funden en que el título no es negociable;

VIII. Las que se basen en la quita o pago parcial que consten en el texto mismo del documento, o en el depósito del importe de la letra en el caso del artículo 132;

IX. Las que se funden en la cancelación del título, o en la suspensión de su pago ordenada judicialmente, en el caso de la fracción II del artículo 45;

X. Las de prescripción y caducidad y las que se basen en la falta de las demás condiciones necesarias para el ejercicio de la acción;

XI. Las personales que tenga el demandado contra el actor, y

Fracción reformada DOF 22-06-2018

XII. La Declaración Especial de Ausencia de quién firmó, en los términos que la legislación especial en la materia establezca.

Fracción adicionada DOF 22-06-2018

Artículo 9o.- La representación para otorgar o suscribir títulos de crédito se confiere:

I. Mediante poder inscrito debidamente en el Registro de Comercio; y

II. Por simple declaración escrita dirigida al tercero con quien habrá de contratar el representante.

En el caso de la fracción I, la representación se entenderá conferida respecto de cualquier persona y en el de la fracción II sólo respecto de aquella a quien la declaración escrita haya sido dirigida.

En ambos casos, la representación no tendrá más límites que los que expresamente le haya fijado el representado en el instrumento o declaración respectivos.

Artículo 10.- El que acepte, certifique, otorgue, gire, emita, endose o por cualquier otro concepto suscriba un título de crédito en nombre de otro sin poder bastante o sin facultades legales para hacerlo, se obliga personalmente como si hubiera obrado en nombre propio y, si paga, adquiere los mismos derechos que corresponderían al representado aparente.

La ratificación expresa o tácita de los actos a que se refiere el párrafo anterior, por quien puede legalmente autorizarlos, transfiere al representado aparente, desde la fecha del acto, las obligaciones que de él nazcan.

Es tácita la ratificación que resulte de actos que necesariamente impliquen la aceptación del acto mismo por ratificar o de alguna de sus consecuencias. La ratificación expresa puede hacerse en el mismo título de crédito o en documento diverso.

Artículo 11.- Quien haya dado lugar, con actos positivos o con omisiones graves, a que se crea, conforme a los usos del comercio, que un tercero está facultado para suscribir en su nombre títulos de crédito, no podrá invocar la excepción a que se refiere la fracción III del artículo 8o. contra el tenedor de buena fe. La buena fe se presume, salvo prueba en contrario, siempre que concurran las demás circunstancias que en este artículo se expresan.

Fe de erratas al artículo DOF 14-09-1932

Artículo 12.- La incapacidad de alguno de los signatarios de un título de crédito; el hecho de que en éste aparezcan firmas falsas o de personas imaginarias; o la circunstancia de que por cualquier motivo el título no obligue a alguno de los signatarios, o a las personas que aparezcan como tales, no invalidan las obligaciones derivadas del título en contra de las demás personas que lo suscriban.

Artículo 13.- En caso de alteración del texto de un título de crédito, los signatarios posteriores a ella se obligan según los términos del texto alterado, y los signatarios anteriores, según los términos del texto original. Cuando no se pueda comprobar si una firma ha sido puesta antes o después de la alteración, se presume que lo fue antes.

Artículo 14.- Los documentos y los actos a que este Título se refiere, sólo producirán los efectos previstos por el mismo, cuando contengan las menciones y llenen los requisitos señalados por la Ley y que ésta no presuma expresamente.

La omisión de tales menciones y requisitos no afectará a la validez del negocio jurídico que dio origen al documento o al acto.

Artículo 15.- Las menciones y requisitos que el título de crédito o el acto en él consignado necesitan para su eficacia, podrán ser satisfechos por quien en su oportunidad debió llenarlos, hasta antes de la presentación del título para su aceptación o para su pago.

Artículo 16.- El título de crédito cuyo importe estuviere escrito a la vez en palabras y en cifras, valdrá, en caso de diferencia, por la suma escrita en palabras. Si la cantidad estuviere escrito varias veces en palabras y en cifras, el documento valdrá, en caso de diferencia, por la suma menor.

Artículo 17.- El tenedor de un título tiene la obligación de exhibirlo para ejercitar el derecho que en él se consigna. Cuando sea pagado, debe restituirlo. Si es pagado sólo parcialmente o en lo accesorio, debe hacer mención del pago en el título. En los casos de robo, extravío, destrucción o deterioro grave, se estará a lo dispuesto por los artículos 42 al 68, 74 y 75 de esta Ley.

Tratándose de un título de crédito emitido en medios electrónicos, ópticos o por cualquier otra tecnología, el tenedor exhibirá dicho título a través del sistema de información a que se refiere el artículo 5o. de esta Ley y que haya sido determinado conforme a las disposiciones legales aplicables al título de crédito de que se trate.

Artículo reformado DOF 26-03-2024

Artículo 18.- La transmisión del título de crédito implica el traspaso del derecho principal en él consignado y, a falta de estipulación en contrario, la transmisión del derecho a los intereses y dividendos caídos, así como de las garantías y demás derechos accesorios.

Artículo 19.- Los títulos representativos de mercancías, atribuyen a su poseedor legítimo, el derecho exclusivo a disponer de las mercancías que en ellos se mencionen.

La reivindicación de las mercancías representadas por los títulos a que este artículo se refiere, sólo podrá hacerse mediante la reivindicación del título mismo, conforme a las normas aplicables al afecto.

Artículo 20.- El secuestro o cualesquiera otros vínculos sobre el derecho consignado en el título, o sobre las mercancías por él representadas, no surtirán efectos si no comprenden el título mismo.

Artículo 21.- Los títulos de crédito podrán ser, según la forma de su circulación, nominativos o al portador.

El tenedor del título no puede cambiar la forma de su circulación sin consentimiento del emisor, salvo disposición legal expresa en contrario.

Artículo 22.- Respecto a los títulos de deuda pública, a los billetes de banco, a las acciones de sociedades y a los demás títulos de crédito regulados por leyes especiales, se aplicará lo prescrito en las disposiciones legales relativas y, en cuanto ellas no prevengan, lo dispuesto por este Capítulo.

SECCIÓN SEGUNDA
DE LOS TÍTULOS NOMINATIVOS

Artículo 23.- Son títulos de crédito nominativos, los expedidos a favor de una persona cuyo nombre se consigna en el mismo documento o archivo digital.

Párrafo reformado DOF 26-03-2024

En el caso de títulos nominativos que llevan adheridos cupones, se considerará que son cupones nominativos, cuando los mismos estén identificados y vinculados por su número, serie y demás datos con el título correspondiente.

Párrafo adicionado DOF 08-02-1985

Unicamente el legítimo propietario del título nominativo o su representante legal podrán ejercer, contra la entrega de los cupones correspondientes, los derechos patrimoniales que otorgue el título al cual estén adheridos.

Párrafo adicionado DOF 08-02-1985

Artículo 24.- Cuando por expresarlo el título mismo, o prevenirlo la ley que lo rige, el título deba ser inscrito en un registro del emisor, éste no estará obligado a reconocer como tenedor legítimo sino a quien figure como tal, a la vez en el documento y en el registro. Cuando sea necesario el registro, ningún acto u operación referente al crédito surtirá efectos contra el emisor, o contra los terceros, si no se inscribe en el registro y en el título.

Artículo 25.- Los títulos nominativos se entenderán siempre extendidos a la orden, salvo inserción en su texto, o en el de un endoso, de las cláusulas "no a la orden" o "no negociable." Las cláusulas dichas podrán ser inscritas en el documento por cualquier tenedor, y surtirán sus efectos desde la fecha de su inserción. El título que contenga las cláusulas de referencia, sólo será transmisible en la forma y con los efectos de una cesión ordinaria.

Artículo 26.- Los títulos nominativos serán transmisibles por endoso y entrega del título mismo, sin perjuicio de que puedan transmitirse por cualquier otro medio legal.

Tratándose de títulos de crédito emitidos en medios electrónicos, ópticos o cualquier otra tecnología el endoso se realizará a través del sistema de información a que se refiere el artículo 5o. de esta Ley, y se considerará como entregado al endosatario.

Párrafo adicionado DOF 26-03-2024

El endosatario adquiere un derecho independiente a aquel que tenía el endosante y, por tanto, no pueden oponérsele las excepciones personales oponibles a cualquiera de los endosantes anteriores.

Párrafo adicionado DOF 26-03-2024

Artículo 27.- La transmisión del título nominativo por cesión ordinaria o por cualquier otro medio legal diverso del endoso, subroga al adquirente en todos los derechos que el título confiere; pero lo sujeta a todas las excepciones personales que el obligado habría podido oponer al autor de la transmisión antes de ésta. El adquirente tiene derecho a exigir la entrega del título.

Tratándose de un título de crédito emitido en medios electrónicos, ópticos o por cualquier otra tecnología, que haya sido transmitido en términos del párrafo anterior, se tendrá por entregado al adquirente a través del sistema a que se refiere el artículo 5o. de esta Ley y que haya sido determinado conforme a las disposiciones legales aplicables al título de crédito de que se trate, con los efectos que se precisan en este artículo, en caso de efectuar cualquier acto de transmisión posterior indebido por parte del enajenante del título, a través del sistema que lo generó, lo hará sujeto de responsabilidades civiles y penales que correspondan.

Párrafo adicionado DOF 26-03-2024

Artículo 28.- El que justifique que un título nominativo negociable le ha sido trasmitido por medio distinto del endoso, puede exigir que el Juez, en vía de jurisdicción voluntaria, haga constar la transmisión en el documento mismo o en hoja adherida a él. La firma del Juez deberá ser legalizada.

Artículo 29.- El endoso debe constar en el título relativo o en hoja adherida al mismo, y llenar los siguientes requisitos:

I. El nombre del endosatario;

II. La firma del endosante o de la persona que suscriba el endoso a su ruego o en su nombre;

III. La clase de endoso;

IV. El lugar y la fecha.

Tratándose de un título de crédito emitido en medios electrónicos, ópticos o por cualquier otra tecnología, la transmisión por endoso deberá realizarse en el sistema de información a que se refiere el artículo 5o. de esta Ley, relacionándolo de manera indubitable con el título de crédito objeto del endoso.

Párrafo adicionado DOF 26-03-2024

Artículo 30.- Si se omite el primer requisito se estará a lo dispuesto en el artículo 32. La omisión del segundo requisito hace nulo el endoso, y la del tercero, establece la presunción de que el título fue trasmitido en propiedad, sin que valga prueba en contrario respecto a tercero de buena fe. La omisión del lugar, establece la presunción de que el documento fue endosado en el domicilio del endosante, y la de la fecha, establece la presunción de que el endoso se hizo el día en que el endosante adquirió el documento, salvo prueba en contrario.

Artículo 31.- El endoso debe ser puro y simple. Toda condición a la cual se subordine, se tendrá por no escrita. El endoso parcial es nulo.

Artículo 32.- El endoso puede hacerse en blanco, con la sola firma del endosante. En este caso, cualquier tenedor puede llenar con su nombre o el de un tercero, el endoso en blanco o trasmitir el título sin llenar el endoso.

El endoso al portador produce los efectos del endoso en blanco.

Tratándose de acciones, bonos de fundador, obligaciones, certificados de depósito, certificados de participación y cheques, el endoso siempre será a favor de persona determinada; el endoso en blanco o al portador no producirá efecto alguno. Lo previsto en este párrafo no será aplicable a los cheques expedidos por cantidades inferiores a las establecidas por el Banco de México, a través de disposiciones de carácter general que publique en el Diario Oficial de la Federación.

Párrafo adicionado DOF 30-12-1982. Reformado DOF 26-12-1990, 01-02-2008, 13-06-2014

Artículo 33.- Por medio del endoso, se puede trasmitir el título en propiedad, en procuración y en garantía.

Artículo 34.- El endoso en propiedad, transfiere la propiedad del título y todos los derechos a él inherentes. El endoso en propiedad no obligará solidariamente al endosante, sino en los casos en que la ley establezca la solidaridad.

Cuando la ley establezca la responsabilidad solidaria de los endosantes, éstos pueden librarse de ella mediante la cláusula "sin mi responsabilidad" o alguna equivalente.

Artículo 35.- El endoso que contenga las cláusulas "en procuración," "al cobro", u otra equivalente, no transfiere la propiedad; pero da facultad al endosatario para presentar el documento a la aceptación, para cobrarlo judicial o extrajudicialmente, para endosarlo en procuración y para protestarlo en su caso. El endosatario tendrá todos los derechos y obligaciones de un mandatario. El mandato contenido en el endoso no termina con la muerte o incapacidad del endosante, y su revocación no surte efectos respecto de tercero, sino desde que el endoso se cancela conforme al artículo 41.

En el caso de este artículo, los obligados sólo podrán oponer al tenedor del título las excepciones que tendrían contra el endosante.

Artículo 36.- El endoso con las cláusulas "en garantía," "en prenda" u otra equivalente, atribuye al endosatario todos los derechos y obligaciones de un acreedor prendario respecto del título endosado y los derechos a él inherentes, comprendiendo las facultades que confiere el endoso en procuración.

En el caso de este artículo, los obligados no podrán oponer al endosatario las excepciones personales que tengan contra el endosante.

Cuando la prenda se realice en los términos de la Sección 6a. del Capítulo IV, Título II de esta ley, lo certificarán así, en el documento, el corredor o los comerciantes que intervengan en la venta, y llenado ese requisito, el acreedor endosará en propiedad el título, pudiendo insertar la cláusula "sin responsabilidad."

Artículo 37.- El endoso posterior al vencimiento del título, surte efectos de cesión ordinaria.

Artículo 38.- Es propietario de un título nominativo, la persona en cuyo favor se expida conforme al artículo 23, mientras no haya algún endoso.

El tenedor de un título nominativo en que hubiere endosos, se considerará propietario del título, siempre que justifique su derecho mediante una serie no interrumpida de aquéllos.

La constancia que ponga el Juez en el título conforme al artículo 28, se tendrá como endoso para los efectos del párrafo anterior.

Artículo 39.- El que paga no está obligado a cerciorarse de la autenticidad de los endosos, ni tiene la facultad de exigir que ésta se le compruebe, pero sí debe verificar la identidad de la persona que presente el título como último tenedor, y la continuidad de los endosos. Las instituciones de crédito pueden cobrar los títulos aun cuando no estén endosados en su favor, siempre que les sean entregados por los beneficiarios para abono en su cuenta, mediante relación suscrita por el beneficiario o su representante, en la que se indique la característica que identifique el título; se considerará legítimo el pago con la sola declaración que la institución de crédito respectiva, haga en el título, por escrito, de actuar en los términos de este precepto.

Tratándose de un título de crédito emitido en medios electrónicos, ópticos o por cualquier otra tecnología, la identidad de las personas que presenten el título como último tenedor y la continuidad de los endosos, deberá verificarse en el sistema de información en que se hubiere emitido el título respectivo.

Párrafo adicionado DOF 26-03-2024

Artículo reformado DOF 31-12-1951

Artículo 40.- Los títulos de crédito pueden trasmitirse por recibo de su valor extendido en el mismo documento, o en hoja adherida a él, a favor de algún responsable de los mismos, cuyo nombre debe hacerse constar en el recibo. La transmisión por recibo produce los efectos de un endoso sin responsabilidad.

Tratándose de un título de crédito emitido en medios electrónicos, ópticos o por cualquier otra tecnología, la transmisión referida en el párrafo anterior se realizará a través del sistema de información a que se refiere el artículo 5o. de esta Ley, en que se hubiere emitido el título respectivo.

Párrafo adicionado DOF 26-03-2024

Artículo 41.- Los endosos y las anotaciones de recibo en un título de crédito que se testen o cancelen legítimamente, no tienen valor alguno. El propietario de un título de crédito puede testar los endosos y recibos posteriores a la adquisición; pero nunca los anteriores a ella.

Artículo 42.- El que sufra el extravío o el robo de un título nominativo, puede reivindicarlo o pedir su cancelación, y en este último caso, su pago, reposición o restitución, conforme a los artículos que siguen. También tiene derecho, si opta por lo segundo y garantiza la reparación de los daños y perjuicios correspondientes, a solicitar que se suspenda el cumplimiento de las obligaciones consignadas en el título, mientras éste queda definitivamente cancelado, o se resuelve sobre las oposiciones que se hagan a su cancelación.

La pérdida del título por otras causas sólo da derecho a las acciones personales que puedan derivarse del negocio jurídico o del hecho ilícito que la hayan ocasionado o producido.

Artículo 43.- El tenedor de un título nominativo que justifique su derecho a éste en los términos del artículo 38, no puede ser obligado a devolverlo, o a restituir las sumas que hubiere recibido por su cobro o negociación, a menos que se pruebe que lo adquirió incurriendo en culpa grave o de mala fe.

Si el título es de aquellos cuya emisión y transmisión deben inscribirse en algún registro, incurre en culpa grave el que lo adquiera de quien no aparece como propietario en el registro.

Fe de erratas al párrafo DOF 10-02-1933

También incurre en culpa grave el que adquiere un título perdido o robado después de hechas las publicaciones ordenadas por la fracción III del artículo 45.

Si a pesar de la notificación prevista por la fracción V del artículo 45, el título fuere negociado en la Bolsa, el que lo adquiera en ésta, durante la vigencia de la orden de suspensión, se reputará de mala fe.

El que reciba en garantía el título extraviado o robado, se equiparará al que lo adquiera en propiedad, para los efectos de los párrafos anteriores.

Artículo 44.- La cancelación del título nominativo extraviado o robado, debe pedirse ante el Juez del lugar en que el principal obligado habrá de cumplir las prestaciones a que el título da derecho.

El reclamante acompañará con su solicitud una copia del documento, y si eso no le fuere posible, insertará en la demanda las menciones esenciales de éste. Indicará los nombres y direcciones de las personas a las que debe hacerse la notificación prevista por la fracción III del artículo 45, y los de los obligados en vía de regreso a quienes pretenda exigir el pago del documento, en caso de no obtenerlo del deudor principal. Si solicita la suspensión del pago, conforme al artículo 42, ofrecerá garantía real o personal bastante para asegurar el resarcimiento de los daños y perjuicios que aquélla pueda ocasionar a quien justifique tener mejor derecho sobre el título. Deberá, además, al presentar la demanda de cancelación, o dentro de un término que no excederá de diez días, comprobar la posesión del título y que de ella lo privó su robo o extravío.

Artículo 45.- Si de las pruebas aportadas resultare cuando menos una presunción grave en favor de la solicitud, el Juez:

I. Decretará la cancelación del título, y autorizará al deudor principal, y subsidiariamente a los obligados en vía de regreso designados en la demanda, a pagar el documento al reclamante, para el caso de que nadie se presente a oponerse a la cancelación dentro de un plazo de sesenta días, contados a partir de la publicación del decreto en los términos de la fracción III, o dentro de los treinta días posteriores al vencimiento del título, según que éste sea o no exigible en los treinta días que sigan al decreto;

II. Ordenará, si así lo pidiere el reclamante, y fuere suficiente la garantía ofrecida por él en los términos del artículo anterior, que se suspenda el cumplimiento de las prestaciones a que el título dé derecho, mientras pasa a ser definitiva la cancelación, o se decide sobre las oposiciones a ésta;

Fe de erratas a la fracción DOF 24-09-1932

III. Mandará que se publique una vez en el Diario Oficial un extracto del decreto de cancelación y que dicho decreto y la orden de suspensión se notifiquen:

a) Al aceptante y a los domiciliatarios, si los hubiere;

b) Al girador, al girado y a los recomendatarios, si se trata de letras no aceptadas;

c) Al librador y al librado, en el caso del cheque;

d) Al subscriptor o emisor del documento, en los demás casos; y

e) A los obligados en vía de regreso designados en la demanda;

IV. Prevendrá a los suscriptores del documento indicados por el reclamante, que deben otorgar a éste un duplicado de aquél, si el título es de vencimiento posterior a la fecha en que su cancelación quede firme;

V. Dispondrá, siempre que el reclamante lo pidiere, que el decreto y la orden de suspensión de que hablan las fracciones I y II se notifiquen a las Bolsas de Valores señaladas por aquél, con el fin de evitar la transferencia del documento.

Artículo 46.- El pago hecho al tenedor del título por cualquiera de los obligados, después de serle notificada la orden de suspensión, no libera al que lo hace, si queda firme el decreto de cancelación.

Artículo reformado DOF 31-08-1933

Artículo 47.- Puede oponerse a la cancelación, y al pago o reposición del título, en su caso, todo el que justifique tener sobre éste mejor derecho que el que alega el reclamante.

Se reputan con mejor derecho que el reclamante, los que adquirieron el documento sin incurrir en culpa grave y de buena fe, siempre que puedan acreditar su carácter de propietarios en los términos del artículo 38.

Es aplicable al oponente lo dispuesto por los párrafos segundo, tercero, cuarto y quinto del artículo 43.

Tratándose de un título de crédito emitido en medios electrónicos, ópticos o por cualquier otra tecnología, la oposición se realizará conforme al procedimiento establecido en el artículo 51 de esta Ley, para tales efectos el juez deberá consultar la existencia y circulación del título de crédito en el sistema de información a que se refiere el artículo 5o. de esta Ley, en que se hubiere emitido el título respectivo.

Párrafo adicionado DOF 26-03-2024

Artículo 48.- La oposición del tenedor del título debe substanciarse con citación del que pidió la cancelación, y de las personas mencionadas en la fracción III del artículo 45.

Para que se dé entrada a la oposición, es necesario que el oponente deposite el documento a disposición del Juzgado, y además asegure con garantía real o personal satisfactoria, el resarcimiento de los daños y perjuicios que la oposición ocasione al que obtuvo el decreto de cancelación, para el caso de que aquélla no sea admitida.

Fe de erratas al párrafo DOF 09-09-1933

Oído dentro de tres días en traslado el reclamante, la oposición será recibida a prueba por un término que el Juez fijará atendiendo a las circunstancias del negocio, y que en ningún caso excederá de treinta días. El término para alegar será de cinco días para cada parte, y la resolución deberá dictarse dentro de diez días. Ninguno de esos términos puede suspenderse o prorrogarse.

Fe de erratas al párrafo DOF 09-09-1933

Artículo reformado DOF 31-08-1933

Artículo 49.- Admitida la oposición en sentencia definitiva, quedarán de pleno derecho revocados el decreto de cancelación y las órdenes de suspensión y de pago o de reposición a que se refiere el artículo 45, y la parte condenada debe reparar los daños y perjuicios que hubieren causado al oponente dichas resoluciones y, además pagará las costas del procedimiento.

Artículo 50.- Desechada la oposición, será el oponente quien pague las costas, daños y perjuicios ocasionados por ella al reclamante, y el Juez mandará que se entregue a esté el título depositado.

Artículo 51.- La oposición de quien no tenga en su poder el título se substanciará en la misma forma que la del tenedor, con la sola excepción de que no será necesario el depósito previo del documento para dar entrada a la demanda.

Si la oposición es admitida, se estará a lo dispuesto por el artículo 49. Si fuere desechada, quedarán firmes el decreto de cancelación y las órdenes de pago o de reposición previstos por las fracciones I y IV del artículo 45, siempre que no se haya opuesto también a la cancelación el tenedor del título, depositándolo en los términos del artículo 48. En este último caso prevalecerá la resolución que recaiga sobre la oposición del tenedor.

Las oposiciones que por separado se formulen contra la cancelación del título extraviado o robado deben acumularse, y fallarse en una misma sentencia.

Artículo reformado DOF 31-08-1933

Artículo 52.- El que sin haber firmado el título sea designado en la demanda de cancelación como signatario, debe expresar su inconformidad ante el Juez que conoce de aquélla, dentro de los treinta días que sigan al de la notificación ordenada por la fracción III del artículo 45. Otro tanto hará el que haya suscrito el documento en una calidad diversa de la que en dicha demanda se le atribuya.

Si el interesado no manifiesta su inconformidad en el plazo que antecede, se presumirá, salvo prueba en contrario, que es cierto lo que afirma el demandante. Contra esa presunción no se le recibirá prueba alguna sino en los procedimientos a que se refieren los artículos 54, 55 y 57, y deberá tenérsele como signatario, con la calidad indicada en la demanda, mientras no sea depositado el título por el tenedor, en todo lo concerniente a los actos conservatorios previstos por los artículos 60 y 61.

Fe de erratas al párrafo DOF 09-09-1933

Artículo reformado DOF 31-08-1933

Artículo 53.- La cancelación del título extraviado o robado no libera a los signatarios de las prestaciones que el mismo les impone. Sólo extingue las acciones y derechos que respecto de éstos puedan incumbir al tenedor del documento, desde que adquieran fuerza de definitivos el decreto de cancelación o la sentencia que deseche la oposición.

Fe de erratas al párrafo DOF 09-09-1933

Desde que la cancelación quede firme, por no haberse presentado ningún opositor, o por haberse desechado las oposiciones formuladas contra ella, el que la obtuvo puede reclamar a los signatarios del título el pago de éste, si fuere para entonces exigible, o que le extiendan un duplicado del mismo, si fuere de vencimiento posterior.

Fe de erratas al artículo DOF 08-09-1932. Reformado DOF 31-08-1933

Artículo 54.- Si se reclama el pago del documento, la demanda debe proponerse en la vía ejecutiva, y bajo pena de caducidad de la acción respectiva, dentro de los treinta días que sigan a la fecha en que quede firme la cancelación. Con la demanda se acompañarán precisamente, para que la ejecución pueda despacharse, todas las constancias y documentos de que resulte acreditado el derecho del reclamante.

Contra esa reclamación caben todas las excepciones y defensas enumeradas en el artículo 8o. de la presente Ley.

Párrafo reformado DOF 26-03-2024

Tratándose de un título de crédito emitido en medios electrónicos, ópticos o por cualquier otra tecnología, el juez deberá consultar la existencia y circulación del título de crédito en el sistema de información a que se refiere el artículo 5o. de esta Ley, en que se hubiere emitido el título respectivo.

Párrafo adicionado DOF 26-03-2024

Artículo 55.- El signatario de un título cancelado que lo pague al que obtuvo la cancelación, tiene derecho a reivindicar el documento, para ejercitar contra los demás obligados las acciones que en virtud del mismo le competan, sin perjuicio de las causales y de la de enriquecimiento sin causa que pueda tener, respectivamente, contra su deudor directo o contra el girador, librador, emisor o suscriptor, en su caso.

Fe de erratas al párrafo DOF 08-09-1932

También puede exigir que se le dé copia certificada de las resoluciones y constancias de los procedimientos de cancelación y de oposición que estime pertinentes, y con ellas y los demás documentos justificativos de su derecho, ejercitar en la vía ejecutiva las acciones que del documento cancelado se deriven en su favor contra los demás signatarios de éste.

Artículo 56.- Si alguno de los signatarios del título cancelado se niega a suscribir el duplicado correspondiente, el Juez lo hará por él y el documento producirá conforme a su texto los mismos efectos que el título cancelado.

La firma del Juez debe legalizarse.

Artículo 57.- El procedimiento a que se refiere el artículo anterior se substanciará en la forma que sigue:

Cuando se reclame la suscripción de un duplicado en los términos del artículo anterior, la demanda debe presentarse ante el Juez del domicilio del demandado, y bajo pena de caducidad de la acción respectiva, dentro de los treinta días que sigan a la fecha en que haya quedado firme la cancelación. Con la demanda se acompañarán precisamente todas las constancias y documentos que acrediten el derecho del demandante. Oído en traslado dentro de tres días el demandado, el negocio será recibido a prueba por un término que el Juez fijará atendiendo a las circunstancias del caso, y que nunca excederá de veinte días. El término para alegar será de cinco días para cada parte, y la resolución se pronunciará dentro de diez días. Ninguno de esos términos puede suspenderse o prorrogarse.

Artículo 58.- Si alguna de las personas designadas en la demanda de cancelación como signatarias del título, manifiesta su inconformidad en los términos del artículo 52, no puede exigírsele el pago del documento ni que suscriba un duplicado del mismo en los procedimientos previstos por los artículos 54, 55 y 57, a menos que lo que se le demande resulte de la calidad en que hubiere declarado haber firmado aquél; pero el reclamante conservará expeditas las acciones que en su contra tenga, para ejercitarlas en la vía correspondiente.

Artículo 59.- El que habiendo firmado el título en la calidad indicada por la demanda de cancelación, se manifieste inconforme con dicha demanda, en los términos del artículo 52, sufrirá la pena del delito de falsedad en declaraciones judiciales, y responderá además por los daños y perjuicios que su declaración ocasione al reclamante, los que nunca serán estimados en menos de la cuarta parte del valor del documento.

Artículo 60.- Mientras está en vigor la orden de suspensión a que se refiere la fracción II del artículo 45, el que la obtuvo debe ejercitar todas las acciones y practicar todos los actos necesarios para la conservación de los derechos que del documento se deriven, bastando para ese efecto que exhiba copia certificada del decreto de cancelación, y garantice el resarcimiento de los daños y perjuicios correspondientes.

Artículo 61.- Si el título cuya cancelación se solicita es exigible o adquiere ese carácter durante la vigencia de la orden de suspensión, cualquiera de los interesados podrá pedir que se requiera a los signatarios para que depositen a disposición del Juzgado el importe del documento, comenzándose siempre por el deudor principal. El depósito hecho por uno de los signatarios releva a los otros de la obligación de constituirlo.

En caso de urgencia, podrá el Juez disponer que se interpele a las personas designadas como signatarios en la demanda, aun cuando no haya transcurrido el plazo fijado por el artículo 52, para que desde luego manifiesten si reconocen haber firmado el título como lo pretende el demandante, y estando conformes con el dicho de éste, se les requiera en el mismo acto para que constituyan el depósito.

La omisión total o parcial del depósito por quien debe constituirlo, produce los mismos efectos que la falta de pago, y sujeta al moroso, desde el día del requerimiento, a la responsabilidad civil correspondiente.

Artículo 62.- El depósito nada prejuzga acerca de las defensas y excepciones personales que pueda tener el que lo hace contra el que obtenga la cancelación o devolución del título, siempre que aquéllas sean anteriores al requerimiento y que el signatario depositante haga reserva expresa de las mismas al constituir el depósito o dentro de los diez días que sigan a éste o a la notificación de la citación; prescrita por el artículo 48.

Constituido el depósito sin la reserva mencionada antes, el Juez transferirá el título al signatario depositante, en cuanto concluya el plazo fijado por la fracción I del artículo 45, y mandará entregar la cantidad depositada al que resulte con derecho a ella en los procedimientos de cancelación y oposición.

Si el depósito se hiciere con reservas, el Juez lo pondrá a disposición del Juzgado que conozca del juicio a que alude el artículo 54, para que quede a las resultas del mismo, a menos que dichas reservas no se refieran a la parte que haya obtenido en su favor la cancelación o devolución del título. En este último caso, se procederá como en el previsto en el párrafo anterior.

Artículo 63.- La sentencia en que se decidan las oposiciones formuladas contra la cancelación, sólo será apelable cuando el valor de los documentos exceda de dos mil pesos, debiendo admitirse la alzada en el efecto devolutivo únicamente.

Contra las demás resoluciones que se dicten en los procedimientos de cancelación y oposición no cabe recurso alguno; pero el Juez será responsable de las irregularidades de que adolezcan, así como de la idoneidad de las garantías ofrecidas por quienes las hayan solicitado.

Respecto de los procedimientos a que se refieren los artículos 56 y 57, las providencias y el fallo que en ellos se pronuncien admitirán los recursos previstos para los juicios ejecutivos mercantiles.

Fe de erratas al párrafo DOF 24-09-1932

Artículo 64.- El que negocie un título nominativo habiéndolo adquirido de mala fe, es responsable de los daños y perjuicios que con ello ocasione al endosatario de buena fe o al dueño del documento, cualquiera que sea la causa que privó a éste de su posesión.

Artículo 65.- En los casos de destrucción total, mutilación o deterioro grave de un título nominativo, el tenedor puede pedir su cancelación y su pago o reposición, con arreglo al procedimiento previsto para los títulos extraviados o robados.

Si la destrucción, mutilación o deterioro se refieren a alguna de las firmas, sin afectar las menciones y requisitos esenciales del documento, no será necesaria la cancelación de éste para que el Juez lo suscriba por los que se nieguen a hacerlo, dentro del procedimiento fijado por el artículo 57, siendo aplicables además los artículos 56, 59, 60, 61, 62 y 63, parte final, en lo conducente.

Artículo 66.- En los casos de robo, extravío, destrucción total, mutilación y deterioro grave de un título nominativo no negociable, el que justifique ser su propietario tendrá derecho a exigir que le expidan un duplicado los suscriptores del documento, sin que se necesite cancelarlo previamente, y de no allanarse a hacerlo alguno de los obligados, el Juez firmará por él conforme al procedimiento prescrito por el artículo 57, siendo asimismo aplicables los artículos 56, 59, 60, 61, 62 y 63, parte final, en lo conducente.

Artículo 67.- Los procedimientos de cancelación, oposición, y reposición a que se refieren los artículos anteriores, suspenden el término de la prescripción extintiva respecto de los títulos nominativos extraviados, robados, destruidos, mutilados o deteriorados gravemente.

Artículo 68.- Las acciones que resulten de los títulos nominativos extraviados, robados, destruidos, mutilados o deteriorados gravemente, no se perjudicarán por la omisión de los actos conservatorios que no puedan practicarse mientras se substancian los procedimientos de cancelación, oposición y reposición de que hablan los artículos anteriores; pero si la ley fija un plazo para la realización de dichos actos, éste comenzará a correr desde que queda firme la cancelación por falta de opositores, o se resuelve en sentencia definitiva sobre las oposiciones a la cancelación o sobre la demanda de reposición en los términos del artículo 57.

Fe de erratas al artículo DOF 08-09-1932

SECCIÓN TERCERA
DE LOS TÍTULOS AL PORTADOR

Artículo 69.- Son títulos al portador los que no están expedidos a favor de persona determinada, contengan o no la cláusula "al portador."

Artículo 70.- Los títulos al portador se trasmiten por simple tradición.

Artículo 71.- La suscripción de un título al portador obliga a quien la hace, a cubrirlo a cualquiera que se lo presente, aunque el título haya entrado a la circulación contra la voluntad del suscriptor, o después de que sobrevengan su muerte o incapacidad.

Artículo 72.- Los títulos al portador que contengan la obligación de pagar alguna suma de dinero, no podrán ser puestos en circulación sino en los casos establecidos en la Ley expresamente, y conforme a las reglas en ella prescritas. Los títulos que se emitan en contravención a lo dispuesto en este artículo, no producirán acción como títulos de crédito. El emisor será castigado por los Tribunales Federales, con multa de un tanto igual al importe de los títulos emitidos.

Artículo 73.- Los títulos al portador sólo pueden ser reivindicados cuando su posesión se pierde por robo o extravío, y únicamente están obligados a restituirlos o a devolver las sumas percibidas por su cobro o transmisión, quienes los hubieren hallado o substraído y las personas que los adquirieren conociendo o debiendo conocer la causas viciosas de la posesión de quien se los transfirió.

La pérdida del título por otras causas, sólo da derecho a las acciones personales que puedan derivarse del negocio jurídico o del hecho ilícito que la hayan ocasionado o producido.

Artículo 74.- Quien haya sufrido la pérdida o robo de un título al portador puede pedir que se notifiquen al emisor o librador, por el juez del lugar donde deba hacerse el pago. La notificación obliga al emisor o librador a cubrir el principal e intereses del título al denunciante, después de prescritas las acciones que nazcan del mismo, siempre que antes no se presente a cobrarlos un poseedor de buena fe. En este último caso, el pago debe hacerse al portador, quedando liberados para con el denunciante el emisor o el librador.

Artículo 75.- Cuando un título al portador no esté en condiciones de circular por haber sido destruido o mutilado en parte, el tenedor puede pedir su cancelación y reposición conforme al procedimiento previsto para los títulos nominativos.

CAPÍTULO II
DE LA LETRA DE CAMBIO

SECCIÓN PRIMERA
DE LA CREACIÓN, FORMA Y ENDOSO DE LA LETRA DE CAMBIO

Artículo 76.- La letra de cambio debe contener:

I. La mención de ser letra de cambio, inserta en el texto del documento;

II. La expresión del lugar y del día, mes y año en que se suscribe;

III. La orden incondicional al girado de pagar una suma determinada de dinero;

IV. El nombre del girado;

V. El lugar y la época del pago;

VI. El nombre de la persona a quien ha de hacerse el pago; y

VII. La firma del girador o de la persona que suscriba a su ruego o en su nombre.

Artículo 77.- Si la letra de cambio no contuviere la designación del lugar en que ha de pagarse, se tendrá como tal el del domicilio del girado, y si éste tuviere varios domicilios, la letra será exigible en cualquiera de ellos, a elección del tenedor.

Si en la letra se consignan varios lugares para el pago, se entenderá que el tenedor podrá exigirlo en cualquiera de los lugares señalados.

Artículo 78.- En la letra de cambio se tendrá por no escrita cualquiera estipulación de intereses o cláusula penal.

Artículo 79.- La letra de cambio puede ser girada:

I. A la vista;

II. A cierto tiempo vista;

III. A cierto tiempo fecha; y

IV. A día fijo.

Las letras de cambio con otra clase de vencimientos, o con vencimientos sucesivos, se entenderán siempre pagaderas a la vista por la totalidad de la suma que expresen. También se considerará pagadera a la vista, la letra de cambio cuyo vencimiento no esté indicado en el documento.

Artículo 80.- Una letra de cambio girada a uno o varios meses fecha o vista, vence el día correspondiente al de su otorgamiento o presentación del mes en que debe efectuarse el pago. Si éste no tuviere día correspondiente al del otorgamiento o presentación, la letra vencerá el último del mes.

Párrafo reformado DOF 31-08-1933

Si se fijare el vencimiento para "principios," "mediados" o "fines" de mes, se entenderán por estos términos los días primero, quince y último del mes que corresponda.

Las expresiones "ocho días" o "una semana," "quince días," "dos semanas," "una quincena" o "medio mes," se entenderán, no como una o dos semanas enteras, sino como plazos de ocho o de quince días efectivos, respectivamente.

Artículo 81.- Cuando alguno de los actos que este Capítulo impone como obligatorios al tenedor de una letra de cambio, deba efectuarse dentro de un plazo cuyo último día no fuere hábil, el término se entenderá prorrogado hasta el primer día hábil siguiente. Los días inhábiles intermedios se contarán para el cómputo del plazo. Ni en los términos legales ni en los convencionales, se comprenderá el día que les sirva de punto de partida.

Artículo 82.- La letra de cambio puede ser girada a la orden del mismo girador.

Puede ser igualmente girada a cargo del mismo girador, cuando sea pagadera en lugar diverso de aquél en que se emita. En este último caso, el girador quedará obligado como aceptante, y si la letra fuere girada a cierto tiempo vista, su presentación sólo tendrá el efecto de fijar la fecha de su vencimiento, observándose respecto de la fecha de presentación, en su caso, lo que dispone la parte final del artículo 98.

La presentación se comprobará por visa suscrita por el girador en la letra misma o, en su defecto, por acta ante notario o corredor.

Artículo 83.- El girador puede señalar para el pago el domicilio o la residencia de un tercero, en el mismo lugar del domicilio del girado, o en otro lugar. Si la letra no contiene la indicación de que el pago será hecho por el girado mismo en el domicilio o en la residencia del tercero designado en ella, se entenderá que el pago será hecho por este último, quien en ese caso tendrá el carácter de simple domiciliatario.

También puede el girador señalar su domicilio o residencia para que la letra sea pagada, aun cuando los mismos se encuentren en lugar diverso de aquél en que tiene los suyos el girado.

Artículo 84.- El girador y cualquier otro obligado, pueden indicar en la letra el nombre de una o varias personas a quienes deberá exigirse la aceptación y pago de la misma, o solamente el pago, en defecto del girado, siempre que tengan su domicilio o su residencia en el lugar señalado en la letra para el pago, o a falta de designación del lugar, en la misma plaza del domicilio del girado.

Artículo 85.- La facultad de obrar en nombre y por cuenta de otro no comprende la de obligarlo cambiariamente, salvo lo que dispongan el poder o la declaración a que se refiere el artículo 9o.

Los administradores o gerentes de sociedades o negociaciones mercantiles se reputan autorizados para suscribir letras de cambio a nombre de éstas, por el hecho de su nombramiento. Los límites de esa autorización son los que señalen los estatutos o poderes respectivos.

Artículo 86.- Si el girador no sabe o no puede escribir, firmará a su ruego otra persona, en fe de lo cual firmará también un corredor público titulado, un notario o cualquier otro funcionario que tenga fe pública.

Artículo 87.- El girador es responsable de la aceptación y del pago de la letra; toda cláusula que lo exima de esta responsabilidad se tendrá por no escrita.

Artículo 88.- La letra de cambio expedida al portador no producirá efectos de letra de cambio, estándose a la regla del artículo 14. Si se emitiere alternativamente al portador o a favor de persona determinada, la expresión "al portador" se tendrá por no puesta.

Fe de erratas al artículo DOF 08-09-1932

Artículo 89.- La inserción de las cláusulas "documentos contra aceptación" o "documentos contra pago," o de las mencionadas "D/a" o "D/p", en el texto de una letra de cambio con la que se acompañen documentos representativos de mercancías, obliga al tenedor de la letra a no entregar los documentos sino mediante la aceptación o el pago de la letra.

Artículo 90.- El endoso en propiedad de una letra de cambio, obliga al endosante solidariamente con los demás responsables del valor de la letra, observándose, en su caso, lo que dispone el párrafo final del artículo 34.

Fe de erratas al artículo DOF 08-09-1932

SECCIÓN SEGUNDA
DE LA ACEPTACIÓN

Artículo 91.- La letra debe ser presentada para su aceptación en el lugar y dirección designados en ella al efecto. A falta de indicación de dirección o lugar, la presentación se hará en el domicilio o en la residencia del girado.

Cuando en la letra se señalen varios lugares para la aceptación, se entenderá que el tenedor puede presentarla en cualquiera de ellos.

Artículo 92.- Si, conforme al artículo 84, la letra contuviere indicación de otras personas a quienes deba exigirse la aceptación en defecto del girado, deberá el tenedor, previos protestos con respecto a los que se negaren, reclamar la aceptación de las demás personas indicadas.

El tenedor que no cumpla la obligación anterior, perderá la acción cambiaria por falta de aceptación.

Artículo 93.- Las letras pagaderas a cierto tiempo vista, deberán ser presentadas para su aceptación dentro de los seis meses que sigan a su fecha. Cualquiera de los obligados podrá reducir ese plazo, consignándolo así en la letra. En la misma forma, el girador podrá, además, ampliarlo, y prohibir la presentación de la letra antes de determinada época.

El tenedor que no presente la letra en el plazo legal o en el señalado por cualquiera de los obligados, perderá la acción cambiaria, respectivamente, contra todos los obligados, o contra el obligado que haya hecho la indicación del plazo y contra los posteriores a él.

Artículo 94.- La presentación de las letras giradas a día fijo o a cierto plazo de su fecha será potestativa, a menos que el girador la hubiere hecho obligatoria con señalamiento de un plazo determinado para la presentación, consignando expresamente en la letra esa circunstancia. Puede asimismo el girador prohibir la presentación antes de una época determinada, consignándolo así en la letra.

Cuando sea potestativa la presentación de la letra, el tenedor podrá hacerla a más tardar el último día hábil anterior al del vencimiento.

Artículo 95.- Si el girador ha indicado en la letra un lugar de pago distinto de aquel en que el girado tiene su domicilio, el aceptante deberá expresar en la aceptación el nombre de la persona que debe pagarla. A falta de tal indicación, el aceptante mismo queda obligado a cubrir aquélla en el lugar designado para el pago.

Artículo 96.- Si la letra es pagadera en el domicilio del girado, puede éste, al aceptarla, indicar dentro de la misma plaza, una dirección donde la letra deba serle presentada para su pago, a menos que el girador haya señalado alguna.

Artículo 97.- La aceptación debe constar en la letra misma y expresarse por la palabra "acepto," u otra equivalente, y la firma del girado. Sin embargo, la sola firma de éste, puesta en la letra, es bastante para que se tenga por hecha la aceptación.

Artículo 98.- Sólo cuando la letra es pagadera a cierto plazo de la vista, o cuando debe ser presentada para su aceptación dentro de un plazo determinado en virtud de indicación especial, es requisito indispensable para la validez de la aceptación, la expresión de su fecha; pero si el aceptante la omitiere, podrá consignarla el tenedor.

Artículo 99.- La aceptación debe ser incondicional; pero puede limitarse a menor cantidad del monto de la letra. Cualquiera otra modalidad introducida por el aceptante, equivale a una negativa de aceptación; pero el girado quedará obligado en los términos de su aceptación.

Artículo 100.- Se reputa rehusada la aceptación que el girado tacha antes de devolver la letra.

Artículo 101.- La aceptación de una letra de cambio obliga al aceptante a pagarla a su vencimiento, aun cuando el girador hubiere quebrado antes de la aceptación.

El aceptante queda obligado cambiariamente también con el girador; pero carece de acción cambiaria contra él y contra los demás signatarios de la letra.

SECCIÓN TERCERA
DE LA ACEPTACIÓN POR INTERVENCIÓN

Artículo 102.- La letra de cambio no aceptada por el girado, puede serlo por intervención, después del protesto respectivo.

Artículo 103.- El tenedor está obligado a admitir la aceptación por intervención de las personas a que se refiere el artículo 92.

Es facultativo para él admitir o rehusar la aceptación por intervención del girado que no aceptó, de cualquiera otra persona obligada ya en la misma letra, o de un tercero.

Artículo 104.- Si el que acepta por intervención no designa la persona en cuyo favor lo hace, se entenderá que interviene por el girador, aun cuando la recomendación haya sido hecha por un endosante.

Artículo 105.- La aceptación por intervención extingue la acción cambiaria por falta de aceptación, contra la persona en cuyo favor se hace, y contra los endosantes posteriores y sus avalistas.

Artículo 106.- El aceptante por intervención queda obligado en favor del tenedor, y de los signatarios posteriores a aquél por quien interviene.

Artículo 107.- El aceptante por intervención deberá dar inmediato aviso de su intervención a la persona por quien la hubiere efectuado. Dicha persona, los endosantes que la precedan, el girador y los avalistas de cualquiera de ellos, pueden en todo caso exigir al tenedor que, no obstante la intervención, les reciba el pago de la letra y les haga entrega de la misma.

Artículo 108.- Son aplicables a la aceptación por intervención, las disposiciones de los artículos 95 al 100.

Fe de erratas al artículo DOF 08-09-1932

SECCIÓN CUARTA
DEL AVAL

Artículo 109.- Mediante el aval se garantiza en todo o en parte el pago de la letra de cambio.

Artículo 110.- Puede prestar el aval quien no ha intervenido en la letra y cualquiera de los signatarios de ella.

Artículo 111.- El aval debe constar en la letra o en hoja que se le adhiera. Se expresará con la fórmula "por aval," u otra equivalente, y debe llevar la firma de quien lo presta. La sola firma puesta en la letra, cuando no se le pueda atribuir otro significado, se tendrá como aval.

Tratándose de títulos de crédito emitidos en medios electrónicos, ópticos o cualquier otra tecnología, el otorgamiento de aval se realizará a través del sistema de información a que se refiere el artículo 5o. de esta Ley.

Párrafo adicionado DOF 26-03-2024

Artículo 112.- A falta de mención de cantidad, se entiende que el aval garantiza todo el importe de la letra.

Artículo 113.- El aval debe indicar la persona por quien se presta. A falta de tal indicación, se entiende que garantiza las obligaciones del aceptante y, si no lo hubiere, las del girador.

Artículo 114.- El avalista queda obligado solidariamente con aquel cuya firma ha garantizado, y su obligación es válida, aun cuando la obligación garantizada sea nula por cualquier causa.

Artículo 115.- El avalista que paga la letra, tiene acción cambiaria contra el avalado y contra los que están obligados para con éste en virtud de la letra.

Artículo 116.- La acción contra el avalista estará sujeta a los mismos términos y condiciones a que esté sujeta la acción contra el avalado.

SECCIÓN QUINTA
DE LA PLURALIDAD DE EJEMPLARES Y DE LAS COPIAS

Artículo 117.- Cuando la letra no contenga la cláusula "única," el tomador tendrá derecho a que el girador le expida uno o más ejemplares idénticos, pagando todos los gastos que se causen. Esos ejemplares deberán contener en su texto la indicación "primera," "segunda," y así sucesivamente, según el orden de su expedición. A falta de esta indicación, cada ejemplar se considerará como una letra de cambio distinta.

Cualquier otro tenedor podrá ejercitar ese mismo derecho, por medio del endosante inmediato, quien a su vez habrá de dirigirse al que le antecede, y así sucesivamente, hasta llegar al girador.

Los endosantes y avalistas, están obligados a reproducir sus respectivas suscripciones en los duplicados de la letra.

Artículo 118.- El pago hecho sobre uno de los ejemplares libera del pago de todos los otros; pero el girado quedará obligado por cada ejemplar que acepte.

El endosante que hubiere endosado los ejemplares a personas diferentes, así como los endosantes posteriores, quedarán obligados por sus endosos como si constaren en letras distintas.

Artículo 119.- La persona que haya remitido uno de los ejemplares para su aceptación, debe mencionar en los demás el nombre y domicilio de la persona en cuyo poder se encuentre aquél; la falta de esta indicación no invalida la letra.

El tenedor del ejemplar enviado a la aceptación, está autorizado y tiene además la obligación de presentarlo oportunamente y protestarlo en su caso; si al vencerse la letra no le hubiere sido exigido el ejemplar por quien tuviere derecho a él, deberá presentarlo al cobro para el efecto de que se deposite el importe de la letra en una institución de crédito o, en su defecto, en una casa de comercio, protestando la letra por falta de pago si el girado no hiciere el depósito. Tiene además obligación de entregar el ejemplar que se le envió para su aceptación y las actas de protesto, en su caso, el tenedor legítimo de otro ejemplar que contenga la indicación de la persona a quien el primero fue enviado.

Fe de erratas al párrafo DOF 09-09-1933

Artículo reformado DOF 31-08-1933

Artículo 120.- Si el tenedor se negare a hacer la entrega, el tenedor legítimo no podrá ejercitar sus acciones sino después de haber levantado acta de protesto:

Fe de erratas al párrafo DOF 09-09-1933

I. Contra el tenedor, haciendo constar la omisión de dicha entrega; y

II. Contra el girado, por falta de aceptación o de pago del duplicado, siempre que tales protestos se levanten dentro de los términos que esta Ley establece.

Artículo reformado DOF 31-08-1933

Artículo 121.- Cuando al tenedor del original enviado para su aceptación se le presenten dos o más tenedores de los demás ejemplares para que entregue aquél, lo entregará al primero que lo solicite; y si se presentaren varios a un mismo tiempo, dará preferencia al portador del ejemplar marcado con el número ordinal más bajo.

Artículo reformado DOF 31-08-1933. Fe de erratas DOF 09-09-1933

Artículo 122.- El tenedor de una letra de cambio tiene derecho a hacer copias de la misma. Estas deben reproducir exactamente el original, con los endosos y todas las enunciaciones que contengan indicando hasta dónde termina lo copiado.

Artículo 123.- Las suscripciones autógrafas del aceptante, de los endosantes y de los avalistas, hechas en la copia, obligan a los signatarios como si las mismas constaran en el original.

Artículo 124.- La persona que haya remitido el original para su aceptación o que lo haya depositado, debe mencionar en las copias el nombre y domicilio de la persona en cuyo poder se encuentre dicho original. La falta de esta indicación no invalida los endosos originales puestos sobre las copias.

El tenedor del original está obligado a entregarlo al tenedor legítimo de la copia. El tenedor que, sin el original, quiera ejercitar sus derechos contra los suscriptores de la copia, debe probar con el protesto que el original no le fue entregado a su petición.

Artículo reformado DOF 31-08-1933

Artículo 125.- Cuando al tenedor del original se le presentaren dos o más portadores legítimos de copias, obrará de acuerdo con lo que previene el artículo 121.

Artículo reformado DOF 31-08-1933

SECCIÓN SEXTA
DEL PAGO

Artículo 126.- La letra debe ser presentada para su pago en el lugar y dirección señalados en ella al efecto, observándose en su caso lo dispuesto por el artículo 77.

Si la letra no contiene dirección, debe ser presentada para su pago:

I. En el domicilio o en la residencia del girado, del aceptante, o del domiciliario, en su caso;

II. En el domicilio o en la residencia de los recomendatarios, si los hubiere.

Artículo 127.- La letra debe ser presentada para su pago el día de su vencimiento, observándose en su caso lo prescrito por el artículo 81.

Artículo 128.- La letra a la vista debe ser presentada para su pago dentro de los seis meses que sigan a su fecha. Cualquiera de los obligados podrá reducir ese plazo, consignándolo así en la letra. En la misma forma el girador podrá, además, ampliarlo, y prohibir la presentación de la letra antes de determinada época.

Artículo 129.- El pago de la letra debe hacerse precisamente contra su entrega.

Artículo 130.- El tenedor no puede rechazar un pago parcial; pero debe conservar la letra en su poder mientras no se le cubra íntegramente, anotando en ella la cantidad cobrada y dando por separado el recibo correspondiente.

Fe de erratas al artículo DOF 08-09-1932

Artículo 131.- El tenedor no puede ser obligado a recibir el pago antes del vencimiento de la letra.

El girado que paga antes del vencimiento, queda responsable de la validez del pago.

Artículo 132.- Si no se exige el pago de la letra a su vencimiento, el girado o cualquiera de los obligados en ella, después de transcurrido el plazo del protesto, tiene el derecho de depositar en el Banco de México el importe de la letra a expensas y riesgo del tenedor, y sin obligación de dar aviso a éste.

SECCIÓN SÉPTIMA
DEL PAGO POR INTERVENCIÓN

Artículo 133.- Si la letra no es pagada por el girado, pueden pagarla por intervención, en el orden siguiente:

I. El aceptante por intervención;

II. El recomendatario;

III. Un tercero.

El girado que no aceptó como girado, puede intervenir como tercero, con preferencia a cualquier otro que intervenga como tercero, salvo lo dispuesto en el artículo 137.

Artículo 134.- El pago por intervención debe hacerse en el acto del protesto o dentro del día hábil siguiente, y para que surta los efectos previstos en ésta Sección, el notario, el corredor o la autoridad política que levanten el protesto lo harán constar en el acta relativa a éste, o a continuación de la misma.

Fe de erratas al artículo DOF 08-09-1932

Artículo 135.- El que paga por intervención deberá indicar la persona por quien lo hace. En defecto de tal indicación, se entenderá que interviene en favor del aceptante y, si no lo hubiere, en favor del girador.

Artículo 136.- El tenedor está obligado a entregar al interventor la letra con la constancia del pago, y dicho interventor tendrá acción cambiaria contra la persona por quien pagó, y contra los obligados anteriores a está.

Fe de erratas al artículo DOF 08-09-1932

Artículo 137.- Si se presentaren varias personas ofreciendo su intervención como terceros, será preferida la que con la suya libere a mayor número de los obligados en la letra.

Artículo 138.- Mientras el tenedor conserve la letra en su poder, no puede rehusar el pago por intervención. Si lo rehusare, perderá sus derechos contra la persona por quien el interventor ofrezca el pago, y contra los obligados posteriores a ella.

SECCIÓN OCTAVA
DEL PROTESTO

Artículo 139.- La letra de cambio debe ser protestada por falta total o parcial de aceptación o de pago, salvo lo dispuesto en el artículo 141.

Artículo 140.- El protesto establece en forma auténtica que una letra fue presentada en tiempo y que el obligado dejó total o parcialmente de aceptarla o pagarla. Salvo disposición legal expresa, ningún otro acto puede suplir al protesto.

Artículo 141.- El girador puede dispensar al tenedor de protestar la letra, inscribiendo en ella la cláusula "sin protesto," "sin gastos" u otra equivalente. Esta cláusula no dispensa al tenedor de la presentación de una letra para su aceptación o para su pago ni, en su caso, de dar aviso de la falta de aceptación o de pago a los obligados en vía de regreso.

En el caso de este artículo, la prueba de falta de presentación oportuna, incumbe al que la invoca en contra del tenedor. Si a pesar de la cláusula, el tenedor hace el protesto, los gastos serán por su cuenta. La cláusula inscrita por el tenedor o por un endosante se tiene por no puesta.

Artículo 142.- El protesto puede ser hecho por medio de notario o de corredor público titulado. A falta de ellos, puede levantar el protesto la primera autoridad política del lugar.

Artículo 143.- El protesto por falta de aceptación debe levantarse contra el girado y los recomendatarios, en el lugar y dirección señalados para la aceptación, y si la letra no contiene designación de lugar, en el domicilio o en la residencia de aquéllos.

El protesto por falta de pago debe levantarse contra las personas y en los lugares y direcciones que indica el artículo 126.

Si la persona contra la que haya de levantarse el protesto no se encuentra presente, la diligencia se entenderá con sus dependientes, familiares o criados, o con algún vecino.

Cuando no se conozca el domicilio o la residencia de la persona contra la cual debe levantarse el protesto, éste puede practicarse en la dirección que elijan el notario, el corredor o la autoridad política que lo levanten.

Artículo 144.- El protesto por falta de aceptación debe levantarse dentro de los dos días hábiles que sigan al de la presentación; pero siempre antes de la fecha del vencimiento.

El protesto por falta de pago debe levantarse dentro de los dos días hábiles que sigan al del vencimiento.

El protesto por falta de pago de las letras a la vista debe levantarse el día de su presentación, o dentro de los dos días hábiles siguientes.

Artículo 145.- El protesto por falta de aceptación, dispensa de la presentación para el pago, y del protesto por falta de pago.

Artículo 146.- Las letras a la vista sólo se protestarán por falta de pago. Lo mismo se observará respecto de las letras cuya presentación para la aceptación sea potestativa, si no hubieren sido presentadas en el término fijado por el último párrafo del artículo 94.

Artículo 147.- Si el girado fuere declarado en estado de quiebra o de concurso, antes de la aceptación de la letra, o después, pero antes de su vencimiento, se deberá protestar ésta por falta de pago, pudiéndose levantar el protesto en cualquier tiempo entre la fecha de iniciación del concurso y el día en que debería ser protestada conforme a la Ley por falta de aceptación o por falta de pago.

Artículo 148.- El protesto debe hacerse constar en la misma letra o en hoja adherida a ella. Además, el notario, corredor o autoridad que lo practiquen, levantarán acta del mismo en la que aparezcan:

I. La reproducción literal de la letra, con su aceptación, endosos, avales o cuanto en ella conste;

II. El requerimiento al obligado para aceptar o pagar la letra, haciendo constar si estuvo o no presente quien debió aceptarla o pagarla;

III. Los motivos de la negativa para aceptarla o pagarla;

IV. La firma de la persona con quien se entienda la diligencia, o la expresión de su imposibilidad o resistencia a firmar, si la hubiere;

V. La expresión del lugar, fecha y hora en que se practica el protesto y la firma de quien autoriza la diligencia.

Artículo 149.- El notario, corredor o autoridad que hayan hecho el protesto, retendrán la letra en su poder todo el día del protesto y el siguiente, teniendo el girado, durante ese tiempo, el derecho de presentarse a satisfacer el importe de la letra, más los intereses moratorios y los gastos de la diligencia.

Sección Novena

Acciones y Derechos que Nacen de la Falta de Aceptación y de la Falta de Pago

Artículo 150.- La acción cambiaria se ejercita:

I. En caso de falta de aceptación o de aceptación parcial;

II. En caso de falta de pago o de pago parcial;

III. Cuando el girado o el aceptante fueren declarados en estado de quiebra o de concurso.

En los casos de las fracciones I y III, la acción puede deducirse aun antes del vencimiento por el importe total de la letra, o tratándose de aceptación parcial, por la parte no aceptada.

Artículo 151.- La acción cambiaria es directa o de regreso; directa, cuando se deduce contra el aceptante o sus avalistas; de regreso, cuando se ejercita contra cualquier otro obligado.

Artículo 152.- Mediante la acción cambiaria, el último tenedor de la letra puede reclamar el pago:

I. Del importe de la letra;

II. De intereses moratorios al tipo legal, desde el día del vencimiento;

III. De los gastos de protesto y de los demás gastos legítimos;

IV. Del premio de cambio entre la plaza en que debería haberse pagado la letra y la plaza en que se la haga efectiva, más los gastos de situación.

Si la letra no estuviere vencida, de su importe se deducirá el descuento, calculado al tipo de interés legal.

Artículo 153.- El obligado en vía de regreso que paga la letra tiene derecho a exigir, por medio de la acción cambiaria:

I. El reembolso de lo que hubiere pagado, menos las costas a que haya sido condenado;

II. Intereses moratorios al tipo legal sobre esa suma desde la fecha de su pago;

III. Los gastos de cobranza y los demás gastos legítimos; y

IV. El premio del cambio entre la plaza de su domicilio y la del reembolso, más los gastos de situación.

Artículo 154.- El aceptante, el girador, los endosantes y los avalistas responden solidariamente por las prestaciones a que se refieren los dos artículos anteriores.

El último tenedor de la letra puede ejercitar la acción cambiaria contra todos los obligados a la vez, o contra alguno o algunos de ellos, sin perder en ese caso la acción contra los otros, y sin obligación de seguir el orden que guardan sus firmas en la letra. El mismo derecho tendrá todo obligado que haya pagado la letra, en contra de los signatarios anteriores, y del aceptante y sus avalistas.

Artículo 155.- Exceptuados aquellos con quienes se hubieren practicado, los protestos de letras, tanto por falta de aceptación como de pago, serán notificados a todos los demás que hayan intervenido en la letra, por medio de instructivos que les serán remitidos por el notario, corredor o primera autoridad política que autoricen los protestos.

A los interesados en las letras, que residan en el mismo lugar donde se practique el protesto, les será éste notificado en la forma expresada, y al día siguiente de haberse practicado. A los que residan fuera del lugar, les será remitido el instructivo por el más próximo correo, bajo certificado y con las direcciones indicadas por ellos mismos en la letra.

A continuación del acta de protesto, el que lo haya autorizado hará constar que aquél ha sido notificado en la forma y términos previstos por este artículo.

La inobservancia de las obligaciones anteriores, sujeta al responsable al resarcimiento de los daños y perjuicios que la omisión o retardo del aviso causen a los obligados en vía de regreso, siempre que éstos hayan cuidado de anotar su dirección en el documento.

En la misma responsabilidad incurrirá el último tenedor de la letra que no dé los avisos prescritos en el caso del artículo 141.

Artículo 156.- Tanto el girador como cualquiera de los endosantes de una letra protestada, podrán exigir, luego que llegue a su noticia el protesto, que el tenedor reciba el importe con los gastos legítimos, y les entregue la letra y la cuenta de gastos.

Si al hacer el reembolso concurrieren el girador y endosantes, será preferido el girador, y concurriendo sólo endosantes, el de fecha anterior.

Artículo 157.- El último tenedor de una letra debidamente protestada, así como el obligado en vía de regreso que la haya pagado, pueden cobrar lo que por ella les deban los demás signatarios:

I. Cargándoles o pidiéndoles que les abonen en cuenta, con el importe de la misma, el de los intereses y gastos legítimos; o bien,

II. Girando a su cargo y a la vista, en favor de sí mismos o de un tercero, por el valor de la letra aumentado con los intereses y gastos legítimos.

En ambos casos, el aviso o letra de cambio correspondientes, deberán ir acompañados de la letra original de cambio, con la anotación de recibo respectiva, del testimonio o copia autorizada del acta de su protesto, y de la cuenta de intereses y gastos, incluyendo, en su caso, el precio del recambio.

Artículo 158.- Para los efectos de lo dispuesto por el artículo anterior, y por los artículos 152, fracción IV, y 153, fracción IV, el precio del recambio se calculará tomando por base los tipos corrientes el día del protesto o del pago, en la plaza donde éste se hizo o debió hacerse.

Artículo 159.- Todos los que aparezcan en una letra de cambio subscribiendo el mismo acto, responden solidariamente por las obligaciones nacidas de éste. El pago de la letra por uno de los signatarios en el caso a que este artículo se refiere, no confiere al que lo hace, respecto de los demás que firmaron en el mismo acto, sino los derechos y acciones que competen al deudor solidario contra los demás coobligados; pero deja expeditas las acciones cambiarias que puedan corresponder a aquél contra el aceptante y los obligados en vía de regreso precedentes, y las que le incumban, en los términos de los artículos 168 y 169, contra el endosante inmediato anterior o contra el girador.

Fe de erratas al artículo DOF 08-09-1932

Artículo 160.- La acción cambiaria del último tenedor de la letra contra los obligados en vía de regreso, caduca:

I. Por no haber sido presentada la letra para su aceptación o para su pago, en los términos de los artículos 91 al 96 y 126 al 128;

II. Por no haberse levantado el protesto en los términos de los artículos 139 al 149;

III. Por no haberse admitido la aceptación por intervención de las personas a que se refiere el artículo 92;

IV. Por no haberse admitido el pago por intervención, en los términos de los artículos 133 al 138;

V. Por no haber ejercitado la acción dentro de los tres meses que sigan a la fecha del protesto o, en el caso previsto por el artículo 141, al día de la presentación de la letra para su aceptación o para su pago; y

Fracción reformada DOF 31-08-1933

VI. Por haber prescrito la acción cambiaria contra el aceptante, o porque haya de prescribir esa acción dentro de los tres meses siguientes a la notificación de la demanda.

Artículo 161.- La acción cambiaria del obligado en vía de regreso que paga la letra, contra los obligados en la misma vía anteriores a él, caduca:

I. Por haber caducado la acción de regreso del último tenedor de la letra de acuerdo con las fracciones I, II, III, IV y VI del artículo anterior;

Fracción reformada DOF 31-08-1933

II. Por no haber ejercitado la acción dentro de los tres meses que sigan a la fecha en que se hubiere pagado la letra, con los intereses y gastos accesorios, o a la fecha en que le fue notificada la demanda respectiva, si no se allanó a hacer el pago voluntariamente; y

Fracción reformada DOF 31-08-1933

III. Por haber prescrito la acción cambiaria contra el aceptante, o porque haya de prescribir esa acción dentro de los tres meses que sigan a la notificación de la demanda.

En los casos previstos por el artículo 157, se considerará como fecha de pago, para los efectos de la fracción II de este artículo, la fecha de la anotación de recibo que debe llevar la letra pagada, o en su defecto, la del aviso o la de la letra de resaca a que aquel precepto se refiere.

Artículo 162.- El ejercicio de la acción en el plazo fijado por las fracciones V del artículo 160 y II del artículo 161, no impide su caducidad sino cuando la demanda respectiva hubiere sido presentada dentro del mismo plazo, aun cuando lo sea ante Juez incompetente.

Artículo reformado DOF 31-08-1933

Artículo 163.- La acción cambiaria de cualquier tenedor de la letra contra el aceptante por intervención y contra el aceptante de las letras domiciliadas caduca por no haberse levantado debidamente el protesto por falta de pago, o en el caso del artículo 141, por no haberse presentado la letra para su pago al domiciliatario o al aceptante por intervención dentro de los dos días hábiles que sigan al del vencimiento.

Artículo 164.- Los términos de que depende la caducidad de la acción cambiaria, no se suspenden sino en caso de fuerza mayor, y nunca se interrumpen.

Artículo 165.- La acción cambiaria prescribe en tres años contados:

I. A partir del día del vencimiento de la letra, o en su defecto;

II. Desde que concluyan los plazos a que se refieren los artículos 93 y 128.

Artículo 166.- Las causas que interrumpen la prescripción respecto de uno de los deudores cambiarios, no la interrumpen respecto de los otros, salvo el caso de los signatarios de un mismo acto que por ello resulten obligados solidariamente.

La demanda interrumpe la prescripción, aun cuando sea presentada ante Juez incompetente.

Artículo reformado DOF 31-08-1933

Artículo 167.- La acción cambiaria contra cualquiera de los signatarios de la letra es ejecutiva por el importe de ésta, y por el de los intereses y gastos accesorios, sin necesidad de que reconozca previamente su firma el demandado.

Contra ella no pueden oponerse sino las excepciones y defensas enumeradas en el artículo 8.

Artículo 168.- Si de la relación que dio origen a la emisión o transmisión de la letra se deriva una acción, ésta subsistirá a pesar de aquéllas, a menos que se pruebe que hubo novación.

Esa acción debe intentarse restituyendo la letra al demandado, y no procede sino después de que la letra hubiere sido presentada inútilmente para su aceptación o para su pago conforme a los artículos 91 al 94 y 126 al 128. Para acreditar tales hechos, y salvo lo dispuesto en el párrafo que sigue, podrá suplirse el protesto por cualquier otro medio de prueba.

Si la acción cambiaria se hubiere extinguido por prescripción o caducidad, el tenedor sólo podrá ejercitar la acción causal en caso de que haya ejecutado los actos necesarios para que el demandado conserve las acciones que en virtud de la letra pudieran corresponderle.

Artículo reformado DOF 31-08-1933

Artículo 169.- Extinguida por caducidad la acción de regreso contra el girador, el tenedor de la letra que carezca de acción causal contra éste, y de acción cambiaria o causal contra los demás signatarios, puede exigir al girador la suma de que se haya enriquecido en su daño.

Esta acción prescribe en un año, contado desde el día en que caducó la acción cambiaria.

CAPÍTULO III
DEL PAGARÉ

Artículo 170.- El pagaré debe contener:

I. La mención de ser pagaré, inserta en el texto del documento;

II. La promesa incondicional de pagar una suma determinada de dinero;

III. El nombre de la persona a quien ha de hacerse el pago;

IV. La época y el lugar del pago;

V. La fecha y el lugar en que se subscriba el documento; y

VI. La firma del suscriptor o de la persona que firme a su ruego o en su nombre.

Artículo 171.- Si el pagaré no menciona la fecha de su vencimiento, se considerará pagadero a la vista; si no indica el lugar de su pago, se tendrá como tal el del domicilio del que lo suscribe.

Artículo 172.- Los pagarés exigibles a cierto plazo de la vista deben ser presentados dentro de los seis meses que sigan a su fecha. La presentación sólo tendrá el efecto de fijar la fecha del vencimiento y se comprobará en los términos del párrafo final del artículo 82.

Si el suscriptor omitiere la fecha de la vista, podrá consignarla el tenedor.

Artículo 173.- El pagaré domiciliado debe ser presentado para su pago a la persona indicada como domiciliatario, y a falta de domiciliatario designado, al suscriptor mismo, en el lugar señalado como domicilio.

El protesto por falta de pago debe levantarse en el domicilio fijado en el documento, y su omisión, cuando la persona que haya de hacer el pago no sea el suscriptor mismo, producirá la caducidad de las acciones que por el pagaré competan al tenedor contra los endosantes y contra el suscriptor.

Salvo ese caso, el tenedor no está obligado, para conservar sus acciones y derechos contra el suscriptor, ni a presentar el pagaré a su vencimiento, ni a protestarlo por falta de pago.

Artículo 174.- Son aplicables al pagaré, en lo conducente, los artículos 77, párrafo final, 79, 80, 81, 85, 86, 88, 90, 109 al 116, 126 al 132, 139, 140, 142, 143, párrafos segundo, tercero y cuarto, 144, párrafos segundo y tercero, 148, 149, 150, fracciones II y III, 151 al 162, y 164 al 169.

Para los efectos del artículo 152, el importe del pagaré comprenderá los réditos caídos; el descuento del pagaré no vencido se calculará al tipo de interés pactado en éste, o en su defecto al tipo legal, y los intereses moratorios se computarán al tipo estipulado para ellos; a falta de esa estipulación, al tipo de rédito fijado en el documento, y en defecto de ambos, al tipo legal.

El suscriptor del pagaré se considerará como aceptante para todos los efectos de las disposiciones enumeradas antes, salvo el caso de los artículos 168 y 169, en que se equiparará al girador.

Párrafo reformado DOF 31-08-1933

CAPÍTULO IV
DEL CHEQUE

SECCIÓN PRIMERA
DEL CHEQUE EN GENERAL

Artículo 175.- El cheque sólo puede ser expedido a cargo de una institución de crédito. El documento que en forma de cheque se libre a cargo de otras personas, no producirá efectos de título de crédito.

El cheque sólo puede ser expedido por quien, teniendo fondos disponibles en una institución de crédito, sea autorizado por ésta para librar cheques a su cargo.

La autorización se entenderá concedida por el hecho de que la institución de crédito proporcione al librador esqueletos especiales para la expedición de cheques, o le acredite la suma disponible en cuenta de depósito a la vista.

Artículo 176.- El cheque debe contener:

I. La mención de ser cheque, inserta en el texto del documento;

II. El lugar y la fecha en que se expide;

III. La orden incondicional de pagar una suma determinada de dinero;

IV. El nombre del librado;

V. El lugar del pago; y

VI. La firma del librador.

Artículo 177.- Para los efectos de las fracciones II y V del artículo anterior, y a falta de indicación especial, se reputarán como lugares de expedición y de pago, respectivamente, los indicados junto al nombre del librador o del librado.

Si se indican varios lugares, se entenderá designado el escrito en primer término, y los demás se tendrán por no puestos.

Si no hubiere indicación de lugar, el cheque se reputará expedido en el domicilio del librador y pagadero en el del librado, y si éstos tuvieren establecimientos en diversos lugares, el cheque se reputará expedido o pagadero en el del principal establecimiento del librador o del librado, respectivamente.

Artículo 178.- El cheque será siempre pagadero a la vista. Cualquiera inserción en contrario se tendrá por no puesta. El cheque presentado al pago antes del día indicado como fecha de expedición, es pagadero el día de la presentación.

Artículo reformado DOF 31-12-1951

Artículo 179.- El cheque puede ser nominativo o al portador.

El cheque expedido por cantidades superiores a las establecidas por el Banco de México, a través de disposiciones de carácter general que publique en el Diario Oficial de la Federación, siempre será nominativo.

Párrafo adicionado DOF 26-12-1990. Reformado DOF 01-02-2008

El cheque que no indique a favor de quién se expide, así como el emitido a favor de persona determinada y que, además, contenga la cláusula "al portador," se reputará al portador.

Fe de erratas al párrafo DOF 10-02-1933

El cheque nominativo puede ser expedido a favor de un tercero, del mismo librador o del librado. El cheque expedido o endosado a favor del librado no será negociable.

Artículo 180.- El cheque debe ser presentado para su pago en la dirección en él indicada, y a falta de esa indicación, debe serlo en el principal establecimiento que el librado tenga en el lugar del pago.

Artículo 181.- Los cheques deberán presentarse para su pago:

I. Dentro de los quince días naturales que sigan al de su fecha, si fueren pagaderos en el mismo lugar de su expedición;

II. Dentro de un mes, si fueren expedidos y pagaderos en diversos lugares del territorio nacional;

III. Dentro de tres meses, si fueren expedidos en el extranjero y pagaderos en el territorio nacional; y

IV. Dentro de tres meses, si fueren expedidos dentro del territorio nacional para ser pagaderos en el extranjero, siempre que no fijen otro plazo las leyes del lugar de presentación.

Artículo 182.- La presentación de un cheque en Cámara de Compensación, surte los mismos efectos que la hecha directamente al librado.

Artículo 183.- El librador es responsable del pago del cheque. Cualquiera estipulación en contrario se tendrá por no hecha.

Artículo 184.- El que autorice a otro para expedir cheques a su cargo, está obligado con él, en los términos del convenio relativo, a cubrirlos hasta el importe de las sumas que tenga a disposición del mismo librador, a menos de que haya disposición legal expresa que lo libere de esta obligación.

Cuando, sin justa causa, se niegue el librado a pagar un cheque, teniendo fondos suficientes del librador, resarcirá a éste los daños y perjuicios que con ello le ocasione. En ningún caso la indemnización será menor del veinte por ciento del valor del cheque.

Artículo 185.- Mientras no hayan transcurrido los plazos que establece el artículo 181, el librador no puede revocar el cheque ni oponerse a su pago. La oposición o revocación que hiciere en contra de lo dispuesto en este artículo, no producirá efectos respecto del librado, sino después de que transcurra el plazo de presentación.

Artículo 186.- Aun cuando el cheque no haya sido presentado o protestado en tiempo, el librado debe pagarlo mientras tenga fondos del librador suficientes para ello.

Artículo 187.- La muerte o la incapacidad superveniente del librador, no autorizan al librado para dejar de pagar el cheque.

Artículo 188.- La declaración de que el librador se encuentra en estado de suspensión de pagos, de quiebra o de concurso, obliga al librado, desde que tenga noticia de ella, a rehusar el pago.

Artículo 189.- El tenedor puede rechazar un pago parcial; pero si lo admite, deberá anotarlo con su firma en el cheque y dar recibo al librado por la cantidad que éste le entregue.

Artículo 190.- El cheque presentado en tiempo, y no pagado por el librado, debe protestarse a más tardar en el segundo día hábil que siga al plazo de presentación, en la misma forma que la letra de cambio a la vista.

En el caso de pago parcial, el protesto se levantará por la parte no pagada.

Si el cheque se presenta en Cámara de Compensación y el librado rehusa total o parcialmente su pago, la Cámara certificará en el cheque dicha circunstancia, y que el documento fue presentado en tiempo. Esa anotación hará las veces del protesto.

La anotación que el librado ponga en el cheque mismo de que fue presentado en tiempo y no pagado total o parcialmente, surtirá los mismos efectos del protesto.

En los casos a que se refieren los dos párrafos que anteceden, el tenedor del cheque deberá dar aviso de la falta de pago a todos los signatarios del documento.

Artículo 191.- Por no haberse presentado o protestado el cheque en la forma y plazos previstos en este capítulo, caducan:

I. Las acciones de regreso del último tenedor contra los endosantes o avalistas;

II. Las acciones de regreso de los endosantes o avalistas entre sí, y

III. La acción directa contra el librador y contra sus avalistas, si prueban que durante el término de presentación tuvo aquél fondos suficientes en poder del librado y que el cheque dejó de pagarse por causa ajena al librador sobrevenida con posterioridad a dicho término.

Artículo 192.- Las acciones a que se refiere el artículo anterior prescriben en seis meses contados:

I. Desde que concluye el plazo de presentación, las del último tenedor del documento; y

II. Desde el día siguiente a aquél en que paguen el cheque, las de los endosantes y las de los avalistas.

Artículo 193.- El librador de un cheque presentado en tiempo y no pagado, por causa imputable al propio librador, resarcirá al tenedor los daños y perjuicios que con ello le ocasione. En ningún caso, la indemnización será menor del veinte por ciento del valor del cheque.

Reforma DOF 13-01-1984: Derogó del artículo el entonces párrafo segundo

Artículo 194.- La alteración de la cantidad por la que el cheque fue expedido, o la falsificación de la firma del librador, no pueden ser invocadas por éste para objetar el pago hecho por el librado, si el librador ha dado lugar a ellas por su culpa, o por la de sus factores, representantes o dependientes.

Cuando el cheque aparezca extendido en esqueleto de los que el librado hubiere proporcionado al librador, éste sólo podrá objetar el pago si la alteración o la falsificación fueren notorias, o si, habiendo perdido el esqueleto o el talonario, hubiere dado aviso oportuno de la pérdida al librado.

Todo convenio contrario a lo dispuesto en este artículo, es nulo.

Artículo 195.- El que pague con cheque un título de crédito, mencionándolo así en el cheque, será considerado como depositario del título mientras el cheque no sea cubierto durante el plazo legal señalado para su presentación. La falta de pago o el pago parcial del cheque se considerarán como falta de pago o pago parcial del título de crédito, y una vez protestado el cheque, el tenedor tendrá derecho a la restitución del título y al pago de los gastos de cobranza y de protesto del cheque; y previo el protesto correspondiente, podrá ejercitar las acciones que por el título no pagado le competan. Si el depositario de éste no lo restituye al ser requerido para hacerlo ante juez, notario, corredor o ante la primera autoridad política del lugar, se hará constar ese hecho en el acta relativa, y ésta producirá los efectos del protesto para la conservación de las acciones y derechos que del título nazcan. Los plazos señalados para el protesto de los títulos de crédito en pago de los cuales se hayan recibido cheques, empezarán a correr desde la fecha en que éstos sean legalmente protestados, conservándose, entretanto, todas las acciones que correspondan al tenedor del título.

Artículo 196.- Son aplicables al cheque, en lo conducente, los artículos 78, 81, 85, 86, 90, 109 al 116, 129, 142, 143, párrafos segundo, tercero y cuarto, 144, párrafos segundo y tercero, 148, 149, 150, fracciones II y III, 151 al 156, 158, 159, 164 y 166 al 169.

SECCIÓN SEGUNDA
DE LAS FORMAS ESPECIALES DEL CHEQUE

Artículo 197.- El cheque que el librador o el tenedor crucen con dos líneas paralelas trazadas en el anverso, sólo podrá ser cobrado por una institución de crédito.

Si entre las líneas del cruzamiento de un cheque, no aparece el nombre de la institución que debe cobrarlo, el cruzamiento es general, y especial, si entre las líneas se consigna el nombre de una institución determinada. En este último caso, el cheque sólo podrá ser pagado a la institución especialmente designada o a la que ésta hubiere endosado el cheque para su cobro.

El cruzamiento general puede transformarse en cruzamiento especial; pero el segundo no puede transformarse en el primero. Tampoco pueden borrarse el cruzamiento de un cheque ni el nombre de la institución en él designada. Los cambios o supresiones que se hicieren contra lo dispuesto en este artículo, se tendrán como no efectuados.

El librado que pague un cheque cruzado en términos distintos de los que este artículo señala, es responsable del pago irregularmente hecho.

Artículo 198.- El librador o el tenedor pueden prohibir que un cheque sea pagado en efectivo, mediante la inserción en el documento de la expresión "para abono en cuenta". En este caso el cheque se podrá depositar en cualquier institución de crédito, la cual sólo podrá abonar el importe del mismo a la cuenta que lleve o abra a favor del beneficiario. El cheque no es negociable a partir de la inserción de la cláusula "para abono en cuenta". La cláusula no puede ser borrada.

Párrafo reformado DOF 26-12-1990

El librado que pague en otra forma, es responsable del pago irregularmente hecho.

Artículo 199.- Antes de la emisión del cheque, el librador puede exigir que el librado lo certifique, declarando que existen en su poder, fondos bastantes para pagarlo.

La certificación no puede ser parcial ni extenderse en cheques al portador.

El cheque certificado no es negociable.

La certificación produce los mismos efectos que la aceptación de la letra de cambio.

La inserción en el cheque, de las palabras "acepto," "visto," "bueno" u otras equivalentes, suscrita por el librado, o de la simple firma de éste, equivalen a una certificación.

El librador puede revocar el cheque certificado, siempre que lo devuelva al librado para su cancelación.

Artículo 200.- Sólo las instituciones de crédito pueden expedir cheques de caja a cargo de sus propias dependencias. Para su validez éstos cheques deberán ser nominativos y no negociables.

Artículo 201.- Los cheques no negociables porque se haya insertado en ellos la cláusula respectiva o por que la ley les dé ese carácter, sólo podrán ser endosados a una institución de crédito para su cobro.

Artículo 202.- Los cheques de viajero son expedidos por el librador a su propio cargo, y pagaderos por su establecimiento principal o por las sucursales o los corresponsales que tenga en la República o en el extranjero. Los cheques de viajero pueden ser puestos en circulación por el librador, o por sus sucursales o corresponsales autorizados por él al efecto.

Artículo 203.- Los cheques de viajero serán precisamente nominativos. El que pague el cheque deberá verificar la autenticidad de la firma del tomador, cotejándola con la firma de éste que aparezca certificada por el que haya puesto los cheques en circulación.

Artículo 204.- El tenedor de un cheque de viajero puede presentarlo para su pago, a cualquiera de las sucursales o corresponsales incluidos en la lista que al efecto proporcionará el librador, y en cualquier tiempo mientras no transcurra el señalado para la prescripción.

Artículo 205.- La falta de pago inmediato dará derecho al tenedor para exigir al librador la devolución del importe del cheque de viajero y la indemnización de daños y perjuicios, que en ningún caso serán inferiores al 20% del valor del cheque no pagado.

Artículo 206.- El corresponsal que hubiere puesto en circulación los cheques de viajero, tendrá las obligaciones que corresponden al endosante y deberá reembolsar al tomador, el importe de los cheques no utilizados que éste le devuelva.

Artículo 207.- Las acciones contra el librado que certifique un cheque, prescriben en seis meses a partir de la fecha en que concluya el plazo de presentación. La prescripción en este caso, sólo aprovechará al librador.

Las acciones contra el que expida o ponga en circulación los cheques de viajero prescriben en un año a partir de la fecha en que los cheques son puestos en circulación.

Fe de erratas al párrafo DOF 08-09-1932

CAPÍTULO V
DE LAS OBLIGACIONES

Artículo 208.- Las sociedades anónimas pueden emitir obligaciones que representen la participación individual de sus tenedores en un crédito colectivo constituido a cargo de la sociedad emisora.

Las obligaciones serán bienes muebles aun cuando estén garantizadas con hipoteca.

Artículo 209.- Las obligaciones serán nominativas y deberán emitirse en denominaciones de cien pesos o de sus múltiplos, excepto tratándose de obligaciones que se inscriban en el Registro Nacional de Valores e Intermediarios y se coloquen en el extranjero entre el gran público inversionista, en cuyo caso podrán emitirse al portador. Los títulos de las obligaciones llevarán adheridos cupones.

Párrafo reformado DOF 30-12-1982, 08-02-1985. Fe de erratas DOF 03-04-1985

Las obligaciones darán a sus tenedores, dentro de cada serie, iguales derechos. Cualquier obligacionista podrá pedir la nulidad de la emisión hecha en contra de lo dispuesto en este párrafo.

Artículo 210.- Las obligaciones deben contener:

I. Nombre, nacionalidad y domicilio del obligacionista, excepto en los casos en que se trate de obligaciones emitidas al portador en los términos del primer párrafo del artículo anterior.

Fracción adicionada DOF 30-12-1982

II. La denominación, el objeto y el domicilio de la sociedad emisora;

Fracción recorrida DOF 30-12-1982

III. El importe del capital pagado de la sociedad emisora y el de su activo y de su pasivo, según el balance que se practique precisamente para efectuar la emisión;

Fracción reformada DOF 31-08-1933. Fe de erratas DOF 09-09-1933. Recorrida DOF 30-12-1982

IV. El importe de la emisión, con especificación del número y del valor nominal de las obligaciones que se emitan;

Fracción recorrida DOF 30-12-1982

V. El tipo de interés pactado;

Fracción recorrida DOF 30-12-1982

VI. El término señalado para el pago de interés y de capital y los plazos, condiciones y manera en que las obligaciones han de ser amortizadas;

Fracción recorrida DOF 30-12-1982

VII. El lugar del pago;

Fracción recorrida DOF 30-12-1982

VIII. La especificación, en su caso, de las garantías especiales que se constituyan para la emisión, con expresión de las inscripciones relativas en el Registro Público;

Fracción recorrida DOF 30-12-1982

IX. El lugar y fecha de la emisión, con especificación de la fecha y número de la inscripción relativa en el Registro de Comercio.

Fracción recorrida DOF 30-12-1982

X. La firma autógrafa de los administradores de la sociedad, autorizados al efecto, o bien la firma impresa en facsímil de dichos administradores, a condición, en este último caso, de que se deposite el original de las firmas respectivas en el Registro Público de Comercio en que se haya registrado la sociedad emisora.

Fracción reformada y recorrida DOF 30-12-1982

XI. La firma autógrafa del representante común de los obligacionistas, o bien la firma impresa en facsímil de dicho representante, a condición, en este último caso, de que se deposite el original de dicha firma en el Registro Público de Comercio en que se haya registrado la sociedad emisora.

Fracción reformada y recorrida DOF 30-12-1982

Artículo 210 Bis.- Las sociedades anónimas que pretendan emitir obligaciones convertibles en acciones se sujetarán a los siguientes requisitos:

I. Deberán tomar las medidas pertinentes para tener en tesorería acciones por el importe que requiera la conversión.

II. Para los efectos del punto anterior, no será aplicable lo dispuesto en el artículo 132 de la Ley General de Sociedades Mercantiles.

III. En el acuerdo de emisión se establecerá el plazo dentro del cual, a partir de la fecha en que sean colocadas las obligaciones, debe ejercitarse el derecho de conversión.

IV. Las obligaciones convertibles no podrán colocarse abajo de la par. Los gastos de emisión y colocación de las obligaciones se amortizarán durante la vigencia de la misma.

V. La conversión de las obligaciones en acciones se hará siempre mediante solicitud presentada por los obligacionistas, dentro del plazo que señale el acuerdo de emisión.

Fe de erratas a la fracción DOF 27-05-1963

VI. Durante la vigencia de la emisión de obligaciones convertibles, la emisora no podrá tomar ningún acuerdo que perjudique los derechos de los obligacionistas derivados de las bases establecidas para la conversión.

VII. Siempre que se haga uso de la designación: capital autorizado, deberá ir acompañada de las palabras "para conversión de obligaciones en acciones".

Fe de erratas al párrafo DOF 27-05-1963

En todo caso en que se haga referencia al capital autorizado, deberá mencionarse al mismo tiempo el capital pagado.

VIII. Anualmente, dentro de los primeros cuatro meses siguientes al cierre del ejercicio social, se protocolizará la declaración que formule el Consejo de Administración indicando el monto del capital suscrito mediante la conversión de las obligaciones en acciones, y se procederá inmediatamente a su inscripción en el Registro Público de Comercio.

IX. Las acciones en tesorería que en definitiva no se canjeen por obligaciones, serán canceladas. Con este motivo, el Consejo de Administración y el

Representante Común de los Obligacionistas levantarán un acta ante Notario que será inscrita en el Registro Público de Comercio.

Artículo adicionado DOF 29-12-1962

Artículo 211.- No podrá pactarse que las obligaciones sean amortizadas por medio de sorteos a una suma superior a su valor nominal o con primas o premios, sino cuando éstos tengan por objeto compensar a los obligacionistas por la redención anticipada de una parte o de la totalidad de la emisión, o cuando el interés que haya de pagarse a todos los obligacionistas sea superior al cuatro por ciento anual y la cantidad periódica que deba destinarse a la amortización de las obligaciones y al pago de intereses sea la misma durante todo el tiempo estipulado para dicha amortización.

Cualquiera de los obligacionistas podrá pedir la nulidad de la emisión hecha en contra de lo prevenido en este artículo.

Artículo reformado DOF 31-08-1933

Artículo 212.- No se podrá hacer emisión alguna de obligaciones por cantidad mayor que el activo neto de la sociedad emisora, que aparezca del balance a que se refiere la fracción II del artículo 210, a menos que la emisión se haga en representación del valor o precio de bienes cuya adquisición o construcción tuviere contratada la sociedad emisora.

La sociedad emisora no podrá reducir su capital sino en proporción al reembolso que haga sobre las obligaciones, por ella emitidas, ni podrá cambiar su objeto, domicilio o denominación, sin el consentimiento de la Asamblea General de Obligacionistas.

Las sociedades que emitan obligaciones deberán publicar anualmente su balance, certificado por Contador Público. La publicación se hará en el sistema electrónico establecido por la Secretaría.

Párrafo reformado DOF 13-06-2014

Artículo 213.- La emisión será hecha por declaración de voluntad de la sociedad emisora, que se hará constar en acta ante notario y se inscribirá en el Registro Público de la Propiedad que corresponda a la ubicación de los bienes, si en garantía de la emisión se constituye hipoteca, y en el Registro de Comercio del domicilio de la sociedad emisora, en todo caso. El acta de emisión deberá contener:

I. Los datos a que se refieren las fracciones I y II del artículo 210, con inserción:

a).- Del acta de la Asamblea General de Accionistas que haya autorizado la emisión;

b).- Del balance que se haya practicado precisamente para preparar la emisión, certificado por Contador Público;

c).- Del acta de la sesión del Consejo de Administración en que se haya hecho la designación de la persona o personas que deben suscribir la emisión;

II. Los datos a que se refieren las fracciones III, IV, V y VI del artículo 210;

III. La especificación en su caso, de las garantías especiales que se consignen para la emisión, con todos los requisitos legales debidos para la constitución de tales garantías;

IV. La especificación del empleo que haya de darse a los fondos producto de la emisión, en el caso a que se refiere el primer párrafo del artículo 212;

V. La designación de representante común de los obligacionistas y la aceptación de éste, con su declaración:

Fe de erratas al párrafo DOF 10-02-1933

a).- De haber comprobado el valor del activo neto manifestado por la sociedad;

b).- De haber comprobado, en su caso, la existencia y valor de los bienes hipotecados o dados en prenda para garantizar la emisión;

c).- De constituirse en depositario de los fondos producto de la emisión que se destinen, en el caso a que se refiere el primer párrafo del artículo 212, a la construcción o adquisición de los bienes respectivos, y hasta el momento en que esa adquisición o construcción se realice.

En caso de que las obligaciones se ofrezcan en venta al público, los avisos o la propaganda contendrán los datos anteriores. Por violación de lo dispuesto en este párrafo, quedarán solidariamente sujetos a daños y perjuicios aquellos a quienes la violación sea imputable.

Artículo 214.- Cuando en garantía de la emisión se den en prenda títulos o bienes, la prenda se constituirá en los términos de la sección 6a. del Capítulo IV, Título II de esta Ley. Cuando se constituya hipoteca, se entenderá que la hipoteca cubre, sin necesidad de ulteriores anotaciones o inscripciones en el Registro Público, todos los saldos que eventualmente, dentro de los límites del crédito total representado por la emisión, queden insolutos por concepto de obligaciones o cupones no pagados o amortizados en la forma que se estipule. La prenda o la hipoteca constituidas en garantía de la emisión, sólo podrán ser canceladas total o parcialmente, según se haya estipulado en el acta de emisión, cuando se efectúe con intervención del representante común, la cancelación total o parcial, en su caso, de las obligaciones garantizadas.

Artículo 215.- Si la emisión fuere hecha para cubrir un crédito ya existente a cargo de la sociedad emisora, el representante común suscribirá los títulos y autorizará su entrega al acreedor, una vez que se acredite debidamente la cancelación de los títulos, documentos, inscripciones o garantías relativos al crédito en cuya sustitución se haya hecho la emisión. Cuando la emisión se haga con el objeto de representar un crédito nuevo para la sociedad emisora, el representante común suscribirá los títulos y autorizará su entrega, previa la comprobación de que la sociedad emisora ha recibido los fondos correspondientes o de que se ha abierto a favor de ella en una institución de crédito, un crédito irrevocable cubriendo el valor de la emisión.

El valor de la emisión será, para los efectos de este artículo, el valor nominal de todas las obligaciones que la misma comprenda, menos las deducciones que en el acta de emisión se hayan estipulado expresamente por concepto de primas o comisiones para colocar la emisión y, en su caso, por concepto de un tipo de emisión inferior al valor nominal de las obligaciones.

Artículo 216.- Para representar al conjunto de los tenedores de obligaciones, se designará un representante común que podrá no ser obligacionista. El cargo de representante común es personal y será desempeñado por el individuo designado al efecto, o por los representantes ordinarios de la institución de crédito o de la sociedad financiera que sean nombradas para el cargo. El representante común podrá otorgar poderes judiciales.

El representante común sólo podrá renunciar por causas graves que calificará el Juez de Primera Instancia del domicilio de la sociedad emisora y podrá ser removido en todo tiempo por los obligacionistas, siendo nula cualquiera estipulación contraria.

En caso de falta del representante común, será substituido, si fuere una institución de crédito, por otra institución de crédito que designarán los obligacionistas, y en caso contrario, por la persona o institución que al efecto designen los mismos obligacionistas. Mientras los obligacionistas nombran nuevo representante común, será designada con el carácter de representante interino, una institución autorizada para actuar como fiduciaria, debiendo ser hecho este nombramiento a petición del deudor o de cualquiera de los obligacionistas, por el Juez de Primera Instancia del domicilio de la sociedad emisora. La institución designada como representante interino, deberá expedir, en un término no mayor de quince días a partir de la fecha en que acepte el cargo, la convocatoria para la celebración de la asamblea de obligacionistas. En caso de que no fuere posible designar a una institución fiduciaria en los términos del párrafo que antecede, o de que la designada no aceptare el cargo, el Juez expedirá por sí mismo la convocatoria antes mencionada.

Fe de erratas al párrafo DOF 10-02-1933

Artículo 217.- El representante común de los obligacionistas obrará como mandatario de éstos, con las siguientes obligaciones y facultades, además de las que expresamente se consignen en el acta de emisión:

I. Comprobar los datos contenidos en el balance de la sociedad emisora que se formule para efectuar la emisión;

II. Comprobar, en su caso, la existencia de los contratos a que se refiere el párrafo primero del artículo 212;

III. Comprobar la existencia y el valor de los bienes dados en prenda o hipotecados en garantía de la emisión, así como que los objetos pignorados y, en su caso, las construcciones y los muebles inmovilizados incluidos en la hipoteca, estén asegurados mientras la emisión no se amortice totalmente, por su valor o por el importe de las obligaciones en circulación, cuando esté sea menor que aquél;

Fracción reformada DOF 31-08-1933

IV. Cerciorarse de la debida constitución de la garantía;

V. Obtener la oportuna inscripción del acta de emisión en los términos del artículo 213;

VI. Recibir y conservar los fondos relativos como depositario y aplicarlos al pago de los bienes adquiridos o de los costos de construcción en los términos que señale el acta de emisión, cuando el importe de la emisión o una parte de él, deban ser destinados a la adquisición o construcción de bienes;

VII. Autorizar las obligaciones que se emitan;

VIII. Ejercitar todas las acciones o derechos que al conjunto de obligacionistas corresponda por el pago de los intereses o del capital debidos o por virtud de las garantías señaladas para la emisión, así como los que requiera el desempeño de las funciones y deberes a que este artículo se refiere, y ejecutar los actos conservatorios respectivos;

Fracción reformada DOF 31-08-1933. Fe de erratas DOF 09-09-1933

IX. Asistir a los sorteos, en su caso;

X. Convocar y presidir la asamblea general de obligacionistas y ejecutar sus decisiones;

XI. Asistir a las asambleas generales de accionistas de la sociedad emisora, y recabar de los administradores, gerentes y funcionarios de la misma todos los informes y datos que necesite para el ejercicio de sus atribuciones, incluyendo los relativos a la situación financiera de aquélla.

Fracción reformada DOF 31-08-1933. Fe de erratas DOF 09-09-1933

XII. Otorgar en nombre del conjunto de los obligacionistas, los documentos o contratos que con la sociedad emisora deban celebrarse.

Artículo 218.- La asamblea general de obligacionistas representará al conjunto de éstos y sus decisiones tomadas en los términos de esta ley y de acuerdo con las estipulaciones relativas del acta de emisión, serán válidas respecto de todos los obligacionistas, aun de los ausentes o disidentes.

La asamblea se reunirá siempre que sea convocada por el representante común, o por el Juez, en el caso del párrafo siguiente.

Obligacionistas que representen, por lo menos, el 10% de los bonos u obligaciones en circulación, podrán pedir al representante común que convoque la asamblea general, especificando en su petición los puntos que en la asamblea deberán tratarse. El representante común deberá expedir la convocatoria para que la asamblea se reúna dentro del término de un mes a partir de la fecha en que reciba la solicitud. Si el representante común no cumpliere con esta obligación, el Juez de Primera Instancia del domicilio de la sociedad emisora, a petición de los obligacionistas solicitantes, deberá expedir la convocatoria para la reunión de la asamblea.

La convocatoria para las asambleas de obligacionistas se publicará una vez, por lo menos, en el Diario Oficial de la Federación y en alguno de los periódicos de mayor circulación del domicilio de la sociedad emisora, con diez días de anticipación, por lo menos, a la fecha en que la asamblea deba reunirse. En la convocatoria se expresarán los puntos que en la asamblea deberán tratarse.

Artículo 219.- Para que la asamblea de obligacionistas se considere legalmente instalada, en virtud de primera convocatoria, deberán estar representadas en ella, por lo menos, la mitad más una de las obligaciones en circulación, y sus decisiones serán válidas, salvo los casos previstos en el artículo siguiente, cuando sean aprobadas por mayoría de votos. En caso de que una asamblea se reúna en virtud de segunda convocatoria, se considerará instalada legalmente, cualquiera que sea el número de obligaciones que estén en ella representadas.

Artículo 220.- Se requerirá que esté representado en la asamblea el 75%, cuando menos, de las obligaciones en circulación y que las decisiones sean aprobadas por la mitad más uno, por lo menos, de los votos computables en la asamblea:

I. Cuando se trate de designar representante común de los obligacionistas;

II. Cuando se trate de revocar la designación de representante común de los obligacionistas;

III. Cuando se trate de consentir u otorgar prórrogas o esperas a la sociedad emisora o de introducir cualesquiera otras modificaciones en el acta de emisión.

Si la asamblea se reúne en virtud de segunda convocatoria, sus decisiones serán válidas cualquiera que sea el número de obligaciones en ella representadas.

Es nulo todo pacto que establezca requisitos de asistencia o de mayoría inferiores a los que señalan este artículo y el anterior.

Artículo 221.- Para concurrir a las asambleas, los obligacionistas deberán depositar sus títulos, o certificados de depósito expedidos respecto a ellos por una institución de crédito, en el lugar que se designe en la convocatoria de la asamblea, el día anterior, por lo menos, a la fecha en que ésta deba celebrarse. Los obligacionistas podrán hacerse representar en la asamblea por apoderado acreditado con simple carta poder.

A las asambleas de obligacionistas podrán asistir los administradores debidamente acreditados, de la sociedad emisora.

En ningún caso podrán ser representadas en la asamblea, las obligaciones que no hayan sido puestas en circulación de acuerdo con el artículo 215, ni las que la sociedad emisora haya adquirido.

De la asamblea se levantará acta suscrita por quienes hayan fungido en la sesión como presidente y secretario. Al acta se agregará la lista de asistencia, firmada por los concurrentes y por los escrutadores. Las actas, así como los títulos, libros de contabilidad y demás datos y documentos que se refieran a la emisión y a la actuación de las asambleas o del representante común, serán conservadas por éste, y podrán, en todo tiempo, ser consultadas por los obligacionistas, los cuales tendrán derecho a que, a sus expensas, el representante común les expida copias certificadas de los documentos dichos.

La asamblea será presidida por el representante común o, en su defecto, por el Juez, en el caso del artículo 218, y en ella los obligacionistas tendrán derecho a tantos votos, como les correspondan en virtud de las obligaciones que posean, computándose un voto por cada obligación de las de menor denominación emitidas.

En lo no previsto por esta ley, o por el acta de emisión, será aplicable a la asamblea general de obligacionistas lo dispuesto por el Código de Comercio respecto a las asambleas de accionistas de las sociedades anónimas.

Artículo 222.- Cuando en el acta de emisión se haya estipulado que las obligaciones serán reembolsadas por sorteos, éstos se efectuarán ante notario, con intervención del representante común y del o de los administradores de la sociedad autorizados al efecto. La sociedad deberá publicar en el Diario Oficial de la Federación y en un periódico de los de mayor circulación de su domicilio, una lista de las obligaciones sorteadas con los datos necesarios para su identificación, y expresando en ella el lugar y la fecha en que el pago deberá hacerse. Las obligaciones sorteadas dejarán de causar interés desde la fecha del sorteo, siempre que la sociedad deposite en una institución de crédito el importe necesario para efectuar el pago. El depósito deberá ser hecho dentro del mes que siga a la fecha del sorteo y no podrá ser retirado por la sociedad, sino 90 días después de la fecha señalada para iniciar el pago de las obligaciones sorteadas. La fecha en que se inicie el pago de las obligaciones sorteadas, deberá fijarse precisamente dentro del mes que siga a la fecha del sorteo.

Artículo 223.- Los obligacionistas podrán ejercitar individualmente las acciones que les correspondan:

I. Para pedir la nulidad de la emisión en los casos de los artículos 209 y 211 y la de las resoluciones de la asamblea, en el caso del párrafo final del artículo 220, y cuando no se hayan cumplido los requisitos establecidos para su convocatoria y celebración;

Fe de erratas a la fracción DOF 08-09-1932

II. Para exigir de la sociedad emisora, en la vía ejecutiva, el pago de los cupones vencidos, de las obligaciones vencidas o sorteadas y de las amortizaciones o reembolsos que se hayan vencido o decretado conforme al acta de emisión;

III. Para exigir del representante común que practique los actos conservatorios de los derechos correspondientes a los obligacionistas en común, o haga efectivos esos derechos; y

IV. Para exigir, en su caso, la responsabilidad en que el representante común incurra por culpa grave.

Las acciones individuales de los obligacionistas, en los términos de las fracciones I, II y III de este artículo, no serán procedentes cuando sobre el mismo objeto esté en curso o se promueva una acción del representante común, o cuando sean incompatibles dichas acciones con alguna resolución debidamente aprobada por la asamblea general de obligacionistas.

Artículo 224.- La nulidad de la emisión, en los casos a que se refieren los artículos 209 y 211, sólo tendrá por objeto hacer exigible desde luego el pago de las cantidades pagadas por los obligacionistas.

Artículo 225.- En caso de quiebra o liquidación de la sociedad emisora, las obligaciones sólo se computarán en el pasivo por las sumas ya vencidas y no pagadas y por la cantidad que resulte reduciendo a su valor actual, al tipo de interés nominal estipulado en la emisión, los pagos periódicos que estuvieren por vencer.

Artículo 226.- Salvo convenio en contrario, la retribución del representante común será a cargo de la sociedad emisora, así como los gastos necesarios para el ejercicio de las acciones conservatoria de los derechos de los obligacionistas o para hacer efectivas las obligaciones o las garantías consignadas para ellas. Los gastos que se originen por la convocatoria y celebración de las asambleas solicitadas por los obligacionistas, en los términos del artículo 218, serán pagados por los solicitantes, si la asamblea no aprueba las decisiones por ellos propuestas.

Artículo 227.- Las acciones para el cobro de los cupones o de los intereses vencidos sobre las obligaciones, prescribirán en tres años a partir de su vencimiento.

Las acciones para el cobro de las obligaciones, prescribirán en cinco años a partir de la fecha en que se venzan los plazos estipulados para hacer la amortización, o en caso de sorteo, a partir de la fecha en que se publique la lista a que se refiere el artículo 222.

Artículo 228.- Son aplicables a las obligaciones y a sus cupones, en lo conducente, los artículos 77, párrafo final, 81, 90, 127, 130, 132, 139, 140, 142, 148, 149, 151 al 162, 164, 166 al 169 y 174, párrafo final.

Artículo reformado DOF 31-08-1933

CAPÍTULO V BIS
DE LOS CERTIFICADOS DE PARTICIPACIÓN

Capítulo adicionado DOF 31-12-1946

Artículo 228 a.- Los certificados de participación son títulos de crédito que representan:

a).- El derecho a una parte alícuota de los frutos o rendimientos de los valores, derechos o bienes de cualquier clase que tenga en fideicomiso irrevocable para ese propósito la sociedad fiduciaria que los emita;

b).- El derecho a una parte alícuota del derecho de propiedad o de la titularidad de esos bienes, derechos o valores;

c).- O bien el derecho a una parte alícuota del producto neto que resulte de la venta de dichos bienes, derechos o valores.

En el caso de los incisos b) y c), el derecho total de los tenedores de certificados de cada emisión será igual al porcentaje que represente en el momento de hacerse la emisión el valor total nominal de ella en relación con el valor comercial de los bienes, derechos o valores correspondientes fijado por el peritaje practicado en los términos del artículo 228 h. En caso de que al hacerse la adjudicación o venta de dichos bienes, derechos o valores, el valor comercial de éstos hubiere disminuido, sin ser inferior al importe nominal total de la emisión, la adjudicación o liquidación en efectivo se hará a los tenedores hasta por un valor igual al nominal de sus certificados; y si el valor comercial de la masa fiduciaria fuere inferior al nominal total de la emisión, tendrán derecho a la aplicación íntegra de los bienes o producto neto de la venta de los mismos.

Artículo adicionado DOF 31-12-1946

Artículo 228 a Bis.- Los "certificados de vivienda" son títulos que representan el derecho, mediante el pago de lo totalidad de las cuotas estipuladas, a que se transmita la propiedad de una vivienda, gozándose entretanto del aprovechamiento directo del inmueble; y en caso de incumplimiento o abandono, a recuperar una parte de dichas cuotas de acuerdo con los valores de rescate que se fijen.

Artículo adicionado DOF 30-12-1963

Artículo 228 b.- Los certificados serán bienes muebles aun cuando los bienes fideicometidos, materia de la emisión, sean inmuebles.

Sólo las instituciones de crédito autorizadas en los términos de la Ley respectiva para practicar operaciones fiduciarias podrán emitir estos títulos de crédito.

Los certificados que las sociedades fiduciarias expidan haciendo constar la participación de los distintos copropietarios en bienes, títulos o valores que se encuentren en su poder, no producirán efectos como títulos de crédito y serán considerados solamente como documentos probatorios.

Artículo adicionado DOF 31-12-1946

Artículo 228 c.- Para los efectos de la emisión de certificados de participación podrán constituirse fideicomisos sobre toda clase de empresas industriales y mercantiles, consideradas como unidades económicas.

Artículo adicionado DOF 31-12-1946

Artículo 228 d.- Los certificados de participación serán designados como ordinarios o inmobiliarios, según que los bienes fideicometidos materia de la emisión sean muebles o inmuebles.

Artículo adicionado DOF 31-12-1946

Artículo 228 e.- Tratándose de certificados de participación inmobiliarios, la sociedad emisora podrá establecer en beneficio de los tenedores, derechos de aprovechamiento directo del inmueble fideicometido, cuya extensión, alcance y modalidades se determinarán en el acta de la emisión correspondiente.

Artículo adicionado DOF 31-12-1946

Artículo 228 f.- La sociedad emisora, previo el consentimiento y aprobación del representante común de los tenedores, en su caso, podrá concertar y obtener préstamos para el mejoramiento e incremento de los bienes inmuebles materia de la emisión, emitiendo por este concepto "certificados fiduciarios de adeudo."

Los certificados fiduciarios de adeudo serán títulos de crédito contra el fideicomiso correspondiente. Serán preferentes en su pago a los certificados de participación de dicho fideicomiso.

Artículo adicionado DOF 31-12-1946

Artículo 228 g.- Cuando la sociedad emisora esté autorizada para practicar también operaciones financieras en los términos de la Ley respectiva podrán garantizar a los tenedores de los certificados que emita un mínimo de rendimiento; esta garantía será otorgada sin obligar al departamento fiduciario de la institución.

Artículo adicionado DOF 31-12-1946

Artículo 228 h.- El monto total nominal de una emisión de certificados de participación será fijado mediante dictamen que formule alguna sociedad nacional de crédito, previo peritaje que practique de los bienes fideicomitidos materia de esa emisión.

La sociedad nacional de crédito, al formular su dictamen y fijar el monto total nominal de una emisión, tomará como base el valor comercial de los bienes y si se tratare de certificados amortizables estimarán sobre éste un margen prudente de seguridad para la inversión de los tenedores correspondientes. El dictamen que se formule por dichas instituciones será definitivo.

Artículo adicionado DOF 31-12-1946. Reformado DOF 10-01-2014

Artículo 228 i.- Los certificados podrán ser amortizables o no serlo.

Artículo adicionado DOF 31-12-1946

Artículo 228 j.- Los certificados amortizables darán a sus tenedores, además del derecho a una parte alícuota de los frutos o rendimientos correspondientes, el del reembolso del valor nominal de los títulos. En caso de que la sociedad fiduciaria emisora no hiciere el pago del valor nominal de los certificados a su vencimiento, sus tenedores tendrán los derechos a que se refieren los incisos b) y c) y el párrafo final del artículo 228 a.

Artículo adicionado DOF 31-12-1946

Artículo 228 k.- Tratándose de certificados de participación no amortizables, la sociedad emisora no está obligada a hacer pago del valor nominal de ellos a sus tenedores en ningún tiempo. Al extinguirse el fideicomiso base de la emisión y de acuerdo con las resoluciones de la asamblea general de tenedores de certificados, la sociedad emisora procederá a hacer la adjudicación y venta de los bienes fideicometidos y la distribución del producto neto de la misma, en los términos del artículo 228 a.

Artículo adicionado DOF 31-12-1946

Artículo 228 l.- Los certificados serán nominativos, tendrán cupones y deberán emitirse por series, en denominaciones de cien pesos o de sus múltiplos.

Párrafo reformado DOF 30-12-1982, 08-02-1985. Fe de erratas DOF 03-04-1985

Los certificados darán a sus tenedores, dentro de cada serie, iguales derechos.

Cualquier tenedor podrá pedir la nulidad de la emisión hecha en contra de lo dispuesto en este párrafo.

Artículo adicionado DOF 31-12-1946

Artículo 228 m.- La emisión se hará previa declaración unilateral de voluntad de la sociedad emisora expresada en escritura pública, en la que se harán constar:

I. La denominación, el objeto y el domicilio de la sociedad emisora;

II. Una relación del acto constitutivo del fideicomiso, bases de la emisión;

III. Una descripción suficiente de los derechos o cosas materia de la emisión;

IV. El dictamen pericial a que se refiere el artículo 228 h;

V. El importe de la emisión, con especificación del número y valor de los certificados que se emitirán, y de las series y subseries, si las hubiere;

VI. La naturaleza de los títulos y los derechos que ellos conferirán.

VII. La denominación de los títulos;

VIII. En su caso, el mínimo de rendimiento garantizado;

IX. El término señalado por el pago de productos o rendimientos, y si los certificados fueren amortizables, los plazos, condiciones y forma de la amortización;

X. Los datos de registro que sean procedentes para la identificación de los bienes materia de la emisión y de los antecedentes de la misma;

XI. La designación de representante común de los tenedores de certificados y la aceptación de éste, con su declaración:

a) De haber verificado la constitución del fideicomiso, base de la emisión;

b) De haber comprobado la existencia de los bienes fideicometidos y la autenticidad del peritaje practicado sobre los mismos de acuerdo con el artículo 228 h.

En caso de que los certificados se ofrezcan en venta al público, los avisos o la propaganda, contendrán los datos anteriores. Por violación de lo dispuesto en este párrafo quedarán solidariamente sujetos a daños y perjuicios aquellos a quienes la violación sea imputable.

Artículo adicionado DOF 31-12-1946

Artículo 228 n.- El certificado de participación deberá contener:

I. Nombre, nacionalidad y domicilio del titular del certificado.

Fracción adicionada DOF 30-12-1982

II. La mención de ser "certificados de participación" y la expresión de si es ordinario o inmobiliario;

Fracción recorrida DOF 30-12-1982

III. La designación de la sociedad emisora y la firma autógrafa del funcionario de la misma, autorizado para suscribir la emisión correspondiente;

Fracción recorrida DOF 30-12-1982

IV. La fecha de expedición del título;

Fracción recorrida DOF 30-12-1982

V. El importe de la emisión, con especificación de número y del valor nominal de los certificados que se emitan;

Fracción recorrida DOF 30-12-1982

VI. En su caso, el mínimo de rendimiento garantizado;

Fracción recorrida DOF 30-12-1982

VII. El término señalado para el pago de productos o rendimientos y del capital y los plazos, condiciones y forma en que los certificados han de ser amortizados;

Fracción recorrida DOF 30-12-1982

VIII. El lugar y modo de pago;

Fracción recorrida DOF 30-12-1982

IX. La especificación, en su caso, de las garantías especiales que se constituyan para la emisión, con expresión de las inscripciones relativas en el Registro Público;

Fracción recorrida DOF 30-12-1982

X. El lugar y la fecha del acta de emisión, con especificación de la fecha y número de la inscripción relativa en el Registro de Comercio;

Fracción recorrida DOF 30-12-1982

XI. La firma autógrafa del representante común de los tenedores de certificados.

Fracción recorrida DOF 30-12-1982

Artículo adicionado DOF 31-12-1946

Artículo 228 o.- Los términos y condiciones de las emisiones de certificados de participación deberán ser aprobados por la Comisión Nacional Bancaria, así como los textos de las actas de emisión y de los certificados y cualquiera modificación de ellos. Además, en el otorgamiento de un acta de emisión o de modificación deberá concurrir un representante de la Comisión Nacional Bancaria.

Artículo adicionado DOF 31-12-1946

Artículo 228 p.- Cuando en el acta de emisión se haya estipulado que los certificados serán reembolsados por sorteos, se seguirá el procedimiento que establece el artículo 222 de esta Ley.

Artículo adicionado DOF 31-12-1946

Artículo 228 q.- Para representar al conjunto de los tenedores de certificados se designará un representante común que podrá no ser tenedor de certificados. El cargo de representante común es personal y será desempeñado por el individuo designado al efecto o por los representantes ordinarios de la institución de crédito o de la sociedad financiera o fiduciaria que sean nombrados para el cargo. El representante común podrá otorgar poderes judiciales.

Son aplicables al representante común de los tenedores de certificados, en lo conducente, las disposiciones de los artículos 216 y 226 de esta Ley.

Artículo adicionado DOF 31-12-1946

Artículo 228 r.- El representante común de los tenedores de certificados obrará como mandatario de éstos, con las siguientes obligaciones y facultades, además de las que expresamente se consignen en el acta de emisión:

1°.- Verificar los términos del acto constitutivo del fideicomiso base de la emisión;

2°.- Comprobar la existencia de los derechos o bienes dados en fideicomiso, y en su caso, que las construcciones y los bienes inmovilizados incluidos en el fideicomiso estén asegurados, mientras la emisión no se amortice totalmente por su valor o por el importe de los certificados en circulación, cuando éste sea menor que aquél;

3°.- Recibir y conservar los fondos relativos como depositario y aplicarlos al pago de los bienes adquiridos o de su construcción en los términos que señale el acta de emisión, cuando el importe de la misma o una parte de él, deban ser destinados a la adquisición o construcción de bienes;

4°.- Autorizar con su firma los certificados que se emitan;

5°.- Ejercitar todas las acciones o derechos que al conjunto de tenedores de certificados correspondan por el pago de intereses o del capital debidos o por virtud de las garantías señaladas para la emisión, así como los que requiera el desempeño de las funciones y deberes a que este artículo se refiere, y ejecutar los actos conservatorios de esos derechos y acciones;

6°.- Asistir a los sorteos en su caso;

7°.- Convocar y presidir la asamblea general de tenedores de certificados y ejecutar sus decisiones;

8°.- Recabar de los funcionarios de la institución fiduciaria emisora, todos los informes y datos que necesite para el ejercicio de sus atribuciones, inclusive los relativos a la situación financiera del fideicomiso base de la emisión.

Artículo adicionado DOF 31-12-1946

Artículo 228 s.- La asamblea general de tenedores de certificados de participación representará el conjunto de éstos y sus decisiones, tomadas en los términos de esta Ley y de acuerdo con las estipulaciones relativas del acta de emisión, serán válidas respecto de todos los tenedores, aun de los ausentes o disidentes.

Son aplicables a la asamblea general de tenedores de certificados de participación las disposiciones de los artículos 218, 219, 220 y 221 de esta Ley.

Artículo adicionado DOF 31-12-1946

Artículo 228 t.- El fideicomiso base de la emisión, no se extinguirá mientras haya saldos insolutos por concepto de créditos a cargo de la masa fiduciaria, de certificados o de participación en los frutos o rendimientos.

Artículo adicionado DOF 31-12-1946

Artículo 228 u.- Son aplicables a los derechos de los tenedores de certificados en lo conducente, los artículos 223 y 224.

Artículo adicionado DOF 31-12-1946

Artículo 228 v.- Las acciones para el cobro de los cupones de los certificados prescribirán en tres años a partir del vencimiento. Las acciones para el cobro de los certificados amortizables prescribirán en cinco años a partir de la fecha en que venzan los plazos estipulados para hacer la amortización, o, en caso de sorteo, a partir de la fecha en que se publique la lista a que se refiere el artículo 222.

La prescripción de las acciones para el cobro en efectivo o adjudicación, tratándose de certificados no amortizables, se regirá por las reglas del derecho común y principiará a correr el término correspondiente en la fecha que señale la asamblea general de tenedores que conozca de la terminación del fideicomiso correspondiente.

La prescripción operará, en todos los casos, en favor del patrimonio de la Secretaría de Salud.

Párrafo reformado DOF 09-04-2012

Artículo adicionado DOF 31-12-1946

CAPÍTULO VI
DEL CERTIFICADO DE DEPÓSITO Y DEL BONO DE PRENDA

Artículo 229.- El certificado de depósito acredita la propiedad de mercancías o bienes depositados en el Almacén General de Depósito que lo emite y en su caso, la constitución de un crédito prendario sobre dichas mercancías o bienes.

Sólo los Almacenes Generales de Depósito, autorizados conforme a la Ley General de Organizaciones y Actividades Auxiliares del Crédito, podrán expedir estos títulos.

Los certificados de depósito únicamente se emitirán en medios electrónicos, ópticos o cualquier otra tecnología, a través de el o los sistemas criptográficos de certificados de depósito que los propios Almacenes Generales de Depósito emisores del título determinen, de conformidad con lo establecido en la presente Ley y demás disposiciones aplicables.

Dichos certificados de depósito deberán inscribirse en el Registro Único de Certificados, Almacenes y Mercancías, en términos de la Ley General de Organizaciones y Actividades Auxiliares del Crédito.

En caso de existir pluralidad de sistemas criptográficos, estos deberán interconectarse, de conformidad con las siguientes bases:

a) Garantizar que la información relativa a cualquier título sea accesible para las personas que intervengan en algún acto relacionado con el certificado de depósito;

b) Las especificaciones técnicas necesarias para realizar la interconexión serán determinadas por mutuo acuerdo celebrado entre los Almacenes Generales de Depósito emisores que la establezcan observando lo establecido en la presente Ley y demás disposiciones aplicables, sin que pueda otorgarse ventaja, beneficio o preeminencia de algún sistema sobre otro, ni se restrinja la libertad de asociación, con independencia de que los Almacenes Generales de Depósito emisores actúen de forma individual o como parte de un colectivo;

c) No genere costos adicionales a los Almacenes Generales de Depósito emisores, salvo aquellos necesarios para establecer el punto de intercambio de tráfico con su respectivo sistema criptográfico;

d) Dicha interconexión se garantizará para las Autoridades competentes que así lo requieran. En ese sentido, deberá cumplir con los estándares y reglas necesarias que garanticen la seguridad y certeza de la misma.

La omisión, defecto o imposibilidad técnica que impida o genere fallas en la interconexión de los sistemas criptográficos de los certificados de depósito, no afectará la validez de éstos o los derechos de los tenedores; debiendo garantizarse en todo momento por parte de los Almacenes Generales de Depósito emisores, el cumplimiento de los principios establecidos en la legislación aplicable.

A través de el o los sistemas criptográficos en que se emitan los certificados de depósito se establecerá de manera indubitable, de acuerdo con lo dispuesto en esta Ley y la Ley General de Organizaciones y Actividades Auxiliares del Crédito, la generación, transmisión por endoso, recepción, entrega o cualquier otro acto relacionado con el certificado de depósito tomando en cuenta, entre otros requisitos, los previstos en la Norma Oficial Mexicana a que se refiere el artículo 49 del Código de Comercio.

Para efectos de lo dispuesto en el párrafo anterior, el o los sistemas criptográficos en que se emitan los certificados de depósito, fungirán como sistema de información en términos de lo dispuesto en el artículo 5o. de esta Ley.

Las constancias, recibos o certificados que otras personas o instituciones expidan para acreditar el depósito de bienes o mercancías, no producirán efectos como títulos de crédito.

Artículo reformado DOF 26-03-2024

Artículo 230.- Se deroga.

Artículo reformado DOF 10-01-2014. Derogado DOF 26-03-2024

Artículo 231.- El certificado de depósito deberá contener al menos la siguiente información:

Párrafo reformado DOF 26-03-2024

I. La mención de ser "certificado de depósito" y "bono de prenda," respectivamente;

Fe de erratas a la fracción DOF 10-02-1933

II. La designación y la firma electrónica avanzada del representante legal del Almacén General de Depósito que lo emite. No se permitirá el uso de firmas digitales;

Fe de erratas a la fracción DOF 08-09-1932. Reformada DOF 26-03-2024

III. El lugar del depósito;
IV. La fecha de expedición del título;
V. El número de orden;

Fracción reformada DOF 26-03-2024

VI. La mención de haber sido constituido el depósito con designación individual o genérica de las mercancías o efectos respectivos;
VII. La especificación de las mercancías o bienes depositados, con mención de su naturaleza, calidad y cantidad y de las demás circunstancias que sirvan para su identificación;
VIII. El plazo señalado para el depósito;
IX. El nombre, la Clave Única del Registro de Población, o el Registro Federal de Contribuyentes del depositante cuando se trate de persona física. En caso que el depositante sea persona moral su denominación o razón social, Registro Federal de Contribuyentes y nombre, Clave Única del Registro de Población, o el Registro Federal de Contribuyentes del representante legal;

Fracción reformada DOF 30-12-1982, 26-03-2024

X. La mención de estar o no sujetos los bienes o mercancías materia del depósito al pago de derechos, impuestos o responsabilidades fiscales, y cuando para la constitución del depósito sea requisito previo el formar la liquidación de tales derechos, nota de esa liquidación;
XI. La mención de estar o no asegurados los bienes o mercancías depositados y del importe del seguro, en su caso;
XII. La mención de los adeudos o de las tarifas en favor del Almacén o, en su caso, la mención de no existir tales adeudos.
XIII. La mención de que las mercancías se encuentran depositadas en bodegas propias, habilitadas, arrendadas o recibidas en comodato o que la mercancía se encuentra en tránsito al almacén;

Fracción adicionada DOF 26-03-2024

XIV. La mención de que el certificado de depósito es Negociable o No Negociable;

Fracción adicionada DOF 26-03-2024

XV. El nombre, la Clave Única del Registro de Población o Registro Federal de Contribuyentes del beneficiario cuando se trate de persona física. En caso que el beneficiario sea persona moral su denominación o razón social, Registro Federal de Contribuyentes, así como el nombre, Clave Única del Registro de Población y Registro Federal de Contribuyentes del representante legal, y

Fracción adicionada DOF 26-03-2024

XVI. La declaración del depositante respecto a si la mercancía o bienes descritos en el certificado de depósito garantizan alguna otra obligación previamente pactada.

Fracción adicionada DOF 26-03-2024

Artículo 232.- En caso que se constituya un crédito prendario sobre las mercancías o bienes señaladas en el certificado de depósito, se deberán incorporar al certificado los siguientes datos:

Párrafo reformado DOF 26-03-2024

I. El nombre, Clave Única del Registro de Población o Registro Federal de Contribuyentes y firma electrónica avanzada del acreedor prendario cuando se trate de persona física. En caso que el acreedor prendario sea persona moral su denominación o razón social, Registro Federal de Contribuyentes, así como el nombre, Clave Única del Registro de Población, Registro Federal de Contribuyentes y firma electrónica avanzada del representante legal;

Fracción reformada DOF 30-12-1982, 26-03-2024

II. El importe del crédito; así como el valor y porcentaje de las mercancías afectadas por el mismo;

Fracción reformada DOF 26-03-2024

III. El interés pactado;

Fracción reformada DOF 26-03-2024

IV. La fecha del vencimiento del crédito prendario, que no podrá ser posterior a la fecha en que concluya el depósito, y

Fracción reformada DOF 26-03-2024

V. El nombre, Clave Única del Registro de Población o Registro Federal de Contribuyentes y firma electrónica avanzada del tenedor legítimo cuando se trate de persona física. En caso que el tenedor legítimo sea persona moral su denominación o razón social y Registro Federal de Contribuyentes, así como el nombre, Clave Única del Registro de Población, Registro Federal de Contribuyentes y firma electrónica avanzada del representante legal.

Fracción reformada DOF 26-03-2024

VI. Se deroga.

Fracción derogada DOF 26-03-2024

Artículo 233.- Se deroga.

Fe de erratas al artículo DOF 10-02-1933. Derogado DOF 26-03-2024

Artículo 234.- Se deroga.

Artículo reformado DOF 10-01-2014. Derogado DOF 26-03-2024

Artículo 235.- No podrán emitirse certificados múltiples que amparen idénticos bienes o mercancías.

La violación a lo establecido en el párrafo anterior, sujetará al emisor del título de crédito a las responsabilidades a las que haya lugar.

Fe de erratas al artículo DOF 08-09-1932. Reformado DOF 26-03-2024

Artículo 236.- El acreedor deberá integrar en el certificado de depósito correspondiente los datos de constitución del crédito prendario sobre mercancías amparadas por un certificado de depósito a que se refiere el artículo 232 de la presente Ley, a través del sistema criptográfico en que se emita, a más tardar el día hábil siguiente a la fecha en que se constituyó dicho crédito, siendo responsable de los daños y perjuicios causados por las omisiones o inexactitudes en que incurra.

Párrafo reformado DOF 26-03-2024

Lo anterior, sin perjuicio de la obligación de registrar en el Registro Único de Certificados, Almacenes y Mercancías la constitución del crédito prendario.

Párrafo reformado DOF 26-03-2024

Reforma DOF 26-03-2024: Derogó del artículo los entonces párrafos tercero y cuarto

Artículo 237.- Se deroga.

Artículo derogado DOF 26-03-2024

Artículo 238.- Los certificados de depósito deberán ser emitidos a favor del depositante o de un tercero.

Artículo reformado DOF 30-12-1982, 26-03-2024

Artículo 239.- El tenedor legítimo del certificado de depósito tiene pleno dominio sobre las mercancías o bienes depositados y puede en cualquier tiempo disponer de ellos, mediante la entrega del certificado y el pago de sus obligaciones respectivas a favor del Fisco y de los Almacenes Generales de Depósito.

Para efectos de lo dispuesto en el párrafo anterior, se entiende que se realiza la entrega del certificado de depósito cuando el tenedor legítimo transfiera el control del título al Almacén General de Depósito a través del sistema criptográfico en que se haya emitido dicho título.

El Almacén General de Depósito podrá liberar totalmente las mercancías o bienes que ampara el certificado de depósito, previa entrega y pago de sus obligaciones respectivas conforme a lo establecido en el presente artículo, debiendo cancelar en el sistema criptográfico el certificado de depósito al entregar las mercancías o bienes.

Cuando se trate de bienes que permitan cómoda división y bajo la responsabilidad de los Almacenes, podrá retirar una parte de las mercancías o bienes que ampara el certificado de depósito, pagando la parte proporcional de las obligaciones contraídas en favor del Fisco y de los Almacenes. Tratándose de una liberación parcial del certificado de depósito, el Almacén General de Depósito realizará las modificaciones procedentes al certificado de depósito en el sistema criptográfico de certificados de depósito.

Artículo reformado DOF 26-03-2024

Artículo 240.- Cuando el tenedor legítimo y el Almacén General de Depósito así lo acuerden, se podrá renovar la vigencia del certificado de depósito.

Para efectos de lo dispuesto en el párrafo anterior, el tenedor legítimo del certificado de depósito deberá manifestar su voluntad en el sistema criptográfico en que se haya emitido, y el Almacén General de Depósito realizará las modificaciones procedentes al certificado de depósito en el sistema mencionado.

Artículo reformado DOF 26-03-2024

Artículo 241.- El tenedor legítimo de un certificado de depósito no negociable, podrá disponer totalmente, o en partidas, de las mercancías o bienes depositados, si éstos permiten cómoda división, mediante órdenes de entrega a cargo de los Almacenes, y pagando las obligaciones que tenga contraídas con el Fisco y los propios Almacenes, en su caso, en la parte proporcional correspondiente a las partidas de cuya disposición se trate, salvo pacto en contrario.

Artículo 242.- El tenedor legítimo del certificado de depósito que sea acreedor prendario requerirá el pago al deudor a través del sistema criptográfico en que se haya emitido, a más tardar el segundo día hábil que siga al del vencimiento del plazo del crédito prendario.

En caso de liquidar la cantidad adeudada, el acreedor prendario transferirá el control del certificado de depósito al deudor en su calidad de tenedor legítimo a través del sistema criptográfico correspondiente.

En caso de no recibir el pago, el acreedor prendario dará aviso de la falta de pago de la obligación garantizada a través del sistema criptográfico de certificados de depósito al deudor, a aquellos a quienes conforme a la circulación del certificado de depósito consten en el sistema mencionado, así como al Almacén General de Depósito que custodia las mercancías.

El procedimiento contemplado en el presente artículo hace las veces del protesto por falta de pago a que se refiere el artículo 140 de esta Ley.

Artículo reformado DOF 26-03-2024

Artículo 243.- El aviso con efectos de protesto a que se refiere el penúltimo párrafo del artículo 242 deberá incluir la cantidad adeudada hasta el momento, la cual incluirá el monto principal y accesorios pactados.

Salvo instrucción contraria del acreedor prendario, el Almacén General de Depósito deberá iniciar el procedimiento de remate público de los bienes o mercancías depositadas, transcurridos ocho días de la presentación del aviso a que se refiere el presente artículo.

El Almacén General de Depósito publicará en el sistema electrónico a que se refiere el artículo 50 Bis del Código de Comercio, por lo menos cinco días hábiles con antelación, un aviso de venta de los bienes o mercancías depositadas, en el cual se señalará el lugar, día y hora en que se pretenda realizar el remate público, incluyendo además una descripción de los bienes o mercancías y una primera postura; haciendo la anotación correspondiente en el sistema criptográfico en que se haya emitido el certificado de depósito.

El acreedor prendario podrá participar en el remate para adjudicarse los bienes con saldo a su crédito.

Artículo reformado DOF 26-03-2024

Artículo 244.- El producto de la venta de las mercancías o bienes depositados, se aplicará directamente por los Almacenes en el orden siguiente:

I. Al pago de los impuestos, derechos o responsabilidades fiscales que estuvieren pendientes por concepto de las mercancías o bienes materia del depósito;

II. Al pago del adeudo causado a favor de los Almacenes, en los términos del contrato de depósito, incluyendo los costos que resulten del remate público, y

Fracción reformada DOF 26-03-2024

III. Al pago del crédito prendario, en su caso.

Fracción reformada DOF 26-03-2024

El sobrante será conservado por los Almacenes a disposición del tenedor del certificado de depósito.

Artículo 245.- Si los bienes depositados estuvieren asegurados, el importe de la indemnización correspondiente, en caso de siniestro, se aplicará en los términos del artículo anterior.

Artículo 246.- Los Almacenes serán considerados como depositarios de las cantidades, que procedentes de la venta o retiro de las mercancías, o de la indemnización en caso de siniestro, correspondan a los tenedores de certificados de depósito.

Artículo reformado DOF 26-03-2024

Artículo 247.- Los Almacenes deberán hacer constar en el certificado de depósito, a través del sistema criptográfico en que se haya emitido, la cantidad pagada con el producto de la venta de los bienes depositados, o con la entrega de las cantidades correspondientes que los Almacenes tuvieren en su poder conforme al artículo 246.

Asimismo, deberán hacer constar, en su caso, que la venta de los bienes no puede efectuarse. Esta anotación hará prueba para el ejercicio de las acciones de regreso.

Fe de erratas al artículo DOF 08-09-1932. Reformado DOF 26-03-2024

Artículo 248.- Si el producto de la venta de los bienes depositados, o el monto de las cantidades que los Almacenes entreguen al tenedor legítimo del certificado de depósito, en los casos de los artículos 244 y 245, no bastan a cubrir totalmente el adeudo consignado en el certificado de depósito, o sí, por cualquier motivo, los Almacenes no efectúan el remate o no entregan al tenedor legítimo las cantidades correspondientes que hubiere recibido conforme al artículo 246, el tenedor legítimo del certificado de depósito puede ejercitar la acción cambiaria contra la persona que haya negociado el certificado de depósito por primera vez, y contra los endosantes posteriores y los avalistas. El mismo derecho tendrán, contra los signatarios anteriores, los obligados en vía de regreso que paguen el monto de la obligación garantizada.

Artículo reformado DOF 26-03-2024

Artículo 249.- Las acciones del tenedor legítimo del certificado de depósito, contra los endosantes y sus avalistas, caducan:

I. Por no haber sido protestado el certificado de depósito en los términos del artículo 242;

II. Por no haber dado el aviso de falta de pago al Almacén, conforme a los artículos 242 y 243, para proceder con la venta de los bienes depositados, y

III. Por no haberse ejercitado la acción dentro de los tres meses que sigan, a la fecha de la venta de los bienes depositados, al día en que los Almacenes notifiquen al tenedor del certificado de depósito que esa venta no puede efectuarse, o al día en que los Almacenes se nieguen a entregar las cantidades a que se refiere el artículo 246 o entreguen solamente una suma inferior al importe del adeudo consignado en el certificado de depósito.

No obstante, la caducidad de las acciones contra los endosantes y sus avalistas, el tenedor del certificado de depósito conserva su acción contra quien haya negociado el título por primera vez y contra sus avalistas.

Artículo reformado DOF 26-03-2024

Artículo 250.- Las acciones derivadas del certificado de depósito para el retiro de las mercancías, prescriben en tres años a partir del vencimiento del plazo señalado para el depósito en el certificado.

Las acciones que deriven del crédito prendario insertado en el certificado, prescriben en tres años a partir de su vencimiento.

Párrafo reformado DOF 26-03-2024

En el mismo plazo, prescribirán las acciones derivadas del certificado de depósito para disponer, en su caso, las cantidades que obren en poder de los Almacenes Generales de Depósito conforme al artículo 246 de esta Ley.

Párrafo reformado DOF 26-03-2024

Artículo 251.- Son aplicables al certificado de depósito, en lo conducente, los artículos 81, 85, 86, 90, 109 al 116, 131, 151 al 154, 157 al 162, 164, 166 al 169 de esta Ley.

Párrafo reformado DOF 26-03-2024

Para los efectos del artículo 152, por importe del certificado se entenderá la parte no pagada del adeudo consignado en éste, incluyendo los réditos caídos; y los intereses moratorios se calcularán al tipo estipulado para ellos; a falta de esa estipulación, al tipo de rédito fijado en el documento, y en defecto de ambos, al tipo legal.

Párrafo reformado DOF 26-03-2024

Reforma DOF 26-03-2024: Derogó del artículo los entonces párrafos segundo (antes con fe de erratas DOF 10-02-1933) y cuarto (antes reformado DOF 31-08-1933)

CAPÍTULO VII
DE LA APLICACIÓN DE LEYES EXTRANJERAS

Artículo 252.- La capacidad para emitir en el extranjero títulos de crédito o para celebrar cualquiera de los actos que en ellos se consignen, será determinada conforme a la ley del país en que se emita el título o se celebre el acto.

Fe de erratas al párrafo DOF 08-09-1932

La ley mexicana regirá la capacidad de los extranjeros para emitir títulos o para celebrar cualquiera de los actos que en ellos se consignen, dentro del territorio de la República.

Artículo 253.- Las condiciones esenciales para la validez de un título de crédito emitido en el extranjero y de los actos consignados en él, se determinan por la ley del lugar en que el título se emite o el acto se celebra.

Sin embargo, los títulos que deban pagarse en México son válidos, si llenan los requisitos prescritos por la ley mexicana, aun cuando sean irregulares conforme a la ley del lugar en que se emitieron o se consignó en ellos algún acto.

Artículo 254.- Si no se ha pactado de modo expreso que el acto se rija por la ley mexicana, las obligaciones y los derechos que se deriven de la emisión de un título en el extranjero o de un acto consignado en él, si el título debe ser pagado total o parcialmente en la República, se regirán por la ley del lugar del otorgamiento, siempre que no sea contraria a las leyes mexicanas de orden público.

Artículo 255.- Los títulos garantizados con algún derecho real sobre los inmuebles ubicados en la República, se regirán por la ley mexicana en todo lo que se refiere a la garantía.

Artículo 256.- Los plazos y formalidades para la presentación, el pago y el protesto del título se regirán por la ley del lugar en que tales actos deban practicarse.

Artículo 257.- La adopción de las medidas prescritas por la ley del lugar en que un título haya sido extraviado o robado, no dispensan al interesado de tomar las medidas prescritas por la presente ley, si el título debe ser pagado en el territorio de la República.

Artículo 258.- Se aplicarán las Leyes mexicanas sobre prescripción y caducidad de las acciones derivadas de un título de crédito, aun cuando haya sido emitido en el extranjero, si la acción respectiva se somete al conocimiento de los tribunales mexicanos.

TÍTULO SEGUNDO
DE LAS OPERACIONES DE CRÉDITO

CAPÍTULO I
DEL REPORTO

Artículo 259.- En virtud del reporto, el reportador adquiere por una suma de dinero la propiedad de títulos de crédito, y se obliga a transferir al reportado la propiedad de otros tantos títulos de la misma especie, en el plazo convenido y contra reembolso del mismo precio más un premio. El premio queda en beneficio del reportador, salvo pacto en contrario.

El reporto se perfecciona por la entrega de los títulos y por su endoso cuando sean nominativos.

Artículo 260.- El reporto debe constar por escrito, expresándose el nombre completo del reportador y del reportado, la clase de los títulos dados en reporto y los datos necesarios para su identificación, el término fijado para el vencimiento de la operación, el precio y el premio pactados o la manera de calcularlos.

Artículo 261.- Si los títulos atribuyen un derecho de opción que deba ser ejercitado durante el reporto, el reportador estará obligado a ejercitarlo por cuenta del reportado; pero este último deberá proveerlo de los fondos suficientes dos días antes, por lo menos, del vencimiento del plazo señalado para el ejercicio del derecho opcional.

Artículo 262.- Salvo pacto en contrario los derechos accesorios correspondientes a los títulos dados en reporto, serán ejercitados por el reportador por cuenta del reportado y los dividendos o intereses que se paguen sobre los títulos durante el reporto, serán acreditados al reportado para ser liquidados al vencimiento de la operación. Los reembolsos y premios quedarán a beneficio del reportado, cuando los títulos o valores hayan sido específicamente designados al hacerse la operación.

Artículo 263.- Cuando durante el término del reporto deba ser pagada alguna exhibición sobre los títulos, el reportado deberá proporcionar al reportador los fondos necesarios, dos días antes, por lo menos, de la fecha en que la exhibición haya de ser pagada. En caso de que el reportado no cumpla con esta obligación, el reportador puede proceder desde luego a liquidar el reporto.

Artículo 264.- A falta de plazo señalado expresamente, el reporto se entenderá pactado para liquidarse el último día hábil del mismo mes en que la operación se celebre, a menos que la fecha de celebración sea posterior al día 20 del mes, en cuyo caso se entenderá pactado para liquidarse el último día hábil del mes siguiente.

Artículo 265.- En ningún caso el plazo del reporto se extenderá a más de cuarenta y cinco días. Toda cláusula en contrario, se tendrá por no puesta. La operación podrá ser prorrogada una o más veces, sin que la prórroga importe celebración de nuevo contrato y bastando al efecto, la simple mención "prorrogado," suscrita por las partes, en el documento en que se haya hecho constar la operación primitiva.

Artículo 266.- Si el primer día hábil siguiente a la expiración del plazo en que el reporto debe liquidarse, el reportado no liquida la operación ni ésta es prorrogada, se tendrá por abandonada y el reportador podrá exigir desde luego al reportado el pago de las diferencias que resulten a su cargo.

CAPÍTULO II
DEL DEPÓSITO

SECCIÓN PRIMERA
DEL DEPÓSITO BANCARIO DE DINERO

Artículo 267.- El depósito de una suma determinada de dinero en moneda nacional o en divisas o monedas extranjeras, transfiere la propiedad al depositario y lo obliga a restituir la suma depositada en la misma especie, salvo lo dispuesto en el artículo siguiente.

Artículo 268.- Los depósitos que se constituyan en caja, saco o sobre cerrados, no transfieren la propiedad al depositario, y su retiro quedará sujeto a los términos y condiciones que en el contrato mismo se señalen.

Artículo 269.- En los depósitos a la vista, en cuenta de cheques, el depositante tiene derecho a hacer libremente remesas en efectivo para abono de su cuenta y a disponer, total o parcialmente, de la suma depositada, mediante cheques girados a cargo del depositario. Los depósitos en dinero constituidos a la vista en instituciones de crédito, se entenderán entregados en cuenta de cheques, salvo convenio en contrario.

Para que el depositante pueda hacer remesas conforme a este artículo, en títulos de crédito, se requerirá autorización del depositario. Los abonos se entenderán hechos "salvo buen cobro."

Artículo 270.- Los depósitos recibidos en cuentas colectivas en nombre de dos o más personas, podrán ser devueltos a cualquiera de ellas o por su orden, a menos que se hubiere pactado lo contrario.

Artículo 271.- Los depósitos bancarios podrán ser retirables a la vista, a plazo o previo aviso. Cuando al constituirse el depósito previo aviso no se señale plazo, se entenderá que el depósito es retirable al día hábil siguiente a aquél en que se dé el aviso. Si el depósito se constituye sin mención especial de plazo, se entenderá retirable a la vista.

Artículo 272.- Salvo estipulación en contrario, los depósitos serán pagaderos en la misma oficina en que hayan sido constituidos.

Artículo 273.- Salvo convenio en contrario, en los depósitos con interés, éste se causará desde el primer día hábil posterior a la fecha de la remesa y hasta el último día hábil anterior a aquél en que se haga el pago.

Artículo 274.- Los depósitos en cuenta de cheques se comprobarán únicamente con recibos del depositario o con anotaciones hechas por él en las libretas que al efecto deberá entregar a los depositantes, salvo lo que previene la Ley General de Instituciones de Crédito.

Artículo 275.- Las entregas y los reembolsos hechos en las cuentas de depósito a plazo o previo aviso, se comprobarán únicamente mediante constancias por escrito, precisamente nominativas y no negociables, salvo lo dispuesto en la Ley General de Instituciones de Crédito.

SECCIÓN SEGUNDA
DEL DEPÓSITO BANCARIO DE TÍTULOS

Artículo 276.- El depósito bancario de títulos no transfiere la propiedad al depositario, a menos que, por convenio escrito, el depositante lo autorice a disponer de ellos con obligación de restituir otros tantos títulos de la misma especie.

Artículo 277.- Si no se transfiere la propiedad al depositario, esté queda obligado a la simple conservación material de los títulos, a menos que, por convenio expreso, se haya constituido el depósito en administración.

Artículo 278.- El depósito bancario de títulos en administración, obliga al depositario a efectuar el cobro de los títulos y a practicar todos los actos necesarios para la conservación de los derechos que aquéllos confieran al depositante. Cuando haya que ejercitar derechos accesorios u opcionales o efectuar exhibiciones o pagos de cualquier clase en relación con los títulos de depositados, se estará a lo dispuesto en los artículos 261 a 263.

Artículo 279.- Serán aplicables a los depósitos de títulos en lo conducente, los artículos 269 a 272, 274 y 275. Las órdenes de entrega que el depositante expida para disponer de los títulos, en el caso del artículo 269, no serán negociables.

SECCIÓN TERCERA
DEL DEPÓSITO DE LAS MERCANCÍAS EN ALMACENES GENERALES

Artículo 280.- Salvo el caso a que se refiere el artículo siguiente, los Almacenes Generales están obligados a restituir los mismos bienes o mercancías depositados, en el estado en que los hayan recibido, respondiendo sólo de su conservación aparente y de los daños que se deriven de su culpa.

Artículo 281.- Los Almacenes pueden recibir en guarda mercancías o bienes genéricamente designados, con obligación de restituir otros tantos de la misma especie y calidad siempre que dichos bienes o mercancías sean de calidad tipo, o que, de no serlo, pueda conservarse en los Almacenes en condiciones que aseguren su autenticidad, una muestra conforme a la cual se efectuará la restitución. En este caso, los Almacenes responden no sólo de los daños derivados de su culpa, sino aún de los riesgos inherentes a las mercancías o efectos materia del depósito.

Artículo 282.- En el caso de depósito de mercancías o bienes individualmente designados, los Almacenes están obligados a la guarda de las mercancías o bienes depositados, por todo el tiempo que se estipule como duración para el depósito y, si por causas que no les sean imputables, las mercancías o efectos se descompusieren en condiciones que puedan afectar la seguridad o la salubridad, los Almacenes, con intervención de corredor o con autorización de las oficinas de salubridad pública respectivas, podrán proceder, sin responsabilidad, a la venta o a la destrucción de las mercancías o efectos de que se trate. En todo caso, serán por cuenta del depositante los daños que los Almacenes puedan sufrir a consecuencia de la descomposición o alteración de los bienes o mercancías depositados con designación individual, salvo estipulación contraria contenida en el certificado de depósito. El producto de la venta, en su caso, será aplicado como lo previene el artículo 244.

Fe de erratas al artículo DOF 10-02-1933

Artículo 283.- En el caso de depósito de mercancías o bienes genéricamente designados, los Almacenes sólo están obligados a conservar una existencia igual, en calidad y en cantidad, a la que hubiere sido materia del depósito, y serán de su cuenta todas las pérdidas que ocurran por alteración o descomposición de los bienes y mercancías, salvo las mermas naturales cuyo monto quede expresamente determinado en el certificado de depósito relativo. Los Almacenes podrán, en el caso a que este artículo se refiere, disponer de los bienes o mercancías que hayan recibido, a condición de conservar siempre una existencia igual en cantidad y en calidad, a la que esté amparada por los certificados de depósito correspondientes.

Artículo 284.- En el caso de depósito de bienes o mercancías genéricamente designados, los Almacenes están obligados a tomar seguro contra incendio sobre los bienes o mercancías depositados por su valor corriente en el mercado en la fecha de constitución de depósito.

Artículo 285.- Cuando los Almacenes reciban mercancías o bienes sujetos al pago de derechos de importación, no consentirán en el retiro del depósito sino mediante la comprobación legal del pago de los impuestos o derechos respectivos o de la conformidad de las autoridades fiscales correspondientes, y serán responsables para con el Fisco, hasta donde alcance en su caso el producto de la venta de las mercancías o bienes depositados, por el pago de todos los derechos, impuestos, multas, recargos o gravámenes fiscales en que hubieren incurrido los dueños o consignatarios, hasta la fecha del depósito de las mercancías o bienes en los Almacenes.

Artículo 286.- La duración del depósito de mercancías o bienes, serán establecidas libremente entre los Almacenes y el depositante, a menos que se trate de mercancías o bienes sujetos al pago de impuestos o pensiones fiscales de cualquier clase, en cuyo caso la duración del depósito no excederá del término que al efecto señale la Secretaría de Hacienda y Crédito Público, o del plazo de dos años, cuando no haya término especialmente señalado.

Artículo reformado DOF 09-04-2012

Artículo 287.- Los bienes o mercancías objeto del depósito en los Almacenes, y el producto de su venta o el valor de la indemnización en caso de siniestro, no podrán ser reivindicados, embargados ni sujetos a cualquier otro vínculo, cuando se hayan expedido a su respecto certificados de depósito, observándose lo dispuesto en el artículo 20.

Sólo podrán ser retenidos los bienes o mercancías depositados en los Almacenes y respecto a los cuales se hayan expedido certificados de depósito, por orden judicial dictada en los casos de quiebra, de sucesión, de delitos informáticos, o caso fortuito o fuerza mayor.

Párrafo reformado DOF 26-03-2024

Podrán ser retenidos por orden judicial, conforme a las disposiciones legales relativas, los bienes o mercancías depositados, el producto de su venta, el valor de la indemnización en caso de siniestro, o el importe de los fondos que tenga el Almacén a disposición del tenedor del certificado, en caso de sucesión o quiebra del tenedor del certificado, respectivamente, que tengan derecho conforme a esta Ley, a la entrega de las mercancías o de los fondos. Igualmente podrá hacerse esta retención en caso de delitos informáticos, caso fortuito o fuerza mayor.

Párrafo reformado DOF 26-03-2024

En cualquiera de los casos anteriores el juez realizará la anotación en el certificado de depósito a través del sistema criptográfico correspondiente. Una vez realizada la anotación, el certificado no podrá ser transmitido de forma alguna, hasta en tanto el propio juez lo ordene.

Párrafo adicionado DOF 26-03-2024

CAPÍTULO III
DEL DESCUENTO DE CRÉDITOS EN LIBROS

Artículo 288.- Los créditos abiertos en los libros de comerciantes podrán ser objeto de descuento, aun cuando no estén amparados por títulos de crédito suscritos por el deudor, siempre que se reúnan las siguientes condiciones:

I. Que los créditos sean exigibles a término o con previo aviso fijos;

II. Que el deudor haya manifestado por escrito su conformidad con la existencia del crédito;

III. Que el contrato de descuento se haga constar en póliza a la cual se adicionarán las notas o relaciones que expresen los créditos descontados, con mención del nombre y domicilio de los deudores, del importe de los créditos, del tipo de interés pactado, y de los términos y condiciones de pago;

IV. Que el descontatario entregue al descontador letras giradas a la orden de éste y a cargo de los deudores, en los términos convenidos para cada crédito. El descontador no quedará obligado a la presentación de esas letras para su aceptación o pago, y sólo podrá usarlas en caso de que el descontatario lo faculte expresamente al efecto o no entregue al descontador, a su vencimiento, el importe de los créditos respectivos.

Artículo 289.- El descontatario será considerado, para todos los efectos de ley, como mandatario del descontador, en cuanto se refiere al cobro de los créditos materia del descuento.

Artículo 290.- Sólo las instituciones de crédito podrán celebrar las operaciones a que se refiere este Capítulo.

CAPÍTULO IV
DE LOS CRÉDITOS

SECCIÓN PRIMERA
DE LA APERTURA DE CRÉDITO

Artículo 291.- En virtud de la apertura de crédito, el acreditante se obliga a poner una suma de dinero a disposición del acreditado, o a contraer por cuenta de éste una obligación, para que el mismo haga uso del crédito concedido en la forma y en los términos y condiciones convenidos, quedando obligado el acreditado a restituir al acreditante las sumas de que disponga, o a cubrirlo oportunamente por el importe de la obligación que contrajo, y en todo caso a pagarle los intereses, prestaciones, gastos y comisiones que se estipulen.

Artículo reformado DOF 31-08-1933

Artículo 292.- Si las partes fijaron límite al importe del crédito, se entenderá, salvo pacto en contrario, que en él quedan comprendidos los intereses, comisiones y gastos que deba cubrir el acreditado.

Artículo reformado DOF 31-08-1933

Artículo 293.- Si en el contrato no se señala un límite a las disposiciones del acreditado, y tampoco es posible determinar el importe del crédito por el objeto a que se destina, o de algún otro modo convenido por las partes, se entenderá que el acreditante está facultado para fijar ese límite en cualquier tiempo.

Artículo reformado DOF 31-08-1933. Fe de erratas DOF 09-09-1933

Artículo 294.- Aun cuando en el contrato se hayan fijado el importe del crédito y el plazo en que tiene derecho a hacer uso de él el acreditado, pueden las partes convenir en que cualquiera o una sola de ellas estará facultada para restringir el uno o el otro, o ambos a la vez, o para denunciar el contrato a partir de una fecha determinada o en cualquier tiempo, mediante aviso dado a la otra parte en la forma prevista en el contrato, o a falta de ésta, por ante notario o corredor, y en su defecto, por conducto de la primera autoridad política del lugar de su residencia, siendo aplicables al acto respectivo los párrafos tercero y cuarto del artículo 143.

Cuando no se estipule término, se entenderá que cualquiera de las partes puede dar por concluido el contrato en todo tiempo, notificándolo así a la otra como queda dicho respecto del aviso a que se refiere el párrafo anterior.

Fe de erratas al párrafo DOF 09-09-1933

Denunciado el contrato o notificada su terminación de acuerdo con lo que antecede, se extinguirá el crédito en la parte de que no hubiere hecho uso el acreditado hasta el momento de esos actos; pero a no ser que otra cosa se estipule, no quedará liberado el acreditado de pagar los premios, comisiones y gastos correspondientes a las sumas de que no hubiere dispuesto, sino cuando la denuncia o la notificación dichas procedan del acreditante.

Artículo reformado DOF 31-08-1933

Artículo 295.- Salvo convenio en contrario, el acreditado puede disponer a la vista de la suma objeto del contrato.

Artículo 296.- La apertura de crédito en cuenta corriente da derecho al acreditado a hacer remesas, antes de la fecha fijada para la liquidación, en reembolso parcial o total de las disposiciones que previamente hubiere hecho, quedando facultado, mientras el contrato no concluya, para disponer en la forma pactada del saldo que resulte a su favor.

Son aplicables a la apertura del crédito en cuenta corriente, en lo que haya lugar, los artículos 306, 308 y 309.

Fe de erratas al artículo DOF 08-09-1932. Reformado DOF 31-08-1933

Artículo 297.- Salvo convenio en contrario, siempre que en virtud de una apertura de crédito, el acreditante se obligue a aceptar u otorgar letras, a suscribir pagarés, a prestar su aval o en general a aparecer como endosante o signatario de un título de crédito, por cuenta del acreditado, éste quedará obligado a constituir en poder del acreditante la provisión de fondos suficiente, a más tardar el día hábil anterior a la fecha en que el documento aceptado, otorgado o suscrito deba hacerse efectivo.

La aceptación, el endoso, el aval o la suscripción del documento, así como la ejecución del acto de que resulte la obligación que contraiga el acreditante por cuenta del acreditado, deba éste o no constituir la provisión de que antes se habla, disminuirán desde luego el saldo del crédito, a menos que otra cosa se estipule; pero, aparte de los gastos, comisiones, premios y demás prestaciones que se causen por el uso del crédito, de acuerdo con el contrato, el acreditado sólo estará obligado a devolver las cantidades que realmente supla el acreditante al pagar las obligaciones que así hubiere contraído, y a cubrirle únicamente los intereses que correspondan a tales sumas.

Artículo reformado DOF 31-08-1933

Artículo 298.- La apertura de crédito simple o en cuenta corriente, puede ser pactada con garantía personal o real. La garantía se entenderá extendida, salvo pacto en contrario, a las cantidades de que el acreditado haga uso dentro de los límites del crédito.

Artículo 299.- El otorgamiento o transmisión de un título de crédito o de cualquier otro documento por el acreditado al acreditante, como reconocimiento del adeudo que a cargo de aquél resulte en virtud de las disposiciones que haga del crédito concedido, no facultan al acreditante para descontar o ceder el crédito así documentado, antes de su vencimiento, sino hasta cuando el acreditado lo autorice a ello expresamente.

Negociado o cedido el crédito por el acreditante, éste abonará al acreditado, desde la fecha de tales actos, los intereses correspondientes al importe de la disposición de que dicho crédito proceda, conforme al tipo estipulado en la apertura de crédito; pero el crédito concedido no se entenderá renovado por esa cantidad, sino cuando las partes así lo hayan convenido.

Artículo reformado DOF 31-08-1933

Artículo 300.- Cuando las partes no fijen plazo para la devolución de las sumas de que puede disponer el acreditado, o para que el mismo reintegre las que por cuenta suya pague el acreditante de acuerdo con el contrato, se entenderá que la restitución debe hacerse al expirar el término señalado para el uso del crédito, o en su defecto, dentro del mes que siga a la extinción de este último.

La misma regla se seguirá acerca de los premios, comisiones, gastos y demás prestaciones que corresponda pagar al acreditado, así como respecto al saldo que a cargo de éste resulte al extinguirse el crédito abierto en cuenta corriente.

Artículo reformado DOF 31-08-1933

Artículo 301.- El crédito se extinguirá, cesando, en consecuencia, el derecho del acreditado a hacer uso de él en lo futuro:

I. Por haber dispuesto el acreditado de la totalidad de su importe, a menos que el crédito se haya abierto en cuenta corriente;

II. Por la expiración del término convenido, o por la notificación de haberse dado por concluido el contrato, conforme al artículo 294, cuando no se hubiere fijado plazo;

III. Por la denuncia que del contrato se haga en los términos del citado artículo;

IV. Por la falta o disminución de las garantías pactadas a cargo del acreditado, ocurridas con posterioridad al contrato, a menos que el acreditado suplemente o substituya debidamente la garantía en el término convenido al efecto;

V. Por hallarse cualquiera de las partes en estado de suspensión de pagos, de liquidación judicial o de quiebra;

VI. Por la muerte, interdicción, inhabilitación o ausencia del acreditado, o por disolución de la sociedad a cuyo favor se hubiere concedido el crédito.

Fe de erratas al artículo DOF 08-09-1932. Reformado DOF 31-08-1933

SECCIÓN SEGUNDA
DE LA CUENTA CORRIENTE

Artículo 302.- En virtud del contrato de cuenta corriente, los créditos derivados de las remesas recíprocas de las partes, se anotan como partidas de abono o de cargo en una cuenta, y sólo el saldo que resulte a la clausura de la cuenta constituye un crédito exigible y disponible.

Artículo 303.- Las comisiones y los gastos por los negocios a que la cuenta se refiere, se incluirán en ésta, salvo convenio en contrario.

Artículo 304.- La inscripción de un crédito en la cuenta corriente, no excluye las acciones o excepciones relativas a la validez de los actos o contratos de que proceda la remesa, salvo pacto en contrario.

Si el acto o el contrato son anulados, la partida correspondiente se cancela en la cuenta.

Artículo 305.- El cuentacorrentista que incluya en la cuenta un crédito garantizado con prenda o hipoteca, tiene derecho a hacer efectiva la garantía por el importe del crédito garantizado, en cuanto resulte acreedor del saldo.

Fe de erratas al párrafo DOF 08-09-1932

Si por un crédito comprendido en la cuenta, hubiere fiadores o coobligados, éstos quedarán obligados en los términos de sus contratos por el monto de ese crédito en favor del cuentacorrentista que hizo la remesa y en cuanto éste resulte acreedor del saldo.

Artículo 306.- La inscripción en cuenta de un crédito contra tercero se entiende definitiva y a riesgo de quien recibe la remesa, salvo reserva expresa para el caso de insolvencia del deudor.

A falta de pacto expreso, la remesa de títulos de crédito se entiende siempre hecha "salvo buen cobro."

Si el crédito no es pagado a su vencimiento, y existe la cláusula "salvo buen cobro," expresa o subentendida, el que recibió el crédito podrá a su elección asentar en la cuenta la contrapartida correspondiente restituyendo el título, o ejercitar las acciones que de éste se deriven.

Artículo 307.- El acreedor de un cuentacorrentista puede pedir el aseguramiento y la adjudicación del saldo eventual de la cuenta corriente. En este caso, no podrán tomarse en consideración con respecto al embargante, desde la fecha del aseguramiento, las partidas de cargo correspondiente a operaciones nuevas. No se considerarán como operaciones nuevas las que resulten de un derecho del otro cuentacorrentista ya existente en el momento del aseguramiento, aun cuando todavía no se hubieren hecho las anotaciones respectivas en la cuenta. El cuentacorrentista contra el que se hubiere dictado el aseguramiento, debe notificarlo al otro cuentacorrentista, y éste tendrá derecho a pedir desde luego la terminación de la cuenta.

Artículo 308.- La clausura de la cuenta para la liquidación del saldo se opera cada seis meses, salvo pacto o uso en contrario. El crédito por el saldo, es un crédito líquido y exigible a la vista o en los términos del contrato correspondiente. Si el saldo es llevado a cuenta nueva, causa interés al tipo convenido para las otras remesas, y en caso contrario, al tipo legal.

Artículo 309.- Las acciones para la rectificación de los errores de cálculo, de las omisiones o duplicaciones, prescriben en el término de seis meses a partir de la clausura de la cuenta.

Artículo 310.- El contrato de cuenta corriente termina al vencimiento del plazo convenido. A falta de éste, cualquiera de los cuentacorrentistas podrá, en cada época de clausura de la cuenta, denunciar el contrato, dando aviso al otro cuentacorrentista por lo menos diez días antes de la fecha de clausura.

La muerte o la incapacidad superveniente de uno de los cuentacorrentistas, no importan la terminación del contrato sino cuando sus herederos o representantes o el otro cuentacorrentista opten por su terminación.

Fe de erratas al párrafo DOF 10-02-1933

SECCIÓN TERCERA
DE LAS CARTAS DE CRÉDITO

Artículo 311.- Las cartas de crédito deberán expedirse en favor de persona determinada y no serán negociables; expresarán una cantidad fija o varias cantidades indeterminadas; pero comprendidas en un máximo cuyo límite se señalará precisamente.

Artículo 312.- Las cartas de crédito no se aceptan ni son protestables, ni confieren a sus tenedores derecho alguno contra las personas a quienes van dirigidas.

Artículo 313.- El tomador no tendrá derecho alguno contra el dador, sino cuando haya dejado en su poder el importe de la carta de crédito, o sea su acreedor por ese importe, en cuyos casos el dador estará obligado a restituir el importe de la carta, si ésta no fuere pagada, y a pagar los daños y perjuicios. Si el tomador hubiere dado fianza o asegurado el importe de la carta, y ésta no fuere pagada, el dador estará obligado al pago de los daños y perjuicios.

Los daños y perjuicios a que este artículo se refiere no excederán de la décima parte del importe de la suma que no hubiere sido pagada, además de los gastos causados por el aseguramiento o la fianza.

Artículo 314.- El que expida una carta de crédito, salvo en el caso de que el tomador haya dejado el importe de la carta en su poder, lo haya afianzado o asegurado o sea su acreedor por ese importe, podrá anularla en cualquier tiempo, poniéndolo en conocimiento del tomador y de aquél a quien fuere dirigida.

Artículo 315.- El que expida una carta de crédito quedará obligado hacia la persona a cuyo cargo la dio, por la cantidad que ésta pague en virtud de la carta dentro de los límites fijados en la misma.

Artículo 316.- Salvo convenio en contrario, el término de las cartas de crédito será de seis meses contados desde la fecha de su expedición. Pasado el término que en la carta se señale, o transcurrido, en caso contrario, el que indica éste artículo, la carta quedará cancelada.

Fe de erratas al artículo DOF 08-09-1932

SECCIÓN CUARTA
DEL CRÉDITO CONFIRMADO

Artículo 317.- El crédito confirmado se otorga como obligación directa del acreditante hacia un tercero; debe constar por escrito y no podrá ser revocado por el que pidió el crédito.

Artículo 318.- Salvo pacto en contrario, el tercero a cuyo favor se abre el crédito, podrá transferirlo; pero quedará sujeto a todas las obligaciones que en el escrito de confirmación del crédito se hayan estipulado a su cargo.

Artículo 319.- El acreditante es responsable hacia el que pidió el crédito, de acuerdo con las reglas del mandato. La misma responsabilidad tendrá, salvo pacto en contrario, por los actos de la persona que designe para que los sustituya en la ejecución de la operación.

Artículo 320.- El acreditante podrá oponer al tercero beneficiario las excepciones que nazcan del escrito de confirmación y, salvo lo que en el mismo escrito se estipule, las derivadas de las relaciones entre dicho tercero y el que pidió el crédito; pero en ningún caso podrá oponerle las que resulten de las relaciones entre este último y el propio acreditante.

SECCIÓN QUINTA
DE LOS CRÉDITOS DE HABILITACIÓN O AVÍO Y DE LOS REFACCIONARIOS

Artículo 321.- En virtud del contrato de crédito de habilitación o avío, el acreditado queda obligado a invertir el importe del crédito precisamente en la adquisición de las materias primas y materiales y en el pago de los jornales, salarios y gastos directos de explotación indispensables para los fines de su empresa.

Artículo 322.- Los créditos de habilitación o avío estarán garantizados con las materias primas y materiales adquiridos, y con los frutos, productos o artefactos que se obtengan con el crédito, aunque éstos sean futuros o pendientes.

Artículo 323.- En virtud del contrato de crédito refaccionario, el acreditado queda obligado a invertir el importe del crédito precisamente en la adquisición de aperos, instrumentos, útiles de labranza, abonos, ganado, o animales de cría; en la realización de plantaciones o cultivos cíclicos o permanentes; en la apertura de tierras para el cultivo, en la compra o instalación de maquinarias y en la construcción o realización de obras materiales necesarias para el fomento de la empresa del acreditado.

También podrá pactarse en el contrato de crédito refaccionario, que parte del importe del crédito se destine a cubrir las responsabilidades fiscales que pesen sobre la empresa del acreditado o sobre los bienes que éste use con motivo de la misma, al tiempo de celebrarse el contrato, y que parte asimismo de ese importe se aplique a pagar los adeudos en que hubiere incurrido el acreditado por gastos de explotación o por la compra de los bienes muebles o inmuebles o de la ejecución de las obras que antes se mencionan, siempre que los actos u operaciones de que procedan tales adeudos hayan tenido lugar dentro del año anterior a la fecha del contrato.

Párrafo adicionado DOF 31-08-1933

Artículo 324.- Los créditos refaccionarios quedarán garantizados, simultánea o separadamente, con las fincas, construcciones, edificios, maquinarias, aperos, instrumentos, muebles y útiles, y con los frutos o productos, futuros, pendientes o ya obtenidos, de la empresa a cuyo fomento haya sido destinado el préstamo.

Artículo 325.- Los créditos refaccionarios y de habilitación o avío, podrán ser otorgados en los términos de la Sección 1a. de este Capítulo.

El acreditado podrá otorgar a la orden del acreditante, pagarés que representen las disposiciones que haga del crédito concedido, siempre que los vencimientos no sean posteriores al del crédito, que se haga constar en tales documentos su procedencia de manera que queden suficientemente identificados y que revelen las anotaciones de registro del crédito original. La transmisión de estos títulos implica, en todo caso, la responsabilidad solidaria de quien la efectúe y el traspaso de la parte correspondiente del principal del crédito representada por el pagaré, con las garantías y demás derechos accesorios, en la proporción que corresponda.

Párrafo adicionado DOF 17-04-1935

Artículo 326.- Los contratos de crédito refaccionario o de habilitación o avío:

I. Expresarán el objeto de la operación, la duración y la forma en que el beneficiario podrá disponer del crédito materia del contrato;

II. Fijarán, con toda precisión, los bienes que se afecten en garantía, y señalarán los demás términos y condiciones del contrato;

III. Se consignarán en contrato privado que se firmará por triplicado ante dos testigos conocidos y se ratificara ante el Encargado del Registro de que habla la fracción IV.

Fracción reformada DOF 17-04-1935

IV. Serán inscritos en la Sección Única del Registro Único de Garantías Mobiliarias del Registro Público de Comercio.

Fracción reformada DOF 13-06-2014

Si en la garantía se incluyen bienes inmuebles, deberá inscribirse, adicionalmente, en el Registro Público de la Propiedad que corresponda, según la ubicación de los bienes inmuebles afectos en garantía.

Párrafo adicionado DOF 13-06-2014

Los contratos de habilitación o refacción surtirán efectos contra tercero desde la fecha y hora de su inscripción conforme a los párrafos anteriores.

Párrafo reformado DOF 13-06-2014

Artículo 327.- Quienes otorguen créditos de refacción o de habilitación o avío, deberán cuidar de que su importe se invierta precisamente en los objetos determinados en el contrato; si se probare que se le dio otra inversión a sabiendas del acreedor o por su negligencia, éste perderá el privilegio a que se refieren los artículos 322 y 324.

Fe de erratas al párrafo DOF 08-09-1932

El acreedor tendrá en todo tiempo el derecho de designar interventor que cuide del exacto cumplimiento de las obligaciones del acreditado. El sueldo y los gastos del interventor serán a cargo del acreedor, salvo pacto en contrario. El acreditado estará obligado a dar al interventor las facilidades necesarias para que éste cumpla su función. Si el acreditado emplea los fondos que se le suministren en fines distintos de los pactados, o no atiende su negociación con la diligencia debida, el acreedor podrá rescindir el contrato, dar por vencida anticipadamente la obligación, y exigir el reembolso de las sumas que haya proporcionado, con sus intereses.

Cuando el acreditante haya endosado los pagarés a que se refiere el artículo 325, conservará, salvo pacto en contrario, la obligación de vigilar la inversión que deba hacer el acreditado, así como la de cuidar y conservar las garantías concedidas, teniendo para estos fines el carácter de mandatario de los tenedores de los pagarés emitidos. El acreditante puede, con el mismo carácter, rescindir la obligación en los términos de la parte final del párrafo anterior y recibir el importe de los pagarés emitidos, que se darán por vencidos anticipadamente.

Párrafo adicionado DOF 17-04-1935

Artículo 328.- Los créditos de habilitación o avío, debidamente registrados, se pagarán con preferencia a los refaccionarios y ambos con preferencia a los hipotecarios inscritos con posterioridad. Cuando el traspaso de la propiedad o negociación para cuyo fomento se haya otorgado el préstamo, sea hecho sin consentimiento previo del acreedor, dará a éste derecho a rescindir el contrato o a dar por vencida anticipadamente la obligación y a exigir su pago inmediato.

Fe de erratas al artículo DOF 08-09-1932

Artículo 329.- En los casos de créditos refaccionarios o de habilitación o avío, la prenda podrá quedar en poder del deudor. Este se considerará, para los fines de la responsabilidad civil y penal correspondiente, como depositario judicial de los frutos, productos, ganados, aperos y demás muebles dados en prenda.

Artículo 330.- El acreedor podrá reivindicar los frutos o productos dados en prenda de un crédito de habilitación o refaccionario, contra quienes los hayan adquirido directamente del acreditado o contra los adquirentes posteriores que hayan conocido o debido conocer la prenda constituida sobre ellos.

Artículo 331.- En los casos de créditos de habilitación o avío o refaccionarios, la prenda podrá ser constituida por el que explote la empresa a cuyo fomento se destine el crédito, aun cuando no sea propietario de ella, a menos que, tratándose de arrendatarios, colonos o aparceros, obre inscrito el contrato respectivo en los Registros de Propiedad, de Crédito Agrícola, de Minas o de Comercio correspondientes, y en ese contrato el propietario de la empresa se haya reservado el derecho de consentir en la constitución de la prenda.

Artículo 332.- La garantía que se constituya por préstamos refaccionarios sobre fincas, construcciones, edificios y muebles inmovilizados, comprenderá:

I. El terreno constitutivo del predio;

II. Los edificios y cualesquiera otras construcciones existentes al tiempo de hacerse el préstamo, o edificados con posterioridad a él;

III. Las accesiones y mejoras permanentes;

IV. Los muebles inmovilizados y los animales fijados en el documento en que se consigne el préstamo, como pie de cría en los predios rústicos destinados total o parcialmente al ramo de ganadería; y

Fe de erratas a la fracción DOF 08-09-1932

V. La indemnización eventual que se obtenga por seguro en caso de destrucción de los bienes dichos.

Artículo 333.- En virtud de la garantía a que se refiere el artículo anterior, el acreedor tendrá derecho de preferencia para el pago de su crédito con el producto de los bienes gravados, sobre todos los demás acreedores del deudor, con excepción de los llamados de dominio y de los acreedores por créditos hipotecarios inscritos con anterioridad.

La preferencia que en este artículo se establece, no se extinguirá por el hecho de pasar los bienes gravados a poder de tercero, cualquiera que sea la causa de la traslación de dominio.

SECCIÓN SEXTA
DE LA PRENDA

Artículo 334.- En materia de comercio, la prenda se constituye:

I. Por la entrega al acreedor, de los bienes o títulos de crédito, si éstos son al portador;

Fe de erratas a la fracción DOF 08-09-1932

II. Por el endoso de los títulos de crédito en favor del acreedor, si se trata de títulos nominativos, y por este mismo endoso y la correspondiente anotación en el registro, si los títulos son de los mencionados en el artículo 24;

III. Por la entrega, al acreedor, del título o del documento en que el crédito conste, cuando el título o crédito materia de la prenda no sean negociables, con inscripción del gravamen en el registro de emisión del título o con notificación hecha al deudor, según que se trate de títulos o créditos respecto de los cuales se exija o no tal registro;

Fracción reformada DOF 31-08-1933

IV. Por el depósito de los bienes o títulos, si éstos son al portador, en poder de un tercero que las partes hayan designado, y a disposición del acreedor;

Fe de erratas a la fracción DOF 08-09-1932

V. Por el depósito de los bienes, a disposición del acreedor, en locales cuyas llaves queden en poder de éste, aun cuando tales locales sean de la propiedad o se encuentren dentro del establecimiento del deudor;

VI. Por la entrega o endoso del título representativo de los bienes objeto del contrato, o por la emisión o el endoso del certificado de depósito relativo;

Fe de erratas a la fracción DOF 08-09-1932. Reformada DOF 26-03-2024

VII. Por la inscripción del contrato de crédito refaccionario o de habilitación o avío, en los términos del artículo 326;

VIII. Por el cumplimiento de los requisitos que señala la Ley General de Instituciones de Crédito, si se trata de créditos en libros.

Artículo 335.- Cuando se den en prenda bienes o títulos fungibles, la prenda subsistirá aun cuando los títulos o bienes sean sustituidos por otros de la misma especie.

Artículo 336.- Cuando la prenda se constituya sobre bienes o títulos fungibles, puede pactarse que la propiedad de éstos se transfiera al acreedor, el cual quedará obligado, en su caso, a restituir al deudor otros tantos bienes o títulos de la misma especie. Este pacto debe constar por escrito.

Cuando la prenda se constituya sobre dinero, se entenderá transferida la propiedad, salvo convenio en contrario.

Artículo 336 Bis.- En los casos en los que las partes hubieren pactado la transferencia de propiedad del efectivo cuando exista un incumplimiento de las obligaciones garantizadas, de presentarse éste el acreedor prendario conservará el efectivo, hasta por la cantidad que importen las obligaciones garantizadas, sin necesidad de que exista un procedimiento de ejecución o resolución judicial, extinguiéndose éstas por dicho monto.

Si el monto de la prenda y la obligación garantizada no fueren de igual cantidad, queda expedita la acción por el resto de la deuda.

En estos casos, se entenderá que la transferencia de propiedad del efectivo se llevó a cabo por el consentimiento de las partes como una forma de pago de las obligaciones del deudor y no en ejecución de la prenda.

Artículo adicionado DOF 10-01-2014

Artículo 337.- El acreedor prendario está obligado a entregar al deudor, a expensas de éste, en los casos a que se refieren las fracciones I, II, III, V y VI del artículo 334, un resguardo que exprese el recibo de los bienes o títulos dados en prenda y los datos necesarios para su identificación.

Tratándose de un título de crédito emitido en medios electrónicos, ópticos o por cualquier otra tecnología, el acreedor prendario tendrá por recibido y aceptado el título cuando se le transfiera el control del certificado de depósito a través del sistema de información a que se refiere el artículo 5o. de esta Ley.

Párrafo adicionado DOF 26-03-2024

Fe de erratas al artículo DOF 10-02-1933

Artículo 338.- El acreedor prendario, además de estar obligado a la guarda y conservación de los bienes o títulos dados en prenda, debe ejercitar todos los derechos inherentes a ellos, siendo los gastos por cuenta del deudor, y debiendo aplicarse, en su oportunidad, al pago del crédito, todas las sumas que sean percibidas, salvo pacto en contrario. Es nulo todo convenio que limite la responsabilidad que para el acreedor establece este artículo.

Fe de erratas al artículo DOF 08-09-1932. Reformado DOF 31-08-1933

Artículo 339.- Son aplicables al acreedor y al deudor, en lo conducente, las prevenciones establecidas en relación con el reportador y el reportado, respectivamente, en los artículos 261 y 263, primera parte.

Artículo 340.- Si el precio de los bienes o títulos dados en prenda baja de manera que no baste a cubrir el importe de la deuda y un 20% más, el acreedor podrá proceder a la venta de la prenda, en los términos del artículo 342.

Artículo 341.- El acreedor podrá pedir al Juez que autorice la venta de los bienes o títulos dados en prenda, cuando se venza la obligación garantizada.

El juez correrá traslado de inmediato al deudor de dicha petición, notificándole que contará con un plazo de quince días, contados a partir de la petición del acreedor, para oponer las defensas y excepciones que le asistan a efecto de demostrar la improcedencia de la misma, en cuyo caso, el juez resolverá en un plazo no mayor a diez días. Si el deudor no hace valer este derecho, el juez autorizará la venta. En caso de notoria urgencia, y bajo la responsabilidad del acreedor que determine el juez, éste podrá autorizar la venta aun antes de hacer la notificación al deudor.

Párrafo reformado DOF 23-05-2000

El corredor o los comerciantes que hayan intervenido en la venta, deberán extender un certificado de ella al acreedor.

El producto de la venta será conservado en prenda por el acreedor, en substitución de los bienes o títulos vendidos.

Tratándose de un título de crédito emitido en medios electrónicos, ópticos o por cualquier otra tecnología, el juez realizará una anotación en el sistema de información a que se refiere el artículo 5o. de esta Ley.

Párrafo adicionado DOF 26-03-2024

Reforma DOF 23-05-2000: Derogó del artículo el entonces párrafo tercero (antes con fe de erratas DOF 08-09-1932)

Artículo 342.- Igualmente podrá el acreedor pedir la venta de los bienes o títulos dados en prenda, en el caso del artículo 340, o si el deudor no cumple la obligación de proporcionarle en tiempo los fondos necesarios para cubrir las exhibiciones que deban enterarse sobre los títulos.

Fe de erratas al párrafo DOF 08-09-1932, 14-09-1932

El deudor podrá oponerse a la venta, haciendo el pago de los fondos requeridos para efectuar la exhibición, o mejorando la garantía por el aumento de los bienes dados en prenda o por la reducción de su adeudo.

Artículo 343.- Si antes del vencimiento del crédito garantizado, se vencen o son amortizados los títulos dados en prenda, el acreedor podrá conservar en prenda las cantidades que por esos conceptos reciba, en substitución de los títulos cobrados o amortizados.

Artículo 344. El acreedor prendario no podrá hacerse dueño de los bienes o títulos dados en prenda, sin el expreso consentimiento del deudor.

Artículo reformado DOF 13-06-2014

Artículo 345.- Lo dispuesto en esta Sección no modifica las disposiciones relativas al crédito prendario constituido en los certificados de depósito expedidos por los Almacenes Generales de Depósito, ni las contenidas en la Ley General de Organizaciones y Actividades Auxiliares del Crédito o en otras leyes especiales.

Artículo reformado DOF 26-03-2024

SECCIÓN SÉPTIMA
DE LA PRENDA SIN TRANSMISIÓN DE POSESIÓN

Sección adicionada DOF 23-05-2000

Artículo 346.- La prenda sin transmisión de posesión constituye un derecho real sobre bienes muebles que tiene por objeto garantizar el cumplimiento de una obligación y su preferencia en el pago, conservando el deudor la posesión de tales bienes, salvo en su caso, lo previsto en el artículo 363 de esta Ley.

La prenda sin transmisión de posesión se regirá por lo dispuesto por esta sección y, en lo no previsto o en lo que no se oponga a ésta, por la sección sexta anterior.

En cualquier caso, el proceso de ejecución de la garantía se sujetará a lo establecido por el Libro Quinto Título Tercero Bis del Código de Comercio.

Artículo adicionado DOF 23-05-2000. Reformado DOF 13-06-2003

Artículo 347.- Los contratos mediante los cuales se documente la constitución de garantías a través de la prenda sin transmisión de posesión, serán mercantiles para todas las partes que intervengan en ellos. Se exceptúan aquellos contratos que se celebren entre dos o más personas físicas o morales que no tengan el carácter de comerciantes en los términos del Código de Comercio, así como aquellos actos que, de conformidad con el mismo, no se reputen como actos de comercio para ninguna de sus partes.

Párrafo reformado DOF 13-06-2014

En las controversias que se susciten con motivo de la prenda sin transmisión de posesión, se estará a lo dispuesto por los artículos 1049 y 1050 del mencionado Código.

Artículo adicionado DOF 23-05-2000

Artículo 348.- El importe de la obligación garantizada podrá ser una cantidad determinada o determinable al momento de la constitución de la garantía, siempre que, al momento de la ejecución de esta última, dicha cantidad pueda ser determinada.

Salvo pacto en contrario, la obligación garantizada incluirá los intereses ordinarios y moratorios estipulados en el contrato respectivo o en su defecto los previstos en la ley, así como los gastos incurridos en el proceso de ejecución de la garantía.

Artículo adicionado DOF 23-05-2000. Reformado DOF 13-06-2003

Artículo 349.- Salvo pacto en contrario, cuando el deudor esté facultado para hacer pagos parciales, la garantía se reducirá desde luego y de manera proporcional con respecto de los pagos realizados, si ésta recae sobre varios objetos o éstos son cómodamente divisibles en razón de su naturaleza jurídica, sin reducir su valor, y siempre que los derechos del acreedor queden debidamente garantizados.

Artículo adicionado DOF 23-05-2000. Reformado DOF 13-06-2014

Artículo 350.- En caso de que el deudor se encuentre sujeto a un proceso concursal, los créditos a su cargo garantizados mediante prenda sin transmisión de posesión, serán exigibles desde la fecha de la declaración y seguirán devengando los intereses ordinarios estipulados, hasta donde alcance la respectiva garantía.

Artículo adicionado DOF 23-05-2000

Artículo 351. En caso de concurso del deudor, los bienes objeto de prenda sin transmisión de posesión que existan en la masa, podrán ser ejecutados por el acreedor prendario, mediante la acción que corresponda conforme a la ley de la materia, ante el juez de concurso mercantil, el cual deberá decretar, sin más trámite, la ejecución solicitada.

Párrafo reformado DOF 13-06-2014

Si hubiera oposición, el litigio se resolverá por la vía incidental. La resolución que el juez dicte, haya habido o no litigio, sólo será apelable en el efecto devolutivo.

Artículo adicionado DOF 23-05-2000

Artículo 352.- Podrá garantizarse con prenda sin transmisión de posesión cualquier obligación, con independencia de la actividad preponderante a la que se dedique el deudor.

Artículo adicionado DOF 23-05-2000

Artículo 353.- Pueden ser dados en prenda sin transmisión de posesión toda clase de derechos y bienes muebles, salvo aquellos que conforme a la Ley sean estrictamente personales de su titular.

Artículo adicionado DOF 23-05-2000. Reformado DOF 13-06-2003, 13-06-2014

Artículo 354.- Los bienes pignorados deberán identificarse de forma individual, por categorías de bienes o genéricamente.

Artículo adicionado DOF 23-05-2000. Reformado DOF 13-06-2014

Artículo 355.- Podrán darse en prenda sin transmisión de posesión los bienes muebles siguientes

Párrafo reformado DOF 13-06-2014

I. Aquellos bienes y derechos que obren en el patrimonio del deudor al momento de otorgar la prenda sin transmisión de posesión, incluyendo los nombres comerciales, las marcas y otros derechos;

II. Los de naturaleza igual o semejante a los señalados en la fracción anterior, que adquiera el deudor en fecha posterior a la constitución de la prenda sin transmisión de posesión;

III. Los bienes que se deriven como frutos o productos futuros, pendientes o ya obtenidos, de los mencionados en las fracciones anteriores;

IV. Los bienes que resulten de procesos de transformación de los bienes antes señalados, y

V. Los bienes o derechos que el deudor reciba o tenga derecho a recibir, en pago por la enajenación a terceros de los bienes pignorados a que se refiere este artículo o como indemnización en caso de daños o destrucción de dichos bienes.

Tratándose de bienes referidos en las fracciones III a V, los mismos quedarán comprendidos de manera automática como bienes pignorados, salvo pacto en contrario.

Párrafo adicionado DOF 13-06-2014

Artículo adicionado DOF 23-05-2000

Artículo 356.- El deudor prendario, salvo pacto en contrario, tendrá derecho a:

I. Hacer uso de los bienes pignorados, así como combinarlos con otros y emplearlos en la fabricación de otros bienes, siempre y cuando en estos dos últimos supuestos su valor no disminuya y los bienes producidos pasen a formar parte de la garantía en cuestión;

II. Percibir y utilizar los frutos y productos de los bienes pignorados, y

III. Enajenar los bienes pignorados, en el curso normal de su actividad preponderante, en cuyo caso cesarán los efectos de la garantía prendaria y los derechos de persecución con relación a los adquirentes de buena fe, quedando en prenda los bienes o derechos que el deudor reciba o tenga derecho a recibir en pago por la enajenación de los referidos bienes.

El derecho otorgado al deudor para vender o transferir, en el curso ordinario de sus actividades preponderantes, los bienes pignorados quedará extinguido desde el momento en que reciba notificación del inicio de cualquiera de los procedimientos de ejecución en su contra, previstos en el Libro Quinto, Título Tercero Bis del Código de Comercio. En caso de que los bienes pignorados representen más del 80% de los activos del deudor, éste podrá enajenarlos en el curso ordinario de sus actividades, con la previa autorización del Juez o del acreedor, según sea el caso.

Artículo adicionado DOF 23-05-2000

Artículo 357.- (Se deroga).

Artículo adicionado DOF 23-05-2000. Derogado DOF 13-06-2014

Artículo 358.- No obstante que el deudor dé en prenda sin transmisión de posesión a su acreedor todos los bienes muebles que utilice para la realización de sus actividades preponderantes, el deudor podrá dar en garantía a otros acreedores, en los términos previstos en esta Sección Séptima, los bienes que adquiera con los recursos del crédito que le otorguen los nuevos acreedores.

En este supuesto, el primer acreedor seguirá teniendo preferencia para el pago de su crédito sobre todos los bienes muebles que el deudor le haya dado en prenda sin transmisión de posesión, frente a cualquier acreedor, con excepción de los bienes adquiridos por el deudor con los recursos que le proporcione el nuevo acreedor, los cuales podrán servir de garantía a este último y asegurar su preferencia en el pago, respecto a cualquier otro acreedor del deudor, incluyendo al primer acreedor.

La excepción a que se refiere este artículo, sólo procederá tratándose de bienes muebles que puedan distinguirse del resto de los bienes muebles que el deudor haya dado en prenda al primer acreedor.

Párrafo reformado DOF 13-06-2014

Artículo adicionado DOF 23-05-2000

Artículo 359.- Pueden garantizarse con prenda sin transmisión de posesión obligaciones futuras, pero en este caso no puede ejecutarse la garantía, ni adjudicarse al acreedor, sin que la obligación principal llegue a ser exigible.

Artículo adicionado DOF 23-05-2000

Artículo 360.- En caso de que en el contrato respectivo se establezca que los bienes pignorados deban estar asegurados por una cantidad que alcance a cubrir su valor de reposición, el deudor tendrá la facultad de determinar la compañía aseguradora que se encargará de ello. En el mencionado seguro deberá designarse como beneficiario al acreedor prendario. Salvo pacto en contrario, el saldo insoluto del crédito garantizado, se reducirá en una cantidad igual a la del pago que el acreedor reciba de la institución de seguros. En este último caso, de existir algún remanente, el acreedor deberá entregarlo al deudor, a más tardar el tercer día hábil siguiente a la fecha en que lo reciba.

Artículo adicionado DOF 23-05-2000. Reformado DOF 13-06-2014

Artículo 361.- El deudor no podrá transferir la posesión sin autorización previa del acreedor, salvo pacto en contrario.

Párrafo reformado DOF 13-06-2003

Serán por cuenta del deudor los gastos necesarios para la debida conservación, reparación, administración y recolección de los bienes pignorados.

El acreedor tiene el derecho de exigir al deudor otra prenda o el pago de la deuda aun antes del plazo convenido, si la cosa dada en prenda se pierde o se deteriora en exceso del límite que al efecto estipulen los contratantes.

Artículo adicionado DOF 23-05-2000

Artículo 362.- El deudor estará obligado a permitir al acreedor la inspección de los bienes pignorados a efecto de determinar, según corresponda, su peso, cantidad y estado de conservación general. Dicha inspección tendrá las características y extensión que al efecto convengan las partes.

De convenirse así en el contrato, si el valor de mercado de los bienes dados en prenda sin transmisión de posesión disminuye de manera que no baste para cubrir el importe del principal y los accesorios de la deuda que garantizan, el deudor podrá dar bienes adicionales para restituir la proporción original. En caso contrario, el crédito podrá darse por vencido anticipadamente, una vez que se haya realizado el procedimiento previsto en el artículo siguiente, teniendo el acreedor que notificar al deudor de ello judicialmente o a través de fedatario. Al efecto, las partes deberán convenir el alcance que dicha reducción de valor de mercado habrá de sufrir, para que el crédito pueda darse por vencido anticipadamente.

Artículo adicionado DOF 23-05-2000

Artículo 363.- Las partes deberán designar perito o acordar las bases para su designación, cuya responsabilidad será dictaminar, una vez que haya oído a ambas partes, la actualización de los supuestos previstos en los artículos 361 y 362.

Las partes podrán designar como perito para los efectos de lo dispuesto en este artículo, a un almacén general de depósito, así como encomendar a éste la guarda y conservación de los bienes pignorados.

A falta del acuerdo referido en el primer párrafo de este artículo, el perito será designado por juez competente a solicitud de cualquiera de las partes.

Artículo adicionado DOF 23-05-2000. Reformado DOF 13-06-2014

Artículo 364.- El acreedor está obligado a liberar la prenda, luego que estén pagados íntegramente el principal, los intereses y los demás accesorios de la deuda, a cuyo efecto se seguirán las mismas formalidades utilizadas para su constitución.

Cuando el acreedor no libere la prenda, de conformidad con lo establecido en el párrafo anterior, resarcirá al deudor los daños y perjuicios que con ello le ocasione, independientemente de que deberá liberar los bienes dados en prenda.

Artículo adicionado DOF 23-05-2000

Artículo 365.- El contrato constitutivo de la prenda sin transmisión de posesión, deberá constar por escrito y cuando el monto del crédito que garantiza sea igual o superior al equivalente en moneda nacional a doscientos cincuenta mil Unidades de Inversión, las partes deberán ratificar sus firmas ante fedatario.

El contrato de prenda sin transmisión de posesión será válido desde su constitución y la nulidad de alguna de sus cláusulas por contravenciones a lo dispuesto en esta ley no producirá la nulidad de la prenda.

En caso de declararse nula alguna cláusula del contrato de prenda sin transmisión de posesión, se aplicará supletoriamente lo dispuesto por esta ley.

Artículo adicionado DOF 23-05-2000. Reformado DOF 13-06-2014

Artículo 366.- La prenda sin transmisión de posesión surtirá efectos contra terceros a partir de la fecha de su inscripción en el registro.

Artículo adicionado DOF 23-05-2000

Artículo 367. Los acreedores garantizados con prenda sin transmisión de posesión, percibirán el principal y los intereses de sus créditos del producto de los bienes objeto de esas garantías, con exclusión absoluta de los demás acreedores del deudor que no sean preferentes.

Párrafo reformado DOF 13-06-2014

Lo dispuesto en el párrafo anterior, es sin perjuicio de las preferencias que conforme a la ley correspondan a los créditos laborales a cargo del deudor.

En todo caso, los embargos por adeudos laborales que recaigan sobre bienes en posesión del deudor, deberán hacerse únicamente sobre aquellos que cubran el importe del crédito laboral correspondiente.

Cuando los bienes objeto de la garantía hayan sido adquiridos con el producto del crédito garantizado, la prelación que establece este artículo, por lo que se refiere a los bienes mencionados, prevalecerá sobre la que corresponda a los acreedores de los créditos mencionados en el segundo párrafo de esta disposición.

Artículo adicionado DOF 23-05-2000

Artículo 367 Bis.- En caso de que la totalidad o parte de los bienes objeto de la garantía sean bienes de importación temporal, tratándose de ejecución de la prenda, el juez podrá autorizar que el acreedor tramite por cuenta del deudor, cuando proceda de conformidad con las disposiciones aduaneras, la importación definitiva de los bienes para proceder a la venta de los mismos o para efectos de que queden a disposición del acreedor, en cuyo caso deberá pagarse preferentemente al erario público con el importe de la venta de los bienes, o a cargo del acreedor en caso de que los mismos queden a su disposición, los impuestos y derechos que procedan por la importación definitiva de los mismos. En caso de venta el monto remanente quedará a disposición del acreedor en los términos de este artículo.

Artículo adicionado DOF 13-06-2014

Artículo 368.- La prenda sin transmisión de posesión tendrá la prelación a la que se refiere el artículo anterior, desde el momento de su registro.

La prelación de los nuevos acreedores a que se refiere el artículo 358 no se verá afectada por el hecho de registrar sus garantías, con posterioridad al registro de aquellas mediante las cuales el deudor haya otorgado en garantía al otro acreedor todos los bienes muebles que utilice en la realización de sus actividades preponderantes.

Artículo adicionado DOF 23-05-2000

Artículo 369. La garantía sobre un bien mueble constituida, en términos de esta Sección Séptima, tiene prelación sobre la garantía hipotecaria, refaccionaria o fiduciaria, si aquélla se inscribe antes de que el mencionado bien mueble se adhiera, en su caso, al bien inmueble objeto de dichas garantías, a menos que exista consentimiento del acreedor de la garantía mobiliaria para que la segunda garantía tenga prelación sobre la mobiliaria.

Artículo adicionado DOF 23-05-2000. Reformado DOF 13-06-2014

Artículo 370.- La prelación entre las garantías que no hayan sido inscritas, será determinada por el orden cronológico de los contratos fehacientes respectivos.

Artículo adicionado DOF 23-05-2000

Artículo 371. La prenda sin transmisión de posesión, registrada en el Registro Único de Garantías Mobiliarias, tendrá prelación sobre actos y gravámenes registrables y no registrados y sobre actos o gravámenes registrados con posterioridad.

Párrafo reformado DOF 13-06-2014

I. (Se deroga).

Fracción derogada DOF 13-06-2014

II. (Se deroga).

Fracción derogada DOF 13-06-2014

III. (Se deroga).

Fracción derogada DOF 13-06-2014

Artículo adicionado DOF 23-05-2000

Artículo 372.- La prelación que se establece en favor de los acreedores, garantizados conforme a esta Sección Séptima, puede ser modificada mediante convenio suscrito por el acreedor afectado.

La nueva prelación establecida por las partes, surtirá efectos a partir de su inscripción.

Artículo adicionado DOF 23-05-2000

Artículo 373. Se entenderá por adquirente de mala fe, para efectos de lo dispuesto en el artículo 356 y 398, a toda persona que adquiera, sin consentimiento del acreedor, bienes muebles del deudor, sabedora por cualquier medio, incluyendo el Registro Único de Garantías Mobiliarias, de:

I. La existencia de la garantía sobre dichos bienes; y

II. Que la enajenación de dichos bienes se encuentra fuera del curso normal de la actividad preponderante del deudor.

Las enajenaciones realizadas sin contar con el consentimiento a que se refiere este artículo no harán que cesen los efectos de la garantía y el acreedor conservará el derecho de persecución sobre los bienes respectivos con relación a los adquirentes; sin perjuicio de que el acreedor exija al deudor el pago de los daños y perjuicios que dicha enajenación le cause.

Artículo adicionado DOF 23-05-2000. Reformado DOF 13-06-2003, 13-06-2014

Artículo 374.- El deudor estará obligado a solicitar autorización por escrito del acreedor garantizado, para enajenar en términos del artículo 356, los bienes objeto de la garantía, a las siguientes personas:

Párrafo reformado DOF 13-06-2003

I. Las personas físicas y morales que tengan el control directo o indirecto de más del cinco por ciento de los títulos representativos del capital del deudor, o que estén sujetas a un control corporativo común con el deudor;

Fracción reformada DOF 13-06-2014

II. Los miembros propietarios y suplentes del consejo de administración del deudor o de las personas morales a que se refiere la fracción anterior;

Fracción reformada DOF 13-06-2014

III. Los cónyuges y las personas que tengan parentesco por consanguinidad o afinidad hasta el segundo grado, o civil, con las personas mencionadas en las fracciones anteriores, o con el propio deudor, si éste es persona física, y

IV. Los empleados, funcionarios y acreedores del deudor

Para los efectos de la autorización que deberá otorgar el acreedor garantizado, éste tendrá diez días naturales para hacerlo; de no contestar, se entenderá tácitamente otorgada en favor del deudor.

Las enajenaciones realizadas sin contar con la autorización a que se refiere este artículo serán nulas, por lo que no cesarán los efectos de la garantía y el acreedor conservará el derecho de persecución sobre los bienes respectivos con relación a los adquirentes; sin perjuicio de que el acreedor exija al deudor el pago de los daños y perjuicios que dicha enajenación le cause.

Párrafo reformado DOF 13-06-2003, 13-06-2014

Asimismo, podrá preverse en el contrato respectivo que, de realizarse enajenaciones en contravención a lo dispuesto por este artículo, el plazo del crédito se tendrá por vencido anticipadamente.

Párrafo reformado DOF 13-06-2003

Para efectos de la fracción I anterior se entiende por control corporativo la capacidad de una persona o grupo de personas, de llevar a cabo cualquiera de los actos siguientes:

a) Imponer, directa o indirectamente, decisiones en las asambleas generales de accionistas, de socios u órganos equivalentes, o nombrar o destituir a la mayoría de los consejeros, administradores o sus equivalentes, de una persona moral.

b) Dirigir, directa o indirectamente, la administración, la estrategia o las principales políticas de una persona moral, ya sea a través de la propiedad de valores, por contrato o de cualquier otra forma.

Párrafo adicionado DOF 13-06-2014

Artículo adicionado DOF 23-05-2000

Artículo 375.- Las acciones de los acreedores garantizados conforme a esta Sección Séptima, prescriben en tres años, contados desde que la obligación garantizada pudo exigirse.

Artículo adicionado DOF 23-05-2000. Reformado DOF 13-06-2003

Artículo 376.- Los actos en los que se haga constar la constitución, modificación, extinción, cesión y las resoluciones judiciales sobre cancelaciones de la prenda sin transmisión de posesión a que se refiere esta Sección Séptima, deberán ser inscritos en la Sección Única del Registro Único de Garantías Mobiliarias del Registro Público de Comercio o, en los casos que proceda, en el registro especial que corresponda según su naturaleza.

Artículo adicionado DOF 23-05-2000. Reformado DOF 13-06-2014

Artículo 377.- (Se deroga).

Artículo adicionado DOF 23-05-2000. Derogado DOF 13-06-2014

Artículo 378.- Tratándose de obligaciones garantizadas cuyo importe sea determinable al momento de la ejecución de la garantía, procederá su registro aun cuando no se fije la cantidad máxima que garantice el gravamen.

Artículo adicionado DOF 23-05-2000

Artículo 379.- Se deroga.

Artículo adicionado DOF 23-05-2000. Derogado DOF 13-06-2003

Artículo 380.- Al que, teniendo la posesión material de los bienes objeto de garantías otorgadas mediante prenda sin transmisión de la posesión, aun siendo el acreedor, transmita en términos distintos a los previstos en la ley, grave o afecte la propiedad o posesión de los mismos, sustraiga sus componentes o los desgaste fuera de su uso normal o por alguna razón disminuya intencionalmente el valor de los mismos, se le sancionará con prisión hasta de un año y multa de cien veces el salario mínimo general diario vigente en el Distrito Federal, cuando el monto de la garantía no exceda de doscientas veces el equivalente de dicho salario.

Si dicho monto excede de esta cantidad, pero no de diez mil, la prisión será de uno a seis años y la multa de cien a ciento ochenta veces el salario mínimo general diario vigente en el Distrito Federal. Si el monto es mayor al equivalente de diez mil días de dicho salario, la prisión será de seis a doce años y la multa de ciento veinte veces el salario mínimo general diario vigente en el Distrito Federal.

Artículo adicionado DOF 23-05-2000

CAPÍTULO V

Denominación del Capítulo suprimida DOF 23-05-2000

SECCIÓN PRIMERA
DEL FIDEICOMISO

Sección adicionada DOF 23-05-2000

Artículo 381.- En virtud del fideicomiso, el fideicomitente transmite a una institución fiduciaria la propiedad o la titularidad de uno o más bienes o derechos, según sea el caso, para ser destinados a fines lícitos y determinados, encomendando la realización de dichos fines a la propia institución fiduciaria.

Artículo recorrido (antes artículo 346) DOF 23-05-2000. Reformado DOF 13-06-2003

Artículo 382.- Pueden ser fideicomisarios las personas que tengan la capacidad necesaria para recibir el provecho que el fideicomiso implica.

El fideicomisario podrá ser designado por el fideicomitente en el acto constitutivo del fideicomiso o en un acto posterior.

El fideicomiso será válido aunque se constituya sin señalar fideicomisario, siempre que su fin sea lícito y determinado, y conste la aceptación del encargo por parte del fiduciario.

Las instituciones mencionadas en el artículo 385 de esta Ley podrán reunir la calidad de fiduciarias y fideicomisarias únicamente tratándose de fideicomisos que tengan por fin servir como instrumentos de pago a su favor. En este supuesto, las partes deberán convenir los términos y condiciones para dirimir posibles conflictos de intereses, para lo cual podrán nombrar a un ejecutor o instructor, que podrá ser una institución fiduciaria o cualquier tercero, a fin de que determine el cumplimiento o incumplimiento del contrato para el solo efecto de iniciar el procedimiento de ejecución y para que cumpla los fines del fideicomiso en lo que respecta a la aplicación de los bienes afectos al fideicomiso como fuente de pago de obligaciones derivadas de créditos otorgados por la propia institución.

Párrafo reformado DOF 10-01-2014

En todo caso, el ejecutor o instructor ejercitará sus funciones en nombre y representación del fiduciario, pero sin sujetarse a sus instrucciones, obrando en todo momento de conformidad con lo pactado en el contrato y la legislación aplicable y actuando con independencia e imparcialidad respecto de los intereses del fideicomitente y fideicomisario.

Párrafo adicionado DOF 13-06-2014

Para efectos del párrafo anterior, se presume independencia e imparcialidad en el cumplimiento del contrato, cuando los títulos representativos del capital social, así como las compras e ingresos del último ejercicio fiscal o del que esté en curso del ejecutor o instructor, no estén vinculados con alguna de las partes del fideicomiso en más de un diez por ciento.

Párrafo adicionado DOF 13-06-2014

Reforma DOF 10-01-2014: Derogó del artículo el entonces párrafo cuarto

Artículo recorrido (antes artículo 347) DOF 23-05-2000. Reformado DOF 13-06-2003

Artículo 383.- El fideicomitente puede designar varios fideicomisarios para que reciban simultánea o sucesivamente el provecho del fideicomiso, salvo el caso de la fracción II del artículo 394.

Cuando sean dos o más fideicomisarios y deba consultarse su voluntad, en cuanto no esté previsto en el fideicomiso, las decisiones se tomarán por mayoría de votos computados por representaciones y no por personas. En caso de empate, decidirá el juez de primera instancia del lugar del domicilio del fiduciario.

Artículo reformado DOF 31-08-1933, 24-05-1996. Reformado y recorrido (antes artículo 348) DOF 23-05-2000. Reformado DOF 13-06-2003

Artículo 384.- Sólo pueden ser fideicomitentes las personas con capacidad para transmitir la propiedad o la titularidad de los bienes o derechos objeto del fideicomiso, según sea el caso, así como las autoridades judiciales o administrativas competentes para ello.

Artículo recorrido (antes artículo 349) DOF 23-05-2000. Reformado DOF 13-06-2003

Artículo 385.- Sólo pueden ser instituciones fiduciarias las expresamente autorizadas para ello conforme a la ley.

En el fideicomiso podrán intervenir varias instituciones fiduciarias para que conjunta o sucesivamente desempeñen el cargo de fiduciario, estableciendo el orden y las condiciones en que hayan de substituirse.

Salvo lo que se prevea en el fideicomiso, cuando por renuncia o remoción la institución fiduciaria concluya el desempeño de su cargo, deberá designarse a otra institución fiduciaria que la substituya. Si no fuere posible esta substitución, el fideicomiso se dará por extinguido.

Fe de erratas al artículo DOF 08-09-1932. Recorrido (antes artículo 350) DOF 23-05-2000. Reformado DOF 13-06-2003

Artículo 386.- Pueden ser objeto del fideicomiso toda clase de bienes y derechos, salvo aquellos que, conforme a la ley, sean estrictamente personales de su titular.

Los bienes que se den en fideicomiso se considerarán afectos al fin a que se destinan y, en consecuencia, sólo podrán ejercitarse respecto a ellos los derechos y acciones que al mencionado fin se refieran, salvo los que expresamente se reserve el fideicomitente, los que para él deriven del fideicomiso mismo o los adquiridos legalmente respecto de tales bienes, con anterioridad a la constitución del fideicomiso, por el fideicomisario o por terceros. La institución fiduciaria deberá registrar contablemente dichos bienes o derechos y mantenerlos en forma separada de sus activos de libre disponibilidad.

Párrafo reformado DOF 13-06-2003

El fideicomiso constituido en fraude de terceros, podrá en todo tiempo ser atacado de nulidad por los interesados.

Artículo recorrido (antes artículo 351) DOF 23-05-2000

Artículo 387.- La constitución del fideicomiso deberá constar siempre por escrito.

Artículo recorrido (antes artículo 352) DOF 23-05-2000. Reformado DOF 13-06-2003

Artículo 388.- El fideicomiso cuyo objeto recaiga en bienes inmuebles, deberá inscribirse en la Sección de la Propiedad del Registro Público del lugar en que los bienes estén ubicados. El fideicomiso surtirá efectos contra tercero, en el caso de este artículo, desde la fecha de inscripción en el Registro.

Fe de erratas al artículo DOF 10-02-1933. Recorrido (antes artículo 353) DOF 23-05-2000

Artículo 389.- El fideicomiso cuyo objeto recaiga en bienes muebles, surtirá efectos contra tercero desde la fecha de su inscripción en la Sección Única del Registro Único de Garantías Mobiliarias del Registro Público de Comercio.

Párrafo reformado DOF 13-06-2014

I. (Se deroga).

Fracción derogada DOF 13-06-2014

II. (Se deroga).

Fracción derogada DOF 13-06-2014

III. (Se deroga).

Fe de erratas a la fracción DOF 10-02-1933. Derogada DOF 13-06-2014

Artículo recorrido (antes artículo 354) DOF 23-05-2000

Artículo 390.- El fideicomisario tendrá, además de los derechos que se le concedan por virtud del acto constitutivo del fideicomiso, el de exigir su cumplimiento a la institución fiduciaria; el de atacar la validez de los actos que ésta cometa en su perjuicio, de mala fe o en exceso de las facultades que por virtud del acto constitutivo o de la ley le corresponda, y cuando ello sea procedente, el de reivindicar los bienes que a consecuencia de esos actos hayan salido del patrimonio objeto del fideicomiso.

Cuando no exista fideicomisario determinado o cuando éste sea incapaz, los derechos a que se refiere el párrafo anterior, corresponderán al que ejerza la patria potestad, al tutor o al Ministerio Público, según el caso.

Artículo recorrido (antes artículo 355) DOF 23-05-2000

Artículo 391.- La institución fiduciaria tendrá todos los derechos y acciones que se requieran para el cumplimiento del fideicomiso, salvo las normas o limitaciones que se establezcan al efecto, al constituirse el mismo; estará obligada a cumplir dicho fideicomiso conforme al acto constitutivo; no podrá excusarse o renunciar su encargo sino por causas graves a juicio de un Juez de Primera Instancia del lugar de su domicilio, y deberá obrar siempre como buen padre de familia, siendo responsable de las pérdidas o menoscabos que los bienes sufran por su culpa.

Fe de erratas al artículo DOF 08-09-1932. Recorrido (antes artículo 356) DOF 23-05-2000

Artículo 392.- El fideicomiso se extingue:

I. Por la realización del fin para el cual fue constituido;

II. Por hacerse éste imposible;

III. Por hacerse imposible el cumplimiento de la condición suspensiva de que dependa o no haberse verificado dentro del término señalado al constituirse el fideicomiso o, en su defecto, dentro del plazo de 20 años siguientes a su constitución;

IV. Por haberse cumplido la condición resolutoria a que haya quedado sujeto;

V. Por convenio escrito entre fideicomitente, fiduciario y fideicomisario;

Fracción reformada DOF 13-06-2003

VI. Por revocación hecha por el fideicomitente, cuando éste se haya reservado expresamente ese derecho al constituir el fideicomiso;

Fracción reformada DOF 01-02-2008

VII. En el caso del párrafo final del artículo 386, y

Fracción reformada DOF 23-05-2000, 01-02-2008

VIII. En el caso del artículo 392 Bis.

Fracción adicionada DOF 01-02-2008

Artículo recorrido (antes artículo 357) DOF 23-05-2000

Artículo 392 Bis.- En el supuesto de que a la institución fiduciaria no se le haya cubierto la contraprestación debida, en los términos establecidos en el contrato respectivo, por un periodo igual o superior a tres años, la institución fiduciaria podrá dar por terminado, sin responsabilidad, el fideicomiso.

En el supuesto a que se refiere el párrafo anterior, la institución fiduciaria deberá notificar al fideicomitente y al fideicomisario su decisión de dar por terminado el fideicomiso por falta de pago de las contraprestaciones debidas por su actuación como fiduciario y establecer un plazo de quince días hábiles para que los mismos puedan cubrir los adeudos, según corresponda. En el caso de que, transcurrido el citado plazo, no se hayan cubierto las contraprestaciones debidas, la institución fiduciaria transmitirá los bienes o derechos en su poder en virtud del fideicomiso, al fideicomitente o al fideicomisario, según corresponda. En el evento de que, después de esfuerzos razonables, la institución fiduciaria no pueda encontrar o no tenga noticias del fideicomitente o fideicomisario para efectos de lo anterior y siempre que haya transcurrido el plazo señalado sin haber recibido la contraprestación correspondiente, estará facultada para abonar los referidos bienes, cuando éstos se traten de recursos líquidos entre las opciones disponibles que maximicen la recuperación, a la cuenta global de la institución a que se refiere el artículo 61 de la Ley de Instituciones de Crédito, en cuyo caso los mencionados recursos se sujetarán a las disposiciones aplicables a la citada cuenta global. Tratándose de bienes que no sean recursos líquidos, la institución fiduciaria, sin responsabilidad alguna, estará facultada para enajenar los mismos y convertirlos en recursos líquidos, para su posterior abono en la cuenta global en los términos señalados. Contra los recursos líquidos que se obtengan, podrán deducirse los gastos relacionados con la recuperación.

Para efectos de este artículo se entenderá que se realizaron esfuerzos razonables por parte de la institución fiduciaria cuando se observe el procedimiento de notificación previsto en el artículo 1070 del Código de Comercio.

Artículo adicionado DOF 01-02-2008

Artículo 393.- Extinguido el fideicomiso, si no se pactó lo contrario, los bienes o derechos en poder de la institución fiduciaria serán transmitidos al fideicomitente o al fideicomisario, según corresponda. En caso de duda u oposición respecto de dicha transmisión, el juez de primera instancia competente en el lugar del domicilio de la institución fiduciaria, oyendo a las partes, resolverá lo conducente.

Para que la transmisión antes citada surta efectos tratándose de inmuebles o de derechos reales impuestos sobre ellos, bastará que la institución fiduciaria así lo manifieste y que esta declaración se inscriba en el Registro Público de la Propiedad en que aquél hubiere sido inscrito.

Las instituciones fiduciarias indemnizarán a los fideicomitentes por los actos de mala fe o en exceso de las facultades que les corresponda para la ejecución del fideicomiso, por virtud del acto constitutivo o de la ley, que realicen en perjuicio de éstos.

Fe de erratas al artículo DOF 08-09-1932. Recorrido (antes artículo 358) DOF 23-05-2000. Reformado DOF 13-06-2003

Artículo 394.- Quedan prohibidos:

I. Los fideicomisos secretos;

II. Aquellos en los cuales el beneficio se conceda a diversas personas sucesivamente que deban substituirse por muerte de la anterior, salvo el caso de que la substitución se realice en favor de personas que estén vivas o concebidas ya, a la muerte del fideicomitente; y

III. Aquéllos cuya duración sea mayor de cincuenta años, cuando se designe como beneficiario a una persona moral que no sea de derecho público o institución de beneficencia. Sin embargo, pueden constituirse con duración mayor de cincuenta años cuando el fin del fideicomiso sea el mantenimiento de museos de carácter científico o artístico que no tengan fines de lucro.

Fracción reformada DOF 08-05-1945, 13-06-2003

Artículo recorrido (antes artículo 359) DOF 23-05-2000

SECCIÓN SEGUNDA
DEL FIDEICOMISO DE GARANTÍA

Sección adicionada DOF 23-05-2000

Artículo 395.- Sólo podrán actuar como fiduciarias de los fideicomisos que tengan como fin garantizar al fideicomisario el cumplimiento de una obligación y su preferencia en el pago, previstos en esta Sección Segunda, las instituciones y sociedades siguientes:

I. Instituciones de crédito;

II. Instituciones de seguros;

III. Instituciones de fianzas;

IV. Casas de bolsa;

V. Sociedades Financieras de Objeto Múltiple que cuenten con un registro vigente ante la Comisión Nacional para la Protección y Defensa de los Usuarios de Servicios Financieros;

Fracción reformada DOF 18-07-2006, 20-08-2008, 10-01-2014

VI. Almacenes generales de depósito;

Fracción reformada DOF 20-08-2008, 10-01-2014

VII. Uniones de crédito, y

Fracción adicionada DOF 20-08-2008. Reformada DOF 10-01-2014

VIII. Sociedades operadoras de fondos de inversión que cumplan con los requisitos previstos por la Ley de Fondos de Inversión.

Fracción adicionada DOF 10-01-2014

Las instituciones fiduciarias a que se refieren las fracciones II a IV y VI de este artículo, se sujetarán a lo que dispone el artículo 85 Bis de la Ley de Instituciones de Crédito.

Párrafo reformado DOF 18-07-2006

Artículo adicionado DOF 23-05-2000. Reformado DOF 13-06-2003

Artículo 396.- Las instituciones y sociedades mencionadas en el artículo anterior, podrán reunir la calidad de fiduciarias y fideicomisarias, tratándose de fideicomisos cuyo fin sea garantizar obligaciones a su favor. En este supuesto, las partes deberán convenir los términos y condiciones para dirimir posibles conflictos de intereses.

Para tal efecto, las partes podrán nombrar un ejecutor o instructor, que podrá ser una institución fiduciaria o cualquier tercero, a fin de que determine el cumplimiento o incumplimiento del contrato para el sólo efecto de iniciar el procedimiento de ejecución y para que cumpla los fines del fideicomiso en lo que respecta a la realización y aplicación de la garantía, a partir de que se considere incumplida la obligación garantizada.

Párrafo adicionado DOF 13-06-2014

En todo caso, el ejecutor o instructor ejercitará sus funciones en nombre y representación del fiduciario, pero sin sujetarse a sus instrucciones, obrando en todo momento de conformidad con lo pactado en el contrato y la legislación aplicable y actuando con independencia e imparcialidad respecto de los intereses del fideicomitente y fideicomisario.

Párrafo adicionado DOF 13-06-2014

Para efectos del párrafo anterior, se presume independencia e imparcialidad en el cumplimiento del contrato o ejecución de la garantía, cuando los títulos representativos del capital social, así como las compras e ingresos del último ejercicio fiscal o del que esté en curso del ejecutor o instructor, no estén vinculados con alguna de las partes del crédito garantizado en más de un diez por ciento.

Párrafo adicionado DOF 13-06-2014

Artículo adicionado DOF 23-05-2000. Reformado DOF 13-06-2003

Artículo 397.- Cuando así se señale, un mismo fideicomiso podrá ser utilizado para garantizar simultánea o sucesivamente diferentes obligaciones que el fideicomitente contraiga, con un mismo o distintos acreedores, a cuyo efecto se estipularán las reglas y en su caso, las prelaciones aplicables.

En este caso, cada fideicomisario estará obligado a notificar a la institución fiduciaria cuando la obligación a su favor haya quedado extinguida, en cuyo caso quedarán sin efectos los derechos que respecto de él se derivan del fideicomiso. La notificación deberá entregarse mediante fedatario público a más tardar a los cinco días hábiles siguientes a la fecha en la que se reciba el pago.

En el caso de fideicomisos con fideicomisarios sucesivos y no simultáneos, a partir del momento en que el fiduciario reciba la mencionada notificación, el fideicomitente podrá designar un nuevo fideicomisario o manifestar a la institución fiduciaria que se ha realizado el fin para el cual fue constituido el fideicomiso.

El fideicomisario que no entregue oportunamente al fiduciario la notificación a que se refiere este artículo, resarcirá a los demás fideicomisarios, en su caso, y al fideicomitente los daños y perjuicios que con ello les ocasione.

Artículo adicionado DOF 23-05-2000. Reformado DOF 13-06-2003, 13-06-2014

Artículo 398.- Tratándose de fideicomisos de garantía sobre bienes muebles, las partes podrán convenir que el o los fideicomitentes tendrán derecho a:

I. Hacer uso de los bienes fideicomitidos, los combinen o empleen en la fabricación de otros bienes, siempre y cuando en estos dos últimos supuestos su valor no disminuya y los bienes producidos pasen a formar parte del fideicomiso de garantía en cuestión;

II. Percibir y utilizar los frutos y productos de los bienes fideicomitidos, y

III. Instruir al fiduciario la enajenación de los bienes fideicomitidos, sin responsabilidad para éste, siempre y cuando dicha enajenación sea acorde con el contrato de fideicomiso y el curso normal de las actividades del fideicomitente. En estos casos cesarán los efectos de la garantía fiduciaria y los derechos de persecución con relación a los adquirentes de buena fe, quedando afectos al fideicomiso los bienes o derechos que el fiduciario reciba o tenga derecho a recibir en pago por la enajenación de los referidos bienes.

Fracción reformada DOF 13-06-2014

El derecho que tengan el o los fideicomitentes para instruir al fiduciario la enajenación de los bienes muebles materia del fideicomiso conforme al párrafo anterior, quedará extinguido desde el momento en que se inicie el procedimiento previsto en el artículo 403 de esta Ley, o bien cuando el fiduciario tenga conocimiento del inicio de cualquiera de los procedimientos de ejecución previstos en el Libro Quinto Título Tercero Bis del Código de Comercio.

Las fracciones I y II referidas anteriormente, serán aplicables sólo a los fideicomisos de garantía en los cuales el deudor o un tercero conserve la posesión sobre los bienes muebles.

Párrafo adicionado DOF 13-06-2014

Artículo adicionado DOF 23-05-2000. Reformado DOF 13-06-2003

Artículo 399. Para efectos de lo dispuesto en el artículo anterior, las partes podrán convenir desde la constitución del fideicomiso:

Párrafo reformado DOF 13-06-2014

I. En su caso, los lugares en que deberán encontrarse los bienes fideicomitidos;

II. Las contraprestaciones mínimas que deberá recibir el fiduciario por la venta o transferencia de los bienes muebles fideicomitidos;

III. La persona o personas a las que el fiduciario, por instrucciones del fideicomitente, podrá vender o transferir dichos bienes, pudiendo, en su caso, señalar las características o categorías que permitan identificarlas, así como el destino que el fiduciario deberá dar al dinero, bienes o derechos que reciba en pago;

IV. La información que el fideicomitente deberá entregar al fideicomisario sobre la transformación, venta o transferencia de los mencionados bienes;

V. La forma de valuar los bienes fideicomitidos, y

VI. Los términos en los que se acordará la revisión del aforo pactado, en el caso de que el bien o bienes dados en garantía incrementen su valor.

En caso de incumplimiento a los convenios celebrados con base en este artículo, el crédito garantizado por el fideicomiso se podrá declarar vencido anticipadamente por el acreedor garantizado.

Párrafo reformado DOF 13-06-2014

Artículo adicionado DOF 23-05-2000. Reformado DOF 13-06-2003

Artículo 400.- Las partes podrán convenir que la posesión de bienes en fideicomiso se tenga por terceros o por el fideicomitente.

Cuando corresponda al fideicomitente o a un tercero la posesión material de los bienes fideicomitidos, la tendrá en calidad de depósito y estará obligado a conservarlos como si fueran propios, a no utilizarlos para objeto diverso de aquel que al efecto hubiere pactado y a responder de los daños que se causen a terceros al hacer uso de ellos. Tal responsabilidad no podrá ser exigida al fiduciario.

En este caso, serán por cuenta del fideicomitente los gastos necesarios para la debida conservación, reparación, administración y recolección de los bienes fideicomitidos.

Si los bienes fideicomitidos se pierden o se deterioran, el fideicomisario tiene derecho de exigir al fideicomitente, cuando éste sea el deudor de la obligación garantizada, la transmisión en fideicomiso de otros bienes o el pago de la deuda aun antes del plazo convenido.

Artículo adicionado DOF 23-05-2000. Reformado DOF 13-06-2003

Artículo 401.- Salvo pacto en contrario, los riesgos de pérdida, daño o deterioro del valor de los bienes fideicomitidos corren por cuenta de la parte que este en posesión de los mismos, debiendo permitir a las otras partes inspeccionarlos a efecto de verificar, según corresponda, su peso, cantidad y estado de conservación general.

Párrafo reformado DOF 13-06-2014

De convenirse así en el contrato, si el valor de mercado de los bienes fideicomitidos disminuye de manera que no baste a cubrir el importe del principal y los accesorios de la deuda que garantizan, el deudor podrá dar bienes adicionales para restituir la proporción original. En caso contrario, el crédito podrá darse por vencido anticipadamente, teniendo el acreedor que notificar al deudor de ello judicialmente o a través de fedatario.

Artículo adicionado DOF 23-05-2000. Reformado DOF 13-06-2003

Artículo 402.- En caso de incumplimiento de la obligación garantizada, si el depositario se niega a devolver al fiduciario los bienes depositados, su restitución se tramitará de conformidad con lo establecido en el Libro Quinto Título Tercero Bis del Código de Comercio.

Artículo adicionado DOF 23-05-2000. Reformado DOF 13-06-2003

Artículo 403.- En el fideicomiso de garantía, las partes podrán convenir la forma en que la institución fiduciaria procederá a enajenar extrajudicialmente, a título oneroso, los bienes o derechos en fideicomiso, pudiendo en todo caso pactarse lo siguiente:

Párrafo reformado DOF 13-06-2014

I. Que la institución fiduciaria inicie el procedimiento de enajenación extrajudicial del o los bienes o derechos en fideicomiso, cuando reciba del o los fideicomisarios comunicación por escrito en la que soliciten la mencionada enajenación y precisen el incumplimiento de la o las obligaciones garantizadas;

II. Que la institución fiduciaria comunique por escrito al o los fideicomitentes en el domicilio señalado en el fideicomiso o en acto posterior, la solicitud prevista en la fracción anterior, junto con una copia de la misma, quienes únicamente podrán oponerse a la enajenación, si exhiben el importe del adeudo, acreditan el cumplimiento de la o las obligaciones precisadas en la solicitud por el o los fideicomisarios de conformidad con la fracción anterior, o presentan el documento que compruebe la prórroga del plazo o la novación de la obligación;

III. Que sólo en caso de que el o los fideicomitentes no acrediten, de conformidad con lo previsto en la fracción anterior, el cumplimiento de la o las obligaciones garantizadas o, en su caso, su novación o prórroga, la institución fiduciaria procederá a enajenar extrajudicialmente el o los bienes o derechos fideicomitidos, en los términos y condiciones pactados en el fideicomiso, y

IV. Los plazos para llevar a cabo los actos señalados en las fracciones anteriores.

El texto que contenga el convenio de enajenación extrajudicial a que se refiere este artículo deberá incluirse en una sección especial del fideicomiso de garantía, la que contará con la firma del fideicomitente, que será adicional a aquélla con que haya suscrito dicho fideicomiso.

A falta del convenio previsto en este artículo, se seguirán los procedimientos establecidos en el Libro Quinto Título Tercero Bis del Código de Comercio para la realización de los siguientes actos:

a) La enajenación de los bienes en fideicomiso que en su caso deba llevar a cabo el fiduciario, o

b) La tramitación del juicio que se promueva para oponerse a la ejecución del fideicomiso.

Artículo adicionado DOF 23-05-2000. Reformado DOF 13-06-2003

Artículo 404.- El fideicomiso de garantía debe constar por escrito. Tratándose de fideicomisos cuyo objeto recaiga sobre bienes inmuebles deberá constar en escritura pública e inscribirse en el registro público de la propiedad correspondiente.

Cuando el patrimonio del fideicomiso de garantía recaiga sobre bienes muebles y su monto sea igual o superior al equivalente en moneda nacional a doscientas cincuenta mil Unidades de Inversión, las partes deberán ratificar sus firmas ante fedatario público.

El contrato de fideicomiso de garantía será válido desde su constitución y la nulidad de alguna de sus cláusulas por contravenciones a lo dispuesto en esta ley no producirá la nulidad del fideicomiso.

En caso de declararse nula alguna cláusula del contrato de fideicomiso de garantía, se aplicará supletoriamente lo dispuesto por esta ley.

Artículo adicionado DOF 23-05-2000. Reformado DOF 13-06-2003, 13-06-2014

Artículo 405.- Las acciones de los acreedores garantizados con fideicomiso de garantía prescriben en tres años contados desde la fecha en que se haya dado por vencida la obligación garantizada. En este caso se extinguirá el derecho a pedir su cumplimiento y se revertirá la propiedad de los bienes objeto de la garantía al patrimonio del fideicomitente.

Artículo adicionado DOF 23-05-2000. Reformado DOF 13-06-2003

Artículo 406.- Al que teniendo la posesión material de los bienes objeto de garantías otorgadas mediante fideicomiso de garantía transmita, grave o afecte la propiedad o posesión de los mismos, en términos distintos a los previstos en la ley, sustraiga sus componentes o los desgaste fuera de su uso normal o por alguna razón disminuya intencionalmente el valor de los mismos, se le sancionará con prisión hasta de un año y multa de cien veces el salario mínimo general diario vigente en el Distrito Federal, cuando el monto de la garantía no exceda del equivalente a doscientas veces de dicho salario.

Si dicho monto excede de esta cantidad, pero no de diez mil, la prisión será de uno a seis años y la multa de cien a ciento ochenta veces el salario mínimo general diario vigente en el Distrito Federal. Si el monto es mayor de diez mil veces de dicho salario, la prisión será de seis a doce años y la multa de ciento veinte veces el salario mínimo general diario vigente en el Distrito Federal.

Artículo adicionado DOF 23-05-2000. Reformado DOF 13-06-2003

Artículo 407.- El fideicomiso de garantía se regirá por lo dispuesto en esta sección y, sólo en lo que no se oponga a ésta, en la sección primera anterior.

Artículo adicionado DOF 23-05-2000. Reformado DOF 13-06-2003

CAPÍTULO VI
DEL ARRENDAMIENTO FINANCIERO

Capítulo adicionado DOF 18-07-2006

Artículo 408.- Por virtud del contrato de arrendamiento financiero, el arrendador se obliga a adquirir determinados bienes y a conceder su uso o goce temporal, a plazo forzoso, al arrendatario, quien podrá ser persona física o moral, obligándose este último a pagar como contraprestación, que se liquidará en pagos parciales, según se convenga, una cantidad en dinero determinada o determinable, que cubra el valor de adquisición de los bienes, las cargas financieras y los demás accesorios que se estipulen, y adoptar al vencimiento del contrato alguna de las opciones terminales a que se refiere el artículo 410 de esta Ley.

Los contratos de arrendamiento financiero deberán otorgarse por escrito y deberán inscribirse en la Sección Única del Registro Único de Garantías Mobiliarias del Registro Público de Comercio, en el folio electrónico del arrendador y del arrendatario, a fin de que surta efectos contra tercero, sin perjuicio de hacerlo en otros registros especiales que las leyes determinen.

Párrafo reformado DOF 13-06-2014

En los contratos de arrendamiento financiero en los que se convenga la entrega de anticipos, por parte del arrendador, a los proveedores, fabricantes o constructores de los bienes objeto de dichos contratos que, por su naturaleza, ubicación o proceso de producción, no sean entregados en el momento en que se pague su precio o parte del mismo, el arrendatario quedará obligado a pagar al arrendador una cantidad de dinero, determinada o determinable, que cubrirá únicamente el valor de las cargas financieras y demás accesorios de los anticipos hasta en tanto se entregue el bien de que se trate, condición que deberá estar contenida en el contrato de arrendamiento financiero.

En el supuesto señalado en el párrafo anterior, las partes deberán convenir el plazo durante el cual se entregarán los anticipos, después del cual el arrendatario deberá cubrirlos en el arrendamiento financiero con las características y condiciones pactadas en el contrato correspondiente.

Artículo adicionado DOF 23-05-2000. Derogado DOF 13-06-2003. Adicionado DOF 18-07-2006

Artículo 409.- El o los pagarés que el arrendatario otorgue a la orden del arrendador, por el importe total del precio pactado, por concepto de renta global, no podrán tener un vencimiento posterior al plazo del arrendamiento financiero y deberá hacerse constar en tales documentos su procedencia de manera que queden suficientemente identificados. La transmisión de esos títulos, implica en todo caso el traspaso de la parte correspondiente de los derechos derivados del contrato de arrendamiento financiero y demás derechos accesorios en la proporción que correspondan.

La suscripción y entrega de estos títulos de crédito, no se considerarán como pago de la contraprestación ni de sus parcialidades.

Artículo adicionado DOF 23-05-2000. Derogado DOF 13-06-2003. Adicionado DOF 18-07-2006

Artículo 410.- Al concluir el plazo del vencimiento del contrato o cuando las partes acuerden su vencimiento anticipado y una vez que se hayan cumplido todas las obligaciones, el arrendatario deberá adoptar alguna de las siguientes opciones terminales:

I. La compra de los bienes a un precio inferior a su valor de adquisición, que quedará fijado en el contrato. En caso de que no se haya fijado, el precio debe ser inferior al valor de mercado a la fecha de compra, conforme a las bases que se establezcan en el contrato;

II. A prorrogar el plazo para continuar con el uso o goce temporal, pagando una renta inferior a los pagos periódicos que venía haciendo, conforme a las bases que se establezcan en el contrato; y

III. A participar con el arrendador en el precio de la venta de los bienes a un tercero, en las proporciones y términos que se convengan en el contrato.

Cuando en el contrato se convenga la obligación del arrendatario de adoptar, de antemano, alguna de las opciones antes señaladas, éste será responsable de los daños y perjuicios en caso de incumplimiento. El arrendador no podrá oponerse al ejercicio de dicha opción.

Si en los términos del contrato, queda el arrendatario facultado para adoptar la opción terminal al finalizar el plazo obligatorio, éste deberá notificar por escrito al arrendador, por lo menos con un mes de anticipación al vencimiento del contrato, cuál de ellas va a adoptar, respondiendo de los daños y perjuicios en caso de omisión, con independencia de lo que se convenga en el contrato.

Artículo adicionado DOF 23-05-2000. Derogado DOF 13-06-2003. Adicionado DOF 18-07-2006

Artículo 411.- En los contratos de arrendamiento financiero en los que se estipule que la entrega material de los bienes sea realizada directamente al arrendatario por el proveedor, fabricante o constructor, en las fechas previamente convenidas, el arrendatario quedará obligado a entregar constancia del recibo de los bienes al arrendador. Salvo pacto en contrario, la obligación de pago del precio del arrendamiento financiero se inicia a partir de la firma del contrato, aunque no se haya hecho la entrega material de los bienes objeto del arrendamiento.

En los casos a que se refiere el párrafo anterior, el arrendador estará obligado a entregar al arrendatario los documentos necesarios para que el mismo quede legitimado a fin de recibirlos directamente.

Artículo adicionado DOF 23-05-2000. Derogado DOF 13-06-2003. Adicionado DOF 18-07-2006

Artículo 412.- Salvo pacto en contrario, el arrendatario queda obligado a conservar los bienes en el estado que permita el uso normal que les corresponda, a dar el mantenimiento necesario para este propósito y, consecuentemente, a hacer por su cuenta las reparaciones que se requieran, así como a adquirir las refacciones e implementos necesarios, según se convenga en el contrato. Dichas refacciones, implementos y bienes que se adicionen a los que sean objeto del arrendamiento financiero, se considerarán incorporados a éstos y, consecuentemente, sujetos a los términos del contrato.

El arrendatario debe servirse de los bienes solamente para el uso convenido, o conforme a la naturaleza y destino de éstos, siendo responsable de los daños que los bienes sufran por darles otro uso, o por su culpa o negligencia, o la de sus empleados o terceros.

Artículo adicionado DOF 23-05-2000. Derogado DOF 13-06-2003. Adicionado DOF 18-07-2006

Artículo 413.- El arrendatario deberá seleccionar al proveedor, fabricante o constructor y autorizar los términos, condiciones y especificaciones que se contengan en el pedido u orden de compra, identificando y describiendo los bienes que se adquirirán.

El arrendador no será responsable de error u omisión en la descripción de los bienes objeto del arrendamiento contenida en el pedido u orden de compra. La firma del arrendatario en cualquiera de estos últimos documentos implica, entre otros efectos, su conformidad con los términos, condiciones, descripciones y especificaciones, ahí consignados.

Artículo adicionado DOF 23-05-2000. Derogado DOF 13-06-2003. Adicionado DOF 18-07-2006

Artículo 414.- Salvo pacto en contrario, son a riesgo del arrendatario:

I. Los vicios o defectos ocultos de los bienes que impidan su uso parcial o total. En este caso, el arrendador transmitirá al arrendatario los derechos que como comprador tenga, para que éste los ejercite en contra del vendedor, o lo legitimará para que el arrendatario en su representación ejercite dichos derechos;

II. La pérdida parcial o total de los bienes, aunque ésta se realice por causa de fuerza mayor o caso fortuito; y

III. En general, todos los riesgos, pérdidas, robos, destrucción o daños que sufrieren los bienes dados en arrendamiento financiero.

Frente a las eventualidades señaladas, el arrendatario no queda liberado del pago de la contraprestación, debiendo cubrirla en la forma que se haya convenido en el contrato.

Artículo adicionado DOF 23-05-2000. Derogado DOF 13-06-2003. Adicionado DOF 18-07-2006

Artículo 415.- En casos de despojo, perturbación o cualquier acto de terceros, que afecten el uso o goce de los bienes, la posesión de los mismos o bien la propiedad, el arrendatario tiene la obligación de realizar las acciones que correspondan para recuperar los bienes o defender el uso o goce de los mismos. Igualmente, estará obligado a ejercer las defensas que procedan, cuando medie cualquier acto o resolución de autoridad que afecten la posesión o la propiedad de los bienes.

Cuando ocurra alguna de estas eventualidades, el arrendatario debe notificarlo al arrendador, a más tardar el tercer día hábil siguiente al que tenga conocimiento de esas eventualidades, siendo responsable de los daños y perjuicios, si hubiese omisión. El arrendador, en caso de que no se efectúen o no se ejerciten adecuadamente las acciones o defensas, o por convenir así a sus intereses, podrá ejercitar directamente dichas acciones o defensas, sin perjuicio de las que realice el arrendatario.

El arrendador estará obligado a legitimar al arrendatario para que, en su representación, ejercite dichas acciones o defensas, cuando ello sea necesario.

Artículo adicionado DOF 18-07-2006

Artículo 416.- El arrendador, para solicitar en la demanda o durante el juicio la posesión de los bienes objeto del arrendamiento financiero, al ser exigible la obligación y ante el incumplimiento del arrendatario de las obligaciones consignadas en el contrato, deberá acompañar el contrato correspondiente debidamente ratificado ante fedatario público. Una vez decretada la posesión, el arrendador quedará facultado a dar los bienes en arrendamiento financiero a terceros o a disponer de ellos.

Artículo adicionado DOF 18-07-2006

Artículo 417.- El seguro o garantía que llegue a convenirse en los contratos de arrendamiento financiero deberá cubrir, en los términos que se pacte, por lo menos, los riesgos de construcción, transportación, recepción e instalación, según la naturaleza de los bienes, los daños o pérdidas de los propios bienes, con motivo de su posesión y uso, así como las responsabilidades civiles y profesionales de cualquier naturaleza, susceptibles de causarse en virtud de la explotación o goce de los propios bienes, cuando se trate de bienes que puedan causar daños a terceros, en sus personas o en sus propiedades.

En los contratos o documentos en que conste la garantía deberá señalarse como primer beneficiario al arrendador, a fin de que, en primer lugar, con el importe de las indemnizaciones se cubran a éste los saldos pendientes de la obligación concertada, o las responsabilidades a que queda obligado como propietario de los bienes. Si el importe de las indemnizaciones pagadas no cubre dichos saldos o responsabilidades, el arrendatario queda obligado al pago de los faltantes.

Artículo adicionado DOF 18-07-2006

Artículo 418.- Las primas y los gastos del seguro serán por cuenta del arrendatario, incluso cuando el arrendador proceda a contratar los seguros a que se refiere el artículo anterior si es el caso de que habiéndose pactado que el seguro deba ser contratado por el arrendatario y éste no realizara la contratación respectiva dentro de los tres días siguientes a la celebración del contrato. Lo anterior, sin perjuicio de que contractualmente esta omisión se considere como causa de rescisión.

Artículo adicionado DOF 18-07-2006

CAPÍTULO VII
DEL FACTORAJE FINANCIERO

Capítulo adicionado DOF 18-07-2006

Artículo 419.- Por virtud del contrato de factoraje, el factorante conviene con el factorado, quien podrá ser persona física o moral, en adquirir derechos de crédito que este último tenga a su favor por un precio determinado o determinable, en moneda nacional o extranjera, independientemente de la fecha y la forma en que se pague, siendo posible pactar cualquiera de las modalidades siguientes:

I. Que el factorado no quede obligado a responder por el pago de los derechos de crédito transmitidos al factorante; o

II. Que el factorado quede obligado solidariamente con el deudor, a responder del pago puntual y oportuno de los derechos de crédito transmitidos al factorante.

La administración y cobranza de los derechos de crédito, objeto de los contratos de factoraje, deberá ser realizada por el factorante o por un tercero a quien éste le haya delegado la misma, en términos del artículo 430.

Todos los derechos de crédito pueden transmitirse a través de un contrato de factoraje financiero, sin el consentimiento del deudor, a menos que la transmisión esté prohibida por la ley, no lo permita la naturaleza del derecho o en los documentos en los que consten los derechos que se van a adquirir se haya convenido expresamente que no pueden ser objeto de una operación de factoraje.

El deudor no puede alegar contra el tercero que el derecho no podía transmitirse mediante contrato de factoraje financiero porque así se había convenido, cuando ese convenio no conste en el título constitutivo del derecho.

Artículo adicionado DOF 18-07-2006

Artículo 420.- El factorante, al celebrar contratos con los deudores de derechos de crédito constituidos a favor de proveedores de bienes o servicios, deberá estipular expresamente si se comprometerá a adquirir dichos derechos de crédito para el caso de aceptación de los propios proveedores.

Tratándose de contratos de promesa de factoraje en los que se convenga la entrega de anticipos al factorado, éste quedará obligado a pagar una cantidad de dinero determinada o determinable que cubrirá conforme a lo estipulado el valor de las cargas financieras y demás accesorios de los anticipos hasta en tanto se transmitan los derechos de crédito mediante la celebración del contrato de factoraje correspondiente, condición que deberá estar contenida en el contrato de promesa de factoraje financiero. En este supuesto deberá convenirse el plazo de los anticipos, después del cual deberá otorgarse el contrato de factoraje financiero.

Artículo adicionado DOF 18-07-2006

Artículo 421.- Podrán ser objeto del contrato de factoraje, cualquier derecho de crédito denominado en moneda nacional o extranjera que se encuentren documentados en facturas, contrarrecibos, títulos de crédito, mensajes de datos, en los términos del Título Segundo del Libro Segundo del Código de Comercio, o cualesquier otros documentos, que acrediten la existencia de dichos derechos de crédito.

Artículo adicionado DOF 18-07-2006

Artículo 422.- Los factorados estarán obligados a garantizar la existencia y legitimidad de los derechos de crédito objeto del contrato de factoraje, al tiempo de celebrarse el contrato, independientemente de la obligación que, en su caso, contraigan conforme a la fracción II del artículo 419 de esta Ley.

Artículo adicionado DOF 18-07-2006

Artículo 423.- Los factorados responderán del detrimento en el valor de los derechos de crédito objeto de los contratos de factoraje financiero, que sean consecuencia del acto jurídico que les dio origen, salvo los que estén documentados en títulos de crédito y aún cuando el contrato de factoraje se haya celebrado en términos de la fracción I del artículo 419.

Si del acto jurídico que dio origen a los derechos de crédito se derivan devoluciones, los bienes correspondientes se entregarán al factorado, salvo pacto en contrario.

Artículo adicionado DOF 18-07-2006

Artículo 424.- Solo en las operaciones de factoraje financiero a que se refiere la fracción II del artículo 419, los factorados podrán suscribir a la orden del factorante pagarés por el importe total de las obligaciones asumidas por ellos, en cuyo caso deberá hacerse constar en dichos títulos de crédito su procedencia, de manera que queden suficientemente identificados. Estos pagarés serán no negociables, en los términos del artículo 25 de esta Ley.

La suscripción y entrega de dichos pagarés no se considerará como pago o dación en pago de las obligaciones que documenten.

Artículo adicionado DOF 18-07-2006

Artículo 425.- En las operaciones de factoraje financiero la transmisión de los derechos de crédito comprende la de todos los derechos accesorios a ellos, salvo pacto en contrario.

Artículo adicionado DOF 18-07-2006

Artículo 426. La transmisión de derechos de crédito efectuada con motivo de una operación de factoraje financiero surtirá efectos frente a terceros, desde la fecha en que haya sido inscrita en la Sección Única del Registro Único de Garantías Mobiliarias del Registro Público de Comercio, sin necesidad de que sea otorgada ante fedatario público.

Artículo adicionado DOF 18-07-2006. Reformado DOF 13-06-2014

Artículo 427.- El factorante deberá notificar al deudor respectivo la transmisión de los derechos de crédito objeto de un contrato de factoraje financiero, excepto en el caso de factoraje en el que se otorgue al factorado mandato de cobranza o se conceda a este último la facultad de llevar a cabo la cobranza del crédito correspondiente. La notificación deberá hacerse a través de cualquiera de las formas siguientes:

I. Entrega del documento o documentos comprobatorios del derecho de crédito en los que conste el sello o leyenda relativa a la transmisión y acuse de recibo por el deudor mediante contraseña, contrarrecibo o cualquier otro signo inequívoco de recepción;

II. Comunicación por correo certificado con acuse de recibo, telegrama, télex o telefacsímil, contraseñados que deje evidencia de su recepción por parte del deudor;

III. Notificación realizada por fedatario público; y

IV. Mensajes de datos, en los términos del Título Segundo del Libro Segundo del Código de Comercio.

Cuando se trate de notificaciones que deban surtir efectos en el extranjero, el factorante las podrá efectuar a través de los medios señalados en las fracciones anteriores de este artículo o por mensajería con acuse de recibo o por los medios establecidos de conformidad con lo dispuesto por los tratados o acuerdos internacionales suscritos por los Estados Unidos Mexicanos.

Las notificaciones surtirán sus efectos el día hábil siguiente a aquél en que fueron hechas y, al practicarlas, deberá proporcionarse al interesado copia del acto que se notifique.

En los casos señalados, la notificación deberá ser realizada en el domicilio del deudor, y podrá efectuarse con su representante legal o cualquiera de sus dependientes o empleados. Toda notificación personal, realizada con quien deba entenderse, será legalmente válida aún cuando no se efectúe en el domicilio respectivo.

Para los efectos de la notificación a que alude el párrafo anterior, se tendrá por domicilio del deudor el que se señale en los documentos en que consten los derechos de crédito objeto de los contratos de factoraje. En cuanto al lugar de notificación, se estará a lo dispuesto en el Código de Comercio cuando la notificación se realice por medio de mensaje de datos en términos de dicho ordenamiento.

En el caso de sociedades en liquidación en las que se hubieran nombrado varios liquidadores, las notificaciones o diligencias que deban efectuarse con aquellas podrán practicarse válidamente con cualquiera de éstos.

La notificación se tendrá por realizada al expedir los deudores contraseña, sello o cualquier signo inequívoco de haberla recibido por alguno de los medios señalados en el presente artículo. Asimismo, el pago que haga el deudor o su representante legal al factorante surtirá efectos de notificación en forma desde la fecha en que se realice dicho pago.

Artículo adicionado DOF 18-07-2006

Artículo 428.- El deudor de los derechos de crédito transmitidos por virtud de una operación de factoraje financiero, mientras no se le haya notificado la transmisión en términos del artículo anterior, libera su obligación con el pago que haga al acreedor original o a quien haya sido el último titular de esos derechos previo al factorante, según corresponda. Por el contrario, el pago que, después de recibir la notificación a que se refiere el artículo precedente, realice el deudor al acreedor original o a quien haya sido el último titular de esos derechos previo al factorante, según corresponda, no lo libera ante el propio factorante.

Artículo adicionado DOF 18-07-2006

Artículo 429.- Cuando el factorante dé en prenda los derechos adquiridos, dicha garantía se constituirá y formalizará mediante contrato que deberá constar por escrito, pudiendo designarse un depositario de los documentos correspondientes.

Artículo adicionado DOF 18-07-2006

Artículo 430.- La persona a la que se le haya otorgado mandato de administración y cobranza de los derechos de crédito objeto de una operación de factoraje financiero o que, por cualquier otra forma, se le haya concedido la facultad de llevar a cabo dichos actos deberá entregar al factorante las cantidades que le sean pagadas en virtud de la cobranza que realice, dentro de un plazo que no podrá exceder de diez días hábiles contados a partir de aquel en que se efectúe dicha cobranza.

En el contrato de factoraje financiero deberá incluirse la relación de los derechos de crédito que se transmiten. La relación deberá consignar, por lo menos, los nombres, denominaciones, o razones sociales del factorado y de los deudores, así como los datos necesarios para identificar los documentos que amparen los derechos de crédito, sus correspondientes importes y sus fechas de vencimiento.

En caso de que el factorante convenga con el factorado que podrá realizar visitas de inspección en los locales de las personas a quienes se les haya conferido la facultad de realizar la administración y cobranza de los derechos de crédito objeto del factoraje financiero, se deberá establecer expresamente en el contrato los aspectos que, respecto de los derechos de crédito, serán objeto de las visitas y la obligación de levantar actas en las que se asiente el procedimiento utilizado y los resultados de las mismas. Será nula cualquier visita hecha en violación a lo pactado conforme a lo anteriormente dispuesto por este párrafo.

Artículo adicionado DOF 18-07-2006

Artículo 431.- El factorante podrá transmitir a un tercero los derechos de crédito objeto del correspondiente contrato de factoraje financiero que haya celebrado, para lo cual deberá sujetarse a las disposiciones aplicables a dicha transmisión.

Artículo adicionado DOF 18-07-2006

TÍTULO TERCERO
DE LOS DELITOS EN MATERIA DE TÍTULOS Y OPERACIONES DE CRÉDITO

Título adicionado DOF 26-06-2008

CAPÍTULO ÚNICO

Capítulo adicionado DOF 26-06-2008

Artículo 432.- Se sancionará con prisión de tres a nueve años y multa de treinta mil a trescientos mil días multa, al que sin causa legítima o sin consentimiento de quien esté facultado para ello, respecto de tarjetas de servicio, de crédito o en general, instrumentos utilizados en el sistema de pagos, para la adquisición de bienes y servicios, emitidos en el país o en el extranjero, por entidades comerciales no bancarias:

I. Produzca, fabrique, reproduzca, introduzca al país, imprima, enajene, aun gratuitamente, comercie o altere, cualquiera de los objetos a que se refiere el párrafo primero de este artículo;

II. Adquiera, posea, detente, utilice o distribuya cualquiera de los objetos a que se refiere el párrafo primero de este artículo;

III. Obtenga, comercialice o use la información sobre clientes, cuentas u operaciones de las entidades emisoras de cualquiera de los objetos a que se refiere el párrafo primero de este artículo;

IV. Altere, copie o reproduzca la banda magnética o el medio de identificación electrónica, óptica o de cualquier otra tecnología, de cualquiera de los objetos a que se refiere el párrafo primero de este artículo;

V. Sustraiga, copie o reproduzca información contenida en alguno de los objetos a que se refiere el párrafo primero de este artículo, o

VI. Posea, adquiera, utilice o comercialice equipos o medios electrónicos, ópticos o de cualquier otra tecnología para sustraer, copiar o reproducir información contenida en alguno de los objetos a que se refiere el párrafo primero de este artículo, con el propósito de obtener recursos económicos, información confidencial o reservada.

Para los efectos de este capítulo, se entiende por tarjetas de servicio, las tarjetas emitidas por empresas comerciales no bancarias, a través de un contrato que regula el uso de las mismas, por medio de las cuales, los usuarios de las tarjetas, ya sean personas físicas o morales, pueden utilizarlas para la adquisición de bienes o servicios en establecimientos afiliados a la empresa comercial emisora.

Artículo adicionado DOF 26-06-2008

Artículo 433.- Se sancionará con prisión de tres a nueve años y multa de treinta mil a trescientos mil días multa, al que posea, adquiera, utilice, comercialice o distribuya, cualquiera de los objetos a que se refiere el párrafo primero del artículo 432 de esta Ley, a sabiendas de que estén alterados o falsificados.

Artículo adicionado DOF 26-06-2008

Artículo 434.- Se sancionará con prisión de tres a nueve años y multa de treinta mil a trescientos mil días multa, al que sin causa legítima o sin consentimiento de quien esté facultado para ello:

I. Acceda a los equipos o medios electrónicos, ópticos o de cualquier otra tecnología de las entidades emisoras de cualquiera de los objetos a que se refiere el párrafo primero del artículo 432 de esta Ley, para obtener recursos económicos, información confidencial o reservada, o

II. Altere o modifique el mecanismo de funcionamiento de los equipos o medios electrónicos, ópticos o de cualquier otra tecnología para la disposición de efectivo que son utilizados por los usuarios del sistema de pagos, para obtener recursos económicos, información confidencial o reservada.

Artículo adicionado DOF 26-06-2008

Artículo 435.- La pena que corresponda podrá aumentarse hasta en una mitad más, si quien realice cualquiera de las conductas señaladas en los artículos 432, 433 y 434 de esta Ley, tiene el carácter de consejero, funcionario, empleado o prestador de servicios de cualquier entidad emisora de los objetos a que se refiere el párrafo primero del citado artículo 432, o las realice dentro de los dos años siguientes de haberse separado de alguno de dichos cargos, o sea propietario o empleado de cualquier entidad mercantil que a cambio de bienes o servicios reciba como contraprestación el pago a través de cualquiera de los instrumentos mencionados en el artículo 432.

Artículo adicionado DOF 26-06-2008

TRANSITORIOS

Artículo Primero.- Esta Ley entrará en vigor el 15 de septiembre de 1932.

Artículo Segundo.- Por ella se regirán los efectos jurídicos de los hechos anteriores a su vigencia, siempre que su aplicación no resulte retroactiva.

En consecuencia:

I. Las condiciones intrínsecas y los requisitos de forma necesarios para la validez de los títulos y de los actos y contratos anteriores al 15 de septiembre de 1932, se regirán por lo que dispongan las leyes conforme a las cuales los primeros fueron otorgados o emitidos, y ejecutados o celebrados los segundos;

II. Por las mismas leyes continuarán rigiéndose los derechos y obligaciones derivados de esos títulos, actos y contratos, salvo lo dispuesto por las fracciones siguientes:

III. La admisibilidad y la fuerza de las pruebas preconstituidas y los efectos de las presunciones legales relativas a los títulos, actos y contratos aludidos, se regirán por la ley vigente cuando se formó la relación jurídica o se produjo el hecho que son objeto de las primeras y sirven de base a las segundas;

IV. La responsabilidad civil en que puedan incurrir las personas que intervengan en los títulos, actos y contratos antes dichos, se regirá por las leyes en vigor en la época en que tuvo lugar el hecho de que aquélla resulta;

V. Las acciones que se deriven de los títulos, actos o contratos mencionados prescribirán y caducarán en los términos de la presente Ley. El plazo en que debe practicarse el acto o diligencia, o llenarse el requisito o formalidad de cuya omisión resulta la caducidad de la acción, se contará a partir de la fecha en que esta ley entre en vigor, cuando dicho plazo haya comenzado a correr y no haya concluido aún en esa fecha. Debe computarse como parte del término de la prescripción, el tiempo útilmente transcurrido bajo la vigencia de las leyes que ésta abroga o deroga; pero en ningún caso la acción quedará extinguida por prescripción antes del 15 de marzo de 1933;

VI. Las acciones, las excepciones procesales y los actos procesales referentes a los títulos, actos y contratos de que hablan las fracciones anteriores, se regirán por las leyes vigentes al tiempo en que se ejerciten las primeras, se propongan las segundas y se practiquen los últimos, no siendo por tanto necesario que el demandado reconozca su firma, para que se despache ejecución en su contra, en el caso de los documentos para los que esta ley no exige ese requisito, siempre que el auto de exequendo se dicte después de que la misma entre en vigor.

Artículo Tercero.- Quedan abrogados los artículos 337, 339, 340 al 357, 365 al 370, 449 al 575, 605 al 634 y 1,044, fracción I, del Código de Comercio de 15 de septiembre de 1889, y las Leyes de 29 de noviembre de 1897 y de 4 de junio de 1902.

Se derogan todas las demás Leyes y disposiciones que se opongan a la presente.

En cumplimiento de lo dispuesto por la fracción I del artículo 89 de la Constitución Política de los Estados Unidos Mexicanos y para su publicación y observancia, promulgo la presente ley en la residencia del Poder Ejecutivo Federal, en la ciudad de México, a los veintiséis días del mes de agosto de mil novecientos treinta y dos.- **P. Ortiz Rubio**.- Rúbrica.- El Secretario de Estado y del Despacho de Hacienda y Crédito Publico, **A. J, Pani**.- Rúbrica.- El Secretario de Estado y del Despacho de Industria, Comercio y Trabajo, **Primo Villa Michel.** — Rúbrica.- Al C. Secretario de Gobernación.- Presente.

Lo que comunico a usted para su publicación y demás fines.

Sufragio Efectivo. No Reelección.

México, D. F., a 26 de agosto de 1932.- El Secretario de Gobernación, **Juan José Ríos**.- Rúbrica.